中经金课会计专业精品课程
新时代高等教育创新型教材

管理会计
Managealal accounting

主　编　吴蔚平　董兆明　许婷婷
副主编　朱　丽　潘细香　郭晓晓
　　　　陈　钰　吴　丽
参　编　沈雨迪　倪　婷

中国经济出版社
CHINA ECONOMIC PUBLISHING HOUSE

图书在版编目（CIP）数据

管理会计 / 吴蔚平，董兆明，许婷婷主编. -- 北京：中国经济出版社，2024.8.（2025.1重印）--（中经金课会计专业精品课程 / .）. -- ISBN 978-7-5136-7872-8

Ⅰ. F234.3

中国国家版本馆CIP数据核字第2024BX3588号

选题策划　雷　生
责任编辑　彭　欣
责任印制　李　伟
封面设计　牧野春晖

出版发行　中国经济出版社
印　刷　者　宝蕾元仁浩（天津）印刷有限公司
经　销　者　各地新华书店
开　　　本　889 mm×1194 mm　1/16
印　　　张　18.5
字　　　数　521千字
版　　　次　2024年8月第1版
印　　　次　2025年1月第2次
定　　　价　59.00元
广告经营许可证　京西工商广字第8179号

中国经济出版社　网址 www.economyph.con　社址 北京市东城区安定门外大街58号　邮编 100011
本版图书如存在印装质量问题，请与本社销售中心联系调换（联系电话：010-57512564）

版权所有　盗版必究（举报电话：010-57512600）
国家版权局反盗版举报中心（举报电话：12390）　　服务热线：010-57512564

前言 PREFACE

在当今竞争激烈的商业环境中，企业管理者面临着前所未有的挑战。如何优化资源配置、提高运营效率、降低成本、增强市场竞争力——这些问题都需要管理者做出明智的决策。管理会计作为一门应用性极强的学科，为管理者提供了必要的工具和框架，以解决这些问题。

《管理会计》旨在帮助读者深入理解管理会计的核心概念和实践方法。全书共分为十一个项目，从管理会计认知开始，逐步深入到战略管理、成本性态与变动成本法、本量利分析、预测分析、短期经营和长期投资决策、预算管理、成本控制，以及责任会计与业绩评价等方面，并介绍了大数据时代管理会计新发现。每个项目都包含多个任务，通过理论讲解、案例分析和练习题，帮助读者掌握管理会计的实际应用方法。管理会计是一门将财务、业务和管理高度整合的课程，着重培养提高学生加工处理会计信息的能力，并为企业的经营管理服务。

为顺应我国高等职业教育的发展趋势，及时反映高等职业教育会计专业的最新教学改革成果，为我国经济建设培养高素质技能型的会计职业人才，本书本着"不断改革，与时俱进"的精神，突出实践性、开放性和职业性，尽可能吸收国内外管理会计研究的新发现、实践中的新创造和教学改革的新成果，紧密结合管理会计工作实务的特点，以现代企业经济活动为研究对象，坚持理论与实践相结合的原则，以预测、决策、规划、控制、考评为主线，全面、系统地阐明管理会计的基本理论、基本知识和基本方法。本书具有以下特色：

（1）项目导向，任务驱动。本书按照"项目导向、任务驱动"的思路进行教材设计开发，以"工作过程系统化"理念程序化学科知识。理论知识按工作任务需要来选取，把握"必需、够用"的尺度，适当降低难度和复杂性。

（2）结构严谨，内容适用。本书在结构上力图体现管理会计的基本框架，在行文上力图做到简洁明快和通俗易懂，在内容上力求突出前沿性、代表性和实用性。

（3）贴近职业，重在应用。本书在编写过程中，将管理会计看作一门经济应用学科，既包含了理论层面的阐述，更注重运用管理会计的基本理论和基本方法解决实际问题，旨在提高学生在企业日常管理中运用管理会计的水平，突出职业性和实践性。

本书旨在为读者提供一份全面的管理会计学习资源，无论是对于在校学生还是对于在职的管理人员，本书都提供了宝贵的理论和实践指导。通过学习本书，读者将能够掌握管理会计的核心知识，并在实际工作中运用这些知识来提升企业的经营绩效。

本书由吴蔚平、董兆明、许婷婷担任主编，由朱丽、潘细香、郭晓晓、陈珏、吴丽担任副主编，沈雨迪、倪婷参编。

本书在编写过程中，参考、借鉴了国内外专家学者的专著和教材，在此我们表示衷心的感谢。由于编者水平有限，书中难免有疏漏和不当之处，敬请读者批评指正。

编　者

2024 年 4 月

目录 CONTENTS

项目一 管理会计认知 ········ 001
 任务一 管理会计的形成和发展认知 ········ 002
 任务二 管理会计的对象、目标与原则 ········ 009
 任务三 管理会计与财务会计的区别和联系 ········ 011
 任务四 管理会计的职能与特点 ········ 014
 任务五 管理会计工作的组织 ········ 015
 任务六 管理会计的职业环境 ········ 016
 项目练习题 ········ 019

项目二 战略管理 ········ 022
 任务一 战略管理认知 ········ 023
 任务二 战略地图绘制 ········ 034
 项目练习题 ········ 038

项目三 成本性态与变动成本法 ········ 043
 任务一 成本的分类 ········ 044
 任务二 成本性态分析的程序和方法 ········ 049
 任务三 完全成本法下的职能式利润表的编制 ········ 055
 任务四 变动成本法下的贡献式利润表的编制 ········ 058
 任务五 变动成本法与完全成本法的结合 ········ 064
 项目练习题 ········ 068

项目四 本量利分析 ········ 074
 任务一 本量利分析认知 ········ 075
 任务二 保本点分析 ········ 077
 任务三 保利点分析 ········ 089
 任务四 敏感性分析 ········ 095
 项目练习题 ········ 098

项目五 预测分析 ········ 103
 任务一 预测分析认知 ········ 104
 任务二 销售预测 ········ 106
 任务三 成本预测 ········ 109
 任务四 利润预测 ········ 112
 任务五 资金预测 ········ 115
 项目练习题 ········ 117

项目六　短期经营决策 121
- 任务一　短期经营决策基本方法 122
- 任务二　产品生产决策 128
- 任务三　生产组织决策 137
- 任务四　不确定性经济决策 145
- 任务五　定价决策 148
- 项目练习题 152

项目七　长期投资决策 157
- 任务一　长期投资决策概述 158
- 任务二　长期投资决策的主要影响因素 160
- 任务三　长期投资决策分析的基本方法 168
- 任务四　长期投资决策的分析与应用 174
- 项目练习题 179

项目八　预算管理 182
- 任务一　预算管理认知 183
- 任务二　建立全面预算管理系统及管理程序 189
- 任务三　全面预算的编制 192
- 任务四　营业预算与财务预算 197
- 项目练习题 204

项目九　成本控制 209
- 任务一　成本控制认知 210
- 任务二　目标成本法 213
- 任务三　作业成本法 217
- 任务四　标准成本法 221
- 项目练习题 227

项目十　责任会计与业绩评价 232
- 任务一　责任会计制度 233
- 任务二　内部转移价格 240
- 任务三　财务业绩评价 247
- 任务四　非财务业绩计量 255
- 任务五　平衡计分卡 259
- 项目练习题 264

项目十一　大数据时代管理会计新发现 269
- 任务一　智能管理会计认知 270
- 任务二　大数据时代管理会计新工具 275
- 任务三　智能化管理会计报告 284
- 项目思考题 288

参考文献 289

项目一 管理会计认知

知识目标

- 理解管理会计的定义；
- 了解管理会计的形成与发展；
- 认识管理会计的发展特征；
- 了解管理会计的目标与原则；
- 掌握管理会计与财务会计的区别与联系；
- 把握管理会计工作的组织结构体系；
- 认识管理会计的职业环境。

能力目标

- 通过学习管理会计的发展，充分认识到管理会计的重要性；
- 能确定特定企业管理会计的目标，实现特定企业管理会计的职能。

职业素养及思政元素

- 我国企业设立的目的，一方面是满足人民日益增长的物质和文化需要，履行社会责任；另一方面是通过盈利获得持续发展的物质基础。通过学习，培养学生正确的企业观，树立办企业为人民的理念。
- 培养学生在业财融合中运用管理会计的特定概念、方法提升价值创造的能力。通过学习管理会计的发展，充分认识到管理会计的重要性。

案例导入

吉祥航空的经验

上海吉祥航空股份有限公司（简称吉祥航空）由国内著名民营企业均瑶集团旗下的上海均瑶（集团）有限公司和上海均瑶航空投资有限公司共同投资建立，是以上海为基地的新兴民营资本航空公司，于2005年6月经中国民用航空局和上海市政府批准筹建。吉祥航空于2015年5月在A股上市。公司选用全新空中客车A320系列机型投入运营。2007年11月，吉祥航空推出"常旅客奖励计划"。吉祥航空在2014年的平均客座率为87%。截至2015年4月，吉祥航空拥有43架全新空客A320系列飞机。

吉祥航空按照"安全、正点，精致服务"的经营理念，快速扩大航线网络和运输规模，提高服务质量，致力于成为一家卓越的国际化航空公司。

成立初期，吉祥航空规划以上海为中心，形成以上海虹桥国际机场和上海浦东国际机场为主的国内外枢纽城市航线网络，2010年逐步形成以上海周围城市中转联程并辐射全国的航线网络，分阶段开通从上海出发的国际航线。

吉祥航空定位于服务中高端公务、商务及休闲旅客，致力于发展成为走差异化道路的国际化精品航空公司。开航以来，吉祥航空坚持引进全新飞机，通过改善硬件设施提供优质服务，不断创新。吉祥航空已开通了上海、杭州始发的60余条国际、国内航线，又首次运营上海—高雄航线，开通上海—台北航线，为我国两岸旅客提供更加便利、更多选择的优质航线服务。

思考：（1）企业的战略应如何确定？

（2）吉祥航空的成功经验中包含了哪些管理会计的思想和管理方法在决策中的应用？

任务一　管理会计的形成和发展认知

在全面深入地介绍管理会计理论与方法之前，需要对管理会计的一些基本理论问题，如管理会计的定义、管理会计的形成与发展、管理会计与财务会计的区别和联系、管理会计工作的组织、管理会计的职业环境等内容加以理解和把握，为后续学习打下坚实的基础。

管理会计概念

管理会计的形成和发展一直受到社会生产实践及经济理论的双重影响。一方面，社会生产实践要求加强管理会计的职能；另一方面，经济理论的发展促使管理会计的职能得以实现。

一、管理会计的定义

在1952年伦敦举行的国际会计师联合会（IFAC）年会上，会计学界正式提出"管理会计"这一术语。但对于什么是管理会计，国内外会计学界众说纷纭。有关组织机构和学者根据各自的认识和把握，从不同的角度对管理会计的定义进行了描述。

（一）国外会计学界对管理会计的定义

国外会计学界对管理会计的定义先后经历了两个阶段。

1. 狭义管理会计阶段

20世纪20—70年代，国外会计学界一直从狭义上来定义管理会计，认为管理会计只是为企业内部管理者提供计划与控制所需信息的内部会计。

1958年，美国会计学会管理会计委员会对管理会计做了如下定义："管理会计是指在处理企业历史和未来的经济资料时，运用适当的技巧和概念来协助经营管理人员拟订能达到合理经营目的的计划，并做出能达到上述目的的明智的决策。"

1966年，美国会计学会对管理会计重新做了定义，认为管理会计是"运用适当的技术和概念，对经济主体实际的经济数据和预计的经济数据进行处理，以帮助管理人员制定合理的经济目标，并为实现该目标进行合理决策"。

1982年，美国学者罗伯特在《现代管理会计》一书中将管理会计定义为"一种收集、分类、总结、分析和报告信息的系统，它有助于管理者进行决策和控制"。

综合上述定义，狭义管理会计的核心内容为：①管理会计以企业为主体展开其管理活动；②管理会计是为企业管理者的管理目标服务的；③管理会计是一个信息系统，作为会计学的一个分支，其地位与财务会计并立。狭义的管理会计范围如图 1-1 所示。

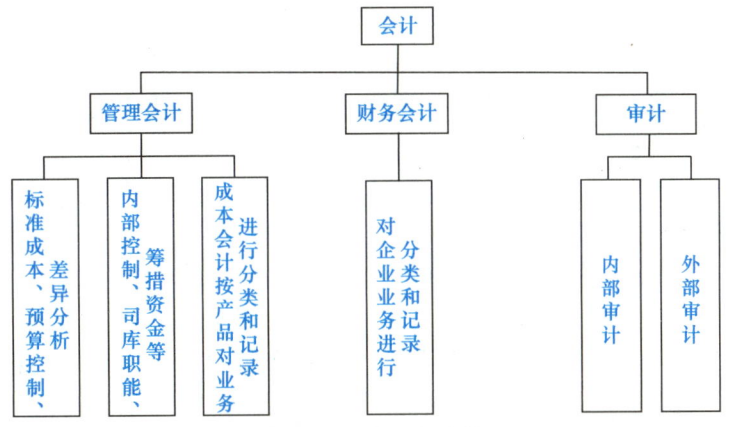

图 1-1　狭义的管理会计范围

2. 广义管理会计阶段

进入 20 世纪 70 年代，管理会计的外延开始扩大，出现了广义的管理会计概念。

1981 年，美国全国会计师联合会对管理会计的定义是"管理当局为对企业进行计划、评价和控制，保证其适当使用各项资源并承担经营责任，而进行确认、计量、累计、分析、解释和传递财务信息等的过程"，并指出管理会计还包括编制供非企业管理当局使用的财务报告，也适用于非营利的机关团体。

1982 年，英国成本和管理会计师协会给管理会计下的定义是"为管理者提供所需要的信息的那一部分会计工作，使管理者得以：①确定方针政策；②对企业的各项活动进行计划和控制；③保护财产的安全；④向企业外部人员（股东等）反映财务状况；⑤向职工反映财务状况；⑥对各个行动的备选方案做出决策"。

1986 年，美国全美会计师协会管理会计实务委员会将管理会计定义为"向管理当局提供用于企业内部计划、评价、控制以及确保企业资源的合理使用和经营责任的履行所需的财务信息，确认、计量、归集、分析、编报、解释和传递上述信息的过程。管理会计还包括编制供股东、债权人、规章制定机构及税务者等非管理集团使用的财务报告"。

综上所述，广义管理会计的核心内容是：①管理会计以企业为主体展开其管理活动；②管理会计既为企业管理当局的管理目标服务，也为股东、债权人、规章制定机构及税务当局等非管理集团服务；③从内容上看，管理会计既包括财务会计，又包括成本会计和财务管理，管理会计的范围扩大到除审计以外的各个组成部门（见图 1-2）。

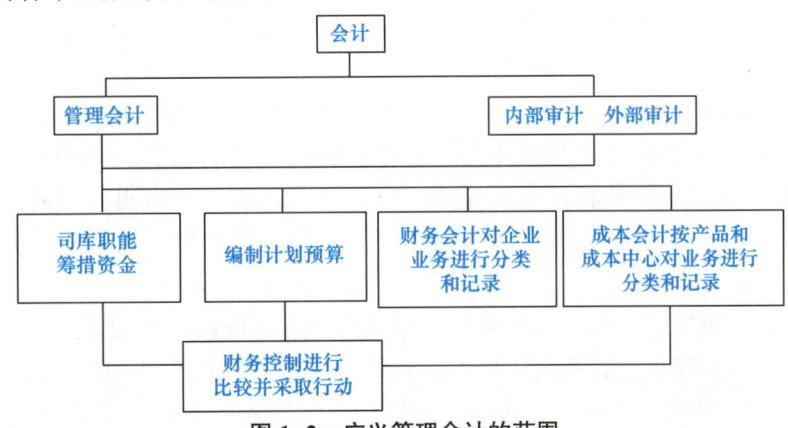

图 1-2　广义管理会计的范围

(二) 国内会计学界对管理会计的定义

我国学术界对管理会计开展系统研究的时间较短，大约起步于 20 世纪 80 年代初。有关会计学者也相继对管理会计的概念提出了自己的观点，如曹冈（1981）、陈元燮（1982）、杨继良（1982）、余绪缨（1983）、杨时展（1983）、杨纪琬（1984）、李天民（1984）、汪家佑（1987）等在当时就陆续发表过一些相关的论文或著作，对我国管理会计的完善与发展做出了重要的贡献。概括我国学者对管理会计的定义，比较有代表性的有：

李天民认为，"管理会计主要是通过一系列专门方法利用财务会计提供的资料及其他有关资料进行整理、计算、对比和分析，使企业各级管理人员能据以对日常发生的一切经济活动进行规划与控制，并帮助企业领导做出各种决策的一整套信息处理系统"。

汪家佑认为，"管理会计是西方企业为了加强内部经营管理、实现最大利润，灵活运用多种多样的方式方法，收集、加工和阐明管理者合理地计划和有效地控制经济过程所需的信息，围绕成本、利润、资本三个中心，分析过去、控制现在、规划未来的一个会计分支"。

余绪缨提出，管理会计是由微观管理会计、宏观管理会计、国际管理会计三个部分组成的管理会计体系，其中微观管理会计是"从微观上研究如何为提高企业经济资源的配置效益（体现在项目的投资效益上）和使用效益（体现在项目建成投产后的经济效益上）提供有用信息"；宏观管理会计是"从宏观上研究如何在整个国民经济范围内，为提高经济资源的配置效益（建设项目从国民经济看的投资效益）和使用效益（项目建成投产后从国民经济看的经营效益）提供有用信息"；国际管理会计是"研究如何为在跨国经营活动中最大限度地提高经济资源的配置效益和使用效益提供有用信息"。

(三) 国内外政府或组织对管理会计的定义

近年来，对管理会计影响最大的政府或组织是我国的财政部与英美的会计机构。2014 年 1 月，我国财政部下发了《全面推进管理会计体系建设的指导意见（征求意见稿）》，提出要形成一个理论、指引、人才、信息化加咨询服务"4 + 1"的管理会计有机发展模式，并且争取在 3 ~ 5 年内，在全国培养出一批管理会计人才；力争通过 5 ~ 10 年的努力，基本建成有中国特色的管理会计体系，使我国管理会计迈入世界先进行列。2014 年 2 月，英国皇家特许管理会计师协会（CIMA）与美国注册会计师协会（AICPA）也联合发布了《全球管理会计原则（征求意见稿）》。这一现象表明，中国管理会计在国际会计领域已经具备一定的影响力，同时，它也说明管理会计在企业实践中具有重要的地位与作用，必须加快管理会计理论与方法体系的研究。

对于管理会计，2014 年 11 月我国财政部正式发布的《全面推进管理会计体系建设的指导意见（试行）》文件做了如下定义："管理会计是会计的重要分支，主要服务于单位（包括企业和行政事业单位，下同）内部管理需要，是通过利用相关信息，有机融合财务与业务活动，在单位规划、决策、控制和评价等方面发挥重要作用的管理活动。管理会计工作是会计工作的重要组成部分。"

2014 年 10 月正式发表的《全球管理会计原则》对管理会计做了如下定义："管理会计通过全面分析并提供一些能够支持企业开展计划、执行与控制战略的信息，来帮助企业做出明智的决策，进而创造价值，并保证企业持续性的成功。"规范了管理会计的四大原则，即：①提供相关性信息；②进行有洞察、有影响的沟通；③分析对企业价值的影响；④履行受托责任，增强企业信任。

为了全面且有重点地掌握和应用管理会计，应从两个方面理解管理会计的含义。

第一，管理会计是指现代会计系统中区别于传统会计的，体现会计预测、决策、规划、控制和责任考核评价等会计管理职能的那部分内容，是以提高经济效益为最终目的的会计信息处理系统。

它既揭示了应用于企业的管理会计的本质,又反映了正在形成的宏观管理会计和国际管理会计的一般特征。

第二,管理会计是以强化企业内部经营管理、实现最佳经济效益为最终目的,以现代企业经营活动及其价值表现为对象,通过对财务等信息的深加工和再利用,实现对企业经营活动过程的预测、决策、规划、控制和责任考评等职能的一种管理活动,是现代企业会计的一个分支。它是一种侧重于在企业内部经营管理中发挥作用的会计,同时又是企业管理活动的重要组成部分。

本书主要按第二个方面的理解,即从企业的角度来解释、说明有关管理会计的理论和方法,同时按第一个方面理解介绍现代管理会计发展的新领域。

二、管理会计的形成与发展

20世纪以来,管理会计得到了迅速的发展,在理论与实践上取得了丰硕成果。管理会计采用灵活多样的方式或手段,为企业管理部门正确进行最优管理决策和有效经营提供有用的信息与资料。企业管理服务通常是通过规划与控制、预测与决策两个方面进行的,其中应用一系列专门的方法进行预测和决策成为管理会计的主要内容。同时,管理会计还吸收了社会科学、行为科学、统计学、运筹学、管理学等其他学科的内容,使多种学科内容渗透其内、融入其中,成为现代企业治理结构下加强内部管理、提高经济效益的重要工具。

对管理会计的形成与发展有多种不同的认识,但大致可以概括为两个流派:一种是以美国为代表的分类法;另一种是以日本为代表的分类法。国内教材广泛进行的分类研究是以美国的方法为主,以已故著名管理会计学家余绪缨教授为代表。

(一)管理会计形成与发展的阶段划分

管理会计是产生于美国的一门新兴的边缘学科,它是随着科学技术的进步和社会生产力的发展逐步从传统会计中派生出来的。管理会计与财务会计有着紧密的联系。正如琼·斯赛(J. Sizer)教授所说:"从广义上讲,所有会计均是管理会计。"古今中外的会计史料亦表明,会计与管理密不可分,如我国西周王朝为了管理财赋收支,设置了司会;15世纪末,意大利商人为反映和控制商业活动发明了复式记账;20世纪初,以泰罗为代表的工程师倡导科学管理而产生了标准成本、差异分析、预算控制;杜邦公司的投资报酬率、预算与报告系统,通用电气公司的分权管理中的集中控制系统等都是为适应企业管理的需要而产生的。

管理会计作为一门学科,是随着社会科学的进步和社会经济的发展逐步形成和发展起来的。管理会计的形成与发展可以分为三个阶段。

1. 执行性管理会计阶段(20世纪初到20世纪50年代)

管理会计产生于20世纪20年代,以执行性为特征的管理会计是以泰罗的科学管理学说为基础而形成与发展起来的。当时,尽管资本主义已经有了相当的发展,但是在企业管理工作中,经验和直觉仍占统治地位,企业中存在管理混乱、经营粗放、资源浪费严重等现象。如何改变这种状况,采用较先进的科学技术手段、科学管理方法代替落后的、过时的手段和方法成为企业管理中需要解决的重大问题。正是在这种情况下,泰罗制产生了。1911年,泰罗的《科学管理原理》一书着重从时间、动作中的机械作业等视角,探寻节省多余动作的方法,从完善核算、健全监督制度入手,使工人的操作规程更加科学合理,从而最大限度地提高劳动生产率。

随着泰罗制的运用,为了配合科学管理,会计科学也发生了相应变化,主要表现为标准成本、预算控制、差异分析等概念的相继出现。当时美国学者麦金西(J. O. Mckinsey)编写了《预算控制》一书,出版于1922年。他还撰写了《管理会计入门》一书,于1924年出版,这是世界上第一本关于管理会计的专著。在该书中,作者主张把企业会计服务的重心从对外提供信息转移到对内强化经营管理上来。但这一观点在当时的会计界并没有得到普遍重视。在管理会计的相关概念中，标准成本是指产品投产前，严格按照科学的方法制定工资、材料等消耗标准，并以此为基础，形成产品标准成本中的材料标准成本和人工标准成本。预算控制就是事先按期间编制制造费用预算，并计算出制造费用的标准分配率，再据以确定产品标准成本中的制造费用标准成本。差异分析就是在一定期间终了时，对人工、材料消耗脱离标准，费用开支脱离预算所形成的差异进行具体分析，查明差异形成的原因和责任，据此对有关方面的工作成果进行全面的评价和考核，并促使他们采取有效措施，针对存在的问题进行改进。以上这些表明，原有会计体系主体内容与基本结构发生了某种变化，意味着成本会计已经开始向管理会计过渡。然而，受企业生产经营过程复杂性的影响和当时科学水平的限制，企业管理中的许多问题尚难以在多种因素的交错与变异中正确解决。标准成本、预算控制和差异分析在企业管理中的运用表现出较大的局限性，很难满足企业管理的实际需要。这就是说，当时的管理会计只是零星分散的会计技术和会计方法，并没有形成一整套独立、科学的理论和方法体系，还处于初期孕育阶段。

因此，执行性管理会计是以泰罗的科学管理学说为基础形成的会计管理（信息）系统，主要包括标准成本、差异分析、预算控制等方面，这只是管理会计的雏形，其基本点是在企业的方针、决策等重大问题已经确定的前提下，协助解决在执行中如何提高生产效率和生产经济效果的问题，企业管理的全局、企业与外界关系的有关问题还没有在会计体系中得到应有的反映。因而，这还只是一种局部性、执行性的管理会计，仍处于管理会计发展历程中的初级阶段。

2. 决策战略管理会计阶段（20世纪50年代以后至20世纪末）

20世纪50年代以后，现代科学技术突飞猛进并大规模应用于生产，使生产力获得迅速发展。同时，跨国公司大量涌现，企业的规模越来越大，生产经营日趋复杂，企业外部的市场情况瞬息万变，竞争更加激烈。这些新的条件和环境，一方面强烈要求内部管理更加合理、科学，另一方面要求企业具有灵活反应和高度适应的能力，否则，就会在激烈的竞争中被淘汰。由于市场环境的重大变迁和信息技术的发展，泰罗的科学管理学说显然无法适应这种新的形势和要求，它必然要被现代管理科学所取代。一般认为，现代管理科学有两大支柱：运筹学和行为科学。正是这两大支柱可以在很大程度上克服泰罗科学管理学说的重大缺陷，较好地适应战后经济发展的新形势，因而在企业管理工作中得到广泛而有效的应用。为了配合职能管理与行为科学管理，责任会计、本量利分析等专门方法应运而生，并加入原有的会计方法体系中，使会计学科的深度和广度有了较大的突破。责任会计与本量利分析方法，再加上20世纪30年代形成的标准成本、预算控制、差异分析等方法，构成管理会计的雏形。

现代管理科学的创立及其在企业管理中的成功运用，不仅提高了企业的经营管理水平，而且以现代管理理论武装了企业会计，使许多有效的现代技术方法渗入会计领域，充实了成本会计的内容，逐步在原有成本会计的基础上，形成了一个新兴的会计分支，使其从传统会计中分离出来，该分支即管理会计，原来传统的会计部分一般被称为财务会计。1952年国际会计师联合会正式通过了"管理会计"(management accounting)这个专有名词，标志着管理会计学科的诞生。

由于企业组织的扩大不仅表现为单一经营领域的规模扩大，而且表现为跨领域、跨国界的投资增加，公司向多元化的跨国经营发展。企业组织日趋庞大和复杂，企业管理所涉及的领域及层次增加，企业组织不仅面临所有权和经营权的分离，而且面临内部组织之间的权力分解，随着分权管理而来的是职能失调所带来的目标不一致，即拥有决策权的管理者可能从自己利益而不是企业利益出发选择决策方案，因此损害企业的利益。于是，产生了如何确定内部组织层次之间的权责范围、如何合理计量和评价管理者业绩、如何确定内部转移价格，以及如何衡量分部业绩，以有助于投资决策等一系列亟待解决的问题。要求会计人员更多地关注企业内部交易，提供有助于正确评价业务和加强内部控制的信息和技术，进而推动管理会计的发展。

进入 20 世纪 70 年代，社会经济发展出现了新的变化，顾客化生产在激烈的竞争环境下被提了出来，传统的少品种大批量生产让位于多品种少批量生产。顾客化生产就是以顾客为中心，以顾客的满意度为判断依据，在对顾客需求进行动态掌握的基础上，在较短的时间内完成从产品设计、制造到投放市场的全过程。IT 技术的不断推进，使顾客化生产有了技术上的保证，同时提高了劳动生产率和产品的市场竞争力。

为适应世界经济一体化的发展趋势，国际经济竞争已从较低层次的产品营销型竞争发展到较高层次的全球性战略竞争，竞争战略上的得失关系到企业的兴衰成败。基于社会经济发展这一新形势，1981 年，著名管理学家西蒙首次提出了"战略管理会计"一词。20 世纪 80 年代末，西方会计界人士提出，既然战略管理会计源于企业未来战略管理，那么，不同的企业战略所要求的战略管理会计的侧重点也就不同。比如，迈尔斯和斯诺根据企业对外部环境变化所持的不同战略，将企业分为防卫型、开拓型、分析型与被动型等四类。随后，以哈佛大学商学院的迈克尔·波特为代表的美国学者对战略管理展开了系列研究。以波特为例，他先后出版了《竞争战略》（1980）、《竞争优势》（1985）、《国家竞争优势》（1990）等著作。受这些管理学者有关战略的思想影响，战略与管理会计的结合速度加快，由此促进了战略管理会计的进一步发展。此外，哈佛大学的卡普兰教授还对作业成本法等进行了不断的完善与拓展，将决策型战略管理推向了更高的阶段。

从英美等国家的当代管理会计发展趋势来看，20 世纪 90 年代之后的管理会计研究热点主要集中在以下几个方面：一是关于代理人理论（agency theory）及其在内部控制和考评系统中的应用的研究；二是从应用行为科学角度进行的关于组织行为、管理决策与管理会计信息之间的关系及个人行为等方面的研究；三是关于作业成本会计（activity based-costing）方面的实地研究（field research）；四是关于战略成本分析（strategic cost analysis）、目标成本法（target costing）、生命周期成本法（lifecycle costing）、平衡计分卡（balanced scorecard）和资源消耗会计（resource con-sumption accounting）等内容的战略管理会计研究。

3. 权变性管理会计阶段（21 世纪初至今）

进入 21 世纪以来，基于战略视角的管理会计研究又通过战略重组、流程再造等理念促使管理会计向内部流程重组及行业价值链、供应链的领域扩展；此外，网络经济的管理会计研究（如管理会计与科技创新渗透及相互驱动的研究等），以及有关不同国家文化背景对管理会计的影响等研究正成为现阶段的重要课题。在全球竞争不断加剧、外部环境不确定性增强的情况下，管理会计中的权变性思维受到重视。基于权变理念对管理会计的研究有了这样一个假设前提：不存在广泛适用于所有环境、所有组织的会计系统（Otley，1980），应该明确会计系统的具体特征及应当考虑与某一确定的环境相联系，并且管理会计的方法之间是相互匹配的（Emmanuel etal.，1990）。

权变思想主要包括：①企业组织是社会大系统中的一个开放子系统，受环境的影响。因此，必须根据企业组织在社会大系统中的处境和作用，采取相应的组织管理措施，从而保持对环境的最佳适应。②组织的活动是在不断变化的条件下以反馈形式趋向于组织目标的过程。因此，必须根据组织的近远期目标以及当时的条件，采取依势而行的管理方式。③管理的功效体现在管理活动和组织的各要素相互作用的过程中。因此，必须根据组织的各要素的关系类型及各要素与管理活动之间相互作用时的一定函数关系来确定不同的管理方式。

权变理论的内容主要涉及：①组织结构的权变理论。这类理论将企业组织视为一个开放的系统，并试图从系统的相互关系和动态活动中考察和建立一定条件下最佳组织结构的关系模型。②人性的权变理论。认为人是复杂的，要受多种内外因素的交互影响。因而，人在劳动中的动机特性和劳动态度，总会随着其心理需要和工作条件的变化而不同，不可能有统一的人性定论。③领导的权变理论。认为领导是领导者、被领导者、环境条件和工作任务结构四个方面因素交互作用的动态过程，不存在普遍适用的一般领导方式，好的领导应根据具体情况进行管理。

权变性管理会计不仅能够传承顾客价值创造经营（Customer Value Added Management，CVAM）的愿景，更能够设定企业的价值增值目标，通过管理会计的"管理控制"与"信息支持"两大系统在企业内外进行不同层面的沟通与交流，将企业目标凝聚为利益相关方的共同信念，通过创新驱动保持企业持续的竞争力和竞争优势。一方面，管理创新促进了管理会计的发展，不仅使管理会计中的"管理控制"水平得到提高，而且使嵌入现代移动通信技术的管理会计"信息支持"体系得到快速发展。随着经济全球化进程的加快，企业组织不再表现为单一经营领域的规模扩大，而是表现为跨领域、跨国界的投资增加，公司向产业集聚及全球经营方向发展。管理会计适应世界经济一体化的发展趋势，权变性地调整战略管理视角，开始从单纯的价值管理服务及低层次的产品营销型竞争发展到较高层次的价值创造和全球性的战略性竞争。另一方面，必须重视技术创新，加快制度建设，不断从平衡的管理向非平衡的管理转变，探寻企业持续成功的发展路径。要鼓励企业主动拥抱互联网经济，通过技术创新推动企业转型升级。为了取得持续成功，管理会计必须重新定位并调整功能结构，即采取管理会计新战略和新结构，以适应不断变化的环境要求。

基于技术创新驱动的管理会计往往借助于智能化手段来体现其权变性特征，或者说，智能化管理会计提高了权变管理的能力，包括：①对企业内外部环境变化的适应能力；②保持或获取企业竞争优势的能力；③及时发现新领域或随环境变化调整战略的能力；④将企业嵌入更大系统且实现可持续成功的能力等。智能制造下的技术创新将给管理会计，尤其是成本管理带来深刻的影响，并在广泛领域对管理范式产生影响。

智能制造与"互联网＋"的结合是创新驱动的战略选择。以数字经济为代表的新经济对管理会计的影响可以分为三个阶段：一是吸收数字客户，强化智能化的管理会计体系；二是建立数字化企业，通过社交、移动、分析、云计算技术来改变企业的价值管理模式；三是数字运算，即将自动化手段与人工智能相结合来辅助企业的成本核算与内部控制。智能制造的技术创新将推动企业的研究与开发费用稳定增长，为企业可持续发展提供技术上的保证，使企业盈利的有效性大大提升。

（二）管理会计发展阶段的特征分析

从历史的逻辑角度看，会计学科始终处于不断发展之中。分析管理会计不同发展阶段的特征，了解管理会计形成的理论基础，具有一定的现实意义。

1. 管理会计与现代管理科学的关系

管理会计学是从财务会计学中派生出来的一门独立的新兴学科，是社会化大生产发展的必然结果。管理会计学与现代管理科学的关系非常密切：后者的形成和发展对前者在理论上起着奠基和指导作用；前者吸收了后者的各种专门方法和技术，为现代会计科学注入了新的活力，使它具有更加广泛的实际应用价值和灵活的适应能力。可以预见，随着生产力的不断发展和科学技术的不断进步，管理会计的基本理论和基本方法将日趋完善，管理会计在现代企业管理中的地位和作用也将更加重要。

对管理会计的形成与发展有重要影响的管理理论包括：以美国的泰罗和法约尔为代表的科学管理理论；20世纪中叶产生的行为科学、数量管理、系统管理和权变管理理论；20世纪末期的信息经济学和代理理论也推动了管理会计的进一步发展。可以说，管理会计是把会计与管理这两门学科有机结合起来的新兴的、综合性很强的交叉学科。这种综合优势使其有力地推动着社会经济的飞速发展。

2. 对管理会计发展阶段的不同认识

一般认为，美国与日本是20世纪管理会计研究最出色的两个国家。日本自20世纪70年代为应对美国计量与信息管理学的普及（日本跳过了这个发展阶段，即不提倡开展这种脱离实际且过于计量化的管理会计研究），以准时制（JIT）为基础，逐步形成了成本企划、成本改善等创新的成本管理方法。80 年代，随着美国管理会计界提出作业成本管理理论，日本以成本企划为基础推出了目标成本管理。现阶段的日本管理会计是以成本企划和成本改善（目标成本计算与标准成本管理的结合）的相互融合为特征，以事前预防和控制为核心的前馈管理为基础而实施的管理活动。关于管理会计发展阶段的特征分析，有的日本学者（如西村明教授等）将管理会计发展分为四个阶段，见表 1-1。

表 1-1　管理会计的发展阶段及各阶段特征、方法

阶段	管理会计	特征	方法
第一阶段	管理会计的进化	财务数值应用于管理领域	财务比率分析、经营比较分析
第二阶段	传统的管理会计	以科学的管理方法为基础的效率分析（依据计划的管理）	标准成本计算、预算管理本量利分析、收益成本差异分析
第三阶段	计量与信息的管理会计	以经济学为基础的最佳收益管理（计划管理与业绩评价）	存货模型、LP、信息分析、行为科学、收益预测、机会成本（差异）分析
第四阶段	综合的管理会计	会计的管理和组织管理的综合（依据计划管理的预防、前馈思路）	成本企划、成本改善、作业成本管理、平衡计分卡、运用计划消灭成本差异

随着管理会计工具的不断创新与整合，我们认为，无论在日本还是我国，管理会计的发展已经进入了第五个阶段，即价值创造的管理会计阶段。这一阶段的特征包括会计管理与知识管理相结合的价值创新、价值链优化、核心竞争力的提升等。其方法由 IT 技术、供应链、平衡计分卡（BSC）、经济增加值（EVA）等组成，见表 1-2。

表 1-2　管理会计的功能延伸

阶段	管理会计	特征	方法
第五阶段	价值创造的管理会计	会计管理与知识管理相结合的价值创新、价值链优化、核心竞争力的提升	IT 技术、供应链、BSC、EVA 等
第六阶段	智能化的管理会计	会计的管理与人工智能高度融合，能够权变处理管理决策中的问题	智能管理、互联网＋、零成本管理、决策成本法

任务二　管理会计的对象、目标与原则

一、管理会计的对象

管理会计的对象是什么？我国理论界在这方面的观点颇不一致，最主要的有以下几种观点：

1. 现金流动论

持有该观点的学者认为，管理会计的对象是企业的现金流动，理由是：通过现金的流入和流出在数量上和时间上的差别，可以把企业生产经营的主要方面和主要过程全面、系统、及时地反映出

来。这样，现金流动的有关数据自然而然地成为企业生产经营活动的神经中枢，能更好地发挥信息反馈作用。例如，全面分析不同的经营方案对现金流动的影响，能有效帮助有关人员做出合理的判断和选择，进行科学的预测和决策；在日常控制中，还可依据现金流动所提供的信息，灵活地反应，针对出现的情况和问题及时采取相应的措施，调节有关活动，有效改善生产经营，努力提高经济效益。掌握了现金流动，就等于牵住了企业生产经营的"牛鼻子"，可以在预测、决策、计划、控制等各个环节更好地发挥积极能动作用。

2．价值差量论

持有该观点的学者认为，管理会计的对象是价值差量，理由是：现代管理会计是以差量分析贯穿始终的基本方法，而方法取决于对象，故管理会计的对象是价值差量。同时，管理会计研究的差量，既有价值差量，又包括实物差量和劳动差量。后者是前者的基础，前者是后者的综合表现。在现代管理会计中，价值差量的内容最为广泛，无所不在。各种价值差量经过一系列加工处理和转换，在一定程度上可以综合地体现在企业的盈利水平上。

3．资金总运动论

持该观点的学者认为，管理会计的对象是企业及所属各级机构过去、现在和将来的资金总运动，理由是：首先，管理会计与财务会计是并列的分支，两者同属于会计这一范畴之下，因而管理会计与财务会计有着共同的对象——资金运动。就资金运动而言，从空间上看，可分为企业和企业所属机构、各分支机构中的多层次运动；从时间上看，又是由过去、现在、将来的资金运动所形成的一个不断的流。时空交错，便构成一个网络结构的资金运动系统。在这一资金运动系统中，管理会计的对象涵盖了所有时空的资金运动。其次，把资金总运动作为管理会计的对象，与管理会计的实践及历史发展相吻合。

4．以使用价值管理为基础的价值管理

持该观点的学者认为，管理会计的对象是以使用价值管理为基础的价值管理，理由是：从实质上讲，管理会计的对象是企业的生产经营活动。从管理体现经济效益的角度上看，管理会计的对象是企业生产经营活动中的价值运动，管理会计是以生产经营活动中价值形成和价值增值过程为对象，通过对使用价值的生产和交换过程的优化，提供信息并参与决策，以实现价值最大增值的目的。从实践角度上看，管理会计的对象具有复合性的特点：一方面，管理会计致力于使用价值生产和交换过程的优化，强调加强作业管理，其目的在于提高生产和工作效率；另一方面，在价值形成和价值增值过程中，管理会计强调加强价值管理，其目的在于提高经济效益，实现价值的最大增值。正是因为管理会计具有的复合性特征，才使作业管理和价值管理得以统一，并构成完整的管理会计对象，从而与其他学科区别开来。

二、管理会计的目标

管理会计是为适应企业加强内部经营管理，提高企业竞争力的需要而产生和发展起来的，因此，管理会计的最终目标是提高企业的经济效益。为实现提高经济效益的最终目标，管理会计的目标包括以下两个方面：

1．为管理和决策提供信息

管理会计应向各级管理人员提供以下经选择和加工的信息：

（1）与计划、评价和控制企业经营活动有关的各类信息，包括历史的信息和未来的信息，这些信息有利于各级管理者加强对经营过程的控制，实现最佳化经营。

（2）与维护企业资产安全完整及资源有效利用有关的各类信息。

（3）与股东、债权人及其他企业外部利益相关者的决策有关的信息，这些信息将有助于投资及

有关方案的实施。

2. 参与企业的经营管理

在现代管理理论的指导下，管理会计正在以各种方式积极参与企业的经营管理，将会计核算推向会计管理。管理会计以制定各种战略、战术及经营决策，帮助协调组织企业工作等方式参与管理，不仅有利于各项决策方案的落实，而且有利于企业在总体上兼顾长期、中期和短期利益的最佳化运行。

三、管理会计的基本原则

管理会计的基本原则是指在明确管理会计基本假设基础上，根据管理会计的目标所规定的评估其信息的基本标准和工作规定。显然，基本假设是组织管理会计工作的必备前提，是管理会计基本原则的根本出发点；基本原则是对管理会计工作质量所提出的具体要求。两者共同服从于管理会计的总目标。

（1）最优化原则。最优化原则指管理会计必须根据企业不同管理目标的特殊性，按优化设计的要求，认真组织数据的收集、筛选、加工和处理，以提供能满足科学决策需要的最优信息。

（2）效益性原则。一是管理会计提供的信息必须能够体现管理会计为提高企业总体经济效益服务的要求；二是坚持成本－效益原则，即管理会计提供信息所获得的收益必须大于为取得或处理该信息所花费的成本。

（3）决策有用性原则。决策有用性是指管理会计信息在质量上必须符合相关性和可信性的要求。

信息的相关性是指所提供的信息必须紧密围绕特定决策目标，与决策内容或决策方案直接联系，符合决策要求。

信息的可信性包括可靠性和可理解性两个方面。可靠性是指所提供的未来信息估计误差不宜过大，必须控制在决策者可以接受的可信区间内；可理解性是指信息的透明度必须达到一定标准，不至于令决策者产生误解。

（4）及时性原则。这个原则要求规范管理会计信息的提供时间，讲求时效，在尽可能短的时间内，迅速完成数据收集、处理和信息传递，确保有用的信息得到及时利用。

（5）重要性原则。重要性原则指管理会计在进行信息处理时，应当突出重点，抓住主要矛盾。贯彻重要性原则，必须考虑到成本－效益原则和决策有用性原则的要求。

（6）灵活性原则。灵活性原则指管理会计应根据不同特点，主动采取灵活多变的方法，提供不同信息，以满足企业内部各方面管理的需要，体现灵活性原则的要求。

任务三　管理会计与财务会计的区别和联系

管理会计是会计与管理的直接结合，它适应科学管理理论的发展，是从财务会计中派生出来的一门独立的新兴学科，主要为企业内部管理人员服务，形成了与财务会计不同的方法体系，但它与财务会计仍有一定的联系。

管理会计与财务会计的区别

管理会计
MANAGEALAL accounting

一、管理会计与财务会计的区别

1. 服务对象不同

管理会计主要是为企业内部各级管理人员提供有效经营和优化决策方面的信息，是为强化企业内部管理、提高经济效益服务的，故也称内部会计或对内报告会计；而财务会计虽然对内对外都能提供有关企业最基本的财务、成本信息，但主要侧重于为企业外界有经济利害关系的团体或个人（包括股东及潜在的投资者、银行及其他债权人、财税部门和主管机关、证券管理机构等）服务，故也称外部会计或对外报告会计。

可见，侧重于直接为企业内部各级管理人员服务是管理会计的一个主要特点，也是区别于财务会计的一个重要标志。

2. 核算主体不同

管理会计既要提供反映企业整体情况的资料，又要提供反映企业内部各责任单位经营活动情况的资料，因而其会计主体是多层次的；财务会计则以企业为会计主体，提供反映整个企业财务状况、经营成果和现金流量的会计资料。

3. 核算原则不同

管理会计不受公认的会计原则或企业会计准则的完全限制和严格约束，在工作中还可灵活应用其他现代管理科学理论作为指导原则；财务会计工作则必须严格遵守公认会计原则（在我国为企业会计准则和行业统一会计制度）。

4. 核算目的不同

管理会计不仅要分析过去，而且必须能动地利用已知的财务会计资料进行预测并规划未来，同时控制现在，主要核算目的是对经济过程进行预测、决策、控制，属于算"活账"的经营型会计；财务会计的核算目的在于全面反映企业经营成果和财务状况，实质上是属于算"呆账"的报账型会计。

5. 核算程序不同

管理会计工作的程序性较弱，没有固定的工作程序可以遵循，有较大的回旋余地。所以，企业可根据实际情况自行设计其管理会计工作流程，这必然导致不同企业间管理会计工作的较大差异性。

财务会计必须执行固定的会计循环程序。从凭证传递到登记账簿，直至编报财务报告，都必须自觉地按既定的程序处理，而且在通常情况下不得随意变更工作内容或颠倒工作顺序，因而具有一定的强制性和程序性。在实务中我们不难发现，尽管不同企业间的实际会计管理水平可能存在较大的差异，但如果仅从财务会计工作程序的角度看，同类企业的财务会计工作程序往往是大同小异的。

6. 核算方法不同

管理会计核算方法灵活多样，即使对相同的问题也可根据需要和可能采用不同的方法进行处理，在信息处理过程中大量运用现代数学方法（如微积分、线性规划、概率论等）和计算机技术；财务会计的核算方法比较稳定，多采用一般的数学方法（如加、减、乘、除）。

7. 计量尺度不同

为适应不同管理活动的需要，管理会计虽然主要使用货币量度，但也大量采用非货币量度，如实物量度、劳动量度、关系量度（如市场占有率、销售增长率）等；为了综合反映企业的经济活动，财务会计几乎全部使用货币量度。

8. 核算要求不同

管理会计所涉及的往往属于未来信息，不要求过于精确，只需要满足及时性和相关性的要求；财务会计的信息主要是以价值尺度反映的定量资料，对精确度和真实性的要求较高，数字必须平衡。

9. 核算成本不同

由于社会对管理会计的核算内容和精度没有统一要求，其核算成本属于可避免成本，因此，只有当核算取得的效益大于核算成本时，才有核算的必要；而财务会计核算的内容和精度必须符合社会统一尺度，核算成本是不可避免成本。

10. 核算时间不同

管理会计面向未来进行预测、决策，因此其报告的编制不受固定会计期间（如月、季、年）的限制，而是根据管理需要编制反映不同影响期间经济活动的各种报告，只要需要，它可以按小时、天、月、年甚至若干年编制报告；财务会计面向过去进行核算和监督，为反映一定期间的财务状况、经营成果和现金流量情况，应按规定的会计期间（如月、季、年）编制报告。

11. 观念取向不同

现代管理会计不仅看重实施管理行为的结果，更关注管理的过程。在管理会计观念中，企业中的每个人都是财富和效益的创造者，属于可开发的人力资源，绝不能仅将其看成被管制的对象，机械地"管、卡、压"。因此，一方面要注意合格人才的培养并核算人力资源成本，另一方面必须密切注意管理过程及其结果对企业内部各方面人员心理和行为的影响，千方百计地调动他们的积极性和工作热情，充分发挥他们的主观能动性。

财务会计则将着眼点放在如何真实准确地反映企业生产经营过程中人、财、物在供、产、销各个阶段上的分布、使用及消耗情况上，十分重视定期报告企业的财务状况和经营成果的质量。相对地，不大关心管理过程及其结果对企业内部各方面人员心理和行为的影响。

12. 核算效力不同

由于管理会计的报告往往不向社会公开发布，故不具有法律效能，只具有参考价值；财务会计报表往往要向社会公开发布，故具有一定的法律效能。

二、管理会计与财务会计的联系

管理会计和财务会计同属企业会计的范畴，两者具有千丝万缕的联系。

1. 起源相同

管理会计与财务会计都是在传统会计中孕育、发展和分离出来的，两者共同构成了现代企业会计系统，源于同一母体，相互依存。

2. 目标相同

尽管管理会计与财务会计分别向企业内部和外部提供信息，但最终目标都是使企业获得最大利润，提高经济效益。

3. 基本信息同源

尽管管理会计所使用的信息广泛多样，但其基本信息来源于财务会计，有的是财务会计资料的直接使用，有的则是财务会计资料的调整和延伸。

4. 相互促进，共同提高

一方面，管理会计的不断完善需要财务会计更为及时准确地提供能够反映企业财务状况和经营成果的信息；另一方面，管理会计的改革有助于财务会计的进一步发展，使之改变单纯反映过去、算"呆账"的报账型会计模式，建立面向未来决策的、算"活账"的经营型会计模式，开创会计管理工作的新局面。

从近年来我国管理会计理论与实践的发展来看，会计实务部门对管理会计应用的积极性大大提高，对其理论与方法的认识不断提升。实践中表现出来的一个重要特征是：管理会计与财务会计之间的相互交融开始增强，有时传统的管理会计内容转化为财务会计的核算内容；而有时，一些管理会计的创新内容却是从财务会计的实践中萌生出来的。譬如：①为适应报告企业社会责任的需要，增值会计有可能转化为财务会计的核算内容；②为适应预测企业未来业绩和财务状况的要求，原来属于管理会计的预测决策会计可能转化为对外报告会计的一个组成部分；③为适应表外信息披露的需求，财务分析将成为财务会计一个不可或缺的重要组成部分；④随着企业集群、物流产业，以及环保产业的发展，财务会计对供应链会计、碳会计等提出了进一步控制与监督的需求，进而为管理会计的创新提供了新的研究范畴；等等。

任务四　管理会计的职能与特点

一、管理会计的职能

职能是事物内在的、固有的和客观的功能或属性，是不以人的意志为转移的。作为现代企业管理重要内容的管理会计，其职能必然受到企业管理职能的约束。现代企业管理具有预测、决策、规划、控制和考核评价等五项职能，因而可以将管理会计的主要职能概括为以下五方面。

1．预测经济前景

预测是指采用科学的方法预计推测客观事物未来发展必然性或可能性的行为。管理会计发挥预测经济前景的职能，就是按照企业未来的总目标和经营方针，充分考虑经济规律的作用和经济条件的约束，选择合理的量化模型，有目的地预计和推测未来企业销售、利润、成本及资金的变动趋势和水平，为企业经营决策提供信息。

2．参与经济决策

决策是在充分考虑各种可能的前提下，按照客观规律的要求，通过一定程序对未来实践的方向、目标、原则和方法做出决定的过程。管理会计发挥参与经济决策的职能，主要体现在根据企业决策目标，收集、整理有关信息资料，选择科学的方法计算有关长短期决策方案的评价指标，并做出正确的财务评价，最终筛选出最优的行动方案。

3．规划经济目标

管理会计的规划职能是通过编制各种计划和预算实现的，它要求在最终决策方案的基础上，将事先确定的经济目标分解落实到各有关预算中去，从而合理有效地组织协调供、产、销及人、财、物之间的关系，并为发挥控制和考评职能创造条件。

4．控制经济过程

管理会计控制职能的发挥，要求将对经济过程的当前控制和事中控制有机结合起来，即事前确定科学可行的各种标准，并对执行过程中的实际与计划间的偏差进行原因分析，以便及时采取措施进行调整，改进工作，确保经济活动正常进行。

5．考核评价经营业绩

管理会计履行考核评价经营业绩的职能是通过建立责任会计制度来实现的，即在各部门单位及每个人均明确各自责任的前提下，逐级考核责任指标的执行情况，找出成绩和不足，为奖惩制度的

二、管理会计的特点

通过上述分析，可以将管理会计的特点归纳如下：

1. 侧重于为企业内部经营管理服务

管理会计工作的侧重点在于针对企业内部经营管理遇到的特定问题进行分析研究，以便向企业内部各级管理人员提供有关价值管理方面的信息资料，其具体目标是为企业内部管理服务。

2. 面向经营管理的未来

管理会计不仅要反映、分析过去，而且要利用历史资料来预测前景、参与决策、规划未来、控制考评企业的一切经济活动。管理会计面向未来的作用时效是摆在第一位的，分析过去是为了更好地指导未来和控制现在。因此，管理会计实质上属于算"活账"的经营型会计。

3. 不受公认会计准则的约束

管理会计主要是为企业内部改善经营管理提供有用资料，在许多方面可以不受公认会计准则的约束，只服从管理人员的需要以及系统理论的指导，特别是成本效益关系的约束。

4. 兼顾企业经营的整体和局部

管理会计主要以企业内部各个责任单位为会计主体，对企业的日常经济活动的业绩和成果进行评价与考核；同时，也从企业全局出发，认真考虑各项决策与计划之间的协调、配合和综合平衡，最大限度地提高企业整体的经济效益。

任务五　管理会计工作的组织

企业组织系统是根据生产和管理工作需要而建立的，企业一切生产经营管理活动都是通过一定的组织机构实施的。企业的组织通常可分为生产部门和服务部门两大类：直接负责产品或劳务的生产经营和销售活动的部门，称为生产部门；为生产部门提供专门服务并支持生产部门有效开展工作的部门，称为服务部门。企业会计部门属于服务部门，会计工作由财务总监负责。

一、西方企业的会计组织结构

西方国家的企业一般实行董事会领导下的总经理负责制。会计部门和财务部门直接受主管财务的副总经理（或财务总监）的领导。会计部门的负责人称为主计长（controller），财务部门的负责人称为财务长（treasurer）。详见图1-3。

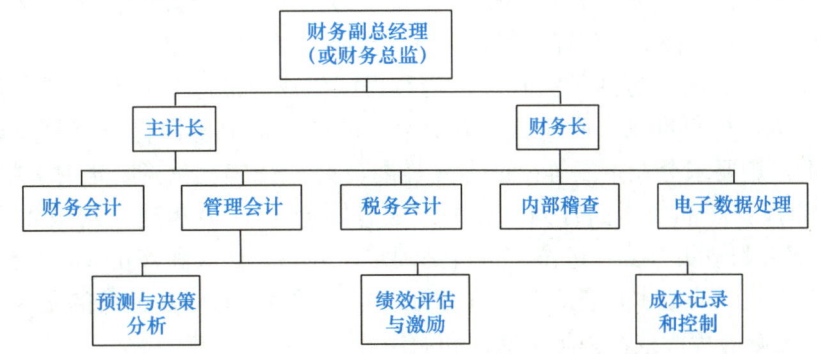

图1-3　西方企业的会计组织结构

由图 1-3 可以看出，在西方国家，现代企业会计的两大分支——财务会计和管理会计都被置于主计长的统一领导下，会计部门和财务部门是两个独立的平行部门，各自有不同的职责范围。

二、我国企业的会计组织结构

在我国，并没有明确地独立设置财务部门来履行与财务管理有关的职能，管理会计的工作也没有专门的机构和人员负责，一般由财务会计人员兼做。也有一些比较大的企业设立了管理会计组，但管理会计工作的进行不够经常化。目前我国企业统管财务管理工作和会计工作的是财务总监（行政单位或国企称为总会计师），企业管理会计的具体工作由下级会计主管人员负责。详见图 1-4。

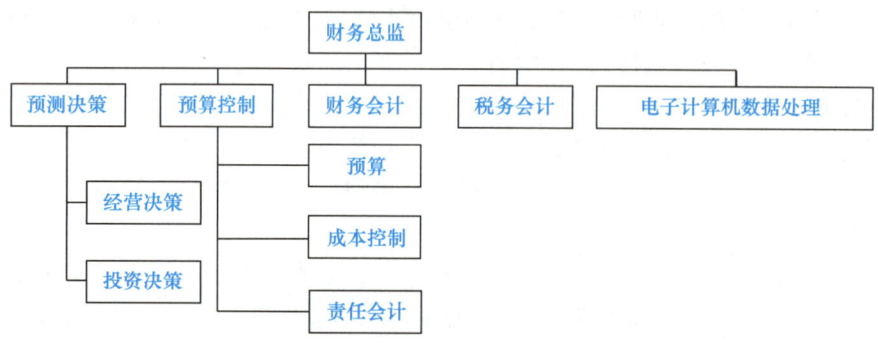

图 1-4　我国企业的会计组织结构

任务六　管理会计的职业环境

管理会计的职业环境是管理会计发展与应用的一个非常重要的方面，它反过来影响和制约着管理会计的发展。在我国，到目前为止，尚无专门的管理会计机构和独立的管理会计职业，而在西方发达国家，管理会计的职业化已相当成熟。了解这些国家管理会计的职业环境，对于理解西方管理会计及促进我国管理会计的发展均具有重要意义。下面对西方国家管理会计的职业环境进行介绍。

一、管理会计的职业组织和职业证书

（一）职业组织

英美等发达国家均有专门的管理会计职业组织。这类组织包括两种：一种是为管理会计实务制定指南和准则的组织，另一种是专门提高管理会计师专业技能和竞争力的组织。

比如美国，其第一类组织包括一些联邦机构和民间组织。联邦机构有：国内税务总署，制定与税务有关的产品成本核算准则；联邦贸易委员会（FTC），限制竞争保护贸易，规范定价以保证企业基于成本定价，还要求分业报表等；证券交易委员会（SEC），负责制定财务报告的法规准则，以规范管理会计师核算产品成本的行为。此外，还有国会于 1970 年建立的成本会计准则委员会（CASB），它由联邦采购政策办公室运作，宗旨是制定、颁布、修改和终止成本会计的准则和解释，以使联邦政府所签合同中的成本计量、归集和分配保持一致性。CASB 的目的是保证政府的供应商所使用的成本会计准则前后一致，并防止欺诈和滥用。

民间组织有财务会计准则委员会（FASB）和美国注册会计师协会（AICPA），它们为财务报告

实务制定准则，AICPA 还以新闻简报、杂志、专业研讨会和技能讲座的形式为执业会计师提供教育机会。

第二类组织旨在提高管理会计师的实务水平和专业性。与注册会计师职业组织对于会计师职业的作用相类似，这类管理会计师职业组织的主要目的是指导管理会计的研究与实务，并负责管理会计师资格考试和相应的业务培训与管理，美国管理会计师协会（IMA）是美国致力于此的主要组织。除此之外，还有英国的特许管理会计师协会（CIMA）、日本工业管理与会计协会（JIMAI）、加拿大的管理会计师协会（SMA）等。

IMA 拥有杂志、新闻简报、研究报告、管理会计实务报告、专业发展研讨会以及为管理会计师提供继续教育的每月技能讲座等，其前身是 1919 年成立的全美会计师协会（NAA），1991 年更名为管理会计师协会。该协会也负责主办管理会计师资格考试，出版《管理会计》月刊和《管理会计研究》季刊。从 1980 年起，IMA 陆续发表了包括管理会计的目标、术语、概念、实务和方法以及会计活动的管理等方面的公告，这些公告为解决管理会计问题提供了指导性原则并有助于建立管理会计体系。CIMA 的前身可以追溯到 1919 年成立的成本会计师协会，1972 年更名为成本与管理会计师协会，1986 年又一次更名为特许管理会计师协会。该协会负责举办特许管理会计师资格考试、出版《管理会计》月刊和《管理会计研究》季刊，并负责发布《管理会计正式术语》。1982 年开始发布的《管理会计正式术语》的主要内容包括管理会计的定义、管理会计的要素、管理会计的原则、成本要素、成本分配、成本性态、本量利分析、各项预算的概念和编制方法、责任会计、业绩评价、成本控制、作业成本计算法、各种短期生产经营决策以及长期投资决策的概念和方法等。这些有关管理会计概念和方法的说明，对管理会计理论和实践水平的提高起到了极大的促进作用。

就美国而言，与管理会计职能相关的领域中，还有财务经理协会（FEI）等。FEI 主要为财务人员（包括总会计师和财务经理）提供服务，由于其会员制的性质，FEI 更关注管理与经营控制问题，而不太关心成本核算问题，因此与管理会计师相关。此外，管理会计师进行管理控制的一项重要职责便是建立有效系统进行检查和防止会计核算中错弊的发生，因此与一些控制性组织，如内部审计师协会联系紧密。另外，对那些拥有相关管理会计经验，尤其是有与联邦政府签约经验的人来说，成本分析协会为他们提供了类似于 IMA 和 FEI 的有用服务。

（二）职业证书

职业证书的作用是为管理会计师的经验、培训和业绩提供一个具体的衡量指标，它也是管理会计师显示专业业绩和成果的一种途径。

在美国，与管理会计相关的证书有三种：第一种是 IMA 颁发的注册管理会计师（CMA）证书，这一证书在会计师通过资格考试并拥有一定背景和经验后颁发。考试涉及管理会计实务的四个方面：经济学、财务和管理学，财务会计与报告，管理分析与报告，决策分析与信息系统。取得考试资格的前提是必须具备下列条件之一：在该协会立案的大学获得学士学位；达到该协会规定的研究生入学考试（GRE）或管理研究生入学考试（GMAT）成绩；已取得美国注册会计师资格或该协会认可的其他国家的相关专业资格证明。第二种相关证书是 IMA 的注册财务经理（CFM）证书。这种证书要求财务经理承担更广泛的责任，包括一些财务总监的责任。考试除了 CMA 的内容，还包括企业财务管理的相关内容。第三种证书是注册会计师（CPA）证书。与 CMA 和 CFM 一样，CPA 也必须通过资格考试，并符合一定的背景、工作经验和后续教育要求，但不像 CMA 是一项国际认定，CPA 由美国各州制定和监督，各州自有一套标准。

英国的职业资格称作特许管理会计师（Chartered Management Accountant，CMA）。英国特许管理会计师协会在世界各地设有多个定点考试中心，考生来自英国及英国以外的 60 多个国家和地区。协会规定参加考试的成员必须至少达到大学毕业标准或相当学历，考试科目和时间包括管理会计（8.5小时），财务会计（8小时），成本会计（3小时），财务管理（3小时），管理学、公司发展战略及市场学（6小时），法律、税收及经济学（12小时），定量分析技术与信息技术处理（7.5小时）。总的考试时间为48小时。考生在通过以上7科考试，并具有3年从事管理会计工作经验后，可以申请为非正式会员；具有在财务经理或财务主任等高层次岗位上的3年工作经验后，方可获得特许管理会计师资格证书。获得特许管理会计师资格证书，成为特许管理会计师协会的正式成员后，相应地就会有较高的社会地位：1985年英国的《公司法》第二百八十六条规定，特许管理会计师有资格担任公司的财务经理；1988年的《地方政府财务法令》第一百一十三条明确规定，特许管理会计师可以在地方政府机构中担任总财务主任的要职。

二、管理会计的职业道德行为准则

职业道德是管理会计工作和职业中的重要环境问题，是对提供有效的管理控制的承诺。管理会计及财务管理人员对大众、专业团体、服务机构及其本身，有维持最崇高道德准则的义务，因此美国最大的管理会计机构——美国管理会计师协会颁布了《管理会计及财务管理人员之道德执行准则》（Standards of Ethical Con-duct for Practitioners of Management Accounting and Financial Management Accounting），遵守此项准则是达成管理会计目标所必需的，也是管理会计及财务管理人员应切实履行的义务。

管理会计指引体系

1. 能力（competence）

管理会计及财务人员有义务：

（1）提升其知识及技能，以保持适当的专业技术水平。

（2）依据相关法律、规章及技术标准，履行其专业责任。

（3）在适当地分析相关及可靠性资料之后，编制完整清晰的报告及建议书。

2. 保密性（confidentiality）

管理会计及财务人员有义务：

（1）除非法律的强制要求或得到授权，不得披露工作过程中获得的机密信息。

（2）告知下属对工作中获得的信息要进行恰当的保密，并监督他们的行为以保证其保守机密。

（3）禁止将工作中所获取的机密资料，经由个人或第三人，运用于非法利益。

3. 正直性（integrity）

管理会计及财务人员有义务：

（1）避免实际发生或即将发生的利益冲突，协调可能发生冲突的有关各方。

（2）不得从事道德上有害其履行职责的活动。

（3）拒绝接受任何可能影响其行动的馈赠、好处或招待。

（4）不得以任何理由妨碍所在机构实现其正常的合法目标。

（5）发现并反映业务上或其他方面的不足，以防其影响对项目的正确评价和顺利实施。

（6）交流不利及有利的信息、专业判断和观点。

（7）不能从事或支持任何有害于专业团体的活动。

4. 客观性（objectivity）

管理会计及财务人员有义务：

（1）公正客观地反映信息。

（2）充分披露那些可以合理地预计到的将影响用户理解所呈送的报告、意见和建议书的所有相关信息。

5. 道德行为冲突的解决 (the resolution of ethical conduct conflict)

在应用各项道德行为准则时，管理会计师可能会遇到怎样确认非道德行为，或怎样解决不道德行为的问题。对于重大的道德行为问题，管理会计师应遵循企业已经制定的方针政策中的有关条款来解决。如果遵循政策仍不能解决道德行为冲突问题，管理会计师应考虑采取以下行动：

（1）若上司未卷入纠纷，则同上司商讨，解决问题；若上司亦卷入纠纷，可将问题向高一级管理部门反映；若问题仍不能圆满解决，则可向更高一级管理部门呈报。如上司就是主要负责人或相当于此职位者，可将问题提交某个机构审议，如审计委员会、董事会、信托委员会或业主。如果上司没有卷入纠纷，越级反映情况在呈报上司后方可进行。

（2）私下与客观公正之人商讨，以取得其对某些行为的理解，澄清问题。

（3）如果各层领导均已在内部反复洽商而问题仍未得到解决，在这种情况下，管理会计师只有提出辞职，并向机构中有关人士提交有关情况的备忘录。

项目练习题

一、单项选择题

1. 1911年，（　　）发表了著名的《科学管理原理》，开辟了企业管理的新纪元。
   A. 泰罗　　　　B. 蓝斯登　　　　C. 奎因斯坦　　　　D. 斯坦纳

2. 泰罗制下，企业采用的管理方法是（　　）。
   A. 科学管理方法　　　　　　　　B. 经验管理方法
   C. 传统管理方法　　　　　　　　D. 现代管理方法

3. 国际会计师联合会正式通过"管理会计"这一专业术语是在（　　）。
   A. 1911年　　　B. 1920年　　　C. 1922年　　　D. 1952年

4. 第一本管理会计专著，即《管理会计入门》，是由美国学者麦金西于（　　）年写的。
   A. 1923　　　　B. 1924　　　　C. 1925　　　　D. 1926

5. 没有固定核算程序的是（　　）。
   A. 财务会计　　B. 成本会计　　C. 管理会计　　D. 对外报告会计

6. 会计中涉及企业内部管理的部分被称为（　　）。
   A. 财务会计　　B. 对外报告会计　　C. 管理会计　　D. 会计核算

7. 管理会计不必受（　　）约束。
   A. 会计法　　　B. 统一会计制度　　C. 公认会计原则　　D. 以上都不对

8. 使用管理会计所提供的经济信息的是（　　）。
   A. 银行　　　　　　　　　　　　B. 债权人
   C. 税收机关　　　　　　　　　　D. 企业内部管理当局

9. 下列不属于管理会计的服务对象的是（　　）。
   A. 股东　　　　　　　　　　　　B. 外部集团
   C. 债权人　　　　　　　　　　　D. 企业内部经营管理者

二、多项选择题

1. 管理会计属于（　　）。
   A. 内部会计　　B. 经营型会计　　C. 外部会计　　D. 报账型会计

2. 下列项目中，可以作为管理会计主体的有（　　）。
   A. 企业整体　　B. 个人　　　　C. 车间　　　　D. 班组

3. 管理会计与财务会计的联系表现在（　　）。
   A. 起源相同 B. 最终目标相同
   C. 基本信息相同 D. 服务对象交叉
4. 管理会计与财务会计的区别表现在（　　）。
   A. 会计主体不同 B. 具体目标不同
   C. 约束条件不同 D. 基本职能不同
5. 管理会计的作用体现在（　　）。
   A. 从传统会计单纯地反映过去扩展到着重于规划未来
   B. 从传统会计日常繁杂的记账、算账工作中解脱出来，演变为着重于对经济活动进行日常控制与事前控制
   C. 从传统会计事后编制报表、向外界提供信息扩展到着重于利用信息，帮助企业内部各级管理人员进行预测和决策
   D. 从传统会计孤立的指标核算演变为与责、权、利紧密联系起来的责任会计核算
6. 下列关于管理会计的叙述中，正确的有（　　）。
   A. 核算方法灵活 B. 可以提供未来信息
   C. 以责任单位为主体 D. 必须严格遵循公认会计原则
7. （　　）属于现代管理会计的基本内容。
   A. 规划与决策会计 B. 成本管理会计
   C. 财务会计 D. 控制与评价会计
8. 管理会计的职能包括（　　）。
   A. 参与经济决策 B. 控制经济过程
   C. 规划经营目标 D. 预测经济前景
   E. 考核评价经营业绩
9. 2014年10月，英国和美国的两家组织携手推出了《全球管理会计原则》，这两家机构是（　　）。
   A. 英国皇家特许管理会计师公会 B. 美国管理会计师协会
   C. 美国注册会计师协会 D. 英国注册会计师协会

三、判断题

1. 管理会计与财务会计是现代会计的两大分支，两者既有联系又有区别。（　）
2. 管理会计的各职能之间无任何联系。（　）
3. 管理会计是从企业外部来约束企业管理行为的。（　）
4. 管理会计与财务会计的目标完全一致，无任何区别。（　）
5. 管理会计的核算结果不要求绝对精确。（　）
6. 管理会计与财务会计核算方法、核算内容完全一致。（　）
7. 管理会计与财务会计都必须遵守会计准则。（　）
8. 1911年，泰罗发表了著名的《科学管理原理》，被誉为"科学管理之父"。（　）

四、案例分析题

20世纪末，江苏昆山某国有企业进行股份制改造，公司借调整之机准备改财务科为财务部，并招聘财务经理一名。董事长对这项工作高度重视并亲自面试，发现一位具有上市公司财务负责人背景的会计很有见解，就高薪聘用了他。新经理上任后，对公司会计流程批评较多，却没有能力加以改善。董事长很纳闷，在大公司（上市公司）当过财务主管的人，怎么可能是

外行呢?

专家建议：从现有的会计队伍中选拔一位资深会计担任财务部副经理，重点抓财务会计工作，以协助财务经理的工作。理由是：该经理长期在上市公司中从事现金流管理、企业并购重组等管理会计事项。

要求：应用案例资料，结合所学知识，就管理会计与其他学科之间的关系谈谈你的认识。

项目二 战略管理

📄 知识目标

- 熟悉和理解企业战略及战略管理的定义;
- 掌握战略的层次;
- 熟悉战略管理的原则和基本程序;
- 熟悉战略地图及其绘制方法。

能力目标

- 通过学习企业战略管理的概念,充分认识到企业战略管理的重要性;
- 通过学习战略管理的基本程序,能理解战略管理的逻辑思维;
- 通过学习战略地图及其绘制方法,能读懂战略地图,把握企业的战略意图。

职业素养及思政元素

- 通过战略管理的学习,树立全局观念和发展观念,高瞻远瞩谋划企业未来,为企业的发展提供战略思维和发展路线图。
- 战略思维;系统观、整体观、大局观、辩证观、运动观、义利观;"两个大局"(实现中华民族伟大复兴的战略全局、世界百年未有之大变局);"十个坚持";新发展理念(创新、协调、绿色、开放、共享);高质量发展;"三新一高"(立足新发展阶段、贯彻新发展理念、构建新发展格局,推动高质量发展);"四个自信""两个确立";企业家精神。

🎯 案例导入

海尔集团企业战略动因:驱动中国家电巨头走向全球化

随着全球化进程的加速和市场竞争的日益激烈,中国企业要实现持续发展,需要借助一些金融手段。海尔集团作为中国家电行业的代表,通过市场拓展、技术创新等,成功实现了全球化发展。

1. 市场拓展

海尔集团在中国市场的规模和份额已经达到了饱和点,进一步的发展需要寻求新的市场机会。海尔集团通过海外市场的开拓,能够扩大销售规模,降低生产成本,提高企业的竞争力。这需要海尔集团借助金融工具,支持其在海外市场的投资和运营。

2. 技术创新

海尔集团深知技术创新对企业发展的重要性,通过持续的研发投入和技术合作,不断提升产品品质和创新能力。金融工具可以为海尔集团提供资金支持,用于研发设施的建设和技术人才的引进，从而推动企业技术创新，提高产品竞争力。

海尔全球化的原因主要有：

1. 资源优势

中国作为世界最大的制造业基地之一，拥有丰富的劳动力和资源。海尔集团通过全球化，能够充分利用中国的资源优势，降低生产成本，提高产品的竞争力。

2. 品牌影响力

海尔集团在中国市场积累了较高的品牌影响力，通过全球化，能够进一步扩大品牌知名度，提高产品的附加值和溢价能力。

3. 市场需求

随着全球经济的发展和人民生活水平的提高，国际市场对高品质、高性能的家电产品的需求不断增加。海尔集团通过全球化，能够适应不同国家和地区的市场需求，满足消费者的多样化需求。

海尔全球化所带来的影响：

1. 经济效益

海尔集团通过全球化，能够实现规模经济效益和成本优势，降低生产成本，提高利润率。金融工具的使用，可以支持海尔集团在海外市场的投资和运营，进一步提高企业的经济效益。

2. 品牌价值

海尔集团通过全球化，能够进一步提升品牌价值和知名度，提高品牌的溢价能力和市场竞争力。这对于海尔集团的长期发展和企业形象的建立具有重要意义。

综上，海尔集团借助金融手段，成功实现了全球化发展。市场拓展和技术创新是驱动海尔集团全球化的主要动因。全球化不仅能够提升企业的经济效益和品牌价值，还能够满足全球市场对高品质家电产品的需求。金融工具的使用，对于海尔集团在海外市场的投资和运营具有重要支持作用。海尔集团的成功经验对于其他中国企业实现全球化发展具有借鉴意义。

思考：（1）海尔战略的动因是什么？

（2）海尔全球化战略布局为企业带来哪些协同效应？

任务一　战略管理认知

一、战略管理的概念

（一）战略的界定

战略一词源于军事领域，原指将军指挥军队的艺术和科学。随着时间的推移，战略一词逐渐扩展到商业、政治和其他领域。在现代企业管理中，战略已经成为一个非常重要的概念，用于指导组织的长期规划和决策。通过对市场环境、竞争对手和自身资源的深入分析，组织可以制定合适的战略，以实现其长期目标和愿景。因此，了解战略一词的来源和发展对于理解战略管理的重要性非常有帮助。

战略界定

企业战略的概念主要经历了两个发展阶段：一是传统定义阶段（20世纪60—70年代）。哈佛大学波特教授将战略定义为"企业为之奋斗的终点与企业为达到它们而寻求的途径的结合物"，该定义概括了当时理论界的普遍认识，强调企业战略的重要属性为计划性、全局性和长期性。二是现代定义阶段（20世纪80年代以来）。所谓战略，就是在企业的各项运营活动之间建立一种配称。战略的成功，依靠的不是仅仅完成几件事情，而是要完成许多事情，并对各项运营活动进行统筹兼顾。如果这些活动之间缺乏配称，那么战略也将失去独特性和可持续性。基于此，我国管理会计应用指引对战略的定义是企业从全局考虑出发做出的长远性谋划，这里的谋划是一个谋定而后动的过程，既包括战略的制定，也包含战略的调整。

从企业未来发展的角度来看，战略表现为一种计划（Plan），而从企业的过去发展历程的角度来看，战略则表现为一种模式（Pattern）；如果从产业层次来看，战略表现为一种定位（Position），而从企业层次来看，战略则表现为一种观念（Perspective）；此外，战略也表现为企业在竞争中采用的一种计谋（Ploy）。这是关于企业战略比较全面的看法，即著名的5P模型。

（二）战略层次

企业战略通常分为三个层次：总体战略、竞争战略和职能战略。对企业战略进行层次划分的意义在于：既能保持企业经营战略的统一性，使企业资源的调动能最大限度地符合企业长期发展目标的要求，又能适应分权管理的要求，体现企业经营活动的灵活性。一般而言，企业的战略层次与企业组织层次和权力层次相对应，以保证权责统一。图2-1详细列示了战略层次、战略内容侧重点与组织结构的对应关系。

战略管理层次

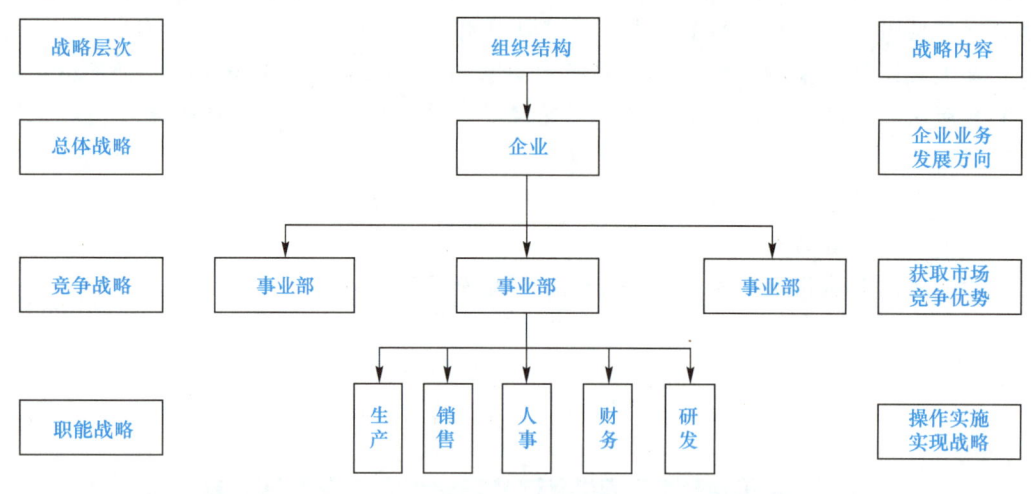

图2-1 战略层次

1. 总体战略

总体战略又称公司层战略，是企业最高决策层指导和控制企业的最高行动纲领。其研究对象是由相对独立的业务组合而成的企业整体，研究的主要内容包括两个方面：一是应该做什么，即确定企业的使命和目标体系，确定企业活动的范围和重点，以及企业投资决策等一系列关键内容；二是合理配置资源，即企业高层决策者以最有利于提高企业绩效为目标，权衡经营活动对企业内部资源的需要，力争将有限资源的效用发挥到最佳。

总体战略一般有以下四种类型：

（1）稳定型战略，又称防御型战略，即企业保持原有的业务组合与资源分配的原则和方式。

（2）发展型战略，又称扩张型战略，即调整业务组合，鼓励业务迅速发展，从而实现企业业务组合的改变和发展速度的提高。

（3）衰退型战略，又称紧缩型战略，即抑制某些业务的发展，以实现业务组合的调整或防范风险。

（4）退出型战略，即对业务组合进行较大的变革，并退出某些关键业务，为发展新的业务重新配置资源。

2. 竞争战略

竞争战略只是企业战略的一部分，又称为业务层次战略，是在企业总体战略的制约下，指导和管理具体战略经营单位的计划和行动。企业竞争战略要解决的核心问题是，如何通过确定顾客需求、竞争者产品及本企业产品三者之间的关系，来奠定本企业产品在市场上的特定地位并维持这一地位。

竞争战略主要涉及在各细分市场中的竞争，重点是使战略业务单元在行业的特定细分市场或领域取得较好的经营业绩，构建可持续竞争优势。其职责主要是面向市场进行产品或服务开发。

竞争战略包括四个层次：

（1）产品形式竞争，这是最狭义的一种竞争，它反映了企业竞争主要是产品品牌竞争的观点。这些品牌属于同类产品，具有相同的产品特征，面对同样的细分市场。

（2）品类竞争，是具有类似特征的产品或服务之间的竞争。在界定竞争对手时，企业应重点考虑这一层次的竞争对手。例如，如果不考虑目标市场的话，所有涉及个人电脑业务的企业都可以相互视为竞争对手。

（3）属类竞争。属类竞争以更长的时间跨度为导向，着重于可替代的产品分类，是满足同一顾客需求的产品或服务之间的竞争。例如，软饮料与橙汁在"解渴"上的竞争、快餐与正餐在"方便"上的竞争等。

（4）预算竞争，这一竞争更广泛，是营销大师菲利普·科特勒（Philip Kotler）提出的。这个层面的竞争考虑了市场上争夺同一消费者钱包份额的所有产品和服务。

3. 职能战略

职能战略是为贯彻、实施和支持总体战略与竞争战略而为企业职能管理部门制定的战略。职能战略的重点是提高企业资源的利用效率，降低成本。在总体战略和竞争战略的指导下，企业各职能部门根据其职能战略集中资源，支持总体战略的实施，保证总体战略目标的实现。企业要充分发挥各职能部门的作用，加强各职能部门之间的合作、协调与协同。

与总体战略及竞争战略相比，职能战略更为详细具体，更具可操作性。它由一系列详细的方案和计划构成，涉及企业经营管理的所有领域，包括财务、生产、销售、研发、公共关系、采购、储运、人事等。与此相对应，职能战略一般可分为财务战略、生产战略、销售战略（市场战略）、研发战略（技术战略）、公关战略、采购战略、供应战略和人力资源战略等。

（三）战略管理

从动机上看，战略管理（strategic management）是一种确保当前利润最大化，同时追求长远利益的组织行为；从功能上看，战略管理致力于对市场营销、财务会计、生产作业、研究与开发及管理信息系统进行综合的管理，并确保公司在正确的轨道上前进；从流程上看，战略管理是一个包括战略规划、战略实施以及战略评价和控制的过程。一般来讲，战略管理的含义可以归纳为两种类型，即广义的战略管理和狭义的战略管理。广义的战略管理是指运用战略对整个企业进行管理；狭义的战略管理是指对企业战略的制定、实施、控制和修正进行管理。目前，主张狭义的战略管理的学者占

战略管理

主流。

具体来说，战略管理是对一个企业或组织在一定时期的全局的、长远的发展方向、目标、任务和政策，以及资源调配做出的决策和管理艺术，包括公司在完成具体目标时对不确定因素做出的一系列判断，以及公司在环境检测活动的基础上制定战略。战略管理首先是一个"自上而下"的过程，这也就要求高级管理层具备相关的能力及素养。战略管理还是一个不确定的过程，因为不同的决策层对于危险和机遇有不同的理解。战略管理大师迈克尔·波特（Michael Porter）认为，一项有效的战略管理必须具备五个关键点：独特的价值取向、为客户精心设计的价值链、清晰的取舍、互动性、持久性。

企业战略管理体系设计的实质是围绕着企业的三个核心问题进行细化的过程，这三个核心问题分别是：企业在哪里？企业去哪里？我们何时竞争（行动）？"企业在哪里"是指明晰企业的位置、我们的优劣所在、我们如何从广泛的市场参与中选择有价值的目标市场与顾客，以提供满足其需求的服务。"企业去哪里"是企业的未来发展方向。"我们何时竞争（行动）"是指我们什么时间怎样行动才能战胜竞争对手，这需要企业详细分析竞争对手以及获取较高价值的各种策略手段，比如是采用什么样的新技术还是采用什么类型的增值服务项目等。

（四）战略管理的特点

战略管理的特点主要包括以下几点：

（1）全局性：战略管理涉及企业的各个方面，以企业的全局发展规律为研究对象，着眼于组织全局的发展。

（2）指导性：战略管理规定了企业的发展目标和实现目标的基本途径，为企业的日常经营管理提供指导。

（3）创新性：战略管理的目的是确定企业在市场中的优势和地位，引领企业采用新的经营模式来占领市场。

（4）前瞻性：战略管理需要对未来的机会和挑战有一定的认识和预测，以便企业提前做好应对准备。

（5）长期性：战略目标的实现往往需要一定的时间，因此战略管理是一个长期的过程，需要持续关注和调整。

（6）风险性：由于未来的不确定性，战略管理面临着一定的风险，需要企业做好风险管理。

（7）适应性：战略管理需要根据企业内外部环境的变化及时调整，以保持企业的适应性。

（8）竞争性：战略管理的目的是提高企业在市场中的竞争力，帮助企业在激烈的市场竞争中立足。

（9）整合性：战略管理需要整合企业的各种资源，包括人力、物力、财力、技术等，以实现企业的战略目标。

（10）动态性：由于企业内外部环境的变化，战略管理需要保持动态性，不断调整和完善。

二、战略管理的过程

战略管理是制定、实施和评估战略的一系列管理决策与行为。战略管理由几个相互关联的具有一定逻辑顺序的阶段组成，由此形成一个完整的体系。从动态的逻辑和系统的角度可以将战略管理过程描述为确定企业愿景、使命与目标，战略分析与选择，战略实施，战略评价与控制四个阶段。战略管理的基本过程如图 2-2 所示。

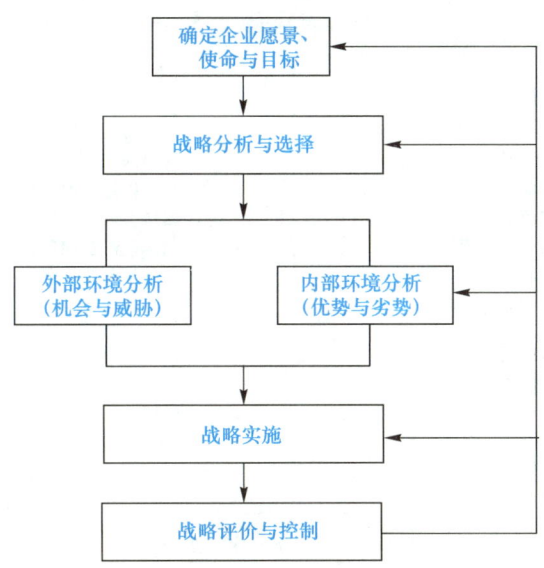

图 2-2 战略管理的基本过程

（一）确定企业愿景、使命与目标

确定企业愿景、使命与目标的工作是战略管理过程的起点，形成指导企业行动的纲领性文件，对企业的业务领域、顾客及要提供的产品或服务加以明确界定。

愿景描述了企业发展的方向和最终目标，表明企业的长期方向和战略意图；使命是组织基本的目的和价值取向，取决于组织的经营范围，是组织存在的理由；目标的确定是企业战略管理过程中至关重要的一步，只有明确了目标，企业才能根据目标合理分配资源，正确安排经营活动的优先顺序，明确任务和职责。

（二）战略分析与选择

战略分析是指对企业的战略环境进行分析、评价，并预测环境未来发展的趋势，以及这些趋势可能对企业造成的影响。

战略选择是指企业战略管理者根据外部环境和企业内部条件、企业使命和目标，拟订可供选择的几种战略方案；根据是否发挥企业优势、克服劣势，是否利用机会、化解威胁等来评价战略方案；然后，按照适用性、可行性、接受性等标准，分析企业组织与战略的匹配程度以及企业实施战略所需的资源条件；最终选择出可执行的最佳战略。

一般来说，战略分析包括企业外部环境分析和企业内部环境分析两部分。

1. 企业外部环境分析

企业外部环境一般包括下列因素或力量：政治法律因素、经济因素、技术因素、社会因素以及企业所处行业中的竞争状况。企业外部环境分析的目的是适时地寻找和发现有利于企业发展的机会，以及对企业存在的威胁，以便在制定和选择战略时能够利用外部条件所提供的机会、避开对企业的威胁因素。

（1）宏观环境分析（PEST 分析）。

企业在进行宏观环境分析时主要应当考虑四类因素，即政治和法律因素、经济因素、社会和文化因素、技术因素等，如图 2-3 所示。

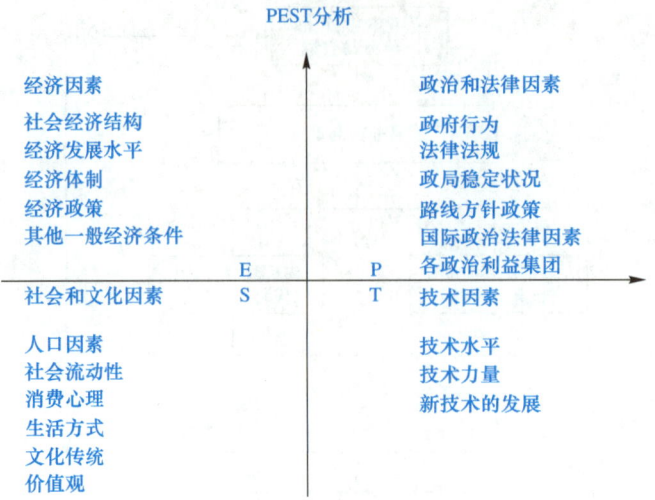

图 2-3 主要宏观环境因素

（2）产业环境分析。

企业产业环境分析一般包括产品生命周期、产业的五种竞争力和成功关键因素分析等。

产品生命周期指产品的市场寿命，即一个新产品从开始进入市场到被市场淘汰的整个过程。通常分为导入期、成长期、成熟期、衰退期四个阶段。如图 2-4 所示。

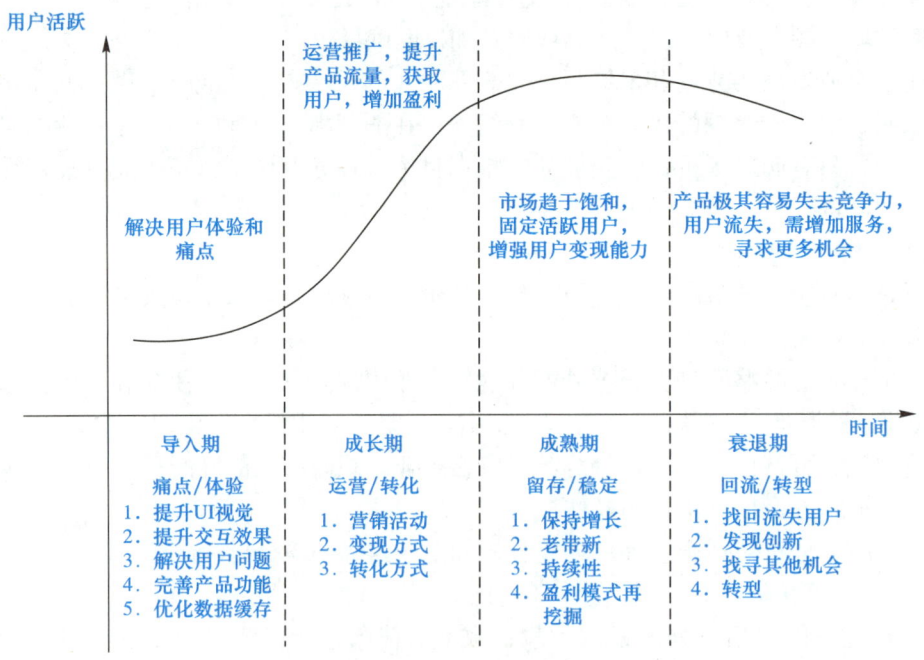

图 2-4 产品生命周期

波特在《竞争战略》一书中，从产业组织理论的角度，提出了产业结构分析的基本框架——五种竞争力的分析，即供方讨价还价能力、买方讨价还价能力、现有企业间的竞争、潜在新进入者和替代品的威胁，这些作用力汇集起来，决定着该行业的最终利润水平。波特强调，结构分析是确立竞争战略的基石，一个企业的竞争战略目标在于使企业在行业内部处于最佳位置，可抗击五种竞争作用力，或根据自己的意愿来影响五种竞争作用力。战略制定的关键就是要深入表面现象分析竞争压力的来源。对于表象之后的压力来源的认识可使企业的关键强项与弱项突出地显露出来，使企业更加准确地在行业中定位，使战略变革可能产生最大回报的领域清晰化，并且使行业发展趋势中最具有机遇和危险的领域显露出来。如图 2-5 所示。

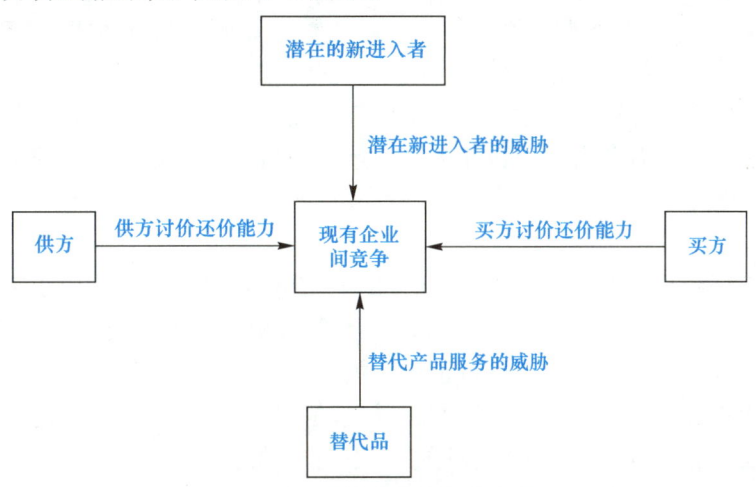

图 2-5　驱动产品竞争的力量

成功关键因素是企业取得成功的前提条件，是指企业在特定市场获得盈利必须拥有的技能和资产。不同的产业所涉及的成功关键因素是不同的，即使是同一产业中的不同企业，也可能对该产业的成功关键因素有不同的侧重。企业在确认成功关键因素时，必须考虑以下三个问题：一是需求，即顾客在各个竞争品牌之间进行选择的基础是什么。二是供给，即某产业中的一个卖方厂商要取得竞争成功需要什么样的资源和竞争力。三是可持续性，即某产业中的卖方厂商获取持久竞争优势必须采取什么样的措施。例如，在服装行业中，其成功的关键因素是有吸引力的设计和色彩组合（引起购买者的兴趣）以及低成本制造效率（以便定出吸引人的零售价格和获得很高的利润率）。

（3）竞争对手分析。

竞争对手是企业经营行为最直接的影响者和被影响者，这种直接的互动关系决定了竞争对手分析在外部环境分析中的重要性。分析竞争对手的目的在于：了解每个竞争对手可能采取的战略行动及其成功的希望；各竞争对手对其他公司的战略行动可能做出的反应；各竞争对手对可能发生的产业变迁和环境的大范围变化可能做出的反应；等等。

竞争对手分析可以从以下四个方面进行，即竞争对手的未来目标、假设、现行战略和能力。如图 2-6 所示。

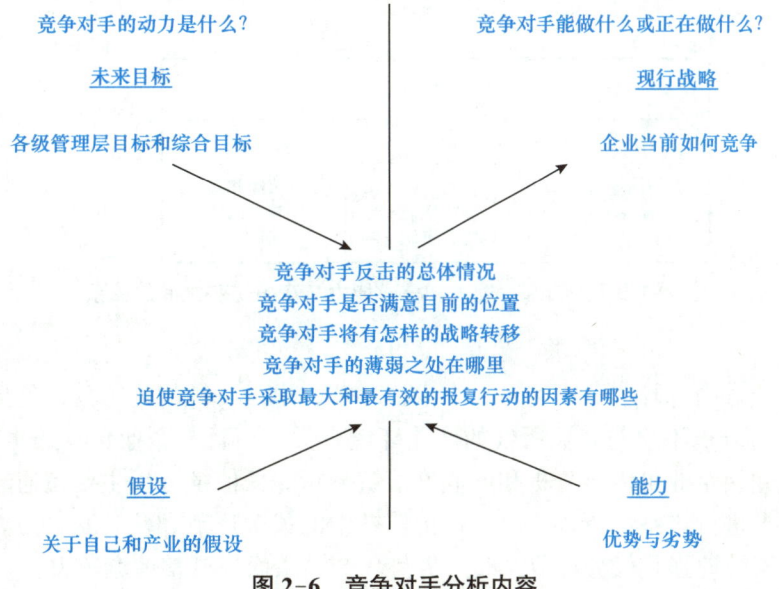

图 2-6　竞争对手分析内容

2. 企业内部环境分析

企业的内部环境即企业本身所具备的条件，也就是企业所具备的资源和能力，包括生产经营活动的各个方面，如生产、技术、市场营销、财务、研究与开发、员工情况、管理能力等。企业内部环境分析的目的是发现企业所具备的优势或劣势，以便在制定和实施战略时能扬长避短、发挥优势，有效地利用企业自身的各种资源。企业内部环境分析可以从企业资源与能力、价值链和业务组合等方面展开。

（1）企业资源与能力分析。

企业资源与能力分析是内部环境分析的核心部分。企业资源分为有形资源和无形资源，有形资源包括物质形态的资源，如实物资产和金融资产；无形资源包括人力资源、创新资源、声誉资源、技术资源和企业文化等。无形资源不易被竞争对手模仿或取得，具有稳定性和持久性，是企业竞争力的重要来源。企业资源分析的目的是为资源配置提供依据，从而发挥竞争优势。企业最重要的资源是人力资源，需要合理配置，同时关注资源结构平衡和动态调整。通过对这些资源的分析，企业可以明确自身的优势和劣势，进而为战略制定提供有力的支持。

企业能力是指企业整合资源，使价值不断增加的技能。一般而言，资源本身并不能产生竞争能力和竞争优势，竞争能力和竞争优势源于对多种资源的特殊整合。企业的竞争优势源于企业的核心能力，核心能力源于企业能力，而企业能力又源于企业资源。核心能力是一组特殊的能力，是一组超越产业中所有竞争对手的能力。一个企业是否具有核心能力，可以从这四个方面来进行判断：有价值、稀有性、难以模仿、不可替代。符合这四项标准的资源和能力才能够形成核心能力，使组织获得持久性的竞争优势。如图 2-7 所示。

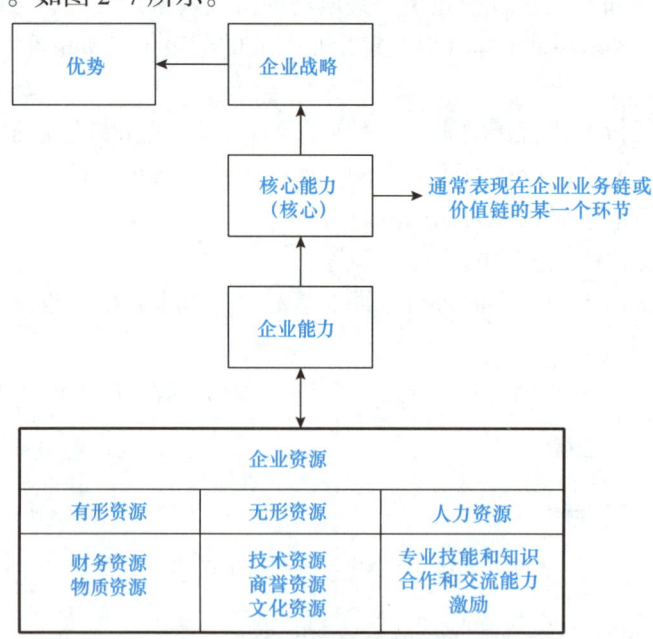

图 2-7　企业资源、能力、核心能力与竞争优势之间的关系

（2）价值链分析。

价值链分析是企业内部环境分析的另一个重要环节，也是一种战略工具，是提高企业竞争优势的基本途径。价值链分析不仅与企业所处的产业环境有关，而且与企业自身的生产经营密切相关，因此，价值链分析包括企业价值链分析和产业价值链分析。价值链分析主要是通过对企业生产、销售、服务等各个环节进行详细剖析，找出企业价值链中的关键环节和核心竞争力。这有助于企业在制定战略时，有针对性地强化优势环节，改进劣势环节，从而提升整体竞争力。

（3）业务组合分析。

价值链分析有助于对企业能力的考察，但只针对独立的产品、服务或业务单位，对于多元化经营的企业来说，还需要将企业的资源和能力作为一个整体来考虑，因此，企业战略分析另一个重要部分就是业务组合分析，保证业务优化是企业战略管理的主要责任。这里主要介绍波士顿矩阵分析法。

波士顿矩阵分析法（BCGMatrix）是指在坐标图上，以纵轴表示企业销售增长率，横轴表示市场占有率，将坐标图划分为四个象限，分别为"明星类产品""问题类产品（？）""金牛类产品（¥）""瘦狗类产品（×）"。其目的在于通过产品所处不同象限的划分，使企业采取不同决策，以保证其不断地淘汰无发展前景的产品（"瘦狗类产品"），保持"明星类产品""问题类产品""金牛类产品"的合理组合，实现产品及资源分配结构的良性循环。如图2-8所示。

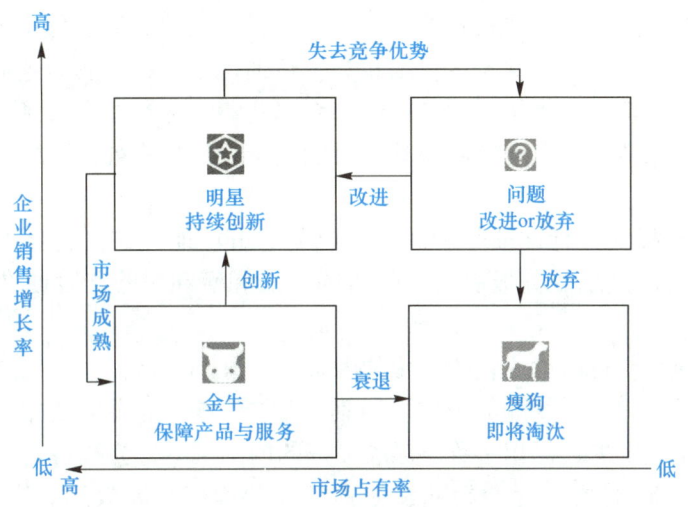

图2-8 波士顿矩阵图

波士顿矩阵对处于四个象限的企业产品具有不同的定义和相应的战略对策。

①明星类产品（stars）。它是指处于高销售增长率、高市场占有率象限内的产品群，这类产品可能成为企业的现金牛产品，需要加大投资以支持其迅速发展。市场一旦成熟，此类产品将成为企业的金牛类产品，如果失去了竞争的优势就会变成问题类产品。采用的发展战略是：积极扩大经济规模和市场机会，以长远利益为目标，提高市场占有率，提升竞争地位。发展战略以及明星类产品的管理与组织结构最好采用事业部形式，由对生产技术和销售两方面都很擅长的经营者负责。

②金牛类产品（cash cow），又称厚利产品。它是指处于低销售增长率、高市场占有率象限内的产品群，产品已进入成熟期。其财务特点是销售量大、产品利润率高、负债比率低，可以为企业提供资金，而且由于销售增长率低，也无须增加投资。因而金牛类产品成为企业回收资金、支持其他产品（尤其是明星类产品）投资的后盾。采用的发展战略包括：一是把设备投资和其他投资尽量压缩；二是采用榨油式方法，争取在短时间内获取更多利润，为其他产品提供资金。对于这一象限内销售增长率仍有所增长的产品，应进一步进行市场细分，维持现存市场增长率或延缓其下降速度。金牛类产品适合用事业部制进行管理，其经营者最好是市场营销型人物。

金牛类业务是指低市场成长率、市场份额相对高的业务。此类业务是成熟市场中的领导者，是企业现金的主要来源。由于市场已经成熟，企业不必通过大量投资来扩展市场规模，同时作为市场中的领导者，金牛类业务享有规模经济和高边际利润的优势，因而给企业带来大量财源。企业往往用金牛类业务来支付账款并支持其他三种需要大量现金的业务。如果公司只有金牛类业务，说明它的财务状况是很脆弱的，因为市场环境一旦变化，就会导致这类业务的市场份额下降，公司就不得不从其他业务单位中抽回现金来维持该金牛类业务的领导地位，否则这头强壮的"金牛"可能就会变弱，甚至成为"瘦狗"。

③问题类产品（question marks）。它是处于高销售增长率、低市场占有率象限内的产品群，市场机会大，前景好，但在市场营销上存在问题。其财务特点是利润率较低，所需资金不足，负债比率高。例如，在产品生命周期中处于导入期、由于种种原因未能打开市场局面的新产品即属于此类产品。对问题类产品应采取选择性投资战略，其改进与扶持方案一般均列入企业长期计划中。对问题类产品的管理组织，最好是采取智囊团或项目组织等形式，选拔有规划能力、敢于冒风险、有才干的人负责。

④瘦狗类产品（dogs），也称衰退类产品。它是处在低销售增长率、低市场占有率象限内的产品群。其财务特点是利润率低、处于保本或亏损状态，负债比率高，无法为企业带来收益。对这类产品应采用撤退战略：首先应减少批量，逐渐撤退，对那些销售增长率和市场占有率均极低的产品应立即淘汰。其次是将剩余资源向其他产品转移。最后是整顿产品系列，最好将瘦狗产品与其他事业部合并，统一管理。

企业需要对其业务板块进行详细分析，包括业务的市场地位、盈利能力、发展潜力等。通过业务组合分析，企业可以发现业务板块之间的协同效应和潜在风险，以便在战略规划中做出合理调整。

（4）企业内部环境分析还需关注企业文化的因素。

企业文化是企业的灵魂，对企业的长期发展具有重要影响。企业需要审视自身文化的优势和劣势，确保企业文化与企业发展目标相一致，形成良好的内部氛围，为战略实施提供有力支持。

在此基础上，企业还需关注管理制度和流程的完善程度。高效的管理制度和流程有助于企业实现资源的最佳配置，提高运营效率。企业应不断优化管理制度和流程，确保战略目标的顺利实现。

总之，企业内部环境分析是一个全方位、多层次的过程，需要对企业各方面的资源和能力进行综合评估。通过深入分析内部环境，企业可以发现自身的优势和劣势，为战略制定和实施提供有力支持，从而在激烈的市场竞争中立于不败之地。在实际操作中，企业应根据自身情况，灵活运用各种分析方法，以实现内部环境分析的精准性和有效性。

3. 内外部环境的综合分析——SWOT分析

企业进行环境分析的过程中，需要全面、准确地了解自身所处的竞争环境。为此，可以综合运用多种分析方法，包括态势分析法（SWOT分析）、波特五力分析和PEST分析法。这些方法各有侧重，相互补充，可以帮助企业更全面地认识自身和环境，为制定有效的竞争策略提供依据。

SWOT分析法是一种常用的企业内部环境分析工具。通过分析企业的优势（Strengths）和劣势（Weaknesses），以及外部环境的机会（Opportunities）和威胁（Threats），可以帮助企业明确自身的竞争地位，找出潜在的竞争优势和市场机会。同时，根据SWOT分析的结果，企业可以制订相应的战略计划，发挥优势、克服劣势、抓住机会、应对威胁，提升竞争能力。

态势分析法核心在于对企业内部资源和外部环境的全面梳理。挖掘优势和劣势，明确市场定位；关注外部环境的机会和威胁，捕捉市场变化。按照态势分析法，战略目标应是一个企业"能够做的"（即企业的优势和劣势）和"可能做的"（即环境的机会和挑战）之间的有机组合。如图2-9所示。

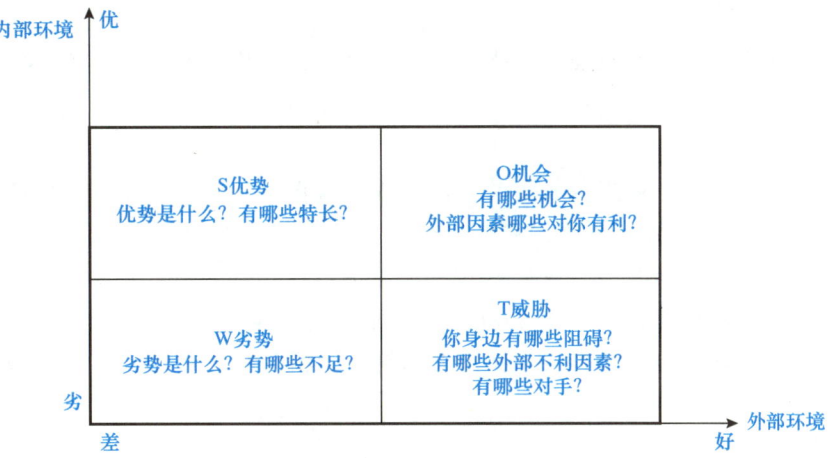

图 2-9　SWOT 分析模式

需要注意的是，不同的管理者在企业处于不同生命周期或产业环境时，对某些优势、劣势的判断是不一样的，这与管理者的知识、经验等密切相关。

案例分享

海尔集团全球化战略 SWOT 分析

在全球化的背景下，海尔集团作为中国家电行业的领军企业，全球化战略的制定与实施显得尤为重要。本文将对海尔集团的全球化战略进行 SWOT 分析，以深入了解其竞争优势、劣势、机会和威胁。

优势（Strengths）：

品牌影响力：海尔集团在全球范围内享有较高的品牌知名度和美誉度，这为其全球化战略的实施提供了有力支持。

创新能力：海尔集团注重技术创新和产品研发，不断推出具有竞争力的新产品，提高了其在全球市场的竞争力。

完整的产业链：海尔集团在研发、生产、销售等环节形成了完整的产业链，有利于降低成本、提高效率。

优质的客户服务：海尔集团提供优质的客户服务，满足了全球消费者的需求，提高了客户忠诚度。

劣势（Weaknesses）：

文化差异：在全球市场上，文化差异可能导致产品和品牌形象接受度较低。

国际贸易摩擦：在全球贸易环境下，国际贸易摩擦和政策变化可能对海尔集团的全球化战略造成一定影响。

高度依赖某些市场或渠道：如果过度依赖某些市场或渠道，可能会增加经营风险。

机会（Opportunities）：

全球经济的复苏和发展：随着全球经济的逐步复苏和发展，海尔集团在全球市场的机会将进一步增加。

技术进步：技术的不断进步为海尔集团提供了新的发展机遇，例如智能家居等。

"一带一路"倡议：随着"一带一路"倡议的深入推进，海尔集团在沿线国家和地区的市场机会将进一步增加。

威胁（Threats）：

竞争对手： 国内外竞争对手的强大实力和营销策略可能对海尔集团构成威胁。

法律法规和贸易政策： 全球范围内的法律法规和贸易政策的变化可能对海尔集团的全球化战略产生不利影响。

汇率波动： 汇率波动可能对海尔集团的全球化战略造成一定影响，尤其是在跨国经营中。

综上所述，海尔集团在制定全球化战略时需充分发挥自身优势，抓住发展机遇，有效应对挑战和威胁。同时，针对劣势和威胁，应采取相应措施加以改进和应对，以提升其在全球市场的竞争力。未来，随着全球经济的不断变化和发展，海尔集团将继续秉承创新、开放、合作的发展理念，不断提升自身的核心竞争力和品牌影响力，为全球消费者提供更优质的产品和服务。

（三）战略实施

战略实施是战略管理的行动阶段，是在企业最高管理层的监督和指导下，由企业中下层管理人员组织实施的。战略实施包括建立有效的组织结构、建立和管理信息系统、培育支持战略实施的企业文化以及将员工薪酬与组织绩效挂钩等内容。战略实施的关键在于有效性。首先，要通过细致的计划，将企业的总体战略方案从空间和时间两个维度进行分解，形成企业各层次、各子系统的具体战略或策略；其次，要在企业各部门之间分配资源，制定职能战略；最后，要设计与战略相一致的组织结构，以保证战略任务、责任和决策权限在企业中的合理分配。

（四）战略评价与控制

战略评价与控制就是将经过信息反馈的战略实施成效与预定的战略目标进行比较，检查战略实施偏离的程度以及偏离的原因，并采取相应措施予以纠正，保持经营活动方向与既定战略的一致性，以完成企业使命与实现战略目标。战略评价与控制是战略管理过程中的重要环节，贯穿战略实施的整个过程。

战略评价与控制既是战略管理周期的最后阶段，也是战略管理新周期的开始。随着企业内外部环境的变化和战略管理者战略思维的调整，管理者必须思考究竟是继续保留原有的企业愿景、使命和目标，维持既有战略及实施方案，还是对其进行修订。因此，战略管理是不断循环、没有终点的过程，不可能毕其功于一役，需要持续努力和改善。

任务二　战略地图绘制

一、战略地图概念

针对当前全球化和市场竞争的严峻形势，企业需要更加精细化的管理和战略规划以应对各种挑战。为了更好地指导企业实施战略管理，财政部发布了《管理会计应用指引第101号——战略地图》。该指引旨在加强企业战略管理的科学性和有效性，助力企业实现战略目标。

战略地图绘制

战略地图的核心框架由财务、客户、内部业务流程和学习与成长四个维度构成。这四个维度相互关联、互为支撑，共同构成了企业战略管理的整体框架。在财务维度上，企业需关注自身的财务状况和现金流，通过优化财务管理和提高盈利能力，为战略实施提供稳定的资金保障。客户维度强调市场定位和客户需求，企业需深入了解市场动态和客户需求变化，以便提供更具针对性的产品和服务。内部业务流程维度着重于企业核心竞争力的提升，通过优化内部流程，降低成本，提高运营效率。学习与成长维度则关注企业创新能力和人力资源发展，培养员工的综合素质并塑造独特的企业文化。

战略地图不仅为企业提供了一种可视化的战略管理工具，还有助于企业明确战略目标和梳理实施路径。通过绘制战略地图，企业可以更好地统一内部思想，使各部门和员工围绕共同的目标努力。此外，战略地图还有助于加强企业内部沟通与协同，提高组织效率，确保各部门之间顺畅合作。

本书采用财政部发布的《管理会计应用指引第101号——战略地图》对战略地图的定义，即战略地图是指为描述企业各维度战略之间因果关系而绘制的可视化的战略因果关系图。财政部发布的战略地图指引为企业提供了一种官方的、理性的战略管理工具。通过运用战略地图，企业能够明确战略目标、优化资源配置、提升竞争力并扩大市场份额。在企业未来的发展过程中，战略地图将成为其应对挑战、实现可持续发展目标的重要手段。

企业应用战略地图，一般包括战略地图设计和战略地图实施两个过程。企业可根据自身情况对各维度的名称、内容等进行修改和调整。

二、战略地图设计

战略地图是一种可视化工具，用于描述组织战略目标之间的因果关系。它可以帮助组织将战略转化为一系列可操作、可衡量的关键绩效指标（KPI）。

设计战略地图需要遵循以下步骤：

（1）确定组织的愿景和使命：明确组织的长远目标和核心价值观，这将有助于确定战略地图的核心内容。

（2）确定组织的战略目标：根据组织的愿景和使命，制定出具体的战略目标，这些目标应该是可衡量、可实现和具有时限的。

（3）确定实现战略目标的路径：分析如何从关键业务流程、客户满意度、学习与成长等角度来实现战略目标。这一步骤需要识别出各个目标之间的因果关系。

（4）确定实现关键业务流程所需的KPI：为每个关键业务流程设定具体的KPI，这些指标应该能够反映流程的有效性和效率。

（5）制订行动计划：为实现关键业务流程和KPI，制订具体的行动计划，包括资源分配、时间表和责任人等。

（6）监测与调整：建立监测机制，定期评估战略地图的执行情况，并根据实际情况进行调整。

在设计和实施战略地图时，需要注意以下几点：

（1）保持灵活性：战略地图并非一成不变，随着市场环境的变化和组织的发展，需要不断地对其进行调整和优化。

（2）强调团队合作：战略地图的制定和实施需要跨部门、跨领域的团队合作，因此需要积极倡导团队合作的文化。

（3）确保资源投入：为了实现战略地图中的目标，需要有足够的资源投入，包括人力、物力和财力等。

（4）关注客户价值：客户满意度是实现战略目标的重要因素之一，因此需要关注客户价值，不断提升客户满意度。

案例分享

壳牌"赋能进步"转型

2021年2月11日,壳牌公司正式对外发布了以"赋能进步"(powering progress)为企业使命、以"客户优先"为核心举措的2021版低碳发展战略。"赋能进步"战略提出的"净零"碳排放目标涵盖了壳牌公司自身生产运营业务以及售出所有能源产品产生的碳排放量,在"2050零"战略仅限于"运营净零"和售出能源产品碳强度减少65%的基础上,首次提出了涵盖公司全业务、全流程、全周期的"绝对净零"碳排放目标,并将2035年的阶段碳减排目标由30%上调至45%,充分显示了壳牌更加坚定的能源转型决心。为抓住能源转型机遇,未来30年,壳牌资产结构将发生根本性转变,届时公司的全部利润将来自为客户提供低碳、无碳能源产品和"净零"碳排放能源解决方案,主要业务覆盖增长、转型和上游三大支柱产业。概言之,"赋能进步"战略推动壳牌低碳转型再加速。

壳牌"赋能进步"战略与欧洲其他公司的战略和公司转型前的战略相比,具有鲜明特点。第一,欧洲石油公司能源转型普遍提速,但壳牌提速最为明显。第二,欧洲石油公司推进电气化普遍采取在生产侧增加装机能力,但壳牌选择了偏向客户侧的转型路径。第三,壳牌延续将主要业务分为三类进行战略布局的基本思路,但不同阶段有不同的战略重点和主攻方向。为推动低碳转型发展和产业结构调整,壳牌更加强调选择具有强势竞争力和弹性的项目,将以低碳能源供应为核心的"增长支柱"提升至首要位置。第四,壳牌油气上游业务投资规模持续缩减,更加强调发展质量。与欧洲其他石油公司普遍把增加可再生电力装机作为重要转型抓手不同,壳牌充分发挥在零售和贸易领域的比较优势,更加专注于通过满足客户低碳化、多样化、个性化用能需求实现转型,这些都为传统化石能源公司低碳发展提供了新的战略参考。

资料来源:周佩庆,林益楷. 壳牌"赋能进步"转型战略分析及其启示[J]. 国际石油经济,2021,29(4):67-73.

三、战略地图实施

战略地图实施是指企业利用管理会计工具方法,确保企业实现既定战略目标的过程。战略地图实施一般按照战略KPI设计、战略KPI责任落实、战略执行、编制战略执行报告、战略的持续改善、战略评价与激励等程序进行。

(一)战略KPI设计

企业根据战略地图中的目标,设计一系列可衡量、可操作的关键绩效指标(KPI),以监测和评估企业战略执行情况。如图2-10所示。

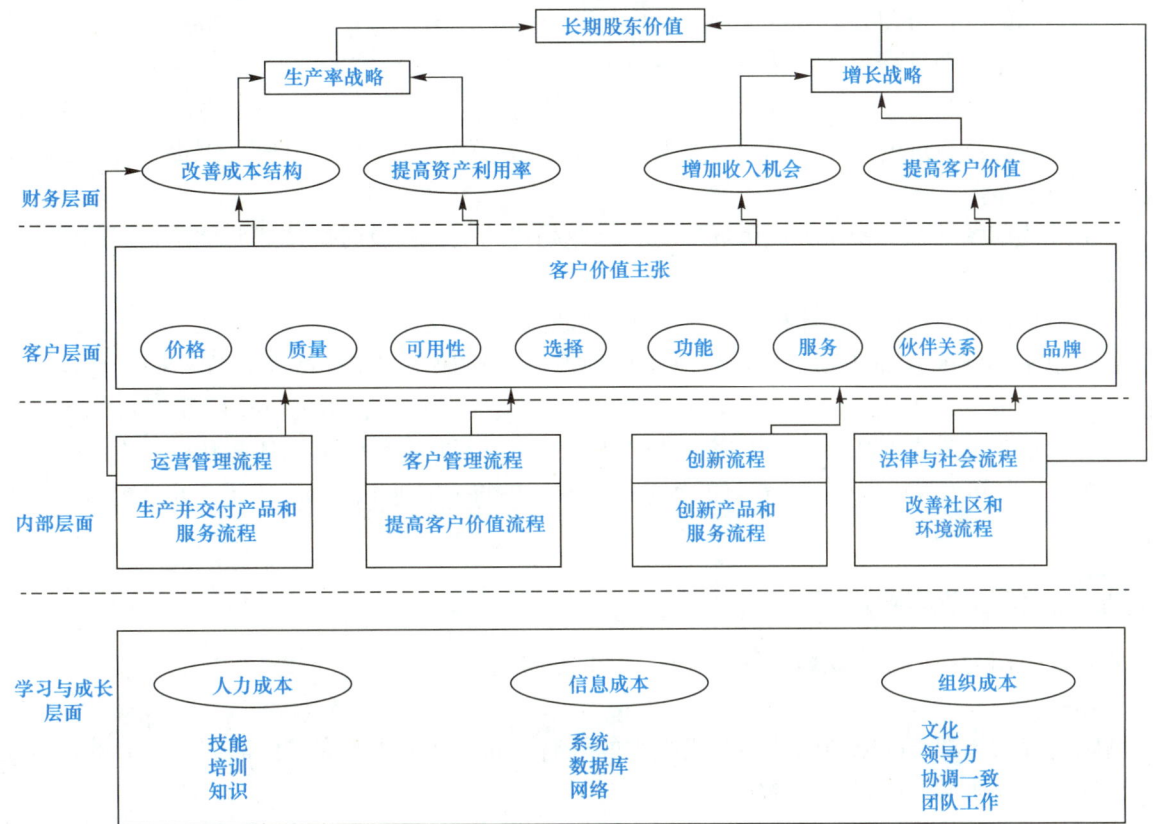

图 2-10 战略地图通用模型

（二）战略 KPI 责任落实

企业应将战略目标和 KPI 分解到各个部门和岗位，明确各部门和员工在实现战略目标过程中的责任和角色。

（三）战略执行

企业根据战略地图制订的行动计划，组织各部门和员工有序开展业务活动，确保战略目标的顺利实现。

（四）编制战略执行报告

企业定期收集和整理战略执行过程中的数据和信息，编制战略执行报告，以评估战略地图实施的有效性和效率。

战略执行报告一般可分为以下三个层级：

（1）战略层（如董事会）报告，包括战略总体目标的完成情况和原因分析；

（2）经营层报告，包括责任人的战略执行方案中相关指标的执行情况和原因分析；

（3）业务层报告，包括战略执行方案下具体任务的完成情况和原因分析。

企业应根据战略执行报告，分析责任人战略执行情况与既定目标是否存在偏差，并对偏差进行原因分析，形成纠偏建议，作为责任人绩效评价的重要依据。

（五）战略的持续改善

企业根据战略执行报告的反馈，及时发现和解决问题，对战略地图进行调整和优化，以确保战略目标的实现。

（六）战略评价与激励

企业要对战略地图实施过程中的表现进行评价，依据评价结果对优秀部门和员工进行激励，以提高企业整体的执行力和竞争力。

在实施战略地图过程中，企业还需关注以下几点：

（1）保持沟通与协作：鼓励各部门和员工之间的沟通与协作，共同推进战略目标的实现。

（2）培养持续改进的文化：倡导持续改进、不断学习的企业文化，鼓励员工提出改进建议，推动企业不断进步。

（3）关注市场动态：密切关注市场环境和行业趋势的变化，及时调整战略地图，以确保企业战略的时效性和针对性。

（4）强化执行力：提高企业执行力，确保战略地图的有效实施。

通过以上步骤和注意事项，企业可以更好地实施战略地图，实现战略目标，提高竞争力和市场份额。在企业未来的发展过程中，战略地图将成为其应对挑战、实现可持续发展目标的重要工具。同时，企业也需要不断学习，以完善战略地图，应对不断变化的市场环境和企业发展需求。壳牌"赋能进步"转型战略就是一个很好的例子，其成功地将战略地图落地，推动了企业的低碳转型和发展。

四、工具方法的评价

战略地图作为一种战略规划工具，具有一定的优缺点。

优点：

清晰的战略方向：战略地图能够明确组织的战略方向，帮助决策者和团队明确共同的目标和愿景，以便更好地协调行动和资源分配。

全面的视角：战略地图将战略目标和行动计划按照不同的维度组织，可以提供全面的视角，使决策者能够在不同领域进行综合考虑和决策。

明确的指导和优先级：战略地图明确了每个目标的重要性和优先级，为组织提供了明确的指导，确保资源和努力集中在最关键的领域。

可视化和沟通工具：战略地图以图形化的方式展示战略规划，易于理解和沟通，可以帮助不同层级和部门的人员理解组织的战略，并促进信息共享和协作。

缺点：

过度简化：战略地图往往需要对复杂的战略规划进行概括和简化，可能会忽略一些细节和复杂性，从而导致对实际情况的不完全反映。

静态性：战略地图是一种静态的工具，难以应对快速变化的市场和业务环境。在环境快速变化的情况下，战略地图可能需要频繁更新和调整，以保持其有效性。

风险和不确定性：战略地图可能无法充分考虑外部环境的风险和不确定性因素。战略规划需要具有灵活性和适应性，以应对不可预见的变化和挑战。

实施挑战：将战略地图转化为实际行动和结果可能面临一些挑战。需要有效的执行和监控机制，以确保战略地图的实施能够取得预期的成果。

项目练习题

在线做题

一、单项选择题

1. 战略一词源于（ ）。

A. 军事　　　　　　　　　　　　B. 企业管理

C. 政治　　　　　　　　　　　　D. 外交

2. 下列关于战略管理全局性特点的说法中正确的是（　　）。
   A. 管理对象和效果的全局性　　　　　B. 管理主体的全局性
   C. 管理环境的全局性　　　　　　　　D. 管理效果的全局性
3. 关于战略资源匹配性的说法正确的是（　　）。
   A. 有充足的资源　　　　　　　　　　B. 统一筹划
   C. 与各业务匹配　　　　　　　　　　D. ABC 均正确
4. 通过分析企业的内部因素可以确定（　　）。
   A. 机会与优势　　B. 优势与劣势　　C. 机会与威胁　　D. 威胁与劣势
5. 下列项目中，属于价值链分析的基本活动的是（　　）。
   A. 市场销售和服务　　　　　　　　　B. 技术开发
   C. 人力资源管理　　　　　　　　　　D. 企业基础设施
6. 关于重新评估战略说法错误的是（　　）。
   A. 战略是否适应企业的内外部环境　　B. 战略是否达到有效的资源配置
   C. 战略涉及的难易程度是否可以接受　D. 战略实施的时间和进度是否恰当
7. 战略制定的方法是（　　）。
   A. 自上而下　　B. 自下而上　　C. 上下结合　　D. ABC 都正确
8. 下列属于战略实施环节的是（　　）。
   A. 战略目标变成现实的管理过程　　　B. 实施效果与目标比较
   C. 纠正偏差　　　　　　　　　　　　D. 设定新目标
9. 下列项目中，不属于企业产业环境因素的是（　　）。
   A. 产品生命周期　　　　　　　　　　B. 产业五种竞争力
   C. 成功关键因素分析　　　　　　　　D. 研究与开发
10. 下列关于战略管理说法错误的是（　　）。
    A. 战略管理是企业的综合性管理
    B. 战略管理必须由企业的高层领导来推动和实施
    C. 战略管理是企业的一种动态性管理
    D. 战略管理重在提高效率
11. 下列属于战略地图顶层的是（　　）。
    A. 财务视角　　　　　　　　　　　　B. 客户视角
    C. 业务流程视角　　　　　　　　　　D. 学习与成长视角
12. 下列属于战略地图设计首要环节的是（　　）。
    A. 确定业务改进路径　　　　　　　　B. 确定客户价值
    C. 设定战略目标　　　　　　　　　　D. 确定内部业务流程
13. 企业可应用（　　）的四维度划分绘制战略地图，以图形方式展示企业的战略目标及实现战略目标的关键路径。
    A. 平衡计分卡　　　　　　　　　　　B. 杜邦分析法
    C. SWOT 分析法　　　　　　　　　　D. 经济增加值
14. 战略地图实施的首要环节是（　　）。
    A. 设计战略关键指标　　　　　　　　B. 战略关键指标责任落实
    C. 战略执行　　　　　　　　　　　　D. 执行报告
15. 下列项目中不属于战略地图缺点的是（　　）。

A. 需要多维度、多部门的协调 　　　　　　B. 实施成本高
C. 需要与战略管控相融合 　　　　　　　　D. 能够模糊企业的战略目标

二、多项选择题

1. 企业战略一般分为三个层次，包括（　　）。
   A. 总体战略 　　　　　　　　　　　　　B. 竞争战略
   C. 职能战略 　　　　　　　　　　　　　D. 部门战略
2. 下列属于战略管理特点的有（　　）。
   A. 综合性管理 　　　　　　　　　　　　B. 高层次管理
   C. 动态性管理 　　　　　　　　　　　　D. 效能性管理
3. 下列属于战略管理原则的有（　　）。
   A. 目标可行原则 　　　　　　　　　　　B. 资源匹配原则
   C. 责任落实原则 　　　　　　　　　　　D. 协同管理原则
4. 下列属于制定战略的方法的有（　　）。
   A. 自上而下 　　　　　　　　　　　　　B. 自下而上
   C. 上下结合 　　　　　　　　　　　　　D. 高层管理者直接制定
5. 战略管理是一个包括（　　）等在内的动态过程。
   A. 方向选择 　　　　　　　　　　　　　B. 目标确定
   C. 战略规划 　　　　　　　　　　　　　D. 战略落实和最终战略评价
6. 下列项目中，属于战略管理的应用环境的有（　　）。
   A. 企业根据确定的愿景、使命分析 　　　B. 需要对企业内外部环境进行分析
   C. 应设置专门机构或部门 　　　　　　　D. 应建立健全战略管理相关制度
7. 下列项目中，属于企业外部环境的有（　　）。
   A. 宏观环境 　　　　　　　　　　　　　B. 产业环境
   C. 竞争环境 　　　　　　　　　　　　　D. 市场需求状况
8. 内部环境分析可以从以下（　　）方面展开。
   A. 企业的资源与能力 　　　　　　　　　B. 价值链
   C. 作业成本分析 　　　　　　　　　　　D. 业务组合分析
9. 企业进行环境分析时，所采用的方法有（　　）。
   A. SWOT 分析法 　　　　　　　　　　　B. 波特五力分析法
   C. 波士顿矩阵分析法 　　　　　　　　　D. 趋势分析法
10. 下列项目中，属于战略调整的有（　　）。
    A. 调整企业的愿景 　　　　　　　　　　B. 调整长期发展方向
    C. 调整战略目标 　　　　　　　　　　　D. 调整战略举措
11. 下列属于战略地图层面的有（　　）。
    A. 财务 　　　　　　　　　　　　　　　B. 客户
    C. 内部业务流程 　　　　　　　　　　　D. 学习与成长
12. 下列属于财务方面的战略主题的有（　　）。
    A. 生产率提升 　　　　　　　　　　　　B. 营业收入增长和打造成本优势
    C. 提高现有资产利用率 　　　　　　　　D. 增加顾客机会和提高顾客价值
13. 下列属于客户价值定位维度的战略主题的有（　　）。
    A. 增加客户体验 　　　　　　　　　　　B. 改善双赢营销关系

C. 品牌形象提升 D. 增加顾客机会和提高顾客价值

14. 在资源配置环节，应关注（　　）。
A. 人、财、物资源 B. 服务定位
C. 客户定位 D. 价值创造中的作用

三、判断题

1. 战略管理是指对企业全局的、长远的发展方向、目标、任务和政策，以及资源配置做出决策和管理的过程。（　　）

2. 战略管理是指对企业全局的、长远的发展方向、目标、任务和政策，以及资源配置做出的长远性谋划。（　　）

3. 战略管理是指对企业长远的发展方向、目标、任务和政策，以及资源配置作出决策和管理的过程。（　　）

4. 战略管理就是企业战略，是指企业从全局考虑做出的长远性谋划。（　　）

5. 选择可竞争的经营领域的战略也称竞争战略。（　　）

6. 企业针对某经营领域具体竞争策略的业务单位战略也称竞争战略。（　　）

7. 根据资源匹配原则，企业应根据各业务部门与战略目标的匹配程度进行资源配置。（　　）

8. 战略地图是指为描述企业各维度战略目标之间因果关系而绘制的可视化的战略因果关系图。战略地图通常以财务、客户、内部业务流程、学习与成长四个维度为主要内容，通过分析各维度的相互关系，绘制战略因果关系图。企业可根据自身情况对各维度的名称、内容等进行修改和调整。（　　）

9. 战略地图实施是指企业利用管理会计工具方法，确保企业实现既定战略目标的过程。战略地图实施一般按照战略KPI设计、战略KPI责任落实、战略执行、编制战略执行报告、持续改善、战略评价与激励等程序进行。（　　）

10. 企业应用战略地图，应设计一套可以使各部门主管明确自身责任、与战略目标相联系的考核指标，即进行战略KPI设计。（　　）

11. 企业应用战略地图，应设计一套对各部门都可以进行考核的指标，即进行战略KPI设计。（　　）

12. 企业应对战略KPI进行分解，落实责任并签订责任书。具体可按两个步骤进行：将战略KPI分解为责任部门的KPI与签订责任书。（　　）

13. 战略地图的主要优点是：能够将企业的战略目标清晰化、可视化，并与战略KPI和战略举措建立明确联系，为企业战略实施提供有力的可视化工具。（　　）

四、案例分析题

受到新冠疫情和复杂国际形势的影响，2020年全球投融资市场相对冷淡和低迷，但这似乎并没有影响腾讯的扩张热情，腾讯反而逆市开启了"扫货"模式。

第一，腾讯之所以能够逆全球市场行情加速投资并购的步伐，底气当然来自庞大、充足的资金。虽然2020年上半年很多行业受到了新冠疫情的冲击，但是做线上业务的互联网公司迎来了发展契机。

第二，全球市场正处于低利率（融资成本低）的大环境下，疫情导致全球经济不景气，各国政府都在降低央行利率以刺激经济复苏，宽松的市场流动性意味着较低的市场利率，此时正是那些市场认可度高的大公司低成本发债融资的好机会。

第三，自2008年成立投资并购部以来，投资逐渐成为腾讯的核心战略与核心业务。腾讯总裁刘炽平曾在腾讯投资IF（Insight & Forecast）大会上透露了公司的投资"战绩"：截至2020年1月，腾讯总计投资企业超过800家，其中70多家已上市，逾160家成为市值或估值超10亿美元的独角兽企业。

　　第四，腾讯的投资并购方向发生了一些变化，其中有两点显著不同：一是更加关注产业互联网领域的布局，除了此前投入较大的游戏、文娱、电商等面向终端消费者的行业，加大了对金融、企业服务等面向企业领域的投入，这与腾讯未来的战略方向有关；二是除了以VC（Venture Capital）身份投资创业公司和独角兽公司，开始扩大和网罗"A股朋友圈"。

　　资料来源：孙冰.腾讯为何逆市买买买［J］.中国经济周刊，2020（15）：68-69.

　　要求：应用案例资料，结合所学知识，回答下列问题：

　　（1）腾讯采用了什么战略？

　　（2）腾讯并购的推动因素有哪些？其并购方向有哪些变化？

项目三
成本性态与变动成本法

知识目标

○ 了解管理会计中的成本概念及其主要分类；
○ 熟悉成本性态的概念，理解相关范围对成本性态的影响；
○ 掌握固定成本、变动成本、混合成本的定义和特征；
○ 能够用完全成本法进行成本的计算、利润表的编制；
○ 能够用变动成本法进行成本的计算、利润表的编制；
○ 能够根据实例对比分析两种成本计算法计算的税前利润，并解释产生差异的原因。

能力目标

○ 掌握高低点法和回归分析法的应用技巧，将混合成本分解成变动成本和固定成本；
○ 会运用成本性态分析程序和方法，针对不同费用采用不同的程序与分析方法；
○ 能分析变动成本法下的成本构成；
○ 能分析完全成本法下的成本构成；
○ 能比较变动成本法与完全成本法税前利润的计算；
○ 变动成本法的应用范围。

职业素养及思政元素

○ 具备扎实的会计基础知识，能够理解成本性态的概念、分类和影响因素。
○ 具备较强的数据分析能力，能够运用高低点法、回归直线法等方法进行成本性态分析。
○ 变动成本法能够揭示成本、业务量和利润之间的内在变化规律，找出它们之间的依存关系，制定目标成本、目标业务量、目标利润等指标，有利于企业管理者进行预测、决策、计划与控制。
○ 采用变动成本法计算成本、产量高低、存货多少对企业利润的升降没有影响，有利于企业管理当局重视销售，防止盲目生产。
○ 重视市场动态，分析消费者的心理变化，努力提高产品质量，生产适销对路的产品，改进销售渠道，促进销量不断上升，防止在采用完全成本法时出现"销量下降、产量大幅上升导致利润不减反增"等极端不正常的现象。

案例导入

东方股份有限公司是生产电风扇产品的企业。2023 年 5 月，公司利用原有设备研发生产了一种新型电风扇。由于企业忽略了对产品的销售宣传工作，消费者对该型号电风扇不太了解，

当月生产的电风扇70%没能销售出去,积压在仓库,而其他产品销路一直很好。

于是公司管理层开会讨论积压的新型电风扇的解决办法:

销售部门:6月的主要精力放在产品宣传上,暂时将产量减半,先解决产品积压问题。

财务部门:5月公司产量为800台,每台电风扇的制造成本为360元,如果产量减半,每台制造成本会上升至403元,制造成本升幅超过10%。这样是否对公司不利呢?

生产部门:根据掌握的资料,5月材料消耗和人工等方面的成本均未超出标准,6月即使产量减半,产品成本也不会超过5月,制造成本怎么会上升10%以上呢?

公司经理要求财务部门认真核算一下该产品成本,确定产量减少是否会使产品成本提高,使公司利益受损。

思考:如果你是公司财务人员,会如何解决这个问题?

任务一 成本的分类

传统意义上的成本或财务会计中的成本,专指按某一种产品所归集的费用,其本质属性是"对象性"或"归集性"。随着经济的不断发展,会计业务在不断延伸和拓展,成本的内容也在不断丰富。在西方,人们往往把成本描述为用以取得收益的全部支出,或为实现某一目标而付出(包括可能付出)的代价。

管理会计的出现使成本概念多样化了,人们在不同场合,以不同的方式使用成本这个概念。管理会计被西方某些会计学家称为"用于企业决策的会计",或直接称为"决策会计",不同的决策决定了不同的信息需求,而任何与会计相关的决策都离不开相应的成本信息。也就是说,企业管理者决策的多样化直接导致了成本信息的多样化,即所谓的"不同目标,不同成本"。这样,一些新的成本概念就出现了,人们按照决策的不同需要,也有了对成本的一些非传统的分类。

一、根据成本的经济职能分类

这种分类实际上是财务会计学上的传统分类方法。在制造企业中,成本按其经济职能分为生产成本和非生产成本两大类。

1. 生产成本

生产成本是指企业在一定期间内为生产产品而发生的成本,包括直接材料、直接人工和制造费用三个成本项目。直接材料是指生产过程中耗用的、直接构成产品实体的材料成本;直接人工是指生产过程中对材料进行直接加工,使之转化成产品所耗用的人工成本;制造费用是指在生产过程中发生的不能归入上述两个成本项目的其他成本支出,包括间接材料、间接人工和其他制造费用。

2. 非生产成本

非生产成本是指生产成本以外的成本,包括销售费用、管理费用和财务费用。销售费用是指企业在销售产品过程中发生的费用;管理费用是指企业行政管理部门为组织和管理生产经营活动而发生的费用;财务费用是指企业为筹集生产经营所需资金而发生的费用。

成本按经济职能分类,是财务会计组织传统成本核算的重要基础。这种分类方法能清楚地反映产品成本结构,便于成本指标的事后分析与考核,但不能清楚地说明成本与业务量之间的关系,不利于经营决策。

二、根据成本的性态分类

成本性态是指成本总额与特定业务量之间在数量上的依存关系，又称为成本习性。这里的成本总额是指为取得营业收入而发生的全部成本费用，包括全部生产成本、销售费用、管理费用和财务费用等非生产成本。这里的业务量是指企业在一定期间内投入或完成的经营工作量的统称，通常指产量或销量。全部成本按其性态分为固定成本、变动成本和混合成本三大类。

成本性态概述

需要注意的是，研究成本性态必须充分考虑相关范围的影响。本书所讲述的固定成本和变动成本定义中的"在一定时期和一定业务量范围内"指的就是"相关范围"。在管理会计中，把不会改变固定成本和变动成本性态的一定时期和一定的业务量范围称为广义的相关范围，把业务量的特定变动范围称为狭义的相关范围。只要在相关范围内，不管时间多长，业务量增减变动幅度多大，固定成本和变动成本的性态都不会改变；但是一旦超出这个范围，情况就会改变，不仅固定成本和变动成本都只能存在于一定的相关范围内，而且每一类成本中的不同项目都可能具有不同的相关范围。

1. 固定成本

固定成本是指在一定时期和一定业务量范围内，其总额不随业务量的增减变动而变动的那部分成本。例如，制造费用中不随产量变动的办公费、差旅费、折旧费、租赁费、管理人员工资等；销售费用中不受销量影响的销售人员工资、广告费、折旧费等；管理费用中不受产、销量影响的企业管理人员工资、折旧费、租赁费、保险费等；财务费用中不受产、销量影响的各期发生额固定的利息支出等。

（1）固定成本的特点及性态模型。固定成本有两个基本特点：一是固定成本总额的不变性；二是单位固定成本的反比例变动性。固定成本的这两个特点可以用数学模型来反映，假设 x 代表业务量，y 代表成本，固定成本总额 $y=a$（a 为常数），则单位固定成本 $y=a/x$。如图 3-1 所示，（a）反映了在一定时期和一定业务量范围内，固定成本总额不受业务量变动的影响而保持不变的特性，表现为一条与横轴平行的直线；（b）则反映了单位固定成本与业务量呈反比例变动的特性，表现为一条随业务量的增加而递减的曲线。

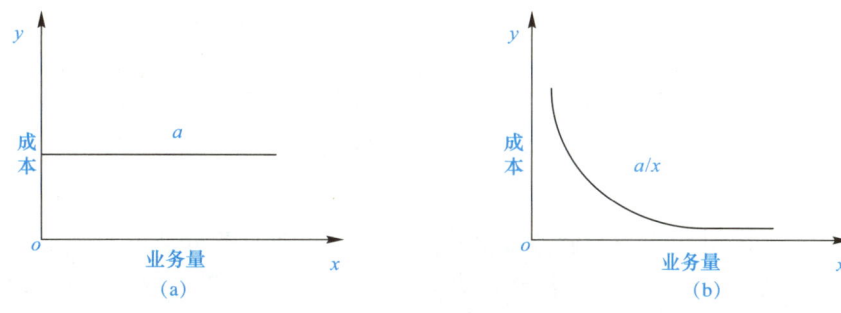

图 3-1　固定成本性态模型

（2）固定成本的分类。固定成本按其支出数额是否受管理当局短期决策行为的影响，可划分为约束性固定成本和酌量性固定成本。

1）约束性固定成本是指支出数额不受管理当局短期决策行为影响的固定成本，是为维持企业提供产品和服务的经营能力而必须开支的成本，也称为经营能力成本，如厂房和机器设备的折旧、财产税、房屋租金、管理人员的工资等。这类固定成本是企业维持经营能力必须负担的最低成本，数额一经确定，不能轻易改变，因此，具有相当程度的约束性。如果缩减，势必影响企业的经营能力和长远目标。要想降低约束性固定成本，只有从经济、合理地利用企业的生产能力、提高产品产量入手，相对降低其单位成本。

2）酌量性固定成本指通过管理当局的决策，改变其支出数额的固定成本，一般是企业管理当局在会计年度开始前，根据经营方针的特定要求，经确定未来一定时期的预算额而形成的，如新产品开发费、广告费、职工培训费等。这类固定成本的发生及数额多少，服从于企业不同时期生产经营的实际需要，取决于管理当局对不同费用项目所做的具体预算，它只能在某一特定的预算期内暂时存在和发挥作用。要想降低酌量性固定成本，应从严格控制费用预算入手，精打细算，厉行节约，尽量减少有关固定费用的绝对额。

（3）固定成本的相关范围。在固定成本的定义中有"在一定时期和一定业务量范围内"这样一个定语，也就是说，固定成本的"固定性"不是绝对的，而是有限定条件的，或者说是有范围的。这种限定条件或者说范围在管理会计中叫作"相关范围"，表现为一定的期间范围和一定的空间范围。

就期间范围而言，固定成本表现为在某一特定期间内具有固定性。因为从长时期看，所有成本都具有变动性，即使"约束性"很强的约束性固定成本也是如此。随着时间的推移，一个正常成长的企业，其经营能力无论是从规模上还是从质量上均会发生变化：厂房扩大、设备更新、行政管理人员增加，这些均会导致折旧费用、财产保险费、不动产税以及行政管理人员薪金的增加。

就业务量范围而言，固定成本表现为某一特定业务量水平内具有固定性。因为业务量一旦超出这一水平，同样扩大厂房、更新设备和增加行政管理人员，相应的费用也会增加。业务量的变化，无论是渐变还是突变，总是表现在特定的期间内，就固定成本的时间范围限定和空间范围限定而言，空间范围的限定即业务量水平的限定更具有实质意义。

固定成本的相关范围体现为跳跃式，如图3-2所示。

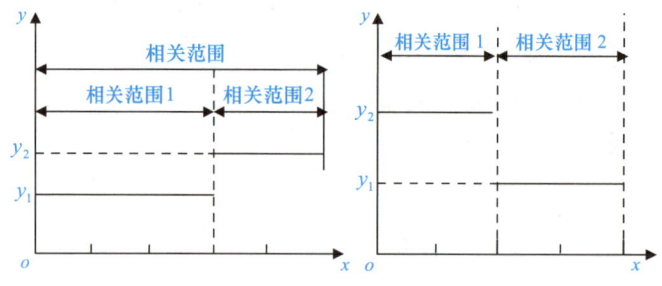

图3-2　固定成本的相关范围

2. 变动成本

变动成本是指在一定时期和一定业务量范围内，其总额随业务量呈正比例变化的那部分成本。例如，生产成本中直接用于产品制造的与产量成正比的原材料、燃料及动力、外部加工费、外购半成品，按产量法计提的折旧费，单纯计件工资形式下的生产工人工资，以及销售费用、管理费用和财务费用中与销售量成正比的费用项目。

（1）变动成本的特点及性态模型。变动成本有两个基本特点：一是变动成本总额的正比例变动性；二是单位变动成本的不变性。

变动成本的这两个特点可以用数学模型来反映，假设 x 代表业务量，y 代表成本，单位变动成本 $y=b$（b 为常数），则变动成本总额 $y=bx$。如图3-3所示，(a) 反映了变动成本总额与业务量呈正比例变动的特性，表现为一条通过原点的直线；(b) 则反映了在一定时期和一定业务量范围内，单位变动成本不受业务量变动的影响而保持不变的特性,表现为一条与横轴平行的直线。

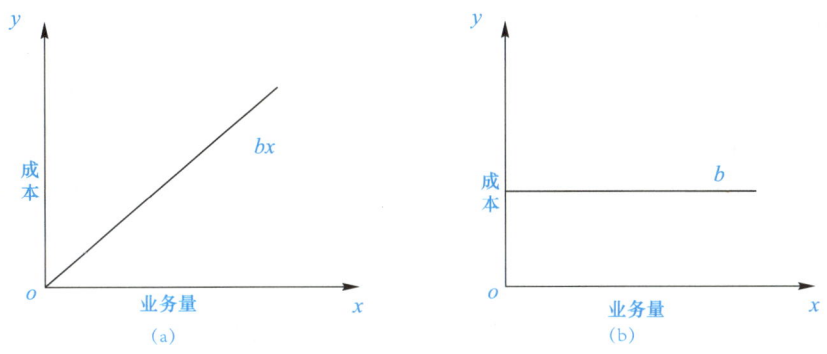

图 3-3 变动成本性态模型

（2）变动成本的分类。变动成本按其所发生的原因可划分为技术性变动成本和酌量性变动成本。

1）技术性变动成本是指其单位成本受客观因素决定、消耗量由技术因素决定的那部分变动成本。这类变动成本的发生与否及数额的多少是由某种产品的特定工艺技术设计所决定的，只要产品设计及工艺技术不变，该产品的原材料单耗或若干种原材料之间的配比就不变。例如，生产成本中主要受到设计方案影响的、单耗相对稳定的外购零部件成本；在工资水平不变的前提下，流水作业生产岗位上的工人的工资和福利费等。降低技术性变动成本，应当通过改进产品设计，改革工艺技术，实现技术革新和技术革命，提高材料综合利用率、劳动生产率和产出率以及避免浪费、降低单耗来实现。

2）酌量性变动成本是指单耗受客观因素决定，其单位成本主要受企业管理部门决策影响的那部分变动成本。这类变动成本的发生与否及数额的多少同企业现有生产经营能力的利用程度和产品产、销数量没太大关系，只取决于企业管理者的意志或某一会计期间的特定经营方针和政策要求。例如，在质量能够得以保证、单耗不变的前提下，企业可以在不同地区或不同供货单位采购到价格水平不同的某种原材料，其成本消耗就属于酌量性变动成本。降低这类成本，应当通过合理决策、降低材料采购成本、优化劳动组合、严格控制制造费用开支、改善成本效益关系来实现。

（3）变动成本的相关范围。在一定时期和一定业务量范围内，变动成本总额随业务量变动呈正比例变动的特性始终存在，但是一旦业务量或时间的变化突破了相关范围，变动成本与业务量也不再表现为完全的线性关系，而是非线性关系。

例如，某产品刚投产时，生产批量小，单位产品所消耗的材料和人工比较多。随着产量的不断增长和工人生产效率的提高，单位产品所消耗的材料和人工逐渐下降，变动成本总额的增长幅度小于产量的增长幅度，表现为一条向下弯曲的曲线；当产量增长到某一范围时，各项材料和人工的消耗比较稳定，变动成本总额和产量之间呈现严格的正比例关系，表现为一条直线，这个范围就称为变动成本的"相关范围"；当产量突破这个相关范围继续增长时，就可能出现某些变动成本项目超量上升，使得变动成本总额的增长幅度大于产量的增长幅度，表现为一条向上弯曲的曲线。

即使业务量因素保持在相关范围内，单位变动成本也不会一直恒定不变，因为不同时期，物价水平的变动也会使单位变动成本发生改变。

由于相关范围的存在，固定成本和变动成本的性态具有相对性、暂时性和可转化性。相对性是指在同一时期，同一成本项目在不同企业之间可能具有不同的性态；暂时性是指就同一企业而言，同一成本项目在不同时期可能具有不同的性态；可转化性是指在同一时空条件下，某些成本项目可以在固定成本和变动成本之间实现转化。

3．混合成本

混合成本是指介于固定成本与变动成本之间，其成本随业务量变动但不呈正比例变动的成本。根据混合成本兼有变动与固定两种性质的具体情况，可将混合成本进一步细分为半变动成本、半固定成本、曲线变动成本和延期变动成本。

（1）半变动成本又叫标准式混合成本，由明显的固定和变动两个部分的成本构成。这类成本通常有一个基数，不受业务量影响，类似于固定成本。但是在该基数之上，随着业务量的增长，成本也相应地呈正比例增长，类似于变动成本。例如，企业的电话费支出，由按固定数额计收的月租费和按通话时间计算的通话费两部分构成，就属于标准式混合成本。半变动成本的性态模型如图3-4所示。

（2）半固定成本又叫阶梯式混合成本。这类成本在一定业务量范围内的发生额是固定的，但当业务量增长到一定程度时，其发生额突然跳跃到一个新的水平，然后在新的业务量变动范围内，发生额又保持不变，直到出现另一个跳跃。例如，企业质检员的工资，在一定的产量水平下需要的质检员人数不变，相应的工资支出也不变。但是当产量增长到一定程度时，原有的质检员人数不能满足需要，必须增加质检员，相应的工资支出也随之增加到一个新水平，这就属于阶梯式混合成本。半固定成本的性态模型如图3-5所示。

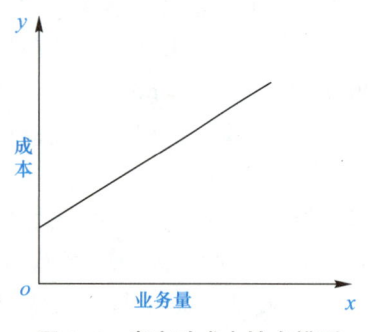

图3-4　半变动成本性态模型

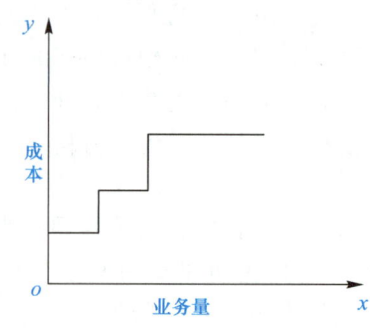

图3-5　半固定成本性态模型

（3）曲线变动成本。这类成本通常有一个初始量，一般不变，相当于固定成本。在这个初始量的基础上，随着业务量的增加，成本也逐步增加，但不存在线性关系。

例如，某企业生产过程中进行热处理的电炉设备，每班需要预热，因预热而耗电的成本属于固定成本性质，预热后进行热处理的耗电成本，则随着业务量的增加而逐步上升，但二者不呈正比例关系，且成本上升越来越慢，即上升率是递减的，所以称为递减曲线成本。其性态模型如图3-6（a）所示。

又如，企业中的累进计件工资，当达到约定产量时，成本是固定不变的，属于固定成本性质，但在这个基础上，随着产量的增加，计件工资也逐步增加，但二者不呈正比例关系，且成本上升越来越快，即上升率是递增的，所以称为递增曲线成本。其性态模型如图3-6（b）所示。

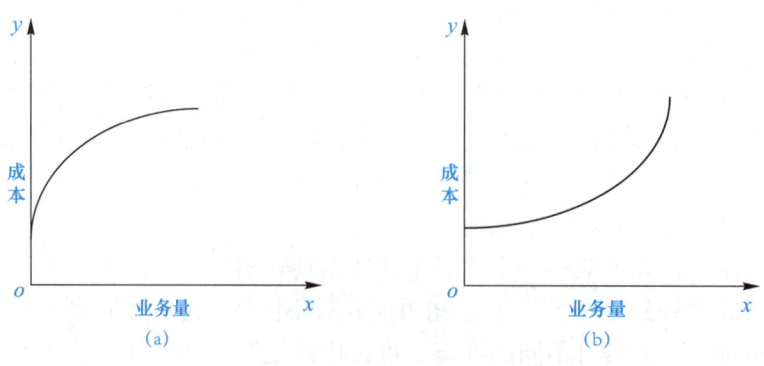

图3-6　曲线变动成本性态模型

（4）延期变动成本。这类成本在一定业务量范围内总额保持不变，但当超过该业务量时，则随着业务量的增长呈正比例变动。例如，企业在正常工作时间或正常产量情况下支付给职工的薪酬是固定不变的，但当工作时间或产量超过规定标准时，企业就需要按照加班时间的多少或超产数量的多少成比例地支付职工加班薪酬或超产津贴，这就属于延期变动成本。延期变动成本的性态模型如图 3-7 所示。

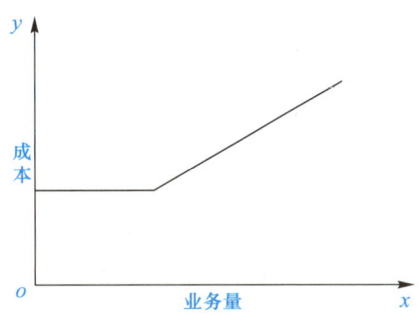

图 3-7　延期变动成本的性态模型

任务二　成本性态分析的程序和方法

成本性态分析是指在明确各种成本性态的基础上，按照一定的程序和方法，最终将全部成本区分为固定成本和变动成本两大类，并建立相应成本函数模型 $y = a + bx$ 的过程。

由于企业的全部成本最终将分为固定成本和变动成本两大类，那么企业总成本的公式可以表示为

总成本＝固定成本总额＋变动成本总额＝固定成本总额＋（单位变动成本 × 业务量）

假设用 y 代表总成本，a 代表固定成本总额，b 代表单位变动成本，x 代表业务量，则上述总成本公式就可以表示为

$$y = a + bx$$

通过成本性态分析，可以从定性和定量两个方面把握成本的各个部分同业务量之间的依存关系，掌握其变动规律，为企业应用变动成本法开展本量利分析，进行预测分析、短期经营决策，实施责任会计等奠定基础。

一、成本性态分析的程序

1. 分步分析程序

分步分析程序又称多步骤分析程序，属于先定性分析后定量分析的程序。首先将总成本按其性态分为固定成本、变动成本和混合成本三个部分。然后采用一定的技术方法将混合成本分解为变动成本和固定成本，在此基础上，分别将它们与固定成本和变动成本合并，最后建立相关的总成本性态分析模型。分步分析程序如图 3-8 所示。

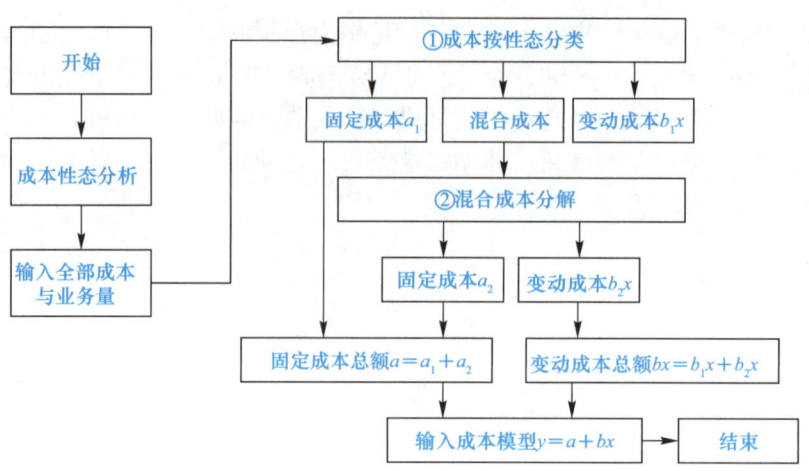

图 3-8 分步分析程序

2. 同步分析程序

同步分析程序又称单步骤分析程序，属于定性分析与定量分析同步进行的程序。该程序将总成本直接一次性地区分为变动成本和固定成本两部分，并建立有关的总成本性态分析模型。同步分析程序如图 3-9 所示。

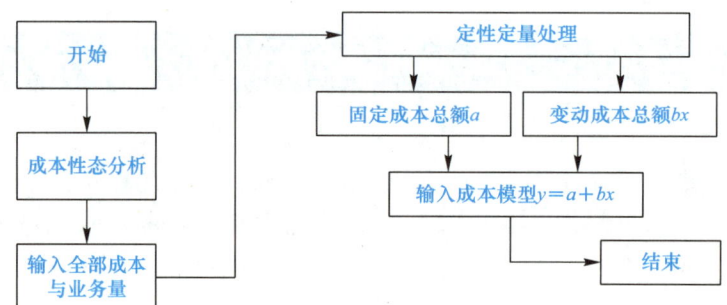

图 3-9 同步分析程序

这种程序不考虑混合成本的依据有两个。第一，按照一元线性假定，无论是总成本还是混合成本都是一个业务量 x 的函数，因此，按分步分析程序与按同步分析程序进行成本性态分析的结果应当是相同的；第二，在混合成本本身的数额较少、前后期变动幅度较小、对企业影响十分有限的情况下，可以将其视为固定成本，以简化分析过程。

二、成本性态分析的方法

成本性态分析的方法是指完成成本性态分析必须采取的技术手段。在实际工作中，常用的成本性态分析方法有账户分析法、技术测定法和历史成本分析法等。

1. 账户分析法

账户分析法是指根据各有关成本明细账的发生额，结合其与业务量的依存关系，对每项成本的具体内容进行直接分析，使其分别归入固定成本或变动成本的一种方法。这种方法在很大程度上属于定性分析，即根据各个成本项目及明细账户的成本性态，通过经验判断，把那些与固定成本较为接近的成本归入固定成本，把那些与变动成本较为接近的成本归入变动成本。至于不能简单归入固定成本或变动成本的项目，则可通过一定比例将它们分解为固定成本和变动成本两部分。例如，产品生产过程中所耗用的原材料和生产工人工资基本上与产量呈正比例变动关系，可归为变动成本；耗用的燃料及动

成本性态分析

力虽然不与产品成严格的正比关系，但其变动与产量关系较大，也可归入变动成本；至于制造费用和管理费用中的固定资产折旧、管理人员工资、保险费、设备租金、不动产税等，与产量关系不大，可归入固定成本。

账户分析法分析的依据是各成本项目总账和明细账，适用于会计基础工作较好的企业。这种分析法简便易行，工作量小，能够获得对成本和业务量之间依存关系的直观认识。但是这种方法要求分析人员根据自己的经验判断来决定每项成本项目应归入固定成本还是归入变动成本，其分析结果不可避免地带有一定的主观性。因此，在实际工作中一般结合其他方法使用。

2. 技术测定法

技术测定法是指由工程技术人员通过测定正常生产流程中投入的成本与产出的数量之间有规律性联系的各种消耗量标准，并在此基础上直接估算出固定成本和单位变动成本的一种测定方法。

这种方法的关键是将投入成本与产量进行对比、分析，用来确定单位产量的消耗定额，并把与产量有关的部分归集为单位变动成本，把与产量无关的部分归集为固定成本。例如，某企业生产过程中进行热处理的电炉设备，每班需要预热，因预热而耗电的成本，通过技术测定与产量无关，归为固定成本，预热后进行热处理的耗电成本则与产量有关，归为变动成本。

这种方法依据客观存在的投入和产出关系来进行成本分析，测定的结果比较准确，但是工作量比较大，特别是对某些制造费用和管理费用的明细项目分析起来比较困难，通常适用于没有历史数据可参考的新企业，或者是已建立了标准成本制度、有现成的消耗定额资料可参考的企业。

3. 历史成本分析法

历史成本分析法是指根据过去一定时期内成本与业务量之间的历史资料，采用一定的数学方法对其进行加工处理，从而确定成本中固定成本和单位变动成本的一种定量分析方法。这种方法以历史成本与未来成本具有相似性为前提，认为只要企业的生产经营不发生重大变化，历史成本信息就可以较为准确地反映企业现在和未来的成本变动趋势。

这种方法要求企业具有完备的历史成本资料，成本数据与业务量资料具有相关性，因此适用于生产经营比较稳定、成本水平波动不大，以及历史成本资料比较完备的企业。

在实际工作中，常用的历史成本分析法包括高低点法、散布图法和回归分析法等。

（1）高低点法。高低点法又称两点法，是指根据一定时期内最高业务量和最低业务量之间的差额，以及与之相对应的最高成本和最低成本之间的差额，推算成本中固定成本和变动成本的一种成本性态分析方法。

高低点法的具体应用步骤如下：

1) 从历史成本资料中找出最高点业务量（假设为 x_1）及其对应的成本（假设为 y_1）和最低点业务量（假设为 x_2）及其对应的成本（假设为 y_2）。

2) 计算成本中的单位变动成本（假设为 b）。其计算公式为

$$单位变动成本(b) = \frac{最高点混合成本 - 最低点混合成本}{最高点业务量 - 最低点业务量} = \frac{y_1 - y_2}{x_1 - x_2}$$

3) 计算成本中的固定成本（假设为 a）。其计算公式为

$$固定成本(a) = 最高点混合成本 - 最高点业务量 \times 单位变动成本 = y_1 - bx_1$$

$$固定成本(a) = 最低点混合成本 - 最低点业务量 \times 单位变动成本 = y_2 - bx_2$$

4) 建立成本性态模型。其计算公式为

$$成本总额(y) = 固定成本总额 + 单位变动成本 \times 业务量 = a + bx$$

【例3-1】某企业2024年全年发生的设备维修成本与机器工时之间对应关系的数据见表3-1。

要求：用高低点法对设备维修成本进行分析，并建立相应的成本性态模型。

表 3-1　某企业设备维修成本与机器工时之间的对应关系

月份	机器工时 / 机时	维修成本 / 元
1	3 000	1 800
2	3 300	1 950
3	3 450	2 025
4	3 750	2 175
5	3 900	2 250
6	4 200	2 400
7	4 500	2 550
8	4 800	2 700
9	5 200	2 985
10	5 250	2 925
11	3 800	2 200
12	4 600	2 600

解：具体分析步骤如下：

第一步，确定该企业 2024 年业务量（即机器工时）的最高点和最低点，以及与之相对应的设备维修成本。比较表 3-1 中数据可得机器工时的最高点是 10 月份的 5 250 机时，对应的维修成本是 2 925 元；机器工时的最低点是 1 月份的 3 000 机时，对应的维修成本是 1 800 元。

第二步，计算设备维修成本中的单位变动成本（假设为 b）：

$$b（单位变动成本）=\frac{2\,925-1\,800}{5\,250-3\,000}=\frac{1\,125}{2\,250}=0.5(元/机时)$$

第三步，计算设备维修成本中的固定成本总额（假设为 a），将上述最高点的机器工时和对应的维修成本代入公式，则

$$a（固定成本总额）=2\,925-0.5\times5\,250=300（元）$$

或者将上述最低点的机器工时和对应维修成本代入公式，则

$$a（固定成本总额）=1\,800-0.5\times3\,000=300（元）$$

最后，根据维修成本和机器工时之间的关系建立的成本性态模型为

$$y=300+0.5x$$

需要注意的是：采用高低点法进行成本性态分析时，应以业务量的高低为选取标准，而不是以成本的高低来选择。如本例中，9 月份的维修成本最高，但是不能以 9 月份的数据作为最高点进行分析。

高低点法的优点在于计算简便，易于理解；缺点在于只选取了诸多历史资料中的两组数据来代表整体，使得建立起来的成本性态模型不具有代表性，误差可能比较大。因此，只适用于生产经营比较稳定、成本变动趋势比较小的中小企业。

（2）散布图法。散布图法又称布点图法，是指将过去某一时期若干组业务量和对应成本的数据逐一在坐标图上标明，一般以横轴代表业务量，纵轴代表成本，这样各组历史数据都形成若干个成

本点散布在坐标图上，通过目测画一条尽可能接近所有坐标点的直线，以尽可能反映成本随业务量变动的趋势，并据此推算固定成本和单位变动成本的一种成本性态分析方法。

散布图法的具体应用步骤如下：

1）标出成本点坐标，以业务量为横轴 x、成本为纵轴 y 建立坐标系，将过去一定时期若干组业务量与对象成本的数据在坐标图上逐一标出，形成散布图。

2）画出趋势直线，通过目测画一条尽可能接近所有成本点的直线，以尽可能反映成本随业务量变动的趋势，该直线与纵轴相交。

3）确定固定成本（假设为 a），趋势直线在纵轴上的截距值即为固定成本 a。

4）确定单位变动成本（假设为 b），趋势直线的斜率即为单位变动成本 b。

5）建立成本性态模型。其计算公式为

$$y（成本总额）=固定成本总额+单位变动成本 \times 业务量 = a + bx$$

【例 3-2】承例 3-1 的资料，用散布图法对设备维修成本进行分析，并建立相应的成本性态模型。

解：具体分析步骤如下：

第一步，将该企业 2024 年全年的 12 组业务量与对应设备维修成本的数据在坐标图中逐一标出，确定散布点。

第二步，通过目测画出趋势直线，画一条尽可能接近所有成本点的直线，如图 3-10 所示。

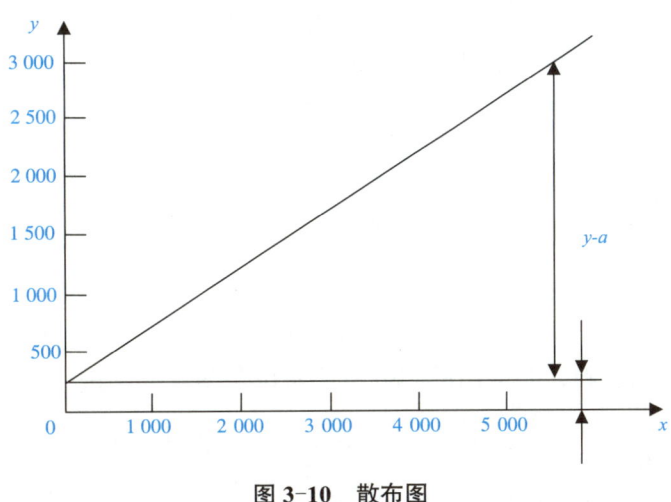

图 3-10　散布图

第三步，确定固定成本（假设为 a），从图 3-10 中看成本趋势直线在纵轴上的截距值约为 260，即

$$a（固定成本总额）= 260（元）$$

第四步，确定单位变动成本（假设为 b），根据趋势直线上点（0，260）和（5 250，2 925）计算出的趋势直线的斜率即为单位变动成本，即

$$b（单位变动成本）= \frac{2\,925 - 260}{5\,250 - 0} = \frac{2\,665}{5\,250} = 0.51（元/机时）$$

最后，根据维修成本和机器工时之间的关系建立的成本性态模型为

$$y = 260 + 0.51x$$

散布图法的优点在于图形比较形象、直观，易于理解，并考虑了所提供的全部历史资料，比高低点法更为精确；其缺点在于画成本趋势直线完全靠目测，不同的人会画出不同趋势的直线，不可

避免地存在人为误差。

（3）回归分析法。回归分析法又称最小平方法，是指根据一定时期内业务量和成本的历史资料，应用最小平方法原理，算出最能代表成本变动趋势的回归直线，并据此确定成本中固定成本和变动成本的一种成本性态分析方法。运用散布图法时，通过目测画出的成本变动趋势直线存在人为误差，从数学观点来看，选用与全部成本点的误差平方和最小的直线最为准确，这条直线在数理统计中称为回归直线。回归分析法的具体应用步骤如下：

1）根据历史资料列表，以便计算以下步骤中所需的数据。

2）判断成本（假设为 y）与业务量（假设为 x）是否存在必要的线性关系，假设相关系数为 r，r 的绝对值取值范围一般在 0 和 1 之间，当 $r=-1$ 时，说明 y 与 x 之间完全负相关；当 $r=0$ 时，说明 y 与 x 之间完全不相关；当 r 趋向于 1 时，说明 y 与 x 之间基本正相关；当 $r=1$ 时，说明 y 与 x 之间完全正相关。

回归分析法要求成本与业务量之间至少基本正相关，可以以直线方程 $y=a+bx$ 表示两者的关系，其中 a 和 b 为回归系数，a 代表固定成本总额，b 代表单位变动成本。

相关系数 r 的计算公式如下

$$r=\frac{n\sum xy-\sum x\sum y}{\sqrt{[n\sum x^2-(\sum x)^2]}\sqrt{[n\sum y^2-(\sum y)^2]}}$$

其中，n 表示历史资料中成本点的个数，$\sum x$、$\sum y$、$\sum xy$、$\sum x^2$ 和 $\sum y^2$ 的值可在历史资料列表中计算后代入。

3）计算回归系数 a 和 b 的值。其计算公式为

$$b=\frac{n\sum xy-\sum x\sum y}{n\sum x^2-(\sum x)^2}$$

$$a=\frac{\sum y-b\sum x}{n}$$

4）建立成本性态模型，将 a 和 b 的值代入以下计算公式：

$$y=a+bx$$

【例 3-3】承例 3-1 的资料，要求用回归分析法对设备维修成本进行分析，并建立相应的成本性态模型。

解：具体分析步骤如下：

第一步，根据表 3-1 中的历史资料列出计算表，见表 3-2。

表 3-2　计算表

月份	机器工时 x/ 机时	维修成本 y/ 元	xy	x^2	y^2
1	3 000	1 800	5 400 000	9 000 000	3 240 000
2	3 300	1 950	6 435 000	10 890 000	3 802 500
3	3 450	2 025	6 986 250	11 902 500	4 100 625
4	3 750	2 175	8 156 250	14 062 500	4 730 625
5	3 900	2 250	8 775 000	15 210 000	5 062 500
6	4 200	2 400	10 080 000	17 640 000	5 760 000
7	4 500	2 550	11 475 000	20 250 000	6 502 500

续表

月份	机器工时 x/机时	维修成本 y/元	xy	x^2	y^2
8	4 800	2 700	12 960 000	23 040 000	7 290 000
9	5 200	2 985	15 522 000	27 040 000	8 910 225
10	5 250	2 925	15 356 250	27 562 500	8 555 625
11	3 800	2 200	8 360 000	14 440 000	4 840 000
12	4 600	2 600	11 960 000	21 160 000	6 760 000
n = 12	∑x = 49 750	∑y = 28 560	∑xy = 121 465 750	∑x^2 = 212 197 500	∑y^2 = 69 554 600

第二步，计算相关系数 r。

$$r = \frac{n\sum xy - \sum x \sum y}{\sqrt{\left[n\sum x^2 - (\sum x)^2\right]\left[n\sum y^2 - (\sum y)^2\right]}}$$

$$= \frac{12 \times 121\,465\,750 - 49\,750 \times 28\,560}{\sqrt{\left[12 \times 212\,197\,500 - 49\,750^2\right]\left[12 \times 69\,554\,600 - 28\,560^2\right]}}$$

$$\approx \frac{36\,729\,000}{8\,444 \times 4\,356} = \frac{36\,729\,000}{36\,782\,064}$$

$$\approx 0.998\,56 \to 1$$

结果表明：x 与 y 基本正相关，可以采用回归分析法进行分析。

第三步，计算回归系数 b 的值。

$$b = \frac{n\sum xy - \sum x \sum y}{n\sum x^2 - (\sum x)^2} = \frac{12 \times 121\,465\,750 - 49\,750 \times 28\,560}{12 \times 212\,197\,500 - 49\,750^2} = \frac{36\,729\,000}{71\,307\,500} \approx 0.515$$

第四步，计算回归系数 a 的值。

$$a = \frac{\sum y - b\sum x}{n} = \frac{28\,560 - 0.515 \times 49\,750}{12} = \frac{2\,938.75}{12} \approx 245$$

最后，建立的成本性态模型为

$$y = 245 + 0.515x$$

回归分析法的计算结果比前两种方法更为准确，但是计算工作量较大，比较麻烦，如果利用计算机，其计算过程将大为简便。

总之，以上三种常用的历史成本分析方法均含有估计的成分，带有一定的假定性，其对成本进行分解的结果不可能绝对准确，只能近似模拟企业的成本水平。

任务三　完全成本法下的职能式利润表的编制

在当前会计实务中，无论国内还是国外，一些权威机构，如美国财务会计准则委员会（FASB）、国际会计准则理事会（IASB），以及我国财政部，都不允许用变动成本法来计算和反映企业的财务状况、经营业绩。会计的确认、计量和报告，按企业会计准则的规定只能采用完全成本法。

一、完全成本法的概念

完全成本法是财务会计计算产品成本时主要采用的方法，它是以成本按经济用途分类为前提，在计算产品成本时，包括产品生产过程中所消耗的全部生产成本，即直接材料、直接人工和制造费用（变动制造费用和固定制造费用），把非生产成本作为期间成本的一种成本计算方法，又称为全部成本法或吸收成本法，是与管理会计学中的变动成本法相对的一个概念。

二、完全成本法的理论依据

传统的完全成本法强调成本补偿的一致性。其理论依据是：固定制造费用发生在生产领域，与产品生产直接相关，其与直接材料、直接人工和变动制造费用的支出并无区别，应当将其作为产品成本的一部分，从产品销售收入中得到补偿。

财务会计理论认为：产品成本随着产品的出售转入销货成本，随产品实体的流动而流动，只有当产品实现销售时才能与相关收入实现配比并得到补偿，产品未出售时，将其作为存货成本递延到下一个会计期间。因此，固定制造费用随产品实体的流动而流动，一部分随当期出售的产品直接体现在当期损益内，另一部分则转入期末存货成本，递延至以后期间的损益内。

三、完全成本法下的产品成本构成

1. 产品成本

完全成本法下的产品成本，是指当期产品生产过程中发生的全部生产成本，包括直接材料、直接人工、变动制造费用和固定制造费用。

2. 期间成本

完全成本法下的期间成本，是指一定会计期间内的全部非生产成本，包括销售费用、管理费用、财务费用。期间成本不随产品的实体流转，而是以一定的会计期间来划分。

3. 销货成本

销货成本是指已销产品的成本。完全成本法下的销货成本包括已销产品中的直接材料费用、直接人工费用和已销产品应负担的全部制造费用。

4. 存货成本

存货成本是指存货中包含的产品成本。完全成本法下的存货成本包括存货中的直接材料费用、直接人工费用和存货应负担的全部制造费用。

四、完全成本法的损益计算及职能式利润表编制

采用完全成本法计算期间损益，先以当期的销售收入减去销货成本计算出销售毛利，再从销售毛利中扣除期间成本计算出当期利润。完全成本法下计算的利润，是在成本按其职能分类的前提下，计算职能式利润。其计算公式如下：

$$销售毛利 = 销售收入 - 销货成本$$
$$税前利润 = 销售毛利 - 期间成本$$

其中：

（1）销货成本是指本期销售产品的生产成本，包括变动生产成本和固定生产成本。只要是本期销售的，无论是上期生产的产品还是本期生产的产品，均应计入销货成本。

$$销货成本 = 期初存货成本 + 本期生产成本 - 期末存货成本$$

（2）期间成本只包括本期发生的非生产成本。

期间成本＝销售费用＋管理费用＋财务费用

【例 3-4】光益公司只产销一种甲产品，2024 年年初甲产品的存货量为零，全年生产量为 50 000 件，销售 46 000 件，期末存货量为 4 000 件，每件售价 100 元。当期发生的成本资料见表 3-3。

表 3-3 光益公司成本资料   单位：元

成本项目	直接材料	直接人工	制造费用	销售费用	管理费用	财务费用
变动性	900 000	450 000	100 000	40 000	20 000	—
固定性	—	—	300 000	140 000	40 000	30 000
总额	900 000	450 000	400 000	180 000	60 000	30 000

要求：按完全成本法计算当期的产品成本、期间成本、销货成本与存货成本，并编制职能式利润表。

解：（1）根据完全成本法的要求，编制成本计算表，见表 3-4。

表 3-4 成本计算表   单位：元

项目		产品成本		期间成本	销货成本（总成本）	存货成本（总成本）
		总成本	单位成本			
直接材料	变动性	900 000	18		828 000	72 000
	固定性					
直接人工	变动性	450 000	9		414 000	36 000
	固定性					
制造费用	变动性	100 000	2		92 000	8 000
	固定性	300 000	6		276 000	24 000
销售费用	变动性			40 000		
	固定性			140 000		
管理费用	变动性			20 000		
	固定性			40 000		
财物费用	变动性					
	固定性			30 000		
合计		1 750 000	35	270 000	1 610 000	140 000

（2）根据资料编制职能式利润表，见表 3-5。

表 3-5 职能式利润表

项目	金额 / 元
一、销售收入	46 000×100 ＝ 4 600 000
减：销货成本	1 610 000

续表

项目	金额/元
期初存货成本	0
加：本期生产成本	50 000×35＝1 750 000
减：期末存货成本	4 000×35＝140 000
二、销货毛利	2 990 000
减：期间成本	270 000
销售费用	180 000
管理费用	60 000
财务费用	30 000
三、税前利润	2 720 000

任务四　变动成本法下的贡献式利润表的编制

一、变动成本法的概念

变动成本法起源于20世纪30年代的美国，第二次世界大战以后，世界经济矛盾日趋尖锐，市场竞争不断激化，企业管理当局要求会计能提供更科学、更有用的管理信息，以便加强经济活动的规划和控制。传统的完全成本法不能适应这一要求，于是变动成本法很快在美国、加拿大、日本等国家得到广泛应用，逐渐成为现代企业管理的一个重要组成部分，从而成为管理会计的重要内容之一。

变动成本法

变动成本法是与传统的成本计算方法相对应的一种方法，它是指以成本习性分析为前提，在计算产品成本时，只包括产品生产过程中所消耗的变动生产成本，即直接材料、直接人工和变动制造费用，而把固定生产成本即固定制造费用和非生产成本全部作为期间成本处理的一种成本计算方法。

二、变动成本法的理论依据

变动成本法的理论依据是：固定生产成本（固定制造费用）是为企业提供一定的生产经营条件，以便保持生产能力而发生的成本。它同产品的实际产量没有直接关系，不会随产量的提高而增加，也不会因产量的下降而减少。它的实质是定期地创造可供企业利用的生产能量，因而与期间的联系更为密切。在这一点上，它与管理费用、销售费用和财务费用等非生产成本一样，只是定期地创造了维持企业经营的必要条件，具有时效性，其效益随着时间的消逝而逐渐丧失，不应递延到下一个会计期间，而应在其发生的当期全额列入损益表，作为该期销售收入的一个扣减项目。

管理会计理论认为：变动成本法下的产品成本随着产品的出售转入销货成本，计入当期损益，产品未出售时，则作为期末存货成本递延到下一个会计期间。而固定制造费用不作为产品的成本，当然也不随产品实体的流动而流动。

三、变动成本法下的产品成本构成

1. 产品成本
变动成本法下的产品成本，是指当期产品生产过程中发生的全部变动生产成本，包括直接材料、直接人工、变动制造费用。

2. 期间成本
变动成本法下的期间成本，是指一定会计期间内的全部非生产成本及该期间的全部固定制造费用，包括销售费用、管理费用、财务费用和固定制造费用。

3. 销售成本
销售成本是指已销产品的成本。变动成本法下的销售成本包括已销产品中的直接材料费用、直接人工费用和已销产品应负担的变动制造费用。

4. 存货成本
存货成本是指存货中包含的产品成本。变动成本法下的存货成本包括存货中的直接材料费用、直接人工费用和存货应负担的变动制造费用。

四、变动成本法的损益计算及贡献式利润表编辑

采用变动成本法计算期间损益，先以当期的销售收入减去全部变动成本计算出贡献毛益，再从贡献毛益中扣除固定成本计算出当期利润。变动成本法下计算的利润，是在成本按其性态分类的前提下的贡献式利润。其计算公式如下：

$$贡献毛益 = 销售收入 - 变动成本$$
$$税前利润 = 贡献毛益 - 固定成本$$

其中：

（1）变动成本包括变动生产成本和变动非生产成本两部分。

$$变动成本 = 变动生产成本 + 变动非生产成本$$
$$变动生产成本 = 按变动成本法计算的本期销货成本$$
$$= 期初存货成本 + 本期变动生产成本 - 期末存货成本$$

（2）固定成本包括固定生产成本和固定非生产成本两部分。

$$固定成本 = 固定生产成本 + 固定非生产成本$$
$$= 固定制造费用 + 固定销售费用 + 固定管理费用 + 固定财务费用$$

【例3-5】资料见例3-4。按变动成本法计算当期发生的产品成本与期间成本、销货成本与存货成本，并编制贡献式利润表。

解：（1）根据变动成本法的要求，编制成本计算表，见表3-6。

（2）根据案例资料编制的贡献式利润计算表，见表3-7。

表 3-6　成本计算表　　　　　　　　　　　　　　　　　　　　　单位：元

项目		产品成本		期间成本	销货成本（总成本）	存货成本（总成本）
		总成本	单位成本			
直接材料	变动性	900 000	18		828 000	72 000
	固定性					
直接人工	变动性	450 000	9		414 000	36 000
	固定性					
制造费用	变动性	100 000	2		92 000	8 000
	固定性			300 000		
销售费用	变动性			40 000		
	固定性			140 000		
管理费用	变动性			20 000		
	固定性			40 000		
财务费用	变动性					
	固定性			30 000		
合计		1 450 000	29	570 000	1 334 000	116 000

表 3-7　贡献式利润计算表

项目	金额 / 元
一、销售收入	46 000×100 = 4 600 000
减：变动成本	1 394 000
变动生产成本	46 000×29 = 1 334 000
变动非生产成本	40 000 + 20 000 = 60 000
二、贡献毛益	3 206 000
减：固定成本	510 000
固定生产成本	300 000
固定非生产成本	140 000 + 40 000 + 30 000 = 210 000
三、税前利润	2 696 000

对比完全成本法计算出来的税前利润 2 720 000 元，变动成本法下计算的税前利润少了 24 000 元。两种成本法计算出来的税前利润不同的主要原因是：采用变动成本法计算成本时，将固定制造费用 300 000 元列入期间成本，从当期收益中完全减掉；而采用完全成本法计算成本时，将固定制造费用 300 000 元完全计入 50 000 件完工产品成本中，其中 46 000 件产品应承担的固定制造费用 276 000（6×46 000）元随当期产品销售计入产品销售成本中，从当期收益中减掉，剩下的 4 000 件产品应承担的固定制造费用 24 000（6×4 000）元计入期末存货成本中。也就是说，变动成本法下

的 4 000 件产品的期末存货成本是 116 000（29×4 000）元，而完全成本法下的 4 000 件产品的期末存货成本是 140 000（30×4 000）元，其差额正是 24 000 元。

五、不同产量和销量情况下采用两种方法对利润产生的影响

由于对固定制造费用的处理不同，两种不同成本计算方法计算出来的产品生产成本和存货成本可能不一样，因而导致税前利润不同。下面具体说明在不同的产量和销量情况下，分别采用两种不同的成本计算方法对利润计算产生的影响。

（一）光益公司利润表

【例 3-6】光益公司 2022—2024 年连续三年 A 产品的生产量为 10 000 件，三年的销售量分别为 10 000 件、8 000 件、12 000 件，产品售价为 200 元/件，有关成本资料如下：

直接材料	50 元/件
直接人工	20 元/件
单位变动制造费用	10 元/件
固定制造费用总额	100 000 元
单位变动销售及管理费用	6 元/件
固定销售及管理费用总额	30 000 元

要求：根据上述资料，分别按两种成本计算方法编制 2022—2024 年的利润表。

解：按照两种成本计算方法编制的利润表见表 3-8、表 3-9。

表 3-8　光益公司利润表（完全成本法）　　　　　　　　　　单位：元

项目	2022 年	2023 年	2024 年
销售收入	200×10 000＝2 000 000	200×8 000＝1 600 000	200×12 000＝2 400 000
减：销货成本	900 000	720 000	1 080 000
期初存货成本	0	0	180 000
本期生产成本	90×10 000＝900 000	90×10 000＝900 000	90×10 000＝900 000
减：期末存货成本	0	90×2 000＝180 000	0
销货毛利	1 100 000	880 000	1 320 000
减：期间成本	90 000	78 000	102 000
变动销售及管理费用	6×10 000＝60 000	6×8 000＝48 000	6×12 000＝72 000
固定销售及管理费用	30 000	30 000	30 000
税前利润	1 010 000	802 000	1 218 000

表 3-9　光益公司利润表（变动成本法）　　　　　　　　　　单位：元

项目	2022 年	2023 年	2024 年
销售收入	200×10 000＝2 000 000	200×8 000＝1 600 000	200×12 000＝2 400 000
减：变动成本	860 000	688 000	1 032 000
变动生产成本	80×10 000＝800 000	80×8 000＝640 000	80×12 000＝960 000

完全成本法与变动成本法产生差异的原因

续表

项目	2022年	2023年	2024年
变动非生产成本	6×10 000＝60 000	6×8 000＝48 000	6×12 000＝72 000
贡献毛益	1 140 000	912 000	1 368 000
减：固定成本	130 000	130 000	130 000
固定生产成本	100 000	100 000	100 000
固定非生产成本	30 000	30 000	30 000
税前利润	1 010 000	782 000	1 238 000

在销售单价、单位变动成本和固定成本总额不变的前提下，将表3-8和表3-9对比可得出如下结论：

（1）由2022年的资料可知，当期初存货量＝期末存货量（含期初、期末存货量均为零的情况），即当期销量＝当期产量时，两种方法计算的税前利润相同。本例中，期初和期末存货量均为零，用两种成本法计算的税前利润都为1 010 000元。这是因为，在采用完全成本法时，既没有相应的固定制造费用摊入相应的期末存货中，也没有从上期转入的固定制造费用，因此，两种方法计算的税前利润相同。

（2）由2023年的资料可知，当期初存货量＜期末存货量，即当期销量＜当期产量时，按变动成本法计算出来的税前利润比按完全成本法计算的要低。本例中，期初比期末存货量少2 000（2 000－0）件，按变动成本法计算出来的税前利润比按完全成本法计算的低20 000（802 000－782 000）元。这是因为，按完全成本法计算时，有20 000［2 000×（100 000÷10 000）］元的固定生产成本摊入到相应的2 000件期末存货中。而按变动成本法计算时，当期的全部固定生产成本100 000元都列入期间成本，从贡献毛益中减掉了。

（3）由2024年的资料可知，当期初存货量＞期末存货量，即当期销量＞当期产量时，按变动成本法计算出来的税前利润比按完全成本法计算的要高。本例中，期初比期末存货量多2 000（2 000－0）件，按变动成本法计算出来的税前利润比按完全成本法高20 000（1 238 000－1 218 000）元。这是因为，将期初存货2 000件在当期销售了。按完全成本法计算，2 000件产品负担的固定生产成本也随之转入相应的本期销售产品成本中，从税前利润中减掉了。而按变动成本法计算，已销的2 000件期初存货中并不包含相应的20 000元的固定生产成本，所以，按变动成本法计算出来的税前利润比按完全成本法高20 000元。

综上所述，在销售单价、单位变动成本和固定成本总额不变的前提下，采用变动成本法和完全成本法计算出来的两种税前利润之间的关系有如下规律：

（1）当期初存货量＝期末存货量，即当期销量＝当期产量时，两种方法计算出来的税前利润相同。

（2）当期初存货量＜期末存货量，即当期销量＜当期产量时，按完全成本法计算的税前利润必然大于按变动成本法计算的税前利润，其差额＝存货增加量×单位固定生产成本。

（3）当期初存货量＞期末存货量，即当期销量＞当期产量时，按完全成本法计算的税前利润必然小于按变动成本法计算的税前利润，其差额＝存货减少量×单位固定生产成本。

（二）产量逐期变动，销售不变

【例3-7】光益公司2022—2024年连续三年B产品的销售量为10 000件，三年的生产量分别为10 000件、12 000件、8 000件，产品售价为200元/件，有关成本资料如下：

直接材料	50 元/件
直接人工	20 元/件
单位变动制造费用	10 元/件
固定制造费用总额	120 000 元
单位变动销售及管理费用	6 元/件
固定销售及管理费用总额	30 000 元

要求：根据上述资料，分别按两种成本计算方法编制 2022—2024 年的利润表。

解：按两种成本计算方法编制的利润表如 3-10、表 3-11 所示。

表 3-10　光益公司利润表（完全成本法）　　　　　　　　　　　　单位：元

项目	2022 年	2023 年	2024 年
销售收入	200×10 000＝2 000 000	200×10 000＝2 000 000	200×10 000＝2 000 000
减：销货成本	920 000	900 000	940 000
期初存货成本	0	0	180 000
本期生产成本	92×10 000＝920 000	90×12 000＝1 080 000	95×8 000＝760 000
减：期末存货成本	0	90×2 000＝180 000	0
销货毛利	1 080 000	1 100 000	1 060 000
减：期间成本	90 000	90 000	90 000
变动销售及管理费用	6×10 000＝60 000	6×10 000＝60 000	6×10 000＝60 000
固定销售及管理费用	30 000	30 000	30 000
税前利润	990 000	1 010 000	970 000

表 3-11　光益公司利润表（变动成本法）　　　　　　　　　　　　单位：元

项目	2022 年	2023 年	2024 年
销售收入	200×10 000＝2 000 000	200×10 000＝2 000 000	200×10 000＝2 000 000
减：变动成本	860 000	860 000	860 000
变动生产成本	80×10 000＝800 000	80×10 000＝800 000	80×10 000＝800 000
变动非生产成本	6×10 000＝60 000	6×10 000＝60 000	6×10 000＝60 000
贡献毛益	1 140 000	1 140 000	1 140 000
减：固定成本	150 000	150 000	150 000
固定生产成本	120 000	120 000	120 000
固定非生产成本	30 000	30 000	30 000
税前利润	990 000	990 000	990 000

在销售单价、单位变动成本和固定成本总额不变的前提下，将表 3-10、表 3-11 对比可得出如下结论：

（1）从表3-11可知，在变动成本法下，决定税前利润增减变动的主要因素是销售量，当期生产量的多寡和期末存货量的高低对税前利润毫无影响。按变动成本法计算出的利润表，每年的销售量都是10 000件，每年的生产量和期末存货量高低不一样，但每年的税前利润都是990 000元。

（2）由于每年的生产量不同，尽管每年的固定生产成本总额相同，但每年的单位固定生产成本不同。

当期初存货量＝期末存货量时，如果期初与期末的存货量都为零，两种方法计算出来的税前利润完全相同，都是990 000元。

当期初存货量＜期末存货量时，如2023年的期初存货量为零，而期末存货量为2 000件，按完全成本法计算出的税前利润必然大于按变动成本法计算出的税前利润。前者的利润比后者的利润多20 000［两者差额＝（期末单位固定生产成本 × 期末存货量）－（期初单位固定生产成本 × 期初存货量）＝（10×2 000）－（12×0）＝20 000］元。

当期初存货量＞期末存货量时，如2024年的期初存货量为2 000件，而期末存货量为零，按完全成本法计算出的税前利润必然小于按变动成本法计算出的税前利润。前者的利润比后者的利润少20 000［两者差额＝（期初单位固定生产成本 × 期初存货量）－（期末单位固定生产成本 × 期末存货量）＝（10×2 000）－（15×0）＝20 000］元。

任务五　变动成本法与完全成本法的结合

一、变动成本法与完全成本法的优缺点

（一）变动成本法的优缺点

1. 变动成本法的优点

（1）符合费用与收益相配比原则。费用与收益相配比原则是国际上公认的会计原则。变动成本法把成本分为变动成本和固定成本两大类：将随产品增减而变动的成本作为产品成本，包括直接材料、直接人工和变动制造费用，将已销售产品负担的那部分变动成本转作销售成本，与销售收入相配比，从销售收入中得到补偿；将未销售产品负担的那部分变动成本转作存货成本，与销售的存货相配比，从已销售的存货收入中得到补偿；将不随产品产量变动的固定制造费用列入期间成本，它与生产能力的利用程度无关，与本期收益相配合，作为贡献毛益项，从中得到补偿。

（2）便于分清各部门责任，有利于进行成本控制与业绩评价。变动生产成本的高低最能反映生产部门和供应部门的工作实绩。例如在直接材料、直接人工和变动制造费用方面如有节约或超支，会立即从产品的变动生产成本指标中显示出来，这样可以通过事前制定标准成本和建立弹性预算进行日常控制。至于固定成本的高低，责任一般不在生产部门，通常应由管理部门负责，可以通过事前制定费用预算进行控制。这样不仅有利于我们进行科学的事后成本分析以及采用正确的方法进行控制，还能对各责任部门的工作业绩做出实事求是的、恰当的评价与考核。

（3）能为企业的生产经营管理提供各种有益的会计信息。因为短期经营决策一般不改变生产能力和生产条件，因此固定成本和单位变动成本相对比较稳定，在进行方案评价时，只要计算贡献毛益大小即可。变动成本法可为此提供相关的信息。同时，变动成本法能够揭示成本、业务量和利润之间的内在变化规律，找出它们之间的依存关系，制定目标成本、目标业务量、目标利润等指标，

有利于企业管理者进行预测、决策、计划与控制。

（4）促进企业管理当局重视销售，防止盲目生产。采用变动成本法计算成本，由于产量高低、存货多少对利润的大小没有影响，在销售单价、单位变动成本以及销售产品结构不变的情况下，销量和利润保持同向变动，这就促使企业管理者根据销量进行生产，重视市场动态，分析消费者的心理变化，努力提高产品质量，生产适销对路的产品，改进销售渠道，促进销量不断上升，而不会出现在采用完全成本法时出现的"销售量下降，产量大幅上升导致利润不减反增"的极端不正常现象。

（5）简化产品成本计算工作。变动成本法计算的产品成本只包括变动生产成本，而把固定制造费用列入期间成本，作为贡献毛益的减项，从贡献毛益中直接减掉，从而省去了各种固定制造费用的分摊工作（在完全成本法下则必须分摊）。这样做不仅大大简化了产品成本的计算工作，而且避免了各种固定制造费用分摊时的主观随意性。

2. 变动成本法的缺点

（1）不符合传统的成本概念。按照传统的成本概念，产品成本是指在生产领域为生产产品而发生的全部生产成本，既包括变动生产成本，也包括固定生产成本。而采用变动成本法确定的产品成本显然不能满足这一要求。而且变动成本与固定成本的划分在很大程度上是假设和近似的结果，不是一种非常精确的划分。

（2）不适应长期决策需要。长期决策大多是资本性支出决策，主要决策经营规模和生产能力，是为了适应今后若干年生产经营的长远需要。从长远看，固定成本不可能固定不变，单位变动成本也会随技术革新而下降、随市场价格上扬而上升，因此变动成本法不适应长期决策需要，只对短期决策有一定的作用。

（3）不能直接进行定价决策。在进行定价决策时，既要考虑变动成本又要考虑固定成本，而采用变动成本法计算出来的产品成本不包括固定成本，所以不能直接以此来进行定价决策。

（4）改变计算方法直接影响利润。如果将企业采用的完全成本法改为变动成本法，则要将期末存货中的固定成本抽出来作为期间成本，从而降低了当期的利润，会暂时减少国家所得税收入和投资者股利收益。

（二）完全成本法的优缺点

1. 完全成本法的优点

（1）符合传统的成本概念。按照传统的成本概念，产品成本是产品生产过程中发生的耗费，无论是变动生产成本还是固定生产成本，均应计入产品成本。完全成本法下的产品成本包括的内容符合这一概念。

（2）激发企业加速发展生产的积极性：采用完全成本法，将全部固定生产成本计入产品成本，在单位变动成本和固定成本总额不变的情况下，产量越大，则单位固定成本就越低，从而单位产品成本也随之降低，超额利润越大，这在客观上会刺激生产的发展。

2. 完全成本法的缺点

（1）不利于成本管理。由于完全成本法将固定制造费用计入产品成本，给成本管理带来了困难：一是固定制造费用的分配增加了成本计算的工作量，影响成本计算的及时性和准确性；二是产品成本中变动成本和固定成本的划分使成本控制工作变得复杂。

（2）不利于企业的短期决策。当产品单价、单位变动成本和固定成本总额不变时，利润的变化理应同销售量的变化同向。但是按完全成本法计算，利润的多少和销售量的增减不能保持相应的比例，只要产量不同，所计算的税前利润就不同；特别是在销售量下降、生产量大幅提高的情况下，按完全成本法计算的税前利润反而会增加，因而不易被人们理解，不利于短期决策、控制和分析工作。

（3）成本计算烦琐。完全成本法下的产品成本中包含固定成本部分，所以在成本计算过程中必须对固定成本进行分配，而固定成本的分配往往需要经过许多烦琐的程序，因而增加了成本计算的工作量。并且，无论分配的方法如何科学，都难免受主观因素影响，造成成本计算的不准确。

二、变动成本法与完全成本法的结合使用

完全成本法与变动成本法各有优缺点，变动成本法能够满足企业内部管理的需要，有利于企业的短期决策，但变动成本法不适用于编制对外的财务报表；采用完全成本法编制的财务报表虽然符合会计准则的要求，但不能满足企业内部管理的需要。因此，既不能用一种成本法取代另一种成本法，也不能设置两套平行的成本计算系统，只有将两种成本法有机地结合起来，才能同时满足企业对内管理和对外报告的要求。

变动成本法的优点是多方面的，这一方法提供的成本信息可以满足企业内部经营管理的多方面需要；完全成本法的优点主要表现在对外编制财务报表上，但这只是一项非经常性的工作（真正意义上的对外报表即年报一年只编制一次）。所以，应以变动成本法为基础建立统一的成本计算系统。具体做法如下：

（1）日常成本核算应以变动成本法为基础，在产品、产成品、已销产品成本均按变动成本法计算，即只包括直接材料、直接人工和变动制造费用。

（2）在生产费用核算中，应设置"生产成本""变动制造费用"和"固定制造费用"科目，分别归集产品耗费的直接费用（直接材料和直接人工）、变动制造费用和固定制造费用。期末，将"变动制造费用"科目余额转入"生产成本"科目。

（3）在期间费用核算中，应设置"变动管理费用""变动销售费用""固定管理费用"和"固定销售费用"科目，分别归集企业日常管理和产品销售过程中发生的各种变动费用和固定费用。

（4）每月的企业内部损益表可按变动成本法编制。

（5）为编制对外报表，期末按当期产成品销售量的比例，将"固定制造费用"科目中属于本期已销产成品负担的部分转入"主营业务成本"科目，并列入损益表作为本期销售收入的减除项目；不属于本期已销产成品负担的部分，仍保留在"固定制造费用"科目内，并将其按当期生产量分配给资产负债表中的在产品和产成品存货，使之按完全成本法计算反映。

【例3-8】光益公司只生产一种产品，其有关资料如下：期初无在产品存货，期初产成品存货为1 000件，成本总额为120 000元，其中，变动成本为70 000元，固定制造费用为50 000元。本期投产30 000件，完工20 000件，期末在产品10 000件，完工程度为50%，本期销售16 000件，单位售价200元/件；本期领用材料900 000元，生产工人工资300 000元，变动制造费用300 000元，固定制造费用1 000 000元，单位变动管理费用10元/件，固定管理费用300 000元，单位变动销售费用20元/件，固定销售费用200 000元（存货按先进先出法计价）。

要求：对有关经济业务进行会计处理，并按两种成本计算方法编制利润表。

解：（1）本期投产30 000件，发生变动成本时：

借：生产成本——变动生产成本　　　　　　　　　　　　　　　　　　　1 500 000
　　贷：原材料　　　　　　　　　　　　　　　　　　　　　　　　　　　　900 000
　　　　应付职工薪酬　　　　　　　　　　　　　　　　　　　　　　　　　300 000
　　　　变动制造费用　　　　　　　　　　　　　　　　　　　　　　　　　300 000

（2）本期完工产品25 000件（按约当产量法分配），结转其变动成本时：

单位产品变动成本 = 1 500 000 ÷ (20 000 + 10 000 × 50%) = 60 (元/件)

借：库存商品——变动生产成本　　　　　　　　　　　　　1 200 000
　　贷：生产成本——变动生产成本　　　　　　　　　　　　　　　　1 200 000

（3）期末，本期销售产品 16 000 件（按先进先出法），结转其销售成本时：

借：主营业务成本——变动生产成本　　970 000（70 000 + 15 000 × 60）
　　贷：库存商品——变动生产成本　　　　　　　　　　　　　　　970 000

（4）期末，结转期初产成品 1 000 件包含的固定制造费用时：

借：主营业务成本——固定制造费用　　　　　　　　　　　　　50 000
　　贷：库存商品——固定制造费用　　　　　　　　　　　　　　　　50 000

（5）本期发生固定制造费用 1 000 000 元，期末（按本期产销量）将属于本期已销产成品负担的固定制造费用转入主营业务成本时：

本期已销产品应负担的固定制造费用 = $15\,000 \times \dfrac{1\,000\,000}{15\,000 + 5\,000 + 10\,000 \times 50\%}$ = 600 000（元）

借：主营业务成本——固定制造费用　　　　　　　　　　　　　600 000
　　贷：固定制造费用　　　　　　　　　　　　　　　　　　　　　600 000

（6）期末，将不属于本期已销产成品负担的固定制造费用（按实际产量）分配给资产负债表中的在产品和产成品时：

期末在产品应负担的固定制造费用 = $\dfrac{10\,000 \times 50\% \times (1\,000\,000 - 600\,000)}{5\,000 + 10\,000 \times 50\%}$ = 200 000（元）

期末产成品应负担的固定制造费用 = $\dfrac{5\,000 \times (1\,000\,000 - 600\,000)}{5\,000 + 10\,000 \times 50\%}$ = 200 000（元）

借：生产成本——固定制造费用　　　　　　　　　　　　　　　200 000
　　库存商品——固定制造费用　　　　　　　　　　　　　　　200 000
　　贷：固定制造费用　　　　　　　　　　　　　　　　　　　　　400 000

（7）本期发生变动管理费用 = 16 000 × 10 = 160 000（元），固定管理费用 = 300 000（元）；本期发生变动销售费用 = 16 000 × 20 = 320 000（元），固定销售费用 = 200 000（元）。

按变动成本法和完全成本法编制的损益表如表 3-12 所示。

其中：期初存货成本 = 期初 1 000 件存货中的变动成本 + 固定制造费用（120 000 = 70 000 + 50 000）；本期生产成本 = 材料费用 + 人工费用 + 变动制造费用 + 固定制造费用（2 500 000 = 900 000 + 300 000 + 300 000 + 1 000 000）；期末存货成本 = 产成品存货成本 + 在产品存货成本 [1 000 000 = 5 000 × 60（期末产成品存货中的变动成本）+ 200 000（期末产成品存货应负担的固定制造费用）+ 10 000 × 50% × 60（期末在产品存货中的变动成本）+ 200 000（期末在产品存货应负担的固定制造费用）]；本期销货成本合计 = 期初存货成本 + 本期生产成本 − 期末存货成本（1 620 000 = 120 000 + 2 500 000 − 1 000 000）。

表 3-12　按变动成本法和完全成本法编制的损益　　　　　　　　　　单位：元

贡献式		职能式	
项目	金额	项目	金额
一、销售收入	3 200 000	一、销售收入	3 200 000
减：变动成本		减：销货成本	

续表

贡献式		职能式	
项目	金额	项目	金额
已销产品的变动成本	970 000（70 000＋15 000×60）	期初存货成本	120 000
变动非生产成本	480 000（160 000＋320 000）	本期生产成本	2 500 000
变动成本合计	1 450 000	减：期末存货成本	1 000 000
二、贡献毛益	1 750 000	本期销货成本合计	1 620 000
减：固定成本		销货毛利	1 580 000
固定制造费用	1 000 000	减：期间成本	
固定管理费用	300 000	管理费用	460 000
固定销售费用	200 000	销售费用	520 000
固定成本合计	1 500 000	期间成本合计	980 000
税前利润	250 000	税前利润	600 000

根据以上核算资料，期末按完全成本法编制资产负债表时，"库存商品"科目余额为 500 000［5 000×60（期末产品存货中的变动成本）＋200 000（期末产品存货中的固定制造费用）］元；"生产成本"科目余额为 500 000［10 000×50%×60（期末在产品存货中的变动成本）＋200 000（期末在产品存货中的固定制造费用）］元；销货成本为 1 620 000［（70 000＋50 000）＋15 000×60＋600 000（本期已销产品应负担的固定制造费用）］元。

项目练习题

一、单项选择题

1. 在管理会计中，按成本的（　　）可将成本划分为固定成本、变动成本、混合成本。

   A. 职能　　　　　　　　　　B. 习性
   C. 可辨认性　　　　　　　　D. 经济用途

2. 阶梯式混合成本又可称为（　　）。

   A. 半固定成本　　　　　　　B. 半变动成本
   C. 延期变动成本　　　　　　D. 曲线式混合成本

3. 在历史成本分析法的具体应用中，计算结果最为精确的方法是（　　）。

   A. 高低点法　　　　　　　　B. 回归分析法
   C. 直线分析法　　　　　　　D. 散布图法

4. 在不改变企业生产经营能力的前提下，采取降低固定成本总额的措施通常是指降低（　　）。

   A. 约束性固定成本　　　　　B. 酌量性固定成本
   C. 半固定成本　　　　　　　D. 单位固定成本

5. 在应用历史成本分析法进行成本习性分析时，必须首先确定 a，然后才能计算出 b 的方法是（　　）。

A. 直接分析法 B. 高低点法
C. 散布图法 D. 回归分析法

6. 管理会计中，混合成本可以用直线方程 $y = a + bx$ 来模拟，其中的 bx 表示（　　）。
   A. 固定成本总额 B. 单位变动成本
   C. 变动成本总额 D. 单位固定成本

7. 在历史成本分析法中，高低点法所用的"高低"是指（　　）。
   A. 最高或最低的成本 B. 最高或最低的业务量
   C. 最高或最低的成本或业务量 D. 最高或最低的成本和业务量

8. 研究开发费、广告费和职工培训费属于（　　）。
   A. 约束性固定成本 B. 酌量性固定成本
   C. 变动成本 D. 以上答案都不对

9. 在平面直角坐标图上，固定成本线是一条（　　）。
   A. 以单位变动成本为斜率的直线 B. 反比例曲线
   C. 平行于 x 轴的直线 D. 平行于 y 轴的直线

10. 变动成本水平的表现形式一般是（　　）。
    A. 变动成本总额 B. 单位变动成本
    C. 变动成本率 D. 约束性变动成本

11. 变动成本法下的产品成本是指（　　）。
    A. 固定生产成本 B. 变动生产成本
    C. 固定非生产成本 D. 变动非生产成本

12. 完全成本法下的期间成本是指（　　）。
    A. 直接材料费 B. 直接人工费
    C. 制造费用 D. 非生产成本

13. 应用变动成本法的前提条件是（　　）。
    A. 把全部成本划分为生产成本和非生产成本
    B. 把全部成本划分为固定成本和变动成本
    C. 把全部成本划分为销货成本和存货成本
    D. 把全部成本划分为生产成本和混合成本

14. 某产品按完全成本法计算的本期单位产品成本是16元，本期产量为5 000件，销售量为4 000件，固定生产成本为20 000元，则按变动成本法计算的本期单位产品成本为（　　）。
    A. 12元 B. 20元
    C. 11元 D. 21元

15. 某产品按变动成本法计算的本期销货成本是50 000元，期初无存货，本期产销量相等，本期发生的固定生产成本为15 000元，非生产成本为13 000元，则按完全成本法计算的本期销货成本为（　　）。
    A. 35 000元 B. 37 000元
    C. 78 000元 D. 65 000元

16. 具体应用时，采用变动成本法编制利润表的中间指标是（　　）。
    A. 贡献毛益 B. 营业毛利
    C. 营业成本 D. 单位贡献毛益

17. 分析两种成本计算法下产生利润差额的根本原因，必须从分析（　　）入手。
    A. 销售收入　　　　　　　　　　　　B. 非生产成本
    C. 固定制造费用　　　　　　　　　　D. 变动制造费用

18. 若完全成本法下期末存货吸收的固定生产成本大于期初存货释放的固定生产成本，则（　　）。
    A. 采用变动成本法计算的营业利润较多　　B. 采用两种方法计算的营业利润相同
    C. 采用完全成本法计算的营业利润较多　　D. 上述三项都有可能

19. 本期产量为1 000件，销售量为800件。本期发生的固定生产成本为5 000元，单位变动生产成本为10元/件，则完全成本法下期末存货吸收的固定生产成本为（　　）。
    A. 20 000元　　　　　　　　　　　　B. 5 000元
    C. 4 000元　　　　　　　　　　　　 D. 1 000元

20. 下列不属于变动成本法优点的是（　　）。
    A. 防止企业盲目生产　　　　　　　　B. 便于分清各部门责任
    C. 适合外部信息使用者使用　　　　　D. 利于简化产品成本的计算工作

二、多项选择题

1. 固定成本按是否受管理当局短期决策行为的影响可以进一步分为（　　）。
   A. 约束性固定成本　　　　　　　　　B. 半固定性成本
   C. 半变动性成本　　　　　　　　　　D. 酌量性固定成本

2. 下列项目中，属于固定成本的有（　　）。
   A. 定期支付的广告费　　　　　　　　B. 计件工资
   C. 管理人员的工资　　　　　　　　　D. 按直线法计提的折旧费

3. 在相关范围内，变动成本应当具备的特征有（　　）。
   A. 总额的不变性　　　　　　　　　　B. 总额的变动性
   C. 总额的正比例变动性　　　　　　　D. 单位额的不变性

4. 下列各项中，属于变动成本项目的有（　　）。
   A. 直接材料　　　　　　　　　　　　B. 管理人员的工资
   C. 计件工资　　　　　　　　　　　　D. 职工培训费

5. 成本按其经济职能分类，可分成（　　）。
   A. 直接材料　　　　　　　　　　　　B. 直接人工
   C. 生产成本　　　　　　　　　　　　D. 非生产成本

6. 变动成本法下，期间成本包括（　　）。
   A. 管理费用　　　　　　　　　　　　B. 销售费用
   C. 制造费用　　　　　　　　　　　　D. 固定生产成本

7. 与完全成本法相比较，变动成本法的特点有（　　）。
   A. 须把成本分为固定成本和变动成本
   B. 产品成本只包括变动生产成本
   C. 期间成本包括固定生产成本和非生产成本
   D. 计算的销货成本较完全成本法低

8. 判断完全成本法计算的营业利润大于变动成本法计算的营业利润的标志有（　　）。
   A. 期末存货中的固定生产成本大于期初存货中的固定生产成本
   B. 期末存货量不为零，而期初存货量为零

C. 期末存货量为零，而期初存货量不为零
D. 期末存货中的固定生产成本小于期初存货中的固定生产成本

9. 变动成本法使用的贡献式利润表与完全成本法使用的职能式利润表包含的共同指标有（　　）。

　　A. 营业收入　　　　B. 营业成本　　　　C. 贡献毛益　　　　D. 营业利润

10. 变动成本法的优点是（　　）。

A. 有利于企业内部管理当局预测前景、参与决策和规划未来
B. 促使企业管理当局重视市场销售
C. 便于分清各部门责任
D. 有利于简化产品成本的计算工作

三、判断题

1. 定期支付的广告费属于约束性固定成本。（　　）
2. 高低点法的优点是计算精度高，缺点是计算过程过于复杂。（　　）
3. 成本习性模型 $y=a+bx$ 中的 b 就是指单位变动成本。（　　）
4. 固定成本的水平通常以其总额来表示，而变动成本的水平则通常以单位额来表示。（　　）
5. 无论哪一种混合成本，实质上都可以分为固定部分和变动部分。（　　）
6. 在相关范围内，固定成本总额和单位固定成本均具有不变性。（　　）
7. 在相关范围内，变动成本总额和单位变动成本均具有不变性。（　　）
8. 与散布图法相比，高低点法计算更简便、更易理解、更科学。（　　）
9. 固定成本的总额无法变动，只能通过提高产品产量来降低单位固定成本。（　　）
10. 管理者短期决策行为影响酌量性固定成本，但不影响约束性固定成本。（　　）
11. 变动成本法与完全成本法在产品成本构成上的主要区别是对固定生产成本的处理。（　　）
12. 变动成本法计算盈亏的公式：营业利润＝销售收入－已销产品变动成本－固定成本。（　　）
13. 两种成本计算方法在编制利润表时所计算的期间成本是相同的。（　　）
14. 只要有固定生产成本存在，按完全成本法计算的销货成本及存货成本就一定大于按变动成本法计算的销货成本及存货成本。（　　）
15. 变动成本法提供的信息主要是为了满足对外报告的需要，而完全成本法提供的信息主要是为了满足未来决策、强化企业内部管理的需要。（　　）
16. 在完全成本法下，销售量和生产量对利润计算均有影响。而在变动成本法下，产量对利润计算无影响，只有销售量对利润计算有影响。（　　）
17. 当期末存货量大于期初存货量时，采用完全成本法确定的营业利润一定大于采用变动成本法确定的营业利润。（　　）
18. 当前后期单位固定生产成本不变时，如果本期销售量大于产量，则采用变动成本法计算的营业利润一定大于采用完全成本法计算的营业利润。（　　）
19. 若某期完全成本法下期末存货吸收的固定生产成本与期初存货释放的固定生产成本相同，则采用两种成本计算方法计算的当期营业利润必然相等。（　　）
20. 按照变动成本法的解释，固定制造费用与销售费用、管理费用和财务费用一样，其效益随时间的推移而逐渐丧失，不能递延到下期。（　　）

四、案例分析题

1. 假定有四个公司，均为多产品生产企业。这四个公司在过去一年中的损益情况见表3-13。

表3-13 损益资料   单位：元

公司	销售收入总额	变动成本总额	边际贡献率/%	固定成本总额	净利润（或净亏损）
1	180 000	（1）	40	（2）	12 000
2	300 000	165 000	（3）	100 000	（4）
3	（5）	（6）	30	80 000	-5 000
4	400 000	260 000	（7）	（8）	30 000

要求：根据变动成本法填写上述标号的空白表格。

2. 讯达工厂2023年最高业务量和最低业务量下的制造费用总额见表3-14。

表3-14 讯达工厂2023年最高业务量和最低业务量下的制造费用总额

摘要	高点（10月）	低点（3月）
业务量/机器小时	75 000	50 000
制造费用总额/元	176 250	142 500

制造费用总额中包括变动成本、固定成本和混合成本三类。该厂会计部门对低点月份业务量为50 000机器小时的制造费用总额做了分析，其组成情况如下：

变动成本总额　　　　　　50 000元
固定成本总额　　　　　　60 000元
混合成本总额　　　　　　32 500元
制造费用总额　　　　　　142 500元

要求：（1）采用高低点法将该厂的混合成本分解为变动成本与固定成本，并写出成本习性模型。

（2）若该厂计划期的业务量为65 000机器小时，则其制造费用总额将为多少？

3. 宏达公司2023年下半年各月的机器设备维修费见表3-15。

表3-15 宏达公司2023年下半年各月的机器设备维修费

月份	业务量/千机器小时	维修费/元
7	40	580
8	32	500
9	52	700
10	48	660
11	56	740
12	4	625

要求：（1）采用高低点法将维修费分解为固定成本和变动成本，写出成本习性模型。

（2）采用回归分析法将维修费分解为固定成本和变动成本，写出成本习性模型。

（3）2024年1月，该公司计划使用机器时数为55千机器小时，则预计的机器设备维修费应为多少？

4．某企业本期成本资料如下：单位直接材料成本为10元，单位直接人工成本为5元，单位变动制造费用为7元，固定制造费用总额为4 000元，单位变动销售及管理费用为4元，固定销售及管理费用为1 000元。期初存货量为零，本期产量为1 000件，销量为600件，单位售价为40元。

要求：分别按两种成本计算方法的有关公式计算下列指标：

（1）单位产品成本；

（2）期间成本；

（3）销货成本；

（4）营业利润。

5．某厂生产甲产品，产品售价为10元/件，单位产品变动生产成本为4元，固定制造费用总额为24 000元，固定销售及管理费用为6 000元，存货按先进先出法计价，最近三年的产销量情况见表3-16。

表 3-16 该厂近三年的产销量情况   单位：元

项目	第一年	第二年	第三年
期初存货量	0	0	2 000
本期生产量	6 000	8 000	4 000
本期销售量	6 000	6 000	6 000
期末存货量	0	2 000	0

要求：（1）分别按两种成本计算方法计算单位产品成本。

（2）分别按两种成本计算方法计算期末存货成本。

（3）分别按两种成本计算方法计算期初存货成本。

（4）分别按两种成本计算方法计算各年营业利润（编制利润表）。

6．捷达公司连续三年A产品的生产量均为10 000件，三年的销售量分别为8 000件、10 000件和9 000件，产品售价为200元/件，有关成本资料如下：

直接材料　　　　　　　　　　50元/件

直接人工　　　　　　　　　　20元/件

单位变动制造费用　　　　　　10元/件

固定制造费用总额　　　　　　100 000元

单位变动销售及管理费用　　　8元/件

固定销售及管理费用总额　　　30 000元

要求：请用完全成本法和变动成本法分析并比较捷达公司这三年的利润情况。

项目四 本量利分析

知识目标

○ 了解本量利分析的概念、基本假设以及保本点、保利点分析的概念和意义；
○ 熟悉本量利分析的基本计算模型、相关指标以及几种主要的本量利分析图的特点；
○ 掌握单一品种、多品种的本量利分析及敏感性分析；
○ 掌握保本点、保利点、保净利点有关公式及其应用；
○ 掌握相关因素的变动对保本点和保利点的影响。

能力目标

○ 掌握本、量、利之间的关系，能例证本量利分析的原理；
○ 掌握单一产品和产品组合条件下的保本保利分析；
○ 熟悉并掌握影响利润规划的各敏感因素，能初步进行单因素变动和多因素变动的敏感分析。

职业素养及思政元素

○ 在数字经济时代，充分运用管理会计的量化分析工具，对企业关键数据开展专业化的加工处理，深入揭示企业价值创造能力的关键动因，以更好地进行企业的经营管理，同时加速会计数据的流通。
○ 供给侧结构性改革、"三去一降一补"与企业经营杠杆。

案例导入

小王开了一家服装店，服装直接从厂家进货，每套服装进货价为150元，店面租金每年6万元，另外小王还雇用一个销售员，销售员待遇包括基本工资和销售提成，基本工资为每月2 800元，销售提成为每销售一套服装提成20元，每套服装售价为400元。小王通过调查发现，像他这样的服装店正常情况下一年的销售量基本为700套。

思考：（1）小王一年要销售多少套服装才能保本？

（2）服装店的经营安全程度如何？也就是说，销售量受影响时会不会出现亏损？

（3）如果一年要实现8万元的利润，需要至少销售多少套服装？在正常的销售情况下能否达到这个利润目标？如果不能的话，除了增加销售量外，还可以采取哪些措施？

任务一　本量利分析认知

一、本量利分析基本含义

本量利分析是成本、业务量、利润三者依存关系分析的简称,也称 CVP 分析。它是在变动成本法的基础上,以数量化的会计模型与图形来揭示固定成本、变动成本、销售数量、销售单价、销售金额、利润等变量之间的内在规律,为会计预测、决策和规划提供必要的财务信息的一种技术方法。早在 1922 年,美国哥伦比亚大学的一位会计学教授就提出了完整的保本分析理论。20 世纪 50 年代以后,本量利分析技术在西方得到广泛应用,其理论日臻完善,成为现代管理会计学的重要组成部分。

本量利分析概述

目前,无论在西方还是在我国,本量利分析的应用都十分广泛。本量利分析原理可用于保本预测和利润预测、生产决策、经营风险分析、全面预算、成本控制和责任会计。

二、本量利分析的基本假设

1. 成本性态分析假设

本量利分析必须在成本性态分析已经完成的基础上进行,即假定本量利分析所涉及的成本已经区分为变动成本和固定成本两类,相关的成本性态模型已经形成,固定成本的性态模型为 $y = a$,变动成本的性态模型为 $y = bx$。

2. 相关范围假设

本量利分析是建立在成本按性态划分基础上的一种分析方法,成本性态分析的前提条件构成了本量利分析的基本假设。对成本进行性态分析,均是在一定"相关范围"前提条件下进行的,这个"相关范围"包括"期间范围"和"业务量范围"。因为在一定时期和一定业务量范围内,固定成本总额和单位变动成本均保持不变,所以本量利分析的相关范围假设应包括期间假设和业务量假设。

3. 模型线性化假设

在成本性态分析的前提条件下,固定成本总额和单位变动成本均保持不变,企业的总成本可以近似地描述为 $y = a + bx$ 这样一个线性模型;同时,在相关范围内,单价也不因业务量的变化而改变,使得企业销售收入也可以近似地描述为 $s = px$。这里的总成本函数和销售收入函数以同一业务量为自变量。

4. 产销平衡假设

当企业只生产一种产品时,假设生产出来的产品在市场上均可销售出去,自动实现产销平衡;因为本量利分析的核心是分析收入与成本之间的对比关系,所以本量利分析中的"量"是指销售量而非生产量,在销售价格不变的条件下,这个"量"是指销售收入。而生产量的变动对固定成本和变动成本都可能产生影响,当然也会影响到收入与成本之间的对比关系。所以当进行本量利分析时,必须假设产销平衡。

5. 品种结构不变假设

当企业生产和销售多品种的产品时,由于各种产品的获利能力一般不相同,如果企业产销的品种结构发生较大变动,会导致预计利润与实际利润之间出现较大的差异,因此,进行本量利分析时，应假定各种产品的销售收入在总收入中所占的比重不变。

三、本量利分析中的几个基本概念

1. 贡献毛益

贡献毛益是指产品的销售收入扣减其变动成本后的余额，即

$$贡献毛益 = 销售收入 - 变动成本$$

贡献毛益亦称为创利额、贡献边际、边际贡献等，它不是企业最终利润，但它与企业利润的形成有着密切的关系。贡献毛益首先用来补偿固定成本，只有当贡献毛益补偿完固定成本还有剩余时，企业才会实现盈利，即如果贡献毛益大于固定成本，企业就盈利；如果贡献毛益小于固定成本，企业就亏损；如果贡献毛益等于固定成本，企业处在不亏不盈状态。它通常有两种表现形式：单位贡献毛益和贡献毛益总额。

$$单位贡献毛益 = 单位售价 - 单位变动成本$$
$$贡献毛益总额 = 销售收入总额 - 变动成本总额$$

此外，由于变动成本既包括生产过程中的变动成本，也包括非生产过程中的变动成本，贡献毛益还可以具体分为生产过程的贡献毛益和企业贡献毛益。一般情况下，如无特别说明，贡献毛益是指企业贡献毛益，也就是已经扣除了全部变动成本的贡献毛益。

2. 贡献毛益率

贡献毛益率是贡献毛益与相应销售收入的比值，即

$$贡献毛益率 = \frac{贡献毛益总额}{销售收入总额} \times 100\%$$

或

$$贡献毛益率 = \frac{单位贡献毛益}{单位售价} \times 100\%$$

3. 变动成本率

变动成本率是变动成本与相应销售收入的比值，即

$$变动成本率 = \frac{变动成本总额}{销售收入总额} \times 100\%$$

或

$$变动成本率 = \frac{单位变动成本}{单位售价} \times 100\%$$

由此可以看出，贡献毛益率和变动成本率之和等于1。

四、本量利分析的基本计算模型

本量利分析是以成本性态分析和变动成本法为基础的，在变动成本法下，利润的计算公式如下：

$$利润 = 销售收入 - 变动成本 - 固定成本 = (单位售价 - 单位变动成本) \times 销售量 - 固定成本 = 单位贡献毛益 \times 销售量 - 固定成本$$

或

$$利润 = 销售收入 - 变动成本 - 固定成本 = 贡献毛益 - 固定成本 = 贡献毛益率 \times 销售收入 - 固定成本 = (1 - 变动成本率) \times 销售收入 - 固定成本$$

可见，前者是以实物量（销售量）表现的本量利分析模型，后者是以价值量（销售额）表现的

本量利分析模型。

为了便于分析，设 π 表示利润；x 表示销售量；p 表示销售单价；b 表示单位变动成本；b' 表示变动成本率；a 表示固定成本；m 表示单位贡献毛益；m' 表示贡献毛益率；S 表示销售收入。则有

$$\pi = (p-b)x - a = mx - a$$
$$\pi = m'S - a = (1-b')S - a \tag{4-1}$$

通常情况下，式（4-1）被称为本量利分析的基本数学模型。

【例 4-1】 假设某公司生产甲产品，全年共生产 1 000 件，经成本核算，该产品的单位变动成本为 70 元/件，年固定成本为 150 000 元，单位售价 370 元/件，产品预计全部售出。

（1）计算贡献毛益总额、单位贡献毛益、贡献毛益率和变动成本率；

（2）分别用本量利分析的两个模型计算企业利润。

解：由已知条件知：$x = 1\,000$ 件，$p = 370$ 元/件，$b = 70$ 元/件，$a = 150\,000$ 元。

（1）贡献毛益总额：

$$mx = px - bx = 370 \times 1\,000 - 70 \times 1\,000 = 300\,000\,(元)$$

单位贡献毛益：

$$m = p - b = 370 - 70 = 300\,(元/件)$$

贡献毛益率：

$$m' = \frac{mx}{px} = \frac{300\,000}{370\,000} \times 100\% = 81.08\%$$

或

$$m' = \frac{m}{p} = \frac{300}{370} \times 100\% = 81.08\%$$

变动成本率：

$$b' = \frac{bx}{px} = \frac{70\,000}{370\,000} \times 100\% = 18.92\%$$

或

$$b' = \frac{b}{p} = \frac{70}{370} \times 100\% = 18.92\%$$

（2）根据实物量模型计算如下：

$$\pi = (p-b)x - a = (370-70) \times 1\,000 - 150\,000 = 150\,000\,(元)$$

或

$$\pi = mx - a = 300 \times 1\,000 - 150\,000 = 150\,000\,(元)$$

根据价值量模型计算如下：

$$\pi = m'S - a = 81.08\% \times 370\,000 - 150\,000 = 149\,996\,(元)$$

或

$$\pi = (1-b')S - a = (1-18.92\%) \times 370\,000 - 150\,000 = 149\,996\,(元)$$

两种模型计算的利润误差是由贡献毛益率和变动成本率计算结果四舍五入所致。

任务二　保本点分析

保本点又称盈亏平衡点、盈亏临界点、损益两平点、两平点。保本是一个用于概括企业在一定时期内收支相等、不盈不亏、利润为零的专用术语。当企业恰好处于收支相等、不盈不亏、利润为

零的特殊情况时，可称企业达到保本状态。

保本点分析又称盈亏平衡点分析、盈亏临界点分析、损益两平点分析、两平点分析。它是研究当企业恰好处于保本状态时成本、业务量和利润三者之间关系的一种定量分析方法，是本量利分析的核心内容之一，也是确定企业经营安全程度和进行保利分析的基础。

保本点分析（1）

一、单一品种保本点分析

在单一品种条件下，确定保本点就是计算保本点的销售量和保本点的销售额或确定其位置的过程。保本点的求解有以下三种方法：

1. 基本公式法

如前所述，本量利分析的基本模型为

$$\pi = (p-b)x - a$$

设保本点销售量为 x_0，保本点销售额为 S_0，根据保本点的含义可知，企业在这一点上正好处于不亏不盈状态，即利润为零，则

$$(p-b)x_0 - a = 0$$

所以保本点的销售量为

$$x_0 = \frac{a}{p-b}$$

保本点的销售额为

$$S_0 = px_0$$

【例 4-2】按例 4-1 所提供的资料，要求按基本公式法计算保本点的销售量和销售额。

解：保本点的销售量为

$$x_0 = \frac{150\,000}{370-70} = 500 \text{（件）}$$

保本点的销售额为

$$S_0 = 370 \times 500 = 185\,000 \text{（元）}$$

因此，该企业只有当产品销量达到 500 件，销售收入达到 185 000 元时才能保本。

2. 贡献毛益法

企业的销售收入扣除变动成本后的余额就是贡献毛益，贡献毛益用来补偿固定成本，如果补偿后仍有余额，这余额便是企业利润，否则便亏损。当贡献毛益总额与固定成本总额相等时，企业正好不亏不盈，即达到保本点。因此，当企业的销售量达到保本点时，则有下式成立：

贡献毛益总额＝固定成本总额

即

$$mx_0 = a$$

保本点销售量为

$$x_0 = \frac{a}{m}$$

保本点的销售额为

$$S_0 = px_0$$

或者根据本量利分析的数学模型 $\pi = mx - a$ 和 $\pi = m'S - a$，当 $\pi = 0$ 时企业处在保本状态，则有

$$mx_0 - a = 0 \text{ 和 } m'S_0 - a = 0$$

保本点销售量为
$$x_0 = \frac{a}{m}$$
保本点的销售额为
$$S_0 = \frac{a}{m'}$$

【例 4-3】按例 4-1 所提供的资料,要求按贡献毛益法计算保本点的销售量和销售额。

解:单位贡献毛益为
$$m = 370 - 70 = 300 \,(元/件)$$
贡献毛益率为
$$m' = \frac{300}{370} \times 100\% = 81.08\%$$
保本点的销售量为
$$x_0 = \frac{150\,000}{300} = 500 \,(件)$$
保本点的销售额为
$$S_0 = 370 \times 500 = 185\,000 \,(元)$$
或
$$S_0 = \frac{150\,000}{81.08\%} = 185\,002 \,(元)(误差是由计算结果四舍五入所致)$$

因此,该企业只有当产品销量达到 500 件,销售收入达到 185 000 元时才能保本。

3. 图解法

图解法是通过绘制保本图来确定保本点位置,从而求出保本点销售量和销售额的一种分析方法。图解法的基本原理是当总收入等于总成本时,企业恰好保本,在平面直角坐标系内画出销售收入线和总成本线,两条线的交点就是保本点。保本点对应的横坐标就是保本点的销售量,纵坐标就是保本点的销售额。

与公式法相比,保本图具有形象直观、简明易懂的特点,但由于保本图解法是依靠目测求得保本点,所以不可能十分准确,通常应与公式法配合使用。保本图有以下三种绘制方法:

(1) 传统绘制法。传统绘制法是保本图的最基本形式,它突出了固定成本不随业务量变动的特征。具体绘制方法如下:

1) 在直角坐标系中,以横轴表示销售量 x,以纵轴表示成本 y 和销售收入 S。

2) 绘制固定成本线。根据固定成本的特性,固定成本线是一条与横轴平行的直线,因此,在 y 轴上取一点 $(0, a)$,作一条平行于 x 轴的直线 $y = a$ 即为固定成本线。

3) 绘制总成本线。过坐标点 $(0, a)$,作一条以单位变动成本 b 为斜率的直线 $y = a + bx$,该直线即为总成本线。

4) 绘制销售收入线。以坐标原点为起点,画出一条斜率为单价 p 的直线 $S = px$,此线即是销售收入线。

总成本线与销售收入线的交点就是保本点。保本点对应的横坐标就是保本点的销售量 x_0,纵坐标就是保本点的销售额 S_0。

【例 4-4】设某企业生产和销售单一产品,单价为 60 元/件,正常销售量为 3 000 件,固定成本总额为 50 000 元,单位变动成本为 35 元/件。

要求:绘制传统式保本图。

解:依题意,该企业的传统式保本图如图 4-1 所示。

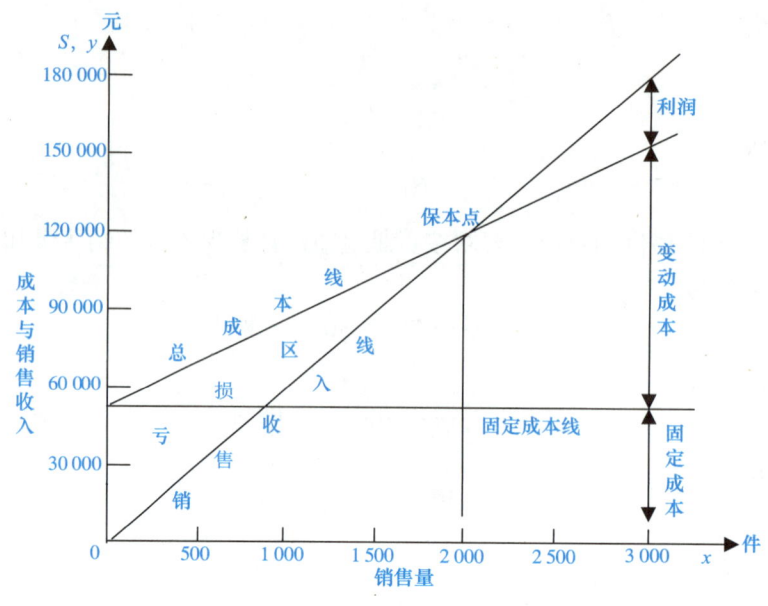

图 4-1 传统式保本图

（2）贡献毛益绘制法。贡献毛益绘制法突出了变动成本随销售量呈正比例变动的特性，并突出了贡献毛益指标。具体绘制方法如下：

1）在直角坐标系中，以横轴表示销售数量 x，以纵轴表示成本 y 和销售收入 S。

2）绘制变动成本线。根据变动成本的特性，过坐标原点作以单位变动成本 b 为斜率的直线 $y = bx$，该直线即为变动成本线。

3）绘制总成本线。过坐标点（0，a）作一条 $y = bx$ 的平行线 $y = a + bx$，该直线即总成本线。

4）绘制销售收入线。以坐标原点为起点，画一条斜率为单价 p 的直线 $S = px$，此线即销售收入线。

总成本线与销售收入线的交点就是保本点。保本点对应的横坐标就是保本点的销售量 x_0，纵坐标就是保本点的销售额 S_0。

按例 4-4 中的数据所绘制的贡献毛益式保本图如图 4-2 所示。

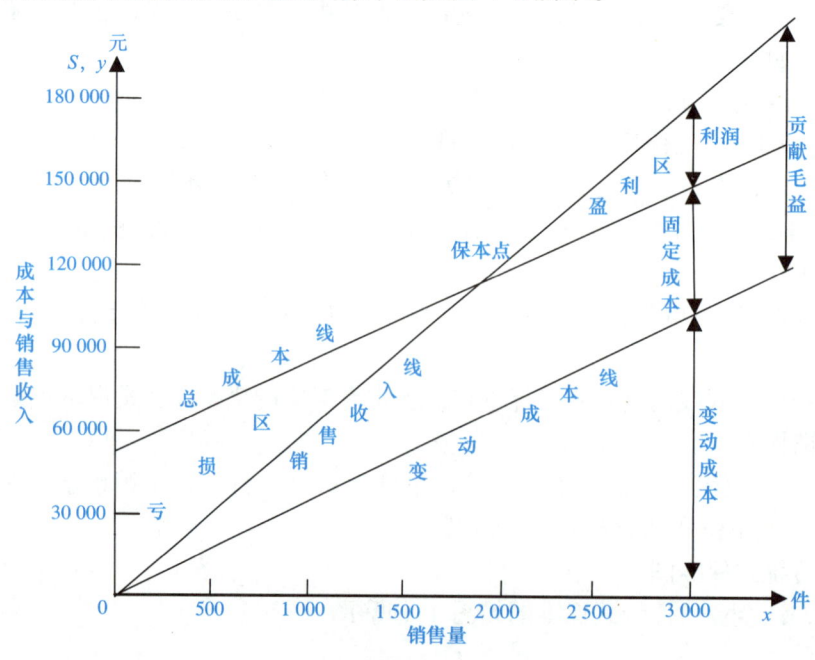

图 4-2 贡献毛益式保本图

由图 4-1 和图 4-2 中可以看出本量利三者之间相互关系的一些规律。

1）在保本点不变的情况下，销售量超过保本点的数量越大，企业能实现的利润越多；销售量低于保本点的数量越大，亏损额越大。

2）在销售量不变的情况下，保本点越低，能实现的利润越多，或亏损越少；保本点越高，能实现的利润越少，或亏损越多。

3）在销售总成本已确定的情况下，保本点受产品单价变动的影响，产品单价越高，则销售收入线的斜率越大，保本点就越低；否则，保本点就越高。

4）在销售收入已确定的情况下，保本点高低取决于单位变动成本和固定成本的多少，如果单位变动成本越多或固定成本越多，则保本点越高；反之，保本点越低。

（3）利量绘制法。利量绘制法的特点是不考虑销售收入与成本因素，在坐标图上仅仅反映利润与销售量之间的依存关系。具体绘制方法如下：

1）在直角坐标系中，以横轴 x 表示销售量，纵轴 y 表示利润。

2）在纵轴的零点向下的负方向上找出与固定成本 a 相对应的一点（0，-a），并过该点画一条平行于横轴的直线 $y = -a$，该直线到横轴的距离即为固定成本 a。

3）过点（0，-a）作一条斜率为单位贡献毛益 m 的直线 $y = mx - a$，该直线即为利润线。

利润线与横轴的交点即为保本点，保本点的横坐标就是销售量 x_0。

仍按例 4-4 所给的数据，则利量式保本图如图 4-3 所示。

利量式保本图较为直接地表达了销售量与利润之间的关系：当销售量为零时，企业的亏损最大，亏损额为固定成本 a；随着销售量的增长，亏损逐渐减低直至盈利。同时，利量式保本图中的利润线表示的是销售收入与变动成本之间的差量关系，即贡献毛益，在固定成本既定的情况下，利润线斜率越大，即单位贡献毛益越大，保本点越低，企业盈利的可能性越大。此外，利量式保本图将固定成本置于横轴之下，还能更清晰地表示固定成本在企业盈亏中的特殊作用。

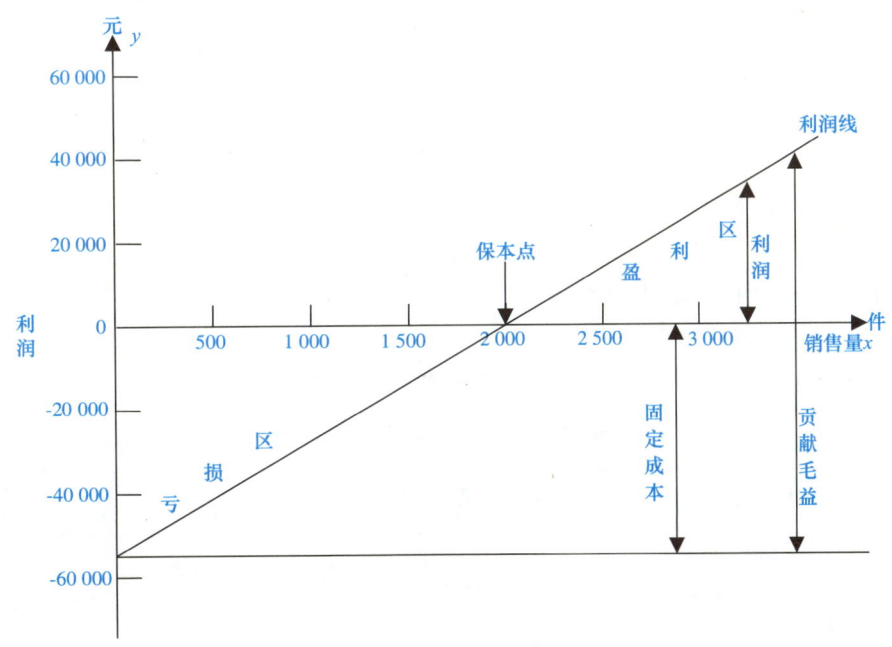

图 4-3 利量式保本图

二、多品种保本点分析

单一品种的保本点分析是以企业生产并销售单一品种为基础的。但在实际经济生活中，大多数企业都不止生产经营一种产品。在这种情况下,单一品种保本点的计算方法就不能直接运用,因为不同品种的销售量无法直接相加,不能用实物量来反映保本点的大小。要确定多品种企业的保本点,必须用反映各种产品销售量的货币指标即销售额来表示。

多品种保本点的计算通常有以下四种方法:

1. 综合贡献毛益率法

综合贡献毛益率法是根据各种产品相关资料计算出企业综合的贡献毛益率(或平均贡献毛益率),然后去除企业总的固定成本,得到企业保本点的销售额,再根据各种产品的销售比率将企业保本点的销售额分解为各种产品保本点的销售额,然后推算出各种产品保本点的销售量。

根据计算产品贡献毛益率的方法不同,综合贡献毛益率法又可分为总额平均法和加权平均法。

(1)总额平均法。总额平均法就是用各种产品的贡献毛益之和除以各种产品的销售收入之和,求得企业综合的贡献毛益率的方法。

设 m' 为各种产品的贡献毛益率,$\overline{m'}$ 为各种产品平均的贡献毛益率(或企业总的贡献毛益率),S 为各种产品的销售收入,$\dfrac{S}{\sum S}$ 是各种产品销售比率(各种产品的销售额占全部产品销售额的百分比),其他符号与前同。

则有

$$S_0 = \frac{a}{\overline{m'}}$$

其中

$$\overline{m'} = \frac{\sum mx}{\sum px} = \frac{\sum (p-b)x}{\sum px}$$

各种产品保本点销售额为

$$S_{0i} = S_0 \cdot \frac{S}{\sum S}$$

各种产品保本点销售量为

$$x_{0i} = S_{0i} / p_i$$

【例 4-5】假设某企业固定成本总额为 62 000 元,该企业生产和销售 A、B、C 三种产品,相关资料见表 4-1。

要求:按总额平均法计算该企业保本点及各种产品的保本点。

表 4-1 某企业生产 A、B、C 三种产品的相关资料

项目	A	B	C
产销量 / 件	5 600	4 200	2 800
单位价格 / 元 / 件	25	20	20
单位变动成本 / 元 / 件	20	14	8

解:为了计算方便,将上述资料整理成表 4-2。

表 4-2　总额平均法相关计算表

产品	销售量 x/件	单价 p/元/件	单位变动成本 b/元/件	销售收入/元 $S=px$	贡献毛益/元 $(p-b)x$	销售比率 $\dfrac{S}{\sum S}$
A	5 600	25	20	140 000	28 000	50%
B	4 200	20	14	84 000	25 200	30%
C	2 800	20	8	56 000	33 600	20%
$\sum$				280 000	86 800	100%

$$\overline{m'}=\frac{\sum(p-b)x}{\sum px}=\frac{86\,800}{280\,000}=31\%$$

企业保本点销售额 $S_0=\dfrac{a}{\overline{m'}}=\dfrac{62\,000}{31\%}=200\,000$（元）

A 产品保本点销售额 $=200\,000\times 50\%=100\,000$（元）

A 产品保本点销售量 $=100\,000\div 25=4\,000$（件）

B 产品保本点销售额 $=200\,000\times 30\%=60\,000$（元）

B 产品保本点销售量 $=60\,000\div 20=3\,000$（件）

C 产品保本点销售额 $=200\,000\times 20\%=40\,000$（元）

C 产品保本点销售量 $=40\,000\div 20=2\,000$（件）

计算结果表明，该企业只有当销售额达到 200 000 元时才能保本，或者说当 A 产品销售 4 000 件、B 产品销售 3 000 件、C 产品销售 2 000 件时，企业处于保本状态。

（2）加权平均法。加权平均法是将各种产品的销售比率作为权重，用加权算术平均法求出企业综合的贡献毛益率的方法。计算公式如下：

$$\overline{m'}=\frac{\sum m'S}{\sum S}=\sum m'\frac{S}{\sum S}$$

$$S_0=\frac{a}{\overline{m'}}$$

各种产品保本点销售额为

$$S_{0i}=S_0\cdot\frac{S}{\sum S}$$

各种产品保本点销售量为

$$x_{0i}=S_{0i}/p_i$$

【例 4-6】按例 4-5 资料，以加权平均法计算该企业保本点及各种产品的保本点。

解：为了计算方便，将上述资料整理成表 4-3。

表 4-3　加权平均法相关计算表

产品	销售量 x/件	单价 p/元/件	单位变动成本 b/元/件	销售收入 $S=px$/元	销售比率 $\dfrac{S}{\sum S}$	贡献毛益率 m'
A	5 600	25	20	140 000	50%	20%
B	4 200	20	14	84 000	30%	30%

续表

产品	销售量 x/件	单价 p/元/件	单位变动成本 b/元/件	销售收入 $S=px$/元	销售比率 $S/\sum S$	贡献毛益率 m'
C	2 800	20	8	56 000	20%	60%
$\sum$				280 000	100%	

所以企业保本点销售额为

$$S_0 = \frac{a}{m'} = \frac{62\ 000}{31\%} = 200\ 000（元）$$

各种产品保本点的求解过程同例 4-5。

2. 联合单位法

生产多品种产品的企业，也可以使用"联合单位"作为保本点销售量的计量单位。该方法的主要思路是将要出售的多种产品视同以一定产品结构"捆绑销售"。其计算保本点的步骤如下：

（1）选择一种产品为标准产品，确定各种产品销售量和标准产品的销售比。
（2）以各种产品的销售比为权数，计算联合单位的贡献毛益。
（3）计算联合单位保本点的销售量和销售额。
（4）计算各种产品的保本点的销售量和销售额。

【例 4-7】假设某企业的年固定成本为 170 000 元，生产甲、乙、丙三种产品，有关资料见表 4-4。

要求：用联合单位法计算该企业的保本点及各种产品的保本点。

表 4-4　某企业三种产品相关资料表

产品	销售量/件	单价/元/件	单位变动成本/元/件	单位贡献毛益/元/联合单位
甲	5 000	10	5	5
乙	2 500	10	6	4
丙	2 500	10	7	3

解：选择乙产品为标准产品，则甲产品的销售比为 2，丙产品的销售比为 1。

联合单位的贡献毛益计算见表 4-5。

表 4-5　联合单位贡献毛益计算表

产品	销售比	单位贡献毛益/元/件	联合单位贡献毛益/元/联合单位
甲	2	5	10
乙	1	4	4
丙	1	3	3
合计			17

$$联合单位保本点销售量 = \frac{固定成本}{联合单位贡献毛益} = \frac{170\,000}{17} = 10\,000(联合单位)$$

$$甲产品保本点的销售量 = 10\,000 \times 2 = 20\,000（件）$$
$$甲产品保本点的销售额 = 20\,000 \times 10 = 200\,000（元）$$
$$乙产品保本点的销售量 = 10\,000 \times 1 = 10\,000（件）$$
$$乙产品保本点的销售额 = 10\,000 \times 10 = 100\,000（元）$$
$$丙产品保本点的销售量 = 10\,000 \times 1 = 10\,000（件）$$
$$丙产品保本点的销售额 = 10\,000 \times 10 = 100\,000（件）$$

计算结果说明，企业要想保本，至少销售 20 000 件甲产品、10 000 件乙产品、10 000 件丙产品，总销售额达到 400 000 元。

3. 分别计算法

有的企业同时生产多种产品，但各种产品的生产基本上是独立的，车间范围内的费用也很容易区分，这时，只要将企业共同的固定成本按适当的标准分配到各产品上，就可分别按单一产品计算保本点的方法进行计算。

【例 4-8】按例 4-5 资料，若固定成本为 62 000 元，由 A、B、C 产品分别承担 20 000 元、18 000 元、24 000 元。

要求：按分别计算法计算该企业保本点及各种产品的保本点。

解：因为单一保本点销售量为

$$x_0 = \frac{a}{p-b}$$

保本点的销售额为

$$S_0 = px_0$$

所以 A、B、C 三种产品保本点销售量分别为

$$x_{0A} = \frac{20\,000}{25-20} = 4\,000（件）$$

$$x_{0B} = \frac{18\,000}{20-14} = 3\,000（件）$$

$$x_{0C} = \frac{24\,000}{20-8} = 2\,000（件）$$

A、B、C 三种产品保本点销售额分别为

$$S_{0A} = 25 \times 4\,000 = 100\,000（元）$$
$$S_{0B} = 20 \times 3\,000 = 60\,000（元）$$
$$S_{0C} = 20 \times 2\,000 = 40\,000（元）$$

企业保本点销售额 $= 100\,000 + 60\,000 + 40\,000 = 200\,000（元）$

4. 历史数据法

历史数据法就是根据若干期的历史数据进行平均计算，作为企业的保本销售额。当企业规模较大，生产和销售的产品种类繁多且历史资料齐全时可使用该法计算。

【例 4-9】某公司 2023 年上半年的有关资料见表 4-6。

要求：按历史数据法计算该企业保本点。

表 4-6　某公司 2023 年上半年相关资料　　　　　　　　　　　　单位：元

月份 摘要	1	2	3	4	5	6
销售收入	840 000	780 000	750 000	900 000	930 000	960 000
变动成本	760 000	690 000	640 000	810 000	800 000	860 000
贡献毛益	80 000	90 000	110 000	90 000	130 000	100 000
固定成本	50 000	50 000	50 000	50 000	50 000	50 000

解：首先，用简单算术平均法计算相关指标的平均值。

$$销售收入平均值 = \frac{840\,000 + 780\,000 + 750\,000 + 900\,000 + 930\,000 + 960\,000}{6} = 860\,000（元）$$

$$贡献毛益平均值 = \frac{80\,000 + 90\,000 + 110\,000 + 90\,000 + 130\,000 + 100\,000}{6} = 100\,000（元）$$

$$固定成本平均值 = 50\,000（元）$$

其次，计算平均贡献毛益率，即

$$平均贡献毛益率 = \frac{贡献毛益平均值}{销售收入平均值} = \frac{100\,000}{860\,000} = 11.63\%$$

最后，计算保本点销售额，即

$$S_0 = \frac{50\,000}{11.63\%} = 429\,922（元）$$

三、相关因素变动对保本点的影响

如前所述，保本点就是能使企业达到不盈不亏状态的产品销售数量。在计算保本点时，假设固定成本、单位变动成本、销售价格以及产品品种构成等因素固定不变。而事实上，上述诸因素在企业经营过程中是经常变动的，并由此引起保本点的升降变动。显然，诸因素的变动与保本点的取值之间存在着必然的、内在的联系。这种联系简单来说就是固定成本与变动成本的下降、销售价格的提高会使保本点的取值趋小（在图示法下表现为保本点由原来的位置左移）；反之，固定成本与变动成本的上升、销售价格的下降则会使保本点的取值变大。产品品种结构变化的影响较为复杂，与各种产品的获利能力有关。

1. 固定成本变动对保本点的影响

固定成本虽然不随业务量的变动而变动，但企业经营能力的变化和管理决策都会导致固定成本的升降，特别是酌量性固定成本容易发生变化。

如在传统式保本图（见图 4-1）中所列示的，保本点为销售收入线与总成本线的交点，而固定成本则是总成本线的起点，在单位变动成本（即总成本线的斜率）不变的情况下，固定成本的高低就直接决定了总成本线的位置，其变化会对保本点产生影响，并且是同方向的，如图 4-4 所示。

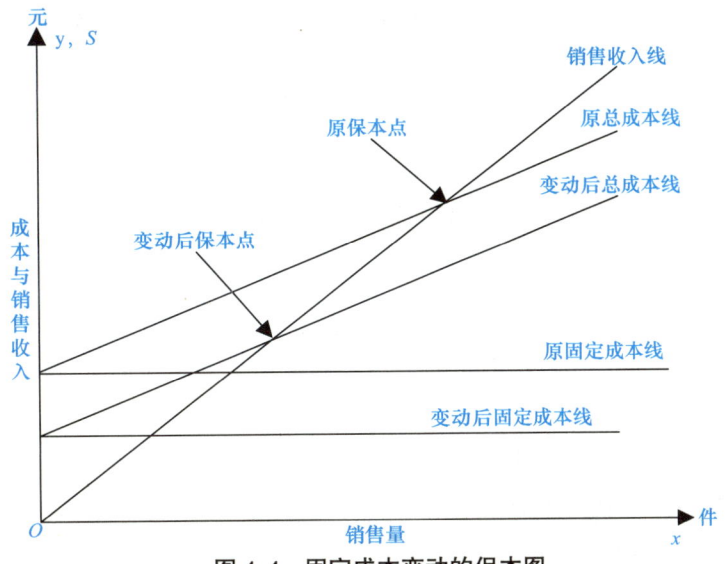

图 4-4 固定成本变动的保本图

【例 4-10】按例 4-1 所提供的资料,预计固定成本提高 20%,其他条件不变。

要求:计算固定成本变动后的保本点。

解:因为固定成本提高了 20%,则有

$$a = 150\,000 \times (1 + 20\%) = 180\,000 \,(元)$$

保本点销售量为

$$x_0 = \frac{180\,000}{370 - 70} = 600 \,(件)$$

保本点的销售额为

$$S_0 = 370 \times 600 = 222\,000 \,(元)$$

可见,固定成本上升,导致保本点的销售量由原来的 500 件提高到 600 件,上升了 20%,保本点销售额也提高 20%。

2. 单位变动成本变动对保本点的影响

仍以传统式保本图绘制方式为例,在其他因素不变的情况下,单位变动成本变化,总成本线的斜率也发生变化。当单位变动成本增加时,总成本线的斜率上升,导致保本点右移,保本点销售量增加;反之,保本点左移,保本点销售量减少。因此,单位变动成本与保本点同方向变化,如图 4-5 所示。

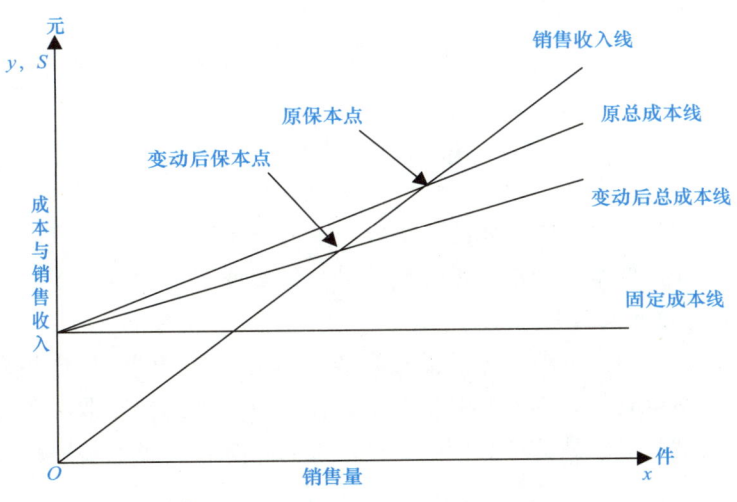

图 4-5 单位变动成本变动的保本图

【例 4-11】按例 4-1 所提供的资料，预计单位变动成本升高 10%，其他条件不变。

要求：计算单位变动成本变动后的保本点。

解：因为单位变动成本升高了 10%，则有

$$b = 70 \times (1 + 10\%) = 77 \text{（元/件）}$$

保本点销售量为

$$x_0 = \frac{150\,000}{370 - 77} = 512 \text{（件）}$$

保本点的销售额为

$$S_0 = 370 \times 512 = 189\,440 \text{（元）}$$

可见，单位变动成本上升，导致保本点的销售量和销售额均提高了 2.4%。

3．单价变动对保本点的影响

如图 4-6 所示，在一定的成本水平条件下，单价越高，销售收入线的斜率越大，保本点左移，盈利区增大；反之，保本点右移，盈利区缩小。所以单价与保本点反方向变化。

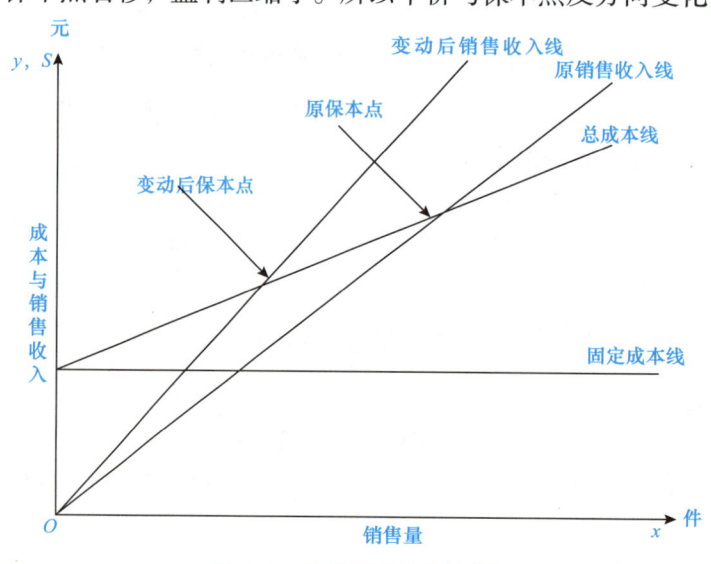

图 4-6　单价变动的保本图

【例 4-12】按例 4-1 所提供的资料，预计单价升高 10%，其他条件不变。

要求：计算单价变动后的保本点。

解：因为单价升高了 10%，则有

$$p = 370 \times (1 + 10\%) = 407 \text{（元/件）}$$

保本点销售量为

$$x_0 = \frac{150\,000}{407 - 70} = 445 \text{（件）}$$

保本点的销售额为

$$S_0 = 407 \times 445 = 181\,115 \text{（元）}$$

可见，单价提高，导致保本点的销售量和销售额分别降低了 11% 和 2.1%。

4．产品品种结构变动对保本点的影响

如果产销多种产品，一般来说各种产品的获利能力不会完全相同。当产品品种构成变化时，保本点势必发生变化。在假定其他条件不变的情况下，保本点变动的幅度取决于各种产品总的贡献毛益率的大小。所以，贡献毛益较高的产品销售比率增加时，综合贡献毛益率提高，从而使保本点的

销售量及销售额降低。例如，假定例 4-6 中其他条件不变，只是企业产品的品种构成由原来的 50%、30%、20% 改变为 40%、30%、30%，则企业总的贡献毛益率由原来的 31% 改变为 35%（20%×40% + 30%×30% + 60%×30%），此时保本点的销售额由原来的 200 000 元下降为 177 143 $\left(\dfrac{62\,000}{35\%}\right)$ 元。这是因为贡献毛益率最低的 A 产品的比例下降，而贡献毛益率最高的 C 产品的比例上升，所以全部产品总的贡献毛益率有所提高，保本点也就相应地降低了。

任务三　保利点分析

保利点分析（2）

由于现实中的成本、业务量和利润诸因素之间往往存在着相互制约关系，为简化分析，在研究其中一个因素变动时，要假设其他因素已知或不变，因此，保利点分析实质上是逐一描述业务量、成本、单价和利润等因素相对其他因素存在的定量关系的过程。

一、单一品种保利点分析

所谓保利点，是指在单价和成本水平确定的情况下，为确保预先确定的目标利润能够实现，而应达到的销售量和销售额。

1. 实现税前目标利润的销售量和销售额

设 π_1 为税前目标利润；x_1 为实现税前利润的销售量；S_1 为实现税前利润的销售额。其他符号与前同。

根据本量利分析的基本模型 $\pi = (p - b)x - a$，有

$$\pi_1 = (p - b)x_1 - a$$

所以保利点的销售量为

$$x_1 = \dfrac{a + \pi_1}{p - b} \text{ 或 } x_1 = \dfrac{a + \pi_1}{m}$$

保利点的销售额为

$$S_1 = p x_1 \text{ 或 } S_1 = \dfrac{a + \pi_1}{m'}$$

2. 实现税后目标利润的销售量和销售额

上述目标利润为所得税前的利润，所得税费用对于实现了利润的企业来说，是一项必然的支出，在目标利润的分析中也应该是一项必然的扣除。所以从税后利润的角度进行本量利分析，也是非常必要的。

设 π_1' 为税后目标利润；x_1' 为实现税后利润的销售量；S_1' 为实现税后利润的销售额；r 为税率，其他符号与前同，则有

$$\pi_1' = \pi_1 \times (1 - r)$$

$$\pi_1 = \dfrac{\pi_1'}{1 - r}$$

所以保利点的销售量为

$$x_1' = \dfrac{a + \dfrac{\pi_1'}{1 - r}}{p - b} \text{ 或 } x_1' = \dfrac{a + \dfrac{\pi_1'}{1 - r}}{m}$$

保利点的销售额为

$$S_1' = px_1' \text{ 或 } S_1' = \dfrac{a + \dfrac{\pi_1'}{1-r}}{m'}$$

【例 4-13】设某企业生产和销售单一产品，产品单价为 50 元/件，单位变动成本为 25 元/件，固定成本为 50 000 元。

要求：（1）假定企业税前目标利润为 40 000 元，计算实现税前目标利润的销售量和销售额。

（2）假定企业税后目标利润为 37 500 元，所得税率为 25%，计算实现税后目标利润的销售量和销售额。

解：（1）由题意知 $p = 50$ 元/件，$b = 25$ 元/件，$a = 50\,000$ 元，$\pi_1 = 40\,000$ 元。

根据公式 $x_1 = \dfrac{a + \pi_1}{p - b}$ 和 $S_1 = px_1$，得

保利点的销售量为

$$x_1 = \dfrac{50\,000 + 40\,000}{50 - 25} = 3\,600 \text{（件）}$$

保利点的销售额为

$$S_1 = 50 \times 3\,600 = 180\,000 \text{（元）}$$

（2）由题意知 $p = 50$ 元/件，$b = 25$ 元/件，$a = 50\,000$ 元，$\pi_1 = 37\,500$ 元，$r = 25\%$。

根据公式 $x_1' = \dfrac{a + \dfrac{\pi_1'}{1-r}}{p - b}$ 和 $S_1' = px_1'$，得

保利点的销售量为

$$x_1' = \dfrac{50\,000 + \dfrac{37\,500}{1 - 25\%}}{50 - 25} = 4\,000 \text{（件）}$$

保利点的销售额为

$$S_1' = 50 \times 4\,000 = 200\,000 \text{（元）}$$

二、多品种保利点分析

如果企业产销多种产品，当进行本量利分析时，在确保目标利润的条件下，必须先求保利点的销售额，再根据产品的不同比重推算出各种产品保利点的销售量。

根据多品种保本点分析和单一品种保利点分析可看出，企业生产多种产品时，实现税前目标利润的销售额公式为

$$S_1 = \dfrac{a + \pi_1}{m'}$$

实现税后目标利润的销售额公式为

$$S_1' = \dfrac{a + \dfrac{\pi_1'}{1-r}}{m'}$$

然后按各种产品销售比率计算出各种产品保利点的销售额，再进一步推算出能够实现目标利润的各种产品的销售量。

【例 4-14】按例 4-5 所提供资料及相关计算结果：

（1）假如该企业的税前目标利润为 31 000 元，计算实现税前目标利润的销售额及产品保利点销售量。

（2）假如该企业税后目标利润为 26 800 元，所得税率为 25%，计算实现税后目标利润的销售额。

解：由题意及例 4-5 的相关计算结果知：

$a=62\,000$ 元，$\pi_1=31\,000$ 元，$\pi_1'=26\,800$ 元，$r=25\%$，$\overline{m}'=31\%$

（1）该企业实现税前目标利润的销售额：

$$S_1=\frac{62\,000+31\,000}{31\%}=300\,000（元）$$

各种产品保利点的销售额分别为：

A：$300\,000\times 50\%=150\,000$（元）；

B：$300\,000\times 30\%=90\,000$（元）；

C：$300\,000\times 20\%=60\,000$（元）。

各种产品保利点的销售量分别为：

A：$150\,000\div 25=6\,000$（件）；

B：$90\,000\div 20=4\,500$（件）；

C：$60\,000\div 20=3\,000$（件）。

（2）该企业实现税后目标利润的销售额：

$$S_1'=\frac{62\,000+\dfrac{26\,800}{1-25\%}}{31\%}=315\,269（元）$$

各种产品保利点的求解同（1）。

三、相关因素变动对保利点的影响

保利点的模型是保本点模型的拓展与延伸，导致保本点变化的各因素都可能对保利点产生影响。此外，当进行实现税后目标利润的分析时，所得税的变动也会对保利点产生影响。

【例 4-15】设某企业生产和销售单一产品。该企业计划年度内销售产品 3 600 件，全年固定成本预计为 50 000 元。该产品单价为 50 元/件，单位变动成本为 25 元/件，计划年度的目标利润为 $3\,600\times（50-25）-50\,000=40\,000$（元），即实现目标利润的销售量为 3 600 件。

下面分析各因素的变动对保利点及目标利润的影响。

1. 固定成本变动的影响

从实现目标利润的模型 $\pi=(p-b)x-a$ 中可以看出，若其他条件既定，固定成本与目标利润之间是此消彼长的关系。固定成本降低，则目标利润增大，或者会使实现目标利润的销售量降低。

设例 4-15 的其他条件不变，只是固定成本减少了 10 000 元，则

$$实现目标利润的销售量=\frac{40\,000+40\,000}{50-25}=3\,200（件）$$

实现目标利润的销售量由原来的 3 600 件降低到 3 200 件。

如果预计销售 3 600 件的计划仍可完成，则

$$目标利润=3\,600\times(50-25)-40\,000=50\,000（元）$$

即实现的目标利润比原来增加了 10 000 元。

2. 单位变动成本变动的影响

设例 4-15 的其他条件不变，只是单位变动成本由 25 元/件降为 20 元/件，则

$$实现目标利润的销售量=\frac{40\,000+50\,000}{50-20}=3\,000（件）$$

实现目标利润的销售量由原来的3 600件降低到3 000件。

如果预计销售3 600件的计划仍可完成，则

$$目标利润 = 3\,600 \times (50 - 20) - 50\,000 = 58\,000（元）$$

即实现的目标利润比原来增加了18 000元。

3. 单位售价变动的影响

设例4-15中的产品单价由50元/件下降到45元/件，其他条件不变，则

$$实现目标利润的销售量 = \frac{40\,000 + 50\,000}{45 - 25} = 4\,500（件）$$

实现目标利润的销售量由原来的3 600件增加到4 500件。

如果销售量只能达到3 600件，则

$$目标利润 = 3\,600 \times (45 - 25) - 50\,000 = 22\,000（元）$$

即实现的目标利润比原来减少了18 000元。

4. 多种因素同时变动的影响

在现实经济生活中，以上各个因素往往不是孤立存在的，而是相互影响的。比如为了提高产品的产量，往往需要增加生产设备，这样就会使折旧费用这项固定成本增加；而为了使产品顺利地销售出去，可能又会增加广告费这项固定成本。为如实反映客观实际情况，需要综合计量各有关因素同时变动的影响。

（1）提高单价，同时增加固定成本（广告费）。

在例4-15中，设单价由原来的50元/件提高到55元/件，但为了使产品预期的销售量能顺利地实现，全期需增加广告费支出5 000元，则

$$实现目标利润的销售量 = (40\,000 + 55\,000) \div (55 - 25) = 3\,167（件）$$

如果按预计销售量3 600件计算目标利润，则

$$目标利润 = 3\,600 \times (55 - 25) - 55\,000 = 53\,000（元）$$

（2）降低售价，同时增加销售量。

在例4-15中，若企业的生产能力还有剩余，能增加产量，可采取薄利多销的措施。经研究确定：单价降低10%，即由原来的50元/件降低到45元/件，可使销售量增加20%，即由原来的3 600件增加到4 320件，则

$$实现目标利润的销售量 = (40\,000 + 50\,000) \div (45 - 25) = 4\,500（件）$$

$$降价后目标利润 = 4\,320 \times (45 - 25) - 50\,000 = 36\,400（元）$$

由于销量增加的幅度过小，企业因降低单价而蒙受3 600元的损失。

【例4-16】在现实经济生活中，企业往往采取综合措施以实现目标利润，这需要反复进行权衡和预算。假定某企业生产和销售单一产品。当年的有关数据如下：销售产品3 000件，产品的单价为50元/件，单位变动成本为25元/件，固定成本为50 000元，实现的利润为25 000 ［3 000×（50－25）－50 000］元。计划年度的目标利润定为40 000元。

要求：分析企业采取何种措施可实现计划年度的目标利润。

解：依题意，如果其他条件均保持不变，则

$$实现目标利润的销售量 = \frac{40\,000 + 50\,000}{50 - 25} = 3\,600（件）$$

若计划年度各个因素的变化较为复杂，则假设企业采取了如下的步骤以求实现目标利润。

第一步，经生产部门分析研究，确认虽然尚有增加产品产量的潜力，但生产能力最高也只能达到3 500件。同时销售部门也提出，为确保3 500件产品顺利销售出去，销售价格至少应下降4%。在上述条件下，计划年度的可实现利润为30 500元，即

$$3\ 500 \times [50 \times (1-4\%) - 25] - 50\ 000 = 30\ 500（元）$$

虽然可实现利润数与目标利润数尚差 9 500 元，但较当年还是可以增加 5 500 元，方案可取。

第二步，在分析研究了产销量和销售价格变动的影响后，可实现利润与目标利润仍差 9 500 元，应该考虑在成本开支上是否有潜力可挖。首先看单位变动成本，在上述产销量和单价已然确定的条件下，能使目标利润实现的单位变动成本可按下式计算：

$$单位变动成本 = \frac{单价 \times 销售量 - 固定成本 - 利润}{销售量} = \frac{48 \times 3\ 500 - 50\ 000 - 40\ 000}{3\ 500}$$

也就是说，如果单位变动成本能从 25 元/件降至 22.29 元/件，则目标利润可以实现。如果生产部门经过分析研究，认为通过降低直接材料、直接人工和变动性制造费用，单位变动成本 22.29 元/件可以实现，则实现目标利润的分析也就可以到此为止了。否则，就要在降低固定成本方面进行分析研究。

第三步，假定生产部门经过分析研究，认为单位变动成本最多只能降至 23 元/件。那么，在上述条件下，可使目标利润实现的固定成本为 47 500 元，即

$$固定成本 = 销售量 \times 单位贡献毛益 - 目标利润 = 3\ 500 \times [50 \times (1-4\%) - 23] - 40\ 000 = 47\ 500（元）$$

也就是说，在产销量增至 3 500 件、降价 4% 和单位变动成本降至 23 元的同时，固定成本尚需压缩 2 500（50 000 - 47 500）元。如能压缩，则目标利润可以实现。

需要说明的是，上述分析过程并不是分析"多种因素同时变动对实现目标利润的影响"的唯一视角，当然也不是唯一的顺序。企业应该结合自身的情况，从对实现目标利润影响较大的因素开始，由大到小顺序分析，而且这种分析往往要反复进行。如在例 4-16 中，假定固定成本不能压缩或者不能压缩 2 500 元，就需要回头再寻找增收节支的办法并再次测算。

四、本量利分析中的相关指标

1. 保本作业率

保本作业率又叫危险率，是指保本点销售量（额）占正常（或预计）销售量（额）的百分比。所谓正常销售量（额），是指正常市场、正常开工情况下，企业的销售量（额）。该指标是一个逆指标，其值越小说明企业经营越安全。

$$保本作业率 = \frac{保本量}{正常（或预计）销售量} \times 100\%$$

$$保本作业率 = \frac{保本额}{正常（或预计）销售额} \times 100\%$$

当企业作业率低于保本点的作业率时就会亏损。所以，该指标对企业的生产安排具有一定的指导意义。

2. 安全边际

安全边际是指预计（或实际）销售量（额）与保本点销售量（额）的差额。这个差额标志着现有销售量（额）与保本点有多大的差距，或者说，现有的销售量（额）再降低多少才会发生亏损。安全边际可根据销售量计算，叫作安全边际销售量，简称安全边际量；安全边际也可根据销售额计算，叫作安全边际销售额，简称安全边际额。其公式如下：

$$安全边际量 = 预计（或实际）销售量 - 保本销售量$$

$$安全边际额 = 预计（或实际）销售额 - 保本销售额$$

它们均是正指标。安全边际可用于评价企业经营的安全性，安全边际越大，说明预计（或实际）

销售量（额）离保本点销售量（额）越远，企业亏损的可能性越小，企业经营也就越安全。由此可看出，只有安全边际才能为企业提供利润，而保本点的销售量（额）只能为企业收回固定成本。

企业利润与安全边际之间的关系可描述如下：

设：预计（或实际）销售量为 x_1；预计（或实际）销售额为 S_1；其他符号与前同。则

$$安全边际量 = x_1 - x_0$$

$$安全边际额 = S_1 - S_0$$

根据本量利分析的基本模型 $\pi = (p-b)x - a$，则有 $\pi_1 = (p-b)x_1 - a$。

因为保本点上的贡献毛益等于固定成本，即 $(p-b)x_0 = a$，则

$$\pi = (p-b)x_1 - (p-b)x_0 = (x_1 - x_0) \cdot (p-b) = (x_1 - x_0) \cdot m = (S_1 - S_0) \cdot m'$$

即

$$利润 = 安全边际量 \times 单位贡献毛益$$

或

$$利润 = 安全边际额 \times 贡献毛益率$$

3. 安全边际率

安全边际率是指安全边际量（额）与预计（或实际）销售量（额）的比率。它用相对数的形式来反映企业安全程度的高低。其公式为

$$安全边际率 = \frac{安全边际量}{预计（或实际）销售量} \times 100\%$$

或

$$安全边际率 = \frac{安全边际额}{预计（或实际）销售额} \times 100\%$$

根据企业实际经营安全程度的等级和安全边际率经验数据的一定分布区间，可设计评价企业经营安全程度的一般标准，见表 4-7。

表 4-7 西方企业经常使用的经营安全程度标准

安全边际率	40% 以上	30%～40%	20%～30%	10%～20%	10% 以下
安全等级	很安全	安全	较安全	值得注意	危险

4. 销售利润率

销售利润率是指销售利润与预计（或实际）销售额的比率。即

$$销售利润率 = 安全边际率 \times 贡献毛益率$$

【例 4-17】设某企业生产甲产品，相关资料如下：单位变动成本 15 元/件，固定成本 40 000 元，销售价格 35 元/件，预计销售量为 4 500 件。

要求：计算该产品的保本作业率、安全边际、安全边际率及销售利润率。

解：由资料可知，$b = 15$ 元/件，$a = 40\,000$ 元，$p = 35$ 元/件，$x_1 = 4\,500$ 件。

$$保本点销售量\ x_0 = \frac{a}{p-b} = \frac{40\,000}{35-15} = 2\,000（件）$$

$$保本作业率 = \frac{x_0}{x_1} \times 100\% = \frac{2\,000}{4\,500} \times 100\% = 44\%$$

$$安全边际量 = x_1 - x_0 = 4\,500 - 2\,000 = 2\,500（件）$$

$$安全边际率 = \frac{x_1 - x_0}{x_1} \times 100\% = \frac{2\,500}{4\,500} \times 100\% = 55.6\%$$

$$贡献毛益率 = \frac{p-b}{p} \times 100\% = \frac{20}{35} \times 100\% = 57.1\%$$

$$销售利润率 = 安全边际率 \times 贡献毛益率 = 55.6\% \times 57.1\% = 31.7\%$$

任务四 敏感性分析

敏感性分析是一种应用广泛的分析方法。通常这一方法研究的是，一个系统的周围条件发生变化，导致这个系统的状态发生了怎样的变化，这种变化是敏感（变化大）的还是不敏感（变化小）的。在一个确定的模型有了最优解后，敏感性分析研究的是该模型中的某个或某几个参数允许变化到怎样的数值（最大或最小），原最优解仍能保持不变；或者当某个参数的变化已经超出允许范围，原有的最优解不再"最优"时，怎样用简捷的方法重新求得最优解。

从前面保本点分析中可以看出，销售量、单价、单位变动成本、固定成本诸因素中的某个或者某几个因素的变动，都会对保本点和目标利润产生影响。但由于各因素在计算保本点和目标利润的过程中作用不同，影响程度当然也就不一样，或者说保本点和目标利润对不同因素变动做出的反应在敏感性上存在着差异。本量利关系中的敏感性分析主要研究两方面的问题：一是有关因素发生多大变化时会使企业由盈利变为亏损；二是利润变化对有关因素变化的敏感程度。

一、有关因素临界值的确定

销售量、单价、单位变动成本、固定成本的变化，都会对利润产生影响。当这种影响是消极的且达到一定程度时，就会使企业的利润为零而进入保本状态；如果这种变化超出这种程度，企业就转入了亏损状态，发生质的变化。敏感性分析的目的就是确定能引起这种质变的各因素变化的临界值。简单来说，就是求得达到保本点的销售量和单价的最小允许值以及单位变动成本和固定成本的最大允许值，超越了这些临界值企业就会由盈利变为亏损，所以这种方法也称为最大最小法。

依本量利分析的基本模型 $\pi = (p-b)x - a$ 求得最大或最小的允许值的计算公式如下：

销售量的最小允许值为

$$x_0 = \frac{a}{p-b}$$

单价的最小允许值为

$$p_0 = b + \frac{a}{x}$$

单位变动成本的最大允许值为

$$b_0 = p - \frac{a}{x}$$

固定成本的最大允许值为

$$a_0 = (p-b) \cdot x$$

【例4-18】设某企业生产一种产品，年度内预计有关资料如下：销售量5 000件，单价50元/件，单位变动成本20元/件，全年固定成本预计60 000元。

要求：确定相关因素的临界值。

解：根据已知数据，即可求得：

（1）销售量的临界值（最小允许值）：

$$x_0 = \frac{a}{p-b} = \frac{60\,000}{50-20} = 2\,000 \text{（件）}$$

这就是说，销售量的最小允许值是 2 000 件，是盈亏的临界点，或者说，实际销量只要完成原计划销量的 40%，企业就可以保本。

（2）销售单价的临界值（最小允许值）：

$$p_0 = b + \frac{a}{x} = 20 + \frac{60\,000}{5\,000} = 32 \text{（元／件）}$$

也就是说，销售单价不能低于 32 元／件这个最小允许值，或者说单价下降的幅度不能高于 36%，否则便会发生亏损。

（3）单位变动成本的临界值（最大允许值）：

$$b_0 = p - \frac{a}{x} = 50 - \frac{60\,000}{5\,000} = 38 \text{（元／件）}$$

这就是说，当单位变动成本由 20 元／件上升到 38 元／件时，企业的目标利润降至零。所以，单位变动成本的最大允许值为 38 元／件，其变动率为 90%。

（4）固定成本的临界值（最大允许值）：

$$a_0 = (p-b) \cdot x = (50-20) \times 5\,000 = 150\,000 \text{（元）}$$

这就是说，固定成本的最大允许值为 150 000 元，超过了此值企业就会发生亏损。所以企业固定成本的增加幅度不能超过 150%。

二、利润变化对有关因素变动的敏感程度

销售量、单价、单位变动成本、固定成本的变化，都会对利润产生影响，但在影响程度上存在差别。有些因素只要发生较小的变动就会引起利润的较大变化，说明利润对这些因素的变化十分敏感，所以，这些因素称为敏感性因素；有些因素虽发生较大变化，但对利润的影响却不大，说明利润对这些因素的变化并不敏感，这些因素称为非敏感性因素。

企业的决策者需要知道利润对哪些因素的变化比较敏感，对哪些因素的变化不太敏感，以便分清主次，及时采取必要的调整措施，确保目标利润的完成。

反映利润敏感程度的指标称为敏感系数，其计算公式如下：

$$\text{敏感系数} = \frac{\text{目标值变动百分比}}{\text{因素值变动百分比}}$$

【例 4-19】设例 4-18 中的销售量、单价、单位变动成本和固定成本均分别增长 20%。

要求：计算各因素的敏感系数。

解：根据已知资料，各因素的敏感系数计算如下：

（1）销售量的敏感系数。

当销售量增加 20%，则有

$$x = 5\,000 \times (1 + 20\%) = 6\,000 \text{（件）}$$

按此销售量计算，有

$$\pi = 6\,000 \times (50 - 20) - 60\,000 = 120\,000 \text{（元）}$$

原来的利润是 90 000 元，其变化率为

$$\frac{120\,000 - 90\,000}{90\,000} \times 100\% = 33.33\%$$

$$\text{销售量的敏感系数} = \frac{33.33\%}{20\%} = 1.67$$

（2）单价的敏感系数。

当单价增加 20% 时，有

$$p = 50 \times (1 + 20\%) = 60 \text{（元/件）}$$

按此单价计算，有

$$\pi = 5\,000 \times (60 - 20) - 60\,000 = 140\,000 \text{（元）}$$

$$\text{利润变化百分比} = \frac{140\,000 - 90\,000}{90\,000} \times 100\% = 55.56\%$$

$$\text{单价的敏感系数} = \frac{55.56\%}{20\%} = 2.78$$

（3）单位变动成本的敏感系数。

当单位变动成本增加20%时，有

$$b = 20 \times (1 + 20\%) = 24 \text{（元/件）}$$

按此单位变动成本计算，有

$$\pi = 5\,000 \times (50 - 24) - 60\,000 = 70\,000 \text{（元）}$$

$$\text{利润变化百分比} = \frac{70\,000 - 90\,000}{90\,000} \times 100\% = -22.22\%$$

$$\text{单位变动成本的敏感系数} = \frac{-22.22\%}{20\%} = -1.11$$

（4）固定成本的敏感系数。

当固定成本总额增加20%时，有

$$a = 60\,000 \times (1 + 20\%) = 72\,000 \text{（元）}$$

按此固定成本计算，有

$$\pi = 5\,000 \times (50 - 20) - 72\,000 = 78\,000 \text{（元）}$$

$$\text{利润变化百分比} = \frac{78\,000 - 90\,000}{90\,000} \times 100\% = -13.33\%$$

$$\text{固定成本的敏感系数} = \frac{-13.33\%}{20\%} = -0.67$$

以上计算结果说明，利润以1.67的速率随销售量的变化而变化，以2.78的速率随单价的变化而变化，以1.11的速率随单位变动成本的变化而变化，以0.67的速率随固定成本的变化而变化。由此可看出，在影响利润的因素中，最具敏感性的是单价，其次是销售量，再次是单位变动成本，最后是固定成本。若敏感系数为正值，表示该因素与利润为同向增减关系；敏感系数为负值，表示该因素与利润为反向增减关系。当作敏感性分析时，关键是数值的大小，数值越大敏感程度越高。敏感系数的符号只与影响方向有关，与敏感程度无关。

各因素敏感系数也可以通过以下简捷公式计算而得

$$\text{销售量的敏感系数} = \frac{(p-b)x}{\pi} = \frac{mx}{\pi}$$

$$\text{单价的敏感系数} = \frac{px}{\pi}$$

$$\text{单位变动成本的敏感系数} = -\frac{bx}{\pi}$$

$$\text{固定成本的敏感系数} = -\frac{a}{\pi}$$

注意：以上各符号含义与前同，但在此均代表当期或基期的相应资料。

以例4-19资料为例，有

$$\text{销售量的敏感系数} = \frac{(50-20) \times 5\,000}{90\,000} = 1.67$$

$$\text{单价的敏感系数} = \frac{50 \times 5\,000}{90\,000} = 2.78$$

$$\text{单位变动成本的敏感系数} = -\frac{20 \times 5\,000}{90\,000} = -1.11$$

$$\text{固定成本的敏感系数} = -\frac{60\,000}{90\,000} = -0.67$$

其计算结果与定义公式完全相同。需要说明的是，上述各因素敏感系数的排序并不是固定不变的，如果条件发生了变化，则各因素敏感系数的排列顺序也可能发生变化。从敏感系数的计算公式可以看出，决定其排列顺序的关键在于各个因素中间变量的大小。因此，在企业正常盈利的条件下，各因素敏感系数的排列有如下规律：

（1）单价的敏感系数总是最高；

（2）销售量的敏感系数不可能最低；

（3）单价的敏感系数与单位变动成本的敏感系数之差等于销售量的敏感系数；

（4）销售量的敏感系数与固定成本的敏感系数之差等于1。

在线做题

一、单项选择题

1. 本量利分析假定在相关范围内，销售单价和成本费用水平不变，影响利润的唯一因素是（　　）。

    A. 销售收入　　　　　　　　　　　B. 变动成本

    C. 固定成本　　　　　　　　　　　D. 产销量

2. 保本点销售量等于（　　）。

    A. 单位变动成本 ÷ 单位贡献毛益　　B. 单位固定成本 ÷ 单位贡献毛益

    C. 固定成本总额 ÷ 单位贡献毛益　　D. 总成本 ÷ 单位贡献毛益

3. 下列变动不会引起保本点变动的是（　　）。

    A. 销售量上升　　　　　　　　　　B. 销售单价上升

    C. 单位变动成本上升　　　　　　　D. 固定成本上升

4. 某产品单位售价为30元/件，单位变动成本为15元/件，固定成本为10 000元，销售数量为1 000件，则销售利润为（　　）。

    A. 15 000元　　B. 20 000元　　C. 5 000元　　D. 25 000元

5. 在本量利分析的利润图上，当产品销售量小于保本点销售量时，下列表述正确的是（　　）。

    A. 利润线位于横轴的上方　　　　　B. 企业处于盈利状态

    C. 利润为零　　　　　　　　　　　D. 企业处于亏损状态

6. 下列变动中能使保本点上升的是（　　）。

    A. 销售单价下降　　　　　　　　　B. 单位变动成本下降

    C. 固定成本下降　　　　　　　　　D. 销售量下降

7. 根据本量利分析基本公式，利润、贡献毛益总额和固定成本总额三者之间的关系是（　　）。

    A. 利润＝贡献毛益总额＋固定成本总额　　B. 贡献毛益总额＝利润－固定成本总额

    C. 利润＝贡献毛益总额－固定成本总额　　D. 贡献毛益总额＝固定成本总额－利润

8. 已知企业只生产一种产品，单位变动成本为每件45元，固定成本总额为60 000元，产品单价为120元/件，为使安全边际率达到60%，该企业当期至少应销售产品（　　）。

A. 2 000 件　　　B. 1 333 件　　　C. 800 件　　　D. 1 280 件

9. 已知企业只生产一种产品,单价 5 元/件,单位变动成本为 3 元/件,固定成本总额为 600 元,则保本点销售量为( )。

A. 200 件　　　B. 300 件　　　C. 120 件　　　D. 400 件

10. 根据本量利分析原理,只提高安全边际但不会降低保本点的措施是( )。

A. 提高单价
B. 增加产量
C. 降低单位变动成本
D. 降低固定成本

二、多项选择题

1. 保本点的表现形式有( )。

A. 保本单价
B. 保本点销售量
C. 保本点销售额
D. 保本点生产量

2. 企业处于保本状态时,则( )。

A. 安全边际量为零
B. 保本点作业率等于 1
C. 利润为零
D. 销售收入线和总成本线相交

3. 下列各因素单独变动时能引起保本点变动的有( )。

A. 销售单价
B. 单位变动成本
C. 固定成本总额
D. 销售量

4. 下列各项能引起保本点销售额增加的有( )。

A. 销售单价上升
B. 单位变动成本上升
C. 销售量增加
D. 固定成本增加

5. 下列项目中,能引起安全边际提高的有( )。

A. 固定成本上升
B. 销售单价上升
C. 单位变动成本降低
D. 销售量增加

6. 影响目标净利润的主要因素包括( )。

A. 销售单价
B. 单位变动成本
C. 固定成本总额
D. 销售量

7. 如果销售单价升高,同时单位变动成本和固定成本总额降低,则( )。

A. 保本点销售量增加而保本点销售额减少
B. 保本点销售量减少而保本点销售额增加
C. 保本点销售量和保本点销售额同时增加
D. 保本点销售量和保本点销售额同时减少
E. 利润增加

8. 下列各项中,有可能成立的关系有( )。

A. 贡献毛益率大于变动成本率
B. 贡献毛益率小于变动成本率
C. 贡献毛益率+变动成本率=1
D. 贡献毛益率和变动成本率都大于零
E. 贡献毛益率和变动成本率同时小于零

9. 某产品单价为 8 元/件,固定成本总额为 2 000 元,单位变动成本为 5 元/件,计划产销量为 600 件,要实现 400 元的利润,可分别采用的措施有( )。

A. 减少固定成本 600 元
B. 提高单价 1 元/件
C. 提高产销量 200 件
D. 降低单位变动成本 1 元/件
E. 提高单价 0.5 元/件

10. 下列与安全边际率有关的说法中，正确的有（　　）。
   A. 安全边际率是安全边际与当年实际订货量的比值
   B. 安全边际率与保本点作业率的和为 1
   C. 安全边际率是安全边际与销售量的比值
   D. 安全边际率越小，企业发生亏损的可能性越小
   E. 安全边际率越大，企业发生亏损的可能性越小

三、判断题

1. 从贡献式本量利分析图中，我们可以直观看到边际贡献是如何弥补固定成本从而形成利润或亏损的。（　　）
2. 如果变动成本率为 60%，固定成本总额为 30 000 元，则保本点销售额为 50 000 元。（　　）
3. 安全边际量和安全边际率都是越小越好。（　　）
4. 当保本点作业率为 1 时，企业处于盈亏平衡状态。（　　）
5. 安全边际率与保本点作业率之和等于 1。（　　）
6. 销售单价变动、单位变动成本变动以及固定成本变动均会引起保本点呈同方向变动。（　　）
7. 保本点销售量和销售额会随单位变动成本的升高而增加。（　　）
8. 销售量的变动只影响利润的变动，对保本点没有影响。（　　）
9. 如果企业的保本点销售量为 1 000 件，当销售量为 1 001 件时，企业就会盈利；当销售量为 999 件时，企业就会亏损。（　　）
10. 单位变动成本的变动会导致保本点呈同方向变动，也会导致安全边际呈同方向变动。（　　）

四、案例分析题

1. L 公司生产甲、乙、丙三种产品，有关信息见表 4-8。

表 4-8　L 公司生产甲、乙、丙三种产品情况

产品 项目	甲	乙	丙
销售收入总额/元	120 000	250 000	（　）
变动成本总额/元	60 000	（　）	（　）
贡献毛益率/%	（　）	30	40
固定成本总额/元	30 000	（　）	25 000
税前利润/元	（　）	37 000	25 000

要求：根据给定的信息进行分析计算，并填写括号内的相关数据。

2. S 公司生产的甲产品，销售单价为 25 元/件，单位变动成本为 15 元/件，固定成本总额为 50 000 元。

要求：（1）计算保本点销售量和销售额。

（2）若该公司税前目标利润为 40 000 元，计算目标销售量和目标销售额。

（3）若该公司税后目标利润为 30 000 元（所得税税率为 25%），计算目标销售量和目标销售额。

（4）假设变动成本中有50%为人工成本，固定成本中有20%为人工成本。若人工成本上升10%，计算保本点销售量。

3. W公司计划期预计产销甲产品120台，每台售价5 000元，单位变动成本为3 000元/台，固定成本总额为10万元。

要求：（1）计算计划期保本点销售量及销售额。

（2）计算安全边际量、安全边际额、安全边际率及保本点作业率。

（3）计算预计可能实现的利润。

4. Y公司产销甲、乙、丙三种产品，有关资料见表4-9。

表4-9 Y公司产销甲、乙、丙三种产品情况

项目 产品	甲产品	乙产品	丙产品
单位售价/元/件	30	40	10
单位变动成本/元/件	15	32	6
销售量/件	20 000	15 000	30 000
固定成本总额/元	72 000		

要求：（1）计算三种产品的综合贡献毛益率。

（2）用加权平均贡献毛益率法计算各产品保本点销售额和保本点销售量。

（3）用联合单位法计算各产品保本点销售量和保本点销售额。

5. 某公司每月固定成本为18 500元，生产三种产品的资料见表4-10。

表4-10 该公司生产三种产品的资料

产品	单价/元/件	单位变动成本/元/件	销售额所占比例/%
甲	100	60	50%
乙	50	30	30%
丙	80	60	20%

要求：（1）计算加权平均贡献毛益率和综合保本点销售额。

（2）计算各产品的保本点销售额和保本点销售量。

（3）计算销售额为80 000元时的利润。

（4）若甲、乙、丙三种产品的销售额比重为20%、30%、50%，试计算综合保本点销售额，以及销售额为80 000元时的利润。

6. A公司目前产销甲产品40 000件，单位售价为20元/件，单位变动成本为12元/件，全年固定成本总额为300 000元。

要求：（1）计算现有条件下的利润额。

（2）若使目标利润提高50%，在其他条件不变的情况下，试计算销售量、单位变动成本、固定成本及售价应达到什么水平才能保证实现目标利润。

（3）对各有关因素的敏感性进行排序（由大到小）。

7. 甲公司每月产销A产品9 000件，单位售价为8元/件，单位变动成本为5元/件，全月固定成本为20 000元。为了使目标利润提高3 000元，甲公司准备从三方面采取措施：扩大

销售量、降低售价、降低单位变动成本。

要求：若销售量扩大50%、售价降低20%，试计算单位变动成本降低到多少时才能实现目标利润。

8. F公司产销A产品，单位贡献毛益为40元/件，变动成本率为60%，安全边际率为35%，产品销售量为5 000件。

要求：（1）计算保本点销售额。
（2）计算可实现的利润。
（3）计算销售利润率。

9. 某地区有甲、乙两个工厂，近几年生产经营情况一直较好，二者的销售和盈利水平基本相同。为了扩大再生产，二者分别向银行提出贷款申请，同时向银行递交了相关财务资料，部分数据见表4-11。

表4-11　甲、乙两个工厂财务资料部分数据

项目	甲工厂	乙工厂
销售收入/元	400 000	400 000
总成本/元	340 000	340 000
其中：变动成本/元	200 000	300 000
利润/元	60 000	60 000

对于银行应该给哪个工厂提供贷款，有两种不同的意见：一种意见认为，甲、乙两个工厂的销售水平、利润水平和总成本均相同，条件一样，都应该获得贷款；另一种意见认为，甲、乙两个工厂的盈利水平、销售水平和总成本虽然相同，但是成本构成不同，应该运用本量利模型进行成本分析，然后根据盈利条件的优劣来确定贷款对象。

银行经过充分研究后，认为乙厂的盈利条件优于甲厂，因此决定为乙厂提供贷款。

要求：判断银行把资金贷给乙厂的决策是否正确，试运用本量利模型进行分析。

项目五 预测分析

知识目标

○ 了解预测分析的基本概念及基本内容；
○ 掌握销售预测、利润预测、成本预测和资金预测的基本方法及其运用；
○ 能模拟企业具体状况进行预测分析。

能力目标

○ 了解销售预测的主要内容，掌握销售预测方法的应用；
○ 熟练掌握成本预测的程序和方法，理解成本预测的分析原理与本量利分析的关系；
○ 理解经营预测与经营决策的关系。

职业素养及思政元素

○ 凡事预则立，不预则废。
○ 不忘本来、吸收外来、面向未来；用已知推测未知；用过去数据预测未来。
○ 开展科学的经营预测是管理会计面向未来管理不确定性、助推中国企业实现高质量发展的重要抓手。在对标世界一流企业的发展目标指引下，企业采用数智化技术形成更为先进的预测能力，有助于提升企业的管理能力和在国内外市场中的竞争力。

案例导入

张经理的小型制造加工企业，近几年的生产和销售情况都不错，这一年快要过去了，张经理和他的同事们开始考虑如下问题：

（1）明年的销售量预计会达到多少？

（2）随着明年销售量的增加，企业的成本费用，包括材料、人工、其他费用，预计会是一个怎么样的水平？

（3）如果产量、成本费用提高，那么企业的资金情况是否能够满足生产需要呢？

思考： 上述几个问题都属于预测，那么怎么样才能使他们的预测合理又准确呢？在预测中需要收集哪些材料？又会使用到哪些方法？

任务一　预测分析认知

一、预测分析的概念

企业要想在市场竞争中立于不败之地，就必须做好预测分析。因为企业不仅要了解市场的过去和现状，更为重要的是必须面向未来，对未来发展趋势做出科学的预计和推测。缺乏科学预测的管理是盲目的和不健全的管理。

1. 企业经营预测

企业经营预测是以过去的历史数据和现在所能取得的经济信息、统计资料为基础，运用人们所掌握的科学知识以及管理人员积累的实践经验，来预计、推测事物发展的必然性和可能性的过程。

2. 预测分析

预测分析是指企业在经营预测过程中，根据预测目标的要求，对历史资料和现实的最新信息进行加工整理，按照一定的程序，运用专门的科学方法，对未来经济活动可能产生的趋势做出预计和推测。预测分析的实质是根据过去和现在来预测未来、根据已知来推测未知的各种科学的、专门的分析方法。它是西方国家在 20 世纪 60 年代以后发展起来的一门新兴的综合性学科，也称为"预测技术"，是生产高度社会化的必然产物。预测分析是为决策分析服务的，是做出科学决策的基础。

二、预测分析的程序

预测分析是一项细致、系统的工作，应该按计划、有步骤地进行。企业的预测分析程序大致包括以下 7 个步骤。

1. 确定预测目标

进行预测分析，首先要明确预测目标。这是企业制定预测计划、确定预测资料和方法的重要依据，也是整个预测工作的起点。预测目标一般根据企业不同时期的总目标来设计。

2. 收集、整理资料

确定了预测目标以后，系统、广泛地收集整理相关信息及有关原始资料和数据，是进行预测工作的前提和基础。资料收集要与预测目标相关；收集的资料信息要完整、全面、可靠；有些信息资料要进行加工、整理和鉴别，归纳出各个因素之间的制约与依存关系，从中发现规律，作为预测的依据。

3. 确定预测方法

对于不同的预测内容和对象，有着不同的预测方法。预测方法决定着预测质量。定量预测分析要选择专门的方法，建立数学模型；定性预测分析应建立理想的逻辑思维模型，避免主观臆断。

4. 预测分析

运用预测方法和建立的预测模型，分别进行定性与定量分析，提供客观的预测结果。

5. 预测结果的验证与评价

经过一定时间之后，应当对上一阶段的预测结果进行验证和分析、评价。将企业的实际数据与预测数据进行比较，验证预测结果的准确性，分析出现误差的原因，从而及时对预测方法进行修正。

6. 预测结果的修正

当选择定量预测方法时，数据不充分或无法定量等原因可能会影响预测的精度。此时，应考虑运用定性预测方法，并修正定量预测的结果。同样，用定性方法预测的结果，也需要用定量方法进行修正和补充，使预测结果更加接近实际情况。

7. 得出预测结论

经过修正和补充，将有关预测结论提交给相关管理部门。

三、预测分析的基本方法

预测方法有很多，基本可以分为定性预测分析法和定量预测分析法两种。

1. 定性预测分析法

定性预测分析法又称非数量分析法，是指由有关方面的专业人员根据个人经验和知识，并考虑到政治形势、经济形势、市场前景、消费倾向、价格政策对预测对象的影响，结合预测对象的特点进行综合分析，对事物的未来状况和发展趋势进行预测的一种分析方法。它一般不需要进行复杂的定量分析。这种预测方法在企业缺乏完备的历史资料，或主要因素难以做定量描述的情况下尤为适用。主要有市场调查法、专家判断法，主要适用于销售预测，也可用于成本预测、利润预测和资金预测。

2. 定量预测分析法

定量预测分析法又称数量分析法，是指在完整掌握与预测对象有关的各要素定量资料的基础上，运用现代数学方法进行数据处理，据以建立能够反映各要素之间规律性联系的各类预测模型的方法体系。具体有趋势预测分析法和因果预测分析法。

（1）趋势预测分析法。它将时间（月、年）作为制约预测对象变化的自变量，把未来作为历史的自然延续，假设企业过去和现在存在的某种发展趋势将会延续下去，而且过去和现在发展的条件同样适用于未来，属于按事物自身发展趋势进行预测的一种分析法。该法又称为"时间序列分析法"，包括平均法和时间序列回归分析法，多用于销售和成本预测。

（2）因果预测分析法。它是根据预测变量和与之相关联的变量之间的因果关系，建立因果预测的数学模型，按预测因素（即非时间变量）的未来变动趋势来推测预测对象未来水平的一种相关预测方法。如本量利分析法、回归分析法等。

趋势预测分析法与因果预测分析法的主要区别在于：前者的自变量是时间（年、月），后者的自变量是时间以外的变量。

定性分析法与定量分析法并不是互相排斥的，而是相互补充、相辅相成的。在实际预测中，应将它们结合起来使用，只有具体问题具体分析，定性分析法与定量分析法结合使用，才能取得较好的预测效果。

四、预测分析的内容

企业预测分析的主要内容包括销售预测、利润预测、成本预测和资金预测。

1. 销售预测

销售预测是根据历史销售资料，结合对市场上产品需求进行的调查，对未来一定时期内有关产品的销售发展变化趋势做出的科学预计和推测。销售预测是正确地编制销售预算的依据。销售预测分析也是其他各项经营预测的前提条件。

2. 利润预测

利润预测是根据企业未来经营目标的要求，通过对影响利润变化的因素，如单价、销售量等进行综合分析，预计企业未来一定时期内应当达到或可能达到的利润水平及其变动趋势。通过利润预测，可以合理地确定目标利润，并保证其顺利实现。

3. 成本预测

成本预测是根据企业未来发展经营目标和有关资料，运用专门方法分析影响成本的各有关因素，预测和估计未来成本水平及其发展趋势的过程。它不仅是正确编制成本计划的依据，而且还能够揭示企业生产经营各个方面与产品成本之间的内在联系，为生产决策、投资决策提供依据。

4. 资金预测

资金预测是在上述预测的基础上，根据企业未来的经营目标，考虑其他相关因素，运用一定的方法来预计和推测企业未来一定时期内或一定项目所需要的资金数额、来源渠道、运用方向及其效果。资金预测对改进企业经营管理和提高经济效益十分有意义。

任务二　销售预测

销售预测是在充分调查、研究的基础上预计市场对本企业的产品在未来时期的需求趋势。在实行"以销定产"的前提下，企业的全部经营活动和产品的销售是密切相关的。所以，销售预测不仅对改善销售工作具有重要的意义，而且能为企业进行经营决策和安排产品生产等提供重要的资料。

销售收入预测是企业编制生产经营计划的基础，预测的准确与否直接影响到企业生产经营决策的制定。

一、定量预测法

1. 算数平均法

算数平均法是对某产品在过去若干期间的实际销售量（额）进行简单平均计算，以其平均值作为该产品未来期间内销售预测值的一种预测方法。其计算公式如下：

$$\text{计划期销售预测值}(X) = \text{各期销售量（额）之和} \div \text{期数} = \sum x \div n$$

【例 5-1】康德公司生产、销售甲产品，2023 年 1—6 月份销售额见表 5-1。

表 5-1　康德公司 1—6 月份销售额

时间/月份	1	2	3	4	5	6
销售额/万元	276	272	284	268	292	288

要求：根据上述资料，运用算数平均法预测 2023 年 7 月份甲产品的销售额。

解：2023 年 7 月份甲产品的销售额为

$$X = \sum x \div n = (276+272+284+268+292+288) \div 6 = 280 \text{（万元）}$$

2. 移动加权平均法

移动加权平均法是对距离预测期较近的若干期间的实际销售量（额）进行加权平均计算，以其平均值作为销售预测值的一种预测方法。它是根据各时期的实际值对预测值的影响程度分别赋予其不同的权数，进行加权平均计算，以求得预测值的一种方法。其计算公式如下：

$$\text{计划期销售预测值}(X) = \text{各期销售量（额）分别乘以其权数之和} = \sum x_i w_i$$

式中，X 为销售预测值；x_i 为第 i 期销售量（额）；w_i 为第 i 期权数。

移动加权平均法中的"移动"是指所取得的观测值随着时间的推移而顺延。例如，7月份的预测值，采用4月、5月、6月三个月的历史资料为预测依据；若预测9月份的销售额，则采用6月、7月、8月三个月的资料为依据。

移动加权平均法中的"加权"是指越接近预测期的实际销售，对预测值的影响就越大，因此，所选择的权数也较大；反之，权数小一些。为简化计算，可令$\sum w_i = 1$。例如，若选取的观测值为3个月，权数按距离观测期远近应分别为0.2、0.3、0.5；若观测期为5个月，则远近各期的权数应分别为0.03、0.07、0.15、0.25、0.5；若观测期为6个月，则远近各期的权数应分别为0.01、0.04、0.08、0.12、0.25、0.5。

【例5-2】按例5-1的资料，根据4月、5月、6月三个月的观测值，按照移动加权平均法，预测2023年7月份的销售额。

解：令$\sum w_i = 1$（$w_1=0.2, w_2=0.3, w_3=0.5$），则
$$X = \sum x_i w_i = 268 \times 0.2 + 292 \times 0.3 + 288 \times 0.5 = 285.2（万元）$$

通过计算可见，移动加权平均法考虑了近期发展趋势，而且根据时期的远近分别加权，从而消除了各个月份销售差异的平均化，它的预测结果比较接近计划期的实际情况。

3. 指数平滑法

指数平滑法也称为指数移动平均法，它是根据前期销售量的实际数和预测数，以加权因子为权数进行加权平均来预测下一期销售量或销售额的方法。

当采用指数平滑法预测计划期销售量或销售额时，需要导入加权因子，即平滑指数a（它的值要求大于0，小于1；一般取值为0.3～0.7）进行测算。其计算公式如下：

$$\text{计划期销售预测值}(X) = \text{平滑系数} \times \text{上期实际销售数} + (1 - \text{平滑系数}) \times \text{上期预算销售数} = aA + (1-a)F$$

【例5-3】仍根据例5-1的资料，康德公司2023年6月份甲产品的实际销售额为288万元，假定原来预测6月份的销售额为296万元，平滑系数为0.7。

要求：用指数平滑法预测2023年7月份甲产品销售额。

解：预计2023年7月份甲产品的销售额 = $aA + (1-a)F$ = $0.7 \times 288 + (1-0.7) \times 296$ = 290.4（万元）。

通过计算可见，指数平滑法也是一种加权平均法，a与$(1-a)$都是权数。这种方法的优点是可以排除实际销售中所包含的偶然因素影响，但确定平滑系数也难免会有主观成分。平滑系数越大，则近期实际数对预测结果影响越大；反之，平滑系数越小，则远期实际数对预测结果影响越大。这种方法由于只设了a一个权数，计算灵活简便，且可以较多地考虑近期观测值的影响，符合不断发展的客观情况。

二、定性预测分析法

1. 判断分析法

判断分析法就是聘请有经验的经济专家、教授、推销商或本企业的经理人员、推销人员，对计划期间商品或产品的销售情况进行综合研究，并做出推测和判断的方法。它一般适用于不具备完整、可靠的历史资料，无法进行定量分析的企业，如对新产品的销售预测。

（1）专家判断法。专家判断法是通过向一些具有丰富经验、知识渊博的经济专家进行咨询，并根据他们多年的实践经验和判断能力对企业一定时期特定产品的销售业务量情况做出判断和预计的一种方法。专家一般包括本企业或同行企业的高级领导人、销售部门经理、经销商和其他外界专家，但不包括顾客和推销人员。专家判断法主要有以下4种：

1)个人意见综合判断法。首先向各位专家征求意见,要求他们对本企业产品销售的未来趋势和当前的状况做出个人判断,然后把各种不同意见综合归纳,形成销售预测值。

2)模拟顾客综合判断法。首先请专家模拟各种类型的顾客,通过比较本企业和竞争对手产品的质量、售后服务和销售条件等做出购买决策,然后把这些"顾客"准备购买本企业产品的数量加总,形成销售预测值。

3)专家会议综合判断法。将专家分为若干小组,然后召开各种形式的会议共同商讨,最后将各小组的意见加以综合,形成一个集体判断的销售预测值。

4)"德尔斐法"。首先分别通过函询方式向各专家征求意见,然后把各专家的判断汇集在一起,并采用匿名方式反馈给专家,请他们参考别人的意见修正自己原来的判断。这样反复3~5次,最后集各家之所长,对销售预测值做出综合判断。

(2)推销员意见综合判断法。该法是由企业专门从事产品推销活动的人员,根据他们对其所在销售区域里各种产品销售历史情况的了解,提出有关产品在未来一定期间内销售量增减变动的个人意见,然后经归纳汇总,推算出产品需求总量的一种方法。

这种方法的优点是:销售员最接近、最了解顾客和市场情况,而且他们的预测数据可以直接向顾客调查后填列;此外,该法便于确定分配给各销售员的销售份额,有利于调动销售员的积极性,使其更努力地完成销售目标。

但是,由于销售人员个性各异,会造成预测中过于乐观或悲观的估计,而且其最近推销中所遇到的挫折和成功会影响其对计划期的预测。

这种方法一般适用于直接销售给数量不多的顾客,同时这些顾客又能告知未来需求量的产品。采用这种方法,在综合意见时,推销人员和销售经理的预测值可以采用算术平均法或加权平均法确定。

【例5-4】某手机生产厂家的20位销售员对计划期手机销售的平均预测值为9 000 000元,而5位销售经理的平均预测值为7 800 000元。

要求:按算术平均法和加权平均法来确定计划期预测销售额。

解:(1)算术平均法:计划期销售预测值为

$$X=\sum x \div n = (9\ 000\ 000 + 7\ 800\ 000) \div 2 = 8\ 400\ 000(元)$$

(2)加权平均法:因为销售人员人数多,直接接触顾客,设权数为0.6;销售部门经理权数为0.4。计划期销售预测值为

$$X=\sum x_i w_i = 9\ 000\ 000 \times 0.6 + 7\ 800\ 000 \times 0.4 = 8\ 520\ 000(元)$$

(3)经理人员意见综合判断法。这种方法是由企业召集有关经营管理人员,特别是熟悉销售业务的销售主管人员,以及各地经销商负责人开会,由他们根据多年的实践经验和判断能力对特定产品未来销售变动趋势进行判断和预测的一种方法。该方法能够集思广益、博采众长,快捷实用,但预测结果也会受到有关人员判断能力的影响。

注意:在采用这种方法之前,必须向预测人员提供近期经济形势和市场情况调查的分析资料,并组织他们讨论,然后综合平衡他们的意见,做出预测结论。

2. 市场调查法

市场调查法是指在市场调查的基础上,根据产品销售的具体特点和调查所得的资料,进行销售预测的方法。

(1)市场调查的内容。

1)调查产品所处的生命周期。任何产品都有其生命周期,通常可以分为试销期、成长期、饱和期、衰退期4个阶段。对同一种产品来讲,由于受到科学技术水平、社会经济发展水平以及

消费环境变化的影响，其在不同的社会时期的生命周期有不断缩短的趋势。对产品本身的调查，就是要了解产品在当前市场的生命周期长度以及所处的生命周期阶段，以把握产品的市场销售前景。

产品销售量在产品生命周期各个阶段的情况一般有如下规律：①试销期：新产品刚投入市场，消费者还不熟悉产品的性能，销售量不大，需要经过一段时间的推广，销售量才能逐步上升。②成长期：产品已为广大消费者所接受，由小批量试制、试销转入成批量生产和销售，市场销售量迅速增加。③饱和期：产品进入大批量生产和畅销阶段，前期销售量稳定上升，后期销售量增长缓慢，并趋于下降。④衰退期：产品老化，逐步被新产品替代，销售量急剧下降，趋于被淘汰。

产品生命周期只是揭示了产品销售量的一般发展趋势，并不能明确规定所有产品每个阶段的具体时间长短。因此，在产品生命周期预测中，要先了解预测时产品处于哪一个发展时期，这一时期能延续多久，然后预测出今后若干年内产品销售的情况。

2）对消费者情况的调查。一种产品能否销售主要取决于市场需求，而消费者的消费心理、个人爱好、风俗习惯以及对产品及其供应者的要求等都会影响到其对产品的需求量。

3）对经济发展趋势的调查。国家或地区的社会经济发展趋势都会直接或间接地影响市场需求。因此，了解国民收入增长情况、社会商品购买力情况、消费动向、行业生产增长速度和规模等，将有助于对产品的市场需求做出正确的判断。

4）对市场竞争情况的调查。市场经济离不开竞争，要在市场经济中求得生存和发展，既要清楚本企业产品的竞争能力，更要了解竞争对手的情况，包括在产品的设计、生产、价格等方面的新动向，对销售将会产生的影响等，正确估计本企业产品在市场上的地位。

最后，把上述4个方面的调查分析资料进行综合、整理、加工、计算，就可以对产品销售做出预测。

（2）市场调查的方法。

1）全面调查。全面调查是对涉及同一产品的所有销售对象进行逐个了解，经综合分析后，查明该产品在未来一定时期内销售量的增减变动趋势。该法虽然内容详尽可靠，但成本高，不符合效益性原则，因此，很少在销售预测中使用。

2）重点调查。重点调查是通过对有关产品在某些重点销售单位历史销售情况进行调查，并经过综合分析后，基本上掌握未来一定期间产品销售变动的总体情况。

3）抽样调查。抽样调查是按照随机原则，从有关产品的总体中抽出某个组成部分进行调查，经分析推断后，测算出有关产品的需求总量。抽样调查的具体方法一般有随机抽样、机械抽样、分类抽样等。

任务三　成本预测

成本预测是在认真分析企业的经济条件和技术措施的基础上，收集有关数据，对一定时期的一定产品或某个项目、方案的成本水平、成本目标进行预计和测算。搞好成本预测，对于加强成本管理、挖掘降低成本的潜力，提高经济效益以及正确进行生产经营决策，都具有十分重要的意义。成本预测的方法主要有以下几种：

一、目标成本预测法

1. 目标成本

目标成本是在一定时期内产品成本应该达到的标准。它的形式可以是"定额成本""标准成本"和"计划成本"。目标成本应制定得比当前实际成本低些，一般应按产品的标准产量或设计生产能力来考虑。

2. 目标成本的确定

（1）根据目标利润来制定目标成本。在确定的目标利润的基础上，通过市场调查，根据该产品在市场上的经济信息，确定一个适当的销售单价，然后减去按目标利润计算的单位产品利润和应缴纳的税金，作为该产品的目标成本。

目标成本＝预计产品销售收入－应交税费－目标利润

【例 5-5】康德公司计划年度预计销售收入为 50 000 件，每件单价为 100 元，假定税率为 6%，要实现的目标利润为 900 000 元，计算企业的目标成本。

解：目标成本＝5 000 000－5 000 000×6%－900 000＝3 800 000（元）。

（2）根据历史先进的成本水平制定目标成本。在确定目标成本的时候，可以将本企业历史上最好的成本水平或国内外同行业同类产品的先进水平作为目标成本，也可以将本企业上年实际成本水平扣除行业或主管部门下达的成本降低任务后作为目标成本。这种方法的缺陷是没有将目标成本与目标利润相联系，因此与本企业的实际情况存在一定的差距。

二、历史成本预测法

这是根据有关的历史资料，将成本按成本性态加以划分，再运用数理统计的方法来推测成本发展趋势的方法。

1. 高低点法

高低点法是以成本性态分析为基础，依据成本的历史资料，将某一时期与最高业务量和最低业务量相对应的成本进行对比，从而确定成本预测模型的一种方法。

【例 5-6】假定康德公司只生产和销售 A 产品，近五年的产量及历史成本数据见表 5-2。

表 5-2　康德公司近五年产量和历史成本数据

年度	产量 x/ 台	单位变动成本 b/ 元 / 台	固定成本总额 a/ 元
2018	260	756	86 000
2019	200	760	88 000
2020	320	750	90 000
2021	360	725	89 000
2022	400	740	92 000

若计划年度 2023 年的预计产量为 500 台。

要求：采用高低点法预测公司 2023 年度产品的总成本和单位成本。

解：根据生产量的高低确定高点与低点资料。

高点生产量 400 台，对应的总成本为 388 000（740×400＋92 000）元。

低点生产量 200 台，对应的总成本为 240 000（760×200＋88 000）元。

$$b=\frac{高低点总成本之差}{高低点总产量之差}=\frac{388\,000-240\,000}{400-200}=740（元/台）$$

$$a=高点总成本-b\times 高点生产量=388\,000-740\times 400=92\,000（元）$$

总成本预测模型为

$$y=740x+92\,000$$

将 2023 年预计生产量 500 台代入上式，得 2023 年总成本预测值为

$$Y=92\,000+740\times 500=462\,000（元）$$

$$单位成本预测值=462\,000\div 500=924（元/台）$$

2. 加权平均法

加权平均法是根据过去若干期间的单位变动成本和固定成本总额的历史资料，按其距计划期的远近分别进行加权平均的方法。由于距离计划期越近，对计划期的影响就越大，所以权数应大些；反之，距离计划期越远，对计划期的影响就越小，所以权数就小些。此外，在进行加权平均时，可以令 $\sum w=1$，情况与销售预测相同。

$$计划期总成本的预测值\ y=\sum a_i w_i+\sum b_i w_i x$$

$$计划期单位成本预测值=y\div x$$

【例 5-7】 仍以例 5-6 康德公司近五年的历史成本资料为例。

要求：按加权平均法预测计划期 2023 年 A 产品产量为 500 台时的总成本和单位成本。加权时，令 $\sum w=1(w_1=0.03, w_2=0.07, w_3=0.15, w_4=0.25, w_5=0.5)$。

解：计划期总成本预测值为

$$y=\sum a_i w_i+\sum b_i w_i x=$$

$$[(86\,000\times 0.03)+(88\,000\times 0.07)+(90\,000\times 0.15)+(89\,000\times 0.25)+(92\,000\times 0.5)]+$$

$$[(756\times 0.03)+(760\times 0.07)+(750\times 0.15)+(725\times 0.25)+(740\times 0.5)]\times 500=460\,305（元）$$

$$计划期单位成本预测值=y\div x=460\,305\div 500=920.61（元/台）$$

3. 回归分析法

回归分析法是应用数学上的最小平方法的原理来确定使 $y=a+bx$ 线性方程中的自变量 x 与因变量 y 之间误差平方和最小的一条直线的方法。这条直线被称为回归直线，其中

$$a=\left(\sum y-b\sum x\right)\div n$$

$$b=\left(n\sum xy-\sum x\sum y\right)\div\left(n\sum x^2-\left(\sum x\right)^2\right)$$

当企业的历史成本资料中单位成本变动幅度较大时，采用这种方法比较好。

【例 5-8】 仍以例 5-6 康德公司近五年的历史成本资料为例。

要求：计算康德公司计划期单位成本预测值。

解：根据资料，按照 a 与 b 的计算公式编制准备数据，见表 5-3。

表 5-3　康德公司产量与成本计算表

年度	产量 x/台	总成本 y/元	xy	x^2
2018	260	282 560	73 465 600	67 600
2019	200	240 000	48 000 000	40 000
2020	320	330 000	105 600 000	102 400
2021	360	350 000	126 000 000	129 600

续表

年度	产量 x/ 台	总成本 y / 元	xy	x^2
2022	400	388 000	155 200 000	160 000
$n=5$	$\sum x = 1\,540$	$\sum y = 1\,590\,560$	$\sum xy = 508\,265\,600$	$\sum x^2 = 499\,600$

将表 5-3 的最后一行数据代入 a 和 b 的计算公式，求 b 和 a。

$$b=\frac{5\times 508\,265\,600-1\,540\times 1\,590\,560}{5\times 499\,600-1\,540\times 1\,540}=\frac{91\,865\,600}{126\,400}=726.78（元/台）$$

$$a=(1\,590\,560-726.78\times 1\,540)\div 5=94\,263.76（元）$$

将 a 和 b 的值代入计划期总成本的公式中，有

计划期总成本预测值 $y = a + bx = 94\,263.76 + 726.78 \times 500 = 457\,653.76$（元）

计划期单位成本预测值 $= y \div x = 457\,653.76 \div 500 = 915.31$（元/台）

三、新产品成本预测法

企业以往年度没有正式生产过的产品，其成本水平无法与过去进行比较，因而就不能像老产品那样利用历史成本资料预测成本，而是采用新产品成本预测法。新产品成本预测法主要有以下两种：

1. 技术测定法

技术测定法是指在充分挖掘生产潜力的基础上，根据产品设计结构、生产技术条件和工艺方法，对影响人力、物力消耗的各项因素进行技术测试和分析计算，从而确定产品成本的一种方法。该方法比较科学，但工作量较大，较适合于品种少、技术资料比较齐全的产品。

2. 产值成本法

产值成本法是指按工业总产值的一定比例确定产品成本的一种方法。产品的生产过程同时也是生产的消耗过程，在这一过程中，产品成本体现生产过程中的资金耗费，而产值则以货币形式反映生产过程中的成果。

产品成本与产品产值之间客观存在着一定的比例关系，比例越大，说明消耗越大，成本越高；比例越小，说明消耗越小，成本越低。这样，企业进行预测时，就可以参照同类企业相似产品的实际产值成本率，加以分析确定。其计算公式如下：

$$某种产品的预测单位成本 = \frac{某产品的总产值 \times 预计产值成本率}{预计产品产量}$$

该方法不太准确，但工作量小，简单易行。

任务四　利润预测

利润预测是企业经营预测的一个重要方面，它是在销售预测的基础上，通过对产品的销售数量、价格水平、成本状况进行分析和测算，预测出企业未来一定时期的利润水平。利润预测对企业的经济决策具有重要意义。企业通过利润预测可以对有关收入、成本和利润进行综合、细致的分析，为企业的经济决策提供可靠的依据。同时，开展利润预测也可以发现生产经营中存在的问题，有利于改善经营管理，提高企业的经济效益。利润预测要在了解企业过去和现在的生产经营状况及所处经济环境的基础上，运用一定的科学方法，对影响利润的各种因素进行分析，测算出企业未来

的利润水平。利润预测的方法很多,下面介绍几种最常用的方法。

一、直接预测法

运用直接预测法进行利润预测,就是根据企业销售预测中预计的计划期经营活动水平(销售量)和成本水平,应用有关本量利的关系、贡献毛益、经营杠杆等概念的基本知识来直接建立各种各样的数学模型。

1. 本量利分析法

$$\text{预计利润}(P) = \text{销售单价} \times \text{销售量} - (\text{固定成本总额} + \text{单位变动成本} \times \text{销售量}) = px - (a + bx)$$

其中,p 为销售单价;x 为销售量;a 为固定成本总额;b 为单位变动成本。

2. 贡献毛益分析法

$$\text{预计利润}(P) = \text{贡献毛益总额} - \text{固定成本总额} = (\text{销售单价} \times \text{销售量} - \text{单位变动成本} \times \text{销售量}) - \text{固定成本总额} = TCM - a = (px - bx) - a$$

其中,TCM 为贡献毛益总额。

3. 经营杠杆分析法

预计利润(P)=基期利润×(1+销售增长率×经营杠杆率)= $P_0 \times (1 + R \times DOL)$

其中,R 为销售增长率(企业本年销售增长额与上年销售额之间的比率);DOL 为经营杠杆率[边际贡献/(边际贡献-固定成本)]。

【例 5-9】假定康德公司 2022 年生产并销售 A 产品 6 000 台,售价为每台 300 元,单位变动成本为 160 元/台,固定成本总额为 200 000 元。预计明年销售量比今年增加 20%,售价及成本水平不变。

要求:分别用上述 3 种方法预测 2023 年将实现的利润。

解:(1)本量利分析法:

$P = px - (a + bx) = 300 \times 7\,200 - (200\,000 + 160 \times 7\,200) = 808\,000$(元)

(2)贡献毛益分析法:

$P = (px - bx) - a = (300 \times 7\,200 - 160 \times 7\,200) - 200\,000 = 808\,000$(元)

(3)经营杠杆分析法:

$$DOL = \frac{140 \times 6\,000}{140 \times 6\,000 - 200\,000} = 1.312\,5$$

$P = p_0 \times (1 + R \times DOL) = [6\,000 \times (300 - 160) - 200\,000] \times (1 + 0.2 \times 1.312\,5) = 808\,000$(元)

二、因素分析法

因素分析法是对影响利润的各有关因素(包括单价、销售量、单位变动成本与固定成本)进行分析,确定有关因素的变动对目标利润的影响程度的方法。

1. 根据基期销售利润确定目标利润

基期销售利润率=基期营业利润÷销售收入总额×100%

目标利润=预计销售收入总额×基期销售利润率

注意:营业利润通常指息税前利润。

【例 5-10】假定康德公司本年生产并销售 B 产品 1 600 台,每台售价为 200 元,单位变动成本为 160 元/台,固定成本总额为 20 000 元,预计明年市场可以销售 B 产品 2 400 台。

要求：按基期销售利润率来确定明年的目标利润。

解：

$$基期营业利润 = 200 \times 1\,600 - (20\,000 + 160 \times 1\,600) = 44\,000（元）$$
$$基期销售利润率 = 44\,000 \div (200 \times 1\,600) = 13.75\%$$
$$目标利润 = 2\,400 \times 200 \times 13.75\% = 66\,000（元）$$

2．因素分析法

（1）各因素逐个变动对目标利润的影响。

【例 5-11】 假定康德公司生产并销售 B 产品 1 600 台，每台售价（p）为 200 元，单位变动成本（b）为 160 元/台，固定成本总额（a）为 20 000 元，原定目标利润（TP）为 44 000 元，现在根据公司生产能力将目标利润提高，定为 66 000 元。

要求：对影响利润的因素逐个进行分析，计算它们应如何变动，能保证新的目标利润 66 000 元实现。

解：①若 a、b、x 不变，提高售价 p，有

$$p = (a + bx + TP) \div x = (20\,000 + 160 \times 1\,600 + 66\,000) \div 1\,600 = 213.75（元/台）$$

即当其他因素不变，将销售单价提高到 213.75 元/台，就可以保证目标利润的实现。

②若 p、a、x 不变，降低单位变动成本 b，有

$$b = (px - a - TP) \div x = (200 \times 1\,600 - 20\,000 - 66\,000) \div 1\,600 = 146.25（元/台）$$

即当其他因素不变，将单位变动成本降低为 146.25 元/台，就可以保证目标利润的实现。

③若 p、a、b 不变，提高销量 x，有

$$x = (a + TP) \div (p - b) = (20\,000 + 66\,000) \div (200 - 160) = 2\,150（台）$$

即当其他因素不变，将销售量提高到 2 150 台，就可以保证目标利润的实现。

④若 p、b、x 不变，降低固定成本总额 a，即

$$a = px - bx - TP = 200 \times 1\,600 - 160 \times 1\,600 - 66\,000 = -2\,000（元）$$

根据计算的结果，若其他因素不变，固定成本降低到 -2 000 元，则可以保证目标利润的实现，但在实际工作中这种方法是不可行的。企业正常的生产经营总会产生一定的固定成本支出。

（2）各因素同时变动对利润的综合影响预测分析。前面已经逐个预测了每个因素如何变化能够保证目标利润的实现，但是在企业实际的经济活动中，影响利润的各个因素并不是孤立地存在，而是相互影响、相互制约的。因此，要综合考虑各因素同时变动对目标利润的影响。例如，当企业对生产设备及生产工艺进行改进时，在增加产量的同时可以降低单位产品的材料成本与人工成本，从而降低单位变动成本，但固定成本总额会有所上升。此外，随着产量的增加，市场饱和，就可能降低售价。因此，我们要综合预测各有关因素同时变动对目标利润的影响。

【例 5-12】 假定康德公司对生产设备和生产工艺进行改进后，计划期间生产和销售 B 产品的数量由原来的 1 800 台增加到现在的 2 400 台，为了市场竞争的需要，将销售单价由原来的 200 元/台降低到 180 元/台，单位变动成本由原来的 160 元/台下降到 140 元/台，固定成本总额由原来的 20 000 元增至 24 000 元。

要求：综合预测各有关因素同时变动对利润的影响。

解：改进前的利润 $= px - (a + bx) = 200 \times 1\,800 - (20\,000 + 160 \times 1\,800) = 52\,000（元）$

改进后的利润 $= px - (a + bx) = 180 \times 2\,400 - (24\,000 + 140 \times 2\,400) = 72\,000（元）$

则 $\triangle p = 72\,000 - 52\,000 = 20\,000（元）$

可见，公司生产设备与生产工艺改进后，各因素同时变动使利润由原来的 52 000 元增至 72 000 元。

任务五　资金预测

资金预测是在上述预测的基础上，根据企业未来的经营目标，考虑其他相关因素，运用一定的方法来预计和推测企业未来一定时期内或一定项目所需要的资金数额、来源渠道、运用方向及其效果。资金预测的主要内容是资金需要量预测，它是以预测期企业生产经营规模的发展和资金利用效果的提高为依据的，在分析有关历史资料、技术经济条件和发展规划的基础上，对预测期资金需要量进行科学的预计和测算的一种方法。

一般而言，影响资金需要量最大的因素就是计划期间的预计销售收入金额。因此良好的销售预测是资金需要量预测的主要依据。

一、销售百分比法

销售百分比法就是根据资金各项目与销售收入总额之间的依存关系，按照计划期销售额的增长情况来预测需要相应地追加多少资金的方法。销售百分比法操作时一般有以下步骤：

1. 分析基期资产负债表中各项目与销售收入总额的依存关系

（1）资产类项目。周转中的货币资金、应收账款、应收票据和存货等项目，一般都会因销售收入的增长而相应增加。固定资产项目是否要增加，需要根据基期的固定资产是否已被充分利用来确定。如果未被充分利用，则通过进一步挖掘其利用潜力，可产销更多的产品；如果基期对固定资产的利用达到饱和状态，则增加销售需要扩充设备。长期投资、无形资产等项目，一般不随销售收入变动而变动。

（2）负债及权益类项目。应付账款、应付票据、应交税费等项目，通常会因销售收入的增长而相应增加；如果企业实行计件工资制，则应付职工薪酬项目随生产和销售的增长而相应增加。长期负债及股东权益类项目，一般不随销售的变动而变动。

2. 将基期资产负债表中各项目用销售百分比的形式编表

根据基期资产负债表，对与销售收入有依存关系的项目，按基期销售收入计算其金额占销售收入的百分比。

3. 计算预测期预计需要追加的资金数量

计算公式如下：

$$\Delta F = \left(\frac{A_0}{S_0} - \frac{L_0}{S_0}\right)(S_1 - S_0) - D - S_1 R_0 (1-f) + M_1$$

式中，ΔF 为预测期预计需要追加资金的数量；A_0 为基期与销售收入相关的资产项目金额；L_0 为基期与销售收入相关的负债项目金额；S_1 为预测期销售收入总额；S_0 为基期销售收入总额；D 为预测期净折旧额，即预测期未折旧提取数额减去预计预测期内固定资产更新改造的资金数额；R_0 为基期销售利润率；f 为股利发放率；M_1 为计划期的新增零星资金需要量。

【例5-13】康德公司基期（2022年度）实际销售收入为1 000 000元，税后净利润为40 000元，当年发放了普通股且股利为20 000元。公司的厂房设备利用率已经达到饱和状态。公司2022年12月31日资产负债表（简表）见表5-4。若公司在计划期间（2023年度）销售收入总额将增加至1 600 000元，公司仍按照基期的股利发放政策支付股利；折旧提取数为40 000元，其中70%用于改造现行厂房设备；假定计划期间新增零星资金需要量为 28 000 元。

要求：预测公司 2023 年度需要追加资金的数量。

表 5-4　康德公司资产负债表　　　　2022 年 12 月 31 日

资产	金额 / 元	权益	金额 / 元
现金	20 000	应付账款	100 000
应收账款	160 000	应缴税费	50 000
存货	200 000	长期负债	220 000
固定资产净值	300 000	股本	400 000
无形资产	110 000	留存收益	20 000
资产总额	790 000	权益总额	790 000

解：（1）根据表 5-4 的资料，研究资产负债表项目与收入的关系，编制出康德公司资产负债表（用销售百分比反映），见表 5-5。

表 5-5　康德公司资产负债表（用销售百分比反映）　　　2022 年 12 月 31 日

资产	销售百分比	权益	销售百分比
现金	2%	应收账款	10%
应收账款	16%	应缴税费	5%
存货	20%	长期负债	不适用
固定资产净值	30%	股本	不适用
无形资产	不适用	留存收益	不适用
$\dfrac{A_0}{S_0}$ 合计	68%	$\dfrac{L_0}{S_0}$ 合计	15%

表 5-5 中，$(A_0/S_0) - (L_0/S_0) = 68\% - 15\% = 53\%$，表示公司每增加 100 元的销售收入，需要增加资金 53 元。

（2）将表中有关数据代入公式中。

$$\Delta F = \left(\dfrac{A_0}{S_0} - \dfrac{L_0}{S_0}\right)(S_1 - S_0) - D - S_1 R_0 (1-f) + M_1 =$$

$(68\% - 15\%)(1\,600\,000 - 1\,000\,000) - (40\,000 - 40\,000 \times 70\%) - 1\,600\,000 \times (40\,000 \div 1\,000\,000) \times [1 - (20\,000 \div 40\,000)] + 28\,000 = 318\,000 - 12\,000 - 32\,000 + 28\,000 = 302\,000$（元）

二、回归分析法

回归分析法是应用数学上的最小平方法的原理，对过去若干期间销售额及资金总量的历史资料进行分析，按照 $y = a + bx$ 直线方程来确定销售收入总额（x）和资金总量（y）之间关系的回归直线，并具体预测计划期间资金需要量的方法（其具体计算与成本预测方法相同）。

【例 5-14】康德公司近五年销售收入总额与资金总量资料见表 5-6。假设公司计划年度 2023 年的销售收入总额的预测值为 1 100 万元，计划年度已经拥有资金总量为 500 万元。

要求：用回归分析法预测计划年度资金需要量。

表 5-6 康德公司近五年销售收入总额与资金总量资料表 单位：万元

年度	2018	2019	2020	2021	2022
销售收入总额	800	860	840	900	1 000
资金总量	550	540	520	560	580

解：根据资料，按照 a 与 b 的公式编制准备数据，见表 5-7。

表 5-7 康德公司收入与资金总量计算表

年度	收入总额 x/万元	资金需要量总额 y/万元	xy	x^2
2018	800	500	400 000	640 000
2019	860	540	464 400	739 600
2020	840	520	436 800	705 600
2021	900	560	504 000	810 000
2022	1 000	580	580 000	1 000 000
$n=5$	$\sum x = 4\,400$	$\sum y = 2\,700$	$\sum xy = 2\,385\,200$	$\sum x^2 = 3\,895\,200$

将表 5-7 的最后一行数据代入 a 和 b 的计算公式，求 b 和 a。

$$b = \frac{5 \times 2\,385\,200 - 4\,400 \times 2\,700}{5 \times 3\,895\,200 - 4\,400 \times 4\,400} = 0.40 \text{（万元/台）}$$

$$a = (2\,700 - 0.40 \times 4\,400) \div 5 = 188 \text{（万元）}$$

将 a 和 b 的值代入计划期资金需要总量（y）的公式中，得出计划期资金需要总量预测值：

$$y = a + bx = 188 + 0.40 \times 1\,100 = 628 \text{（万元）}$$

计划期资金需要量追加额 $= 628 - 500 = 128$（万元）

项目练习题

一、单项选择题

1. 企业根据现有的经济条件和掌握的历史资料以及客观事物的内在联系，对生产经营活动的未来发展趋势和状况进行的预计和测算的过程，就是管理会计的（　　）。

　　A. 经营决策　　　B. 经营预测　　　C. 生产决策　　　D. 生产预测

2. 下列各项中，不属于定量分析法的是（　　）。

　　A. 判断分析法　　B. 算术平均法　　C. 回归分析法　　D. 指数平滑法

3. 通过函询方式，在互不通气的前提下向若干经济专家分别征求意见的方法是（　　）。

　　A. 专家函询法　　　　　　　　　　B. 专家小组法

　　C. 个别专家意见集合法　　　　　　D. 德尔菲法

4. 下列各种销售预测方法中，没有考虑远、近期销售业务量对未来销售状况会产生不同影响的方法是（　　）。

　　A. 移动平均法　　　　　　　　　　B. 算术平均法

　　C. 加权平均法　　　　　　　　　　D. 指数平滑法

5. 在采用指数平滑法进行近期销售预测时，应选择的指数是（　　）。
   A. 固定的平滑指数　　　　　　　　B. 较小的平滑指数
   C. 较大的平滑指数　　　　　　　　D. 任意数值的平滑指数
6. 在下列产品寿命周期的不同阶段中，产品销售量急剧下降的现象通常发生在（　　）。
   A. 萌芽期　　　　　　　　　　　　B. 成长期
   C. 成熟期　　　　　　　　　　　　D. 衰退期
7. 利润敏感性分析是研究当制约利润的有关因素发生某种变化时对利润所产生影响的一种（　　）。
   A. 判断分析法　　　　　　　　　　B. 趋势外推法
   C. 定量分析法　　　　　　　　　　D. 定性分析法
8. 下列各项中，其利润敏感度等于经营杠杆系数的百分之一的指标是（　　）。
   A. 单价　　　　　　　　　　　　　B. 单位变动成本
   C. 固定成本　　　　　　　　　　　D. 销售量
9. 某企业每月固定成本为 2 000 元，单价 20 元/件，计划销售产品 500 件，欲实现目标利润 1 000 元，其单位变动成本应为（　　）。
   A. 12 元/件　　　　　　　　　　　B. 13 元/件
   C. 14 元/件　　　　　　　　　　　D. 15 元/件
10. 已知上年利润为 100 000 元，下一年的经营杠杆系数为 1.4，销售量变动率为 15%，则下一年的利润预测额为（　　）。
    A. 140 000 元　　　　　　　　　　B. 150 000 元
    C. 121 000 元　　　　　　　　　　D. 125 000 元

二、多项选择题

1. 下列各项中，属于预测分析内容的有（　　）。
   A. 销售预测　　　　　　　　　　　B. 利润预测
   C. 成本预测　　　　　　　　　　　D. 资金需要量预测
2. 下列各项中，属于预测分析特征的有（　　）。
   A. 客观性　　　　　　　　　　　　B. 不确定性
   C. 相对性　　　　　　　　　　　　D. 可检验性
3. 下列各项中，属于影响销售量的外部因素的有（　　）。
   A. 市场环境　　　　　　　　　　　B. 竞争对手
   C. 经济发展趋势　　　　　　　　　D. 生产条件
4. 下列各项中，属于企业为实现目标利润应采取的措施的有（　　）。
   A. 在其他因素不变的情况下，提高单价
   B. 在其他因素不变的情况下，增加销售量
   C. 在其他因素不变的情况下，降低固定成本
   D. 采取综合措施
5. 下列各项中，可用于成本预测的方法包括（　　）。
   A. 指数平滑法　　　　　　　　　　B. 加权平均法
   C. 回归分析法　　　　　　　　　　D. 高低点法
6. 加权平均法适用于企业历史成本资料中具有详细的固定成本总额和单位变动成本数据的情况，否则应采用（　　）。

A. 经营杠杆系数法　　　　　　　　B. 高低点法
C. 回归分析法　　　　　　　　　　D. 相关比率预测法

7. 资金需要量预测主要是对未来一定时期内进行（　　）的投入进行预计和推测。

A. 生产经营活动所需资金　　　　　B. 短期借款资金
C. 扩展业务追加资金　　　　　　　D. 长期借款资金

三、判断题

1. 预测就是对不确定的或不知道的事件做出叙述和描述。（　　）
2. 预测是为决策服务的，有时候也可以代替决策。（　　）
3. 定性分析法与定量分析法在实际应用中是相互排斥的。（　　）
4. 销量预测中的加权平均法与移动加权平均法没有任何共同之处。（　　）
5. 加权平均法对历史上各期资料同等对待，权数相同。（　　）
6. 企业在决策时必须充分考虑预测的特点，结合实际情况，不断地对预测结果加以修正或调整。（　　）
7. 预测分析的意义在于，预测是决策的先导与前提，是编制预算的基础，并可用于指导和修正预算。（　　）

四、案例分析题

1. 某企业基期销售收入为 100 000 元，贡献边际率为 30%，实现利润 20 000 元。

要求：计算该企业 2024 年的经营杠杆系数。

2. 某企业生产一种产品 A，2023 年 1—12 月的销售量资料见表 5-8。

表 5-8　产品 A 的销售量

月份	1	2	3	4	5	6	7	8	9	10	11	12
销量 / 吨	10	12	13	11	14	16	17	15	12	16	18	19

要求：运用指数平滑法预测 2024 年 1 月的销售量（假设 2023 年 12 月销售量预测数为 16 吨，平滑指数为 0.3）。

3. 某企业只生产一种产品，本年销售量为 20 000 件，固定成本为 25 000 元，利润为 10 000 元，预计下一年销售量为 25 000 件（假设成本、单价水平不变）。

要求：预测下年的利润额。

4. 某企业生产一种产品 H，最近半年的平均总成本资料见表 5-9。

表 5-9　产品 H 最近半年的平均总成本

月份	固定成本 / 万元	单位变动成本 / 万元 / 件
1	12 000	14
2	12 500	13
3	13 000	12
4	14 000	12
5	14 500	10
6	15 000	9

要求：当7月产量为500件时，采用加权平均法预测7月产品的总成本和单位成本。

5. 某公司研制出一种新产品，现在市场上还没有相似产品出现，因此没有历史数据可以获得。但公司需要对可能的销售量做出预测，以便确定产量。于是该公司成立专家小组（由业务经理、市场专家和销售人员等8位专家组成），预测全年可能的销售量。8位专家对新产品的特点、用途进行了解，并对人们的消费能力和消费倾向做了深入调查，进而提出了个人判断，经过三次反馈得到表5-10的结果。

表 5-10　三次判断结果　　　　　　　　　单位：件

专家编号	第一次判断			第二次判断			第三次判断		
	最低销售量	最可能销售量	最高销售量	最低销售量	最可能销售量	最高销售量	最低销售量	最可能销售量	最高销售量
1	500	750	900	600	750	900	550	750	900
2	200	450	600	300	500	650	400	500	650
3	400	600	800	500	700	800	500	700	800
4	750	900	1 500	600	750	1 500	500	600	1 250
5	100	200	350	220	400	500	300	500	600
6	300	500	750	300	500	750	300	600	750
7	250	300	400	250	400	500	400	500	600
8	260	300	500	350	400	600	370	410	610
平均数	345	500	725	390	550	775	415	570	770

对资料加以整理，并运用概率进行测算，得出最可能销售量、最低销售量和最高销售量的概率分别为 0.50、0.20 和 0.30。

该公司销售人员对如何预测销售量产生了不同意见。

第一种意见认为：只要把专家预测判断数加以平均，再适当考虑概率因素便可，以此作为预测销售量。

第二种意见认为：应取专家预测数据的中位数，再适当考虑概率因素，以此作为预测销售量。

要求：说明对于上述两种意见，你认为哪种最合理及理由，并计算预测销售量。

项目六
短期经营决策

知识目标

○ 了解短期经营决策的定义及相关概念；
○ 熟悉产品生产决策、生产组织决策、不确定性经营决策和定价决策的基本内容；
○ 掌握成本加成定价法和损益平衡法在定价决策中的应用；
○ 掌握贡献毛益分析法、差量分析法和成本无差别点分析法在短期经营决策分析中的应用；
○ 掌握不同条件下的变动成本、机会成本和专属成本的内容与计量方法。

能力目标

○ 决策分析能力：能理解和分析短期经营决策的相关因素；
○ 数据解读能力：能准确解读和分析与决策相关的数据；
○ 方案制定能力：能制定可行的短期经营决策方案；
○ 团队协作与沟通能力：能与团队成员协作并清晰传达决策意图；
○ 实际操作能力：能将理论知识应用于实际决策场景。

职业素养及思政元素

○ 职业素养主要体现在市场敏感度、数据分析能力、风险管理能力、团队协作与沟通能力、创新能力、决策能力和学习能力。这些素养有助于决策者快速应对市场变化，制定科学决策，推动企业稳定发展。
○ 坚持质量第一，效益优先。坚持绿色低碳可持续发展的生态文明理念与稀缺资源的最佳利用决策。

案例导入

海星公司生产一种羽毛球拍，年销售量 100 000 副，每副 60 元，尚有 20 000 副的生产潜力。现有一客户要订购 25 000 副，但只愿出价 54 元一副。客户提出，订单为一整体，可以接受或不接受，但不能改变数量。

年产量 100 000 副的成本如下：直接材料 3 000 000 元；直接人工 500 000 元；固定成本 2 000 000 元；总成本 5 500 000 元；单位成本 55 元／副。

对于此项订货，公司内部进行了讨论，销售科长认为，此项订货可增加销售量，但原销售量会减少 5 000 副，而且要损失 30 000 元（原售价 60 元／副，新的售价 54 元／副，每副少 6 元），不合算。生产科长认为不用减少原销售量，可以动员工人加班，只要支付 35 000 元就可增产 5 000 副。会计科长认为，生产 12 万副的总成本为 620 万元，单位成本 52 元／副。减少

5 000 副正常销售量接受此订单，企业可增加利润 35 万元，可以接受。

思考： 本案例属于追加订货决策，是短期经营决策中一个典型案例。究竟应如何进行决策呢？

任务一　短期经营决策基本方法

决策就是从备选方案中选优的过程或确定未来活动方案的过程。现代管理理论认为，管理的重心在于经营，经营的重心在于决策。一个企业常常由于管理者的正确决策而起死回生，并且兴旺发达，因此，正确的决策对于企业的生存与发展至关重要。

短期经营决策是指企业对近期（一年或一个周期）经营的方向、方法和策略做出的决策，侧重于如何充分利用企业现有资源和经营环境，以取得尽可能大的经济效益。

一、短期经营决策中的相关概念

1. 相关业务量

相关业务量是指与特定决策方案相联系的产量或销量。相关业务量对决策方案的影响往往是通过对相关收入和相关成本的影响而实现的。计算某一产品的相关收入与相关成本所使用的业务量不一定相同，所以，在短期经营决策中必须认真考虑这一因素。

2. 相关收入与无关收入

相关收入是指与特定决策方案相联系的、能对决策产生重大影响的、在短期经营决策中必须予以充分考虑的收入，又称有关收入。如果某项收入只属于某个经营决策方案，即若这个方案存在，就会发生这项收入，若该方案不存在，就不会发生这项收入，那么，这项收入就是相关收入。相关收入的计算，要以特定决策方案的单价和相关销售量为依据。

与相关收入相对立的概念是无关收入。如果无论是否存在某决策方案，均会发生某项收入，那么就可以断定该项收入是上述方案的无关收入。

3. 相关成本

相关成本是指与特定决策方案相联系的、能对决策产生重大影响的、在短期经营决策中必须予以充分考虑的成本，又称有关成本。

如果某项成本只属于某个经营决策方案，即若这个方案存在，就会发生这项成本，若该方案不存在，就不会发生这项成本，那么，这项成本就是相关成本。

在生产经营决策分析中，较为常见的相关成本包括差量成本、机会成本、专属成本、付现成本、重置成本等；在定价决策分析中，有时需要考虑边际成本。

（1）机会成本。机会成本原是经济学术语。它以经济资源的稀缺性和多种选择机会的存在为前提，是指在经济决策中应由中选的最优方案负担的、按所放弃的次优方案潜在收益计算的那部分资源损失，又叫机会损失。

企业在进行经营决策时，必须从多个备选方案中选择一个最优方案，而放弃另外的方案。此时，被放弃的次优方案所可能获得的潜在利益就称为已选中的最优方案的机会成本。也就是说，不选其他方案而选最优方案的代价，就是已放弃方案的获利可能。选择方案时，将机会成本的影响考虑进去，有利于对所选方案的最终效益进行全面评价。但由于机会成本并没有构成企业的实际成本支出，所以，在财务会计实务中，对机会成本并不在任何会计账户中予以登记。

在进行亏损产品的决策、是否转产或增产某种产品的决策、是否接受特殊价格追加订货的决策和半成品是否深加工的决策时，若现已具备的相关生产能力可以用于其他方面（即剩余的生产能力可以转移），那么将这些生产能力用于其他方面（即生产能力转移）的方案所能获得的收益，对于继续利用这些生产能力（即不转移生产能力）的方案来说就是它们的机会成本。同样道理，在是否接受特殊价格追加订货的决策中，对于接受追加订货的方案来说，因为加工能力不足而挪用正常订货所放弃的贡献毛益也属于机会成本。

（2）差量成本。差量成本指两个备选方案表现在成本方面的差额，也可指单一决策方案由于生产能力利用程度的不同而表现在成本方面的差额。在一定条件下，某一决策方案的差量成本就是该方案的相关变动成本，等于该方案的单位变动成本与相关业务量的乘积。

在亏损产品的决策、是否转产或增产某种产品的决策和是否接受特殊价格的追加订货的决策中，最基本的相关成本就是差量成本。

（3）专属成本。专属成本指那些能够明确归属于特定决策方案的固定成本或混合成本。它往往是为了弥补生产能力不足，增加有关设备、工具等资产而发生的。专属成本的确认与获得的设备、工具的方式有关。若用租入的方式，则专属成本就是与此相关联的租金成本；若采用购买方式，则专属成本就是这些设备的全部购买成本。

（4）边际成本。从理论上讲，边际成本是指产量无限小变化时，成本的变动数额。但是产量最小变动单位是一个单位，所以管理会计上的边际成本是指产量每变动一个单位所引起的成本变动数额。

应该注意，边际成本和单位变动成本是有区别的，单位变动成本反映的是增加单位产量所追加的平均变动成本，而边际成本是反映每增加一个单位产量所追加的成本的实际数额。所以，只有在相关范围内，单位变动成本才和边际成本相一致。

（5）付现成本。付现成本指未来需以现金支付的成本。在经营决策中，特别是在企业资金处于紧张状态，支付能力受到限制的情况下，往往把付现成本作为考虑的重点，选择付现成本最小的方案代替总成本最低的方案。比如，某企业需购置一种专用设备，甲公司可提供这种专用设备，要价100 000元，货款需马上支付；乙公司亦可提供这种设备，要价105 000元，但货款只需先付9 000元，其余分12个月付清，每月归还8 000元。在企业的资金比较紧张的情况下，该企业可选择购买乙公司提供的设备，虽然该选择所需支付的总成本较购买甲公司提供的设备多5 000元，但近期的现金支出成本较低，是企业现有支付能力所能承受的；而专项设备投入使用所带来的收益，可弥补总成本较高而形成的损失。所以，当企业资金紧张时，要把付现成本作为考虑的重点。

（6）重置成本。重置成本又可称为现时成本或现时重置成本。它是指按照现在的市场价格购买目前所持有的某项资产所需支付的成本。比如，某服装厂于上年12月份购进一批布料，现此种布料的市场价格发生变动，由原单位历史成本22元提高到30元，则此种布料的现行市场价格30元就是重置成本。作定价决策时，必须认真考虑重置成本这一因素。因为如果在制定布料售价时，从历史成本角度来考虑，每单位按25元出售，还可以取得3元的利润；但如果出售后再重新购买这种布料，每单位要花30元，不仅不能获利，反而亏损2元。

4．无关成本

与相关成本相对立的概念是无关成本。凡是不受决策结果影响，与决策关系不大，已经发生或注定要发生的成本就是无关成本。如果无论是否存在某决策方案，均会发生某项成本，那么就可以断定该项成本是上述方案的无关成本。在短期经营决策中，不能考虑无关成本，否则可能会导致决策失误，因此，了解和区分哪些成本是无关成本是十分必要的。无关成本主要包括沉没成本、共同成本。

（1）沉没成本。沉没成本又叫沉落成本，是指过去决策时发生的，无法由现在或将来的任何决策所改变的成本。例如，购置设备或其他生产资料所耗费的历史性支出，是过去的支出，与目前的决策无关，所以在决策过程中应该剔除沉落成本这一因素。企业大多数固定成本（尤其是固定资产折旧费、无形资产摊销费）均属于沉没成本，但并不是说所有的固定成本都属于沉没成本，如与决策方案有关的新增固定资产的折旧费就属于相关成本。另外，某些变动成本也属于沉没成本，如在半成品是否深加工的决策中，深加工前的成本中其固定成本和变动成本均是沉没成本。

（2）共同成本。共同成本是与专属成本相对立的成本，是指应当由多种产品共同负担的注定要发生的固定成本或混合成本。由于它的发生与特定方案的选择无关，因此，在决策中可以不予考虑。共同成本属于比较典型的无关成本。

二、短期经营决策的基本方法

在短期经营决策中，需要采用不同的决策分析方法对各备选方案进行比较和判断，以选择最优方案。实际工作中，经常采用的决策方法有贡献毛益分析法、差量分析法和成本无差别点分析法。

1. 贡献毛益分析法

贡献毛益分析法是在成本性态分类的基础上，通过比较各备选方案贡献毛益的大小来确定最优方案的分析方法。它可分为单位资源贡献毛益分析法和贡献毛益总额分析法。

（1）单位资源贡献毛益分析法。它是以有关方案的单位资源贡献毛益作为决策评价指标的一种方法。

在企业生产只受到某一项资源（如某种原材料、人工工时或机器工时等）的约束，并已知备选方案中各种产品的单位贡献毛益和单位产品资源消耗定额（如材料消耗定额、工时定额）的条件下，可按下式计算单位资源所能创造的贡献毛益指标，并以此作为决策评价指标。

$$单位资源贡献毛益 = \frac{单位贡献毛益}{单位产品资源消耗定额}$$

单位资源贡献毛益是个正指标，根据它做出决策的判断标准是哪个方案的该项指标大，哪个方案为优。

【例6-1】某企业具备利用甲材料开发一种新产品的生产经营能力，现有A、B两个品种可供选择。A品种的预计单价为200元/件，单位变动成本为160元/件，甲材料的单耗为10千克/件；B品种的预计单价为100元/件，单位变动成本为70元/件，甲材料的消耗定额为6千克/件。开发新品种不需要追加专属成本。

要求：做出企业应开发A产品还是B产品的决策。

解：根据资料，可得

$$A 品种单位资源贡献毛益 = \frac{200-160}{10} = 4(元)$$

$$B 品种单位资源贡献毛益 = \frac{100-70}{6} = 5(元)$$

所以，开发B品种比开发A品种更有利，应开发B品种。

（2）贡献毛益总额分析法。它是以有关方案的贡献毛益总额作为决策评价指标的一种方法。贡献毛益是销售收入减变动成本后的余额，它首先用来补偿固定成本，余额才是利润。由于固定成本总额在相关范围内并不随业务量的变动而变动，所以，贡献毛益总额越大，利润也就越高，也就是说，贡献毛益总额的大小，反映了备选方案对企业利润目标所做贡献的大小。

贡献毛益总额是个正指标，根据它做出决策的判断标准是哪个方案的该项指标大，哪个方案为优。

在运用贡献毛益总额分析法进行备选方案的择优决策时，应注意以下几点：

1）在不存在专属成本的情况下，通过比较不同备选方案的贡献毛益总额进行择优决策。

2）在存在专属成本的情况下，首先应计算备选方案的剩余贡献毛益（贡献毛益总额减专属成本后的余额），然后通过比较不同备选方案的剩余贡献毛益总额进行择优决策。

3）在产销量不同的决策中，不能根据单位贡献毛益的大小来择优决策。因为贡献毛益总额受到单位贡献毛益和业务量两个因素的影响，单位贡献毛益大的产品不一定提供多的贡献毛益总额。

【例 6-2】某企业现有设备的生产能力是 40 000 机器工时，现有生产能力的利用程度为 80%，所以该企业现有剩余机器工时 8 000 小时。现准备用剩余生产能力开发新产品甲、乙或丙。由于现有设备加工精度不足，在生产丙产品时，需要增加专属设备 5 000 元。新产品甲、乙、丙的有关资料见表 6-1。

要求：判断企业生产哪种产品获利更大。

表 6-1 某企业生产甲、乙、丙三种产品的相关资料

项目	甲产品	乙产品	丙产品
单位产品定额工时/小时	2	3	4
单位销售价格/元/件	30	40	50
单位变动成本/元/件	20	26	30

解：在甲、乙、丙产品市场销售不受限制的情况下，进行方案选择可以采用贡献毛益总额分析法。根据已知数据编制分析表，见表 6-2。

表 6-2 贡献毛益总额分析法计算表

项目	生产甲产品	生产乙产品	生产丙产品
最大产量/件	8 000÷2＝4 000	8 000÷3＝2 666	8 000÷4＝2 000
单位销售价格/元/件	30	40	50
单位变动成本/元/件	20	26	30
单位贡献毛益/元/件	10	14	20
专属成本/元	—	—	5 000
贡献毛益总额/元	40 000	37 324	40 000
剩余贡献毛益总额/元	—	—	35 000

从计算结果可知，生产甲最为有利。因为甲产品的贡献毛益总额为 40 000 元，比乙产品的贡献毛益总额多 2 676 元，比丙产品的剩余贡献毛益多 5 000 元。

贡献毛益分析法适用于收入成本型（收益型）方案的择优决策，尤其适用于多个方案的择优决策。

2. **差量分析法**

企业进行不同方案比较和选择的过程，实质是选择最大收益方案的过程。最大收益是在各个备

选方案的收入、成本比较中产生的。当两个备选方案具有不同的预期收入和预期成本时，根据以这两个备选方案间的差量收入、差量成本计算的差量损益进行最优方案选择的方法，就叫作差量分析法。在运用差量分析法时，应首先明确以下几个概念。

（1）差量是指两个备选方案同类指标之间的数量差异。

（2）差量收入是指两个备选方案相关收入之间的数量差异。

（3）差量成本是指两个备选方案相关成本之间的数量差异。

（4）差量损益是指差量收入与差量成本之间的数量差异。当差量收入大于差量成本时，其数量差异为差量收益；当差量收入小于差量成本时，其数量差异为差量损失。差量损益也可是两个备选方案相关损益之间的数量差异。

差量损益确定后，我们就可以进行方案的选择：如果差量损益为正（即为差量收益），说明第一方案可取；如果差量损益为负（即为差量损失），说明第二方案可取。

差量分析表见表6-3。

表6-3 差量分析表

A	B	差量
相关收入	相关收入	差量收入
相关成本	相关成本	差量成本
相关损益	相关损益	差量损益

当差量损益＝0时，A、B方案均可取；

当差量损益＞0时，A方案可取；

当差量损益＜0时，B方案可取。

【例6-3】某企业计划生产A产品或B产品。A、B两种产品预期的销售单价、销售数量和单位变动成本资料见表6-4。

要求：根据以上资料，做出生产哪种产品对企业较为有利的决策。

表6-4 某企业生产A、B两种产品的相关资料

项目	A产品	B产品
预期销售数量/件	200	100
预期销售单价/元/件	32	50
单位变动成本/元/件	15	24

解：首先，计算制造A产品与制造B产品的差量收入。

$$差量收入 = 32 \times 200 - 50 \times 100 = 6\,400 - 5\,000 = 1\,400（元）$$

其次，计算制造A产品与制造B产品的差量成本。

$$差量成本 = 15 \times 200 - 24 \times 100 = 3\,000 - 2\,400 = 600（元）$$

最后，计算差量损益。

$$差量损益 = 1\,400 - 600 = 800（元）$$

计算结果表明，制造A产品比制造B产品多获益800元，因此生产A产品对企业更有利。

以上差量分析的过程，也可以编制成差量分析表来反映，见表6-5。

表 6-5 差量分析表   单位：元

项目	A 产品	B 产品	差量
相关收入	32×200 = 6 400	50×100 = 5 000	1 400
相关成本	15×200 = 3 000	24×100 = 2 400	600
相关损益	3 400	2 600	800

应用差量分析法时应注意：①该法并不严格要求哪个方案是比较方案，哪个方案是被比较方案，只要遵循同一处理原则，就可以得出正确的结论；②该法仅适用于两个方案之间的比较，如果有多个方案可供选择，在采用差量分析法时，只能分别两两进行比较、分析，逐步筛选，选择出最优方案。

3. 成本无差别点分析法

成本无差别点分析法是指对成本型的备选方案通过判断处于不同水平上的业务量与成本无差别点业务量之间的关系进行决策的方法。

采用成本无差别点分析法要求各方案的业务量单位必须相同，方案之间的相关固定成本大小关系与单位变动成本大小关系恰好相反，即如果第一个方案的相关固定成本大于第二个方案的相关固定成本，那么，第一个方案的单位变动成本必须小于第二个方案的单位变动成本，否则无法应用该法。

成本无差别点业务量是指能使两方案总成本相等的业务量，又叫作成本无差别点或成本分界点。

在成本按性态分类基础上，任何方案的总成本都可以用 $y = a + bx$ 表述。

设 x 为业务量；a_1、a_2 为两个备选方案的固定成本总额；b_1、b_2 为两个备选方案的单位变动成本；y_1、y_2 为两个备选方案的总成本。于是

$$y_1 = a_1 + b_1 x$$
$$y_2 = a_2 + b_2 x$$

因为在成本无差别点上，两个方案总成本相等，即 $y_1 = y_2$，则 $a_1 + b_1 x_0 = a_2 + b_2 x_0$。

成本无差别点业务量 $$x_0 = \frac{a_1 - a_2}{b_2 - b_1}$$

这时，整个业务量被分割为两个区域：$0 \sim x_0$ 及 $x_0 \sim \infty$，其中 x_0 为成本无差别点。

在成本无差别点上，两个备选方案的总成本相等，也就是说，两个方案都可取；如果低于成本无差别点，则应选固定成本低（或单位变动成本高）的方案作为最优方案；如果高于成本无差别点，则应选固定成本高（或单位变动成本低）的方案作为最优方案。

【例 6-4】假设某厂生产 A 产品，有两种工艺方案可供选择。有关成本数据见表 6-6。

要求：判断企业采用哪种方案更有利。

表 6-6 某厂生产 A 产品的相关成本资料

工艺方案	固定成本总额 / 元	单位变动成本 / 元 / 件
新方案	450 000	300
旧方案	300 000	400

解：根据资料，利用产量成本关系，确定新、旧方案的总成本公式如下：

$$y_1 = 450\,000 + 300x$$
$$y_2 = 300\,000 + 400x$$

成本无差别点业务量为

$$x_0 = \frac{450\,000 - 300\,000}{400 - 300} = 1\,500 \text{（件）}$$

结论：当产量等于 1 500 件时，新、旧方案均可取；当产量大于 1 500 件时，新方案优于旧方案；当产量小于 1 500 件时，旧方案优于新方案。

成本无差别点分析法为在一定条件下调整生产计划提供了选择余地。但如果产量已定，则可通过直接测算两方案下的总成本来确定采用哪个方案。

贡献毛益分析法和差量分析法都是适用于收入成本型（即收益型）方案的决策。在企业的生产经营中，面临许多成本型方案的决策，如零部件自制还是外购的决策、采用不同生产工艺进行加工的决策等，这时可以考虑采用成本无差别点分析法进行方案的选优。

任务二 产品生产决策

产品生产决策旨在解决企业是否生产某种产品、生产什么产品及怎样安排产品的生产等问题。本节主要介绍"是否生产"和"生产什么"的问题，如亏损产品是否继续生产、亏损产品是否增产、是否接受低价追加订货、生产何种新产品、半成品是否深加工、零部件是自制还是外购等。

一、生产何种新产品的决策

如果企业有剩余的生产能力或过时老产品腾出来的生产能力，可利用该生产能力开发某种新产品。

当选择生产何种新产品时，如果多个备选方案均不涉及追加专属成本，可以用贡献毛益总额分析法进行决策。

【例 6-5】某企业原来生产甲、乙两种产品，现有丙、丁两种新产品可以投入生产，但剩余生产能力有限，只能将其中一种新产品投入生产。企业的固定成本为 1 800 元，并不因为新产品投产而增加。各种产品的资料见表 6-7。

要求：做出生产丙产品还是生产丁产品对企业更有利的决策。

表 6-7 某企业生产相关产品的资料表

项目	甲产品	乙产品	丙产品	丁产品
产销量/件	300	200	180	240
单价/元/件	10	8	6	9
单位变动成本/元/件	4	5	3	5

解：要判断企业生产丙产品还是生产丁产品对企业更有利，只要比较两种产品的贡献毛益总额即可。

丙产品：

贡献毛益总额=（6－3）×180＝540（元）

丁产品：

贡献毛益总额=（9－5）×240＝960（元）

由于丁产品的贡献毛益总额大于丙产品的贡献毛益总额，因此应选择生产丁产品。选择生产丁产品比生产丙产品多获利420元。

如果生产何种新产品决策方案中涉及追加专属成本，就要通过比较不同方案的剩余贡献毛益进行决策。

【例6-6】如果例6-5中丙产品有专属成本180元，丁产品有专属成本650元，试计算丙产品和丁产品的剩余贡献毛益。

解：生产丙产品和丁产品的剩余贡献毛益分别为

丙产品：540－180＝360（元）；

丁产品：960－650＝310（元）。

在这种情况下，应选择生产丙产品。因为生产丙产品比生产丁产品多获得50元贡献毛益。

二、亏损产品的决策

在企业组织多品种生产经营的条件下，其中某种产品亏损是经常遇到的问题。对于亏损产品，不能简单地予以停产，而是要综合考虑企业各种产品的经营状况、生产能力的利用及有关因素的影响，通过比较分析，做出停产、继续生产、增产或出租等最优选择。

1. 是否继续生产亏损产品的决策

这类决策的备选方案有两个，一是"继续按原规模生产亏损产品"方案；二是"停止生产亏损产品"方案。因为"停止生产亏损产品"方案的贡献毛益为零，所以当亏损产品停产后的生产经营能力无法转移（闲置）时，只要该亏损产品提供的贡献毛益大于零，就不应该停产。如果停产，企业将多损失相当于该亏损产品所能提供的贡献毛益那么多的利润。因为继续生产能够提供贡献毛益的亏损产品至少可以为企业补偿一部分固定成本，如果停止生产，作为沉没成本的固定成本仍然还要发生，就要转由其他产品负担，最终导致整个企业减少相当于该亏损产品所能提供的贡献毛益那么多的利润。

【例6-7】假设某企业组织多品种经营。2022年甲产品产销量为1 000件，单位变动成本为80元/件，发生亏损10 000元，其完全成本为110 000元。假定2024年甲产品的市场容量、价格和成本水平均不变，停产后生产能力无法转移。

要求：做出2023年是否继续生产甲产品的决策。

解：根据资料计算2022年甲产品贡献毛益：

销售收入＝110 000＋（-10 000）＝100 000（元）

变动成本＝80×1 000＝80 000（元）

贡献毛益＝100 000－80 000＝20 000（元）

所以2023年应当继续生产甲产品。因为甲产品的市场容量、价格和成本水平均不变，提供的贡献毛益也不变，如果停止生产甲产品，企业的利润将比原来减少20 000元。因为甲产品承担了企业30 000（110 000-80 000）元的固定成本，用20 000元的贡献毛益去补偿，所以甲产品亏损10 000元；如果停止生产甲产品，30 000元的固定成本就完全由其他产品承担，企业利润就会减少20 000元。

当亏损产品停产后的生产经营能力可以转作他用（如承揽零星加工业务、有关设备对外出租等）时，继续生产亏损产品的方案就会由此发生相关的机会成本（如承揽零星加工业务可能取得的贡献毛益、有关设备对外出租获得的租金收入等）。在这种情况下，只要该亏损产品提供的贡献毛益大于其机会成本，就不应该停产。如果停产，企业将因此而多损失相当于上述贡献毛益与机会成本之差那么多的利润。

【例 6-8】 按例 6-7 所提供的资料，假定停产后生产亏损产品的生产能力可用于对外承揽零星加工业务，预计可获得 25 000 元贡献毛益。

要求：做出是否继续生产甲产品的决策。

解：根据资料可知，继续生产甲产品就会丧失对外承揽零星加工业务可获得的 25 000 元贡献毛益，所以对外承揽零星加工业务可获得 25 000 元贡献毛益就是继续生产甲产品这一方案的机会成本。

由例 6-7 计算结算可知，继续生产甲产品获得的贡献毛益为 20 000 元，小于该方案的机会成本 25 000 元。如果继续生产，企业将多损失 5 000 元的利润。所以，应停止生产甲产品。

2. 是否增产亏损产品的决策

如果企业具备了增产亏损产品的能力，且该部分生产能力无法转移，那么只要亏损产品不停产，就应该增产，增产后可使企业的利润增加，甚至使亏损产品扭亏为盈。

假如，例 6-7 中该企业已具备增产 30% 甲产品的能力，且无法转移，那么甲产品的贡献毛益就由原来的 20 000 元增加为 26 000（100 000×130% － 80 000×130%）元，使企业利润比未增产前增加了 6 000 元，但仍亏损 4 000 元（26 000 － 30 000）元；如果该企业已具备增产 60% 甲产品的能力，且无法转移，那么甲产品的贡献毛益就由原来的 20 000 元增加为 32 000（100 000×160% － 80 000×160%）元，使企业利润比增产前增加了 12 000 元，且扭亏为盈，盈利 2 000（32 000 － 30 000）元。

对于增产前贡献毛益小于机会成本的亏损产品，也不能简单做出不能增产的结论。如果增产后提高的贡献毛益与增产前贡献毛益之和大于机会成本，就应该增产；否则，应停产。该项决策也可用差量分析法进行决策。

【例 6-9】 按例 6-8，假定企业已具备增产 30% 甲产品的能力，该能力无法转移。市场上有可以接受增产产品的容量。

要求：做出是否增产的决策。

解：依照题意，该方案相关指标为

$$相关收入 = 100\,000 \times (1 + 30\%) = 130\,000（元）$$
$$变动成本 = 80\,000 \times (1 + 30\%) = 104\,000（元）$$

用差量分析法进行比较分析，见表 6-8。

表 6-8　差量分析表　　　　　　　　　　　　　　单位：元

项目	增产甲产品	停止生产甲产品	差量
相关收入	130 000	0	130 000
相关成本	129 000	0	129 000
变动成本	104 000	0	104 000
机会成本	25 000	0	25 000
相关损益	1 000	0	1 000

由以上计算可看出，增产甲产品不但使生产企业减少的 5 000 元利润得到了补偿，还比停止生产甲产品多收入 1 000 元，所以企业应选择增产方案。

如果企业具备了增产亏损产品的能力，但该部分生产能力可以转移，则转移该部分生产能力的收益就是增产亏损产品这一方案的机会成本。所以，在不应当停止生产某亏损产品的条件下，只要增产后的贡献毛益大于该机会成本，就应当增产该亏损产品。

假如，例 6-7 中该企业已具备增产 30% 甲产品的能力，但可以用于临时对外出租，租金收入 4 000 元。此时的租金收入 4 000 元即为增产方案的机会成本。由于企业可增产 30% 甲产品，增产后提高的贡献毛益为 6 000（20 000×30%）元，大于该方案的机会成本（4 000 元），所以企业应增产，增产后可使利润增加 2 000（6 000－4 000）元。

对于增产能力可以转移且增产前贡献毛益小于机会成本的亏损产品，当决策是否增产时，可用差量分析法进行。

【例 6-10】按例 6-8，假定企业已具备增产 30% 甲产品的能力，该能力可以用于临时承揽零星加工业务，预计可获得贡献毛益 10 000 元。市场上有可以接受增产产品的容量。

要求：做出是否增产的决策。

解：依照题意，该方案相关指标为

$$相关收入 = 100\ 000 \times (1 + 30\%) = 130\ 000（元）$$
$$变动成本 = 80\ 000 \times (1 + 30\%) = 104\ 000（元）$$

用差量分析法进行比较分析，见表 6-9。

表 6-9 差量分析表　　　　　　　　　　　　　　单位：元

项目	增产甲产品	停止生产甲产品	差量
相关收入	130 000	0	130 000
相关成本	139 000	0	139 000
变动成本	104 000	0	104 000
机会成本 1	25 000	0	25 000
机会成本 2	10 000	0	10 000
相关损益	−9 000	0	−9 000

由以上计算可看出，该企业不应增产甲产品，否则将使企业多损失 9 000 元。

如果企业尚不具备增产亏损产品的能力，要达到增产的目标，必须追加投入一定的专属成本，此时相关成本中必须考虑专属成本。

三、特别订货的决策

特别订货是指企业在正常经营过程中，利用暂时闲置的生产能力接受的临时订货。

特别订货的决策往往涉及"接受追加订货"和"不接受追加订货"两种选择。其中，不接受追加订货方案的相关收入和相关成本均为零；接受追加订货方案的相关收入等于追加订货的价格与追加订货量的乘积，该方案相关成本要根据给定的条件来确定，一般需考虑变动成本、机会成本和专属成本。

1. 特别订货不冲击正常生产，剩余生产能力无法转移

在这种情况下，接受特别订货方案的相关成本只有变动成本。只要特别订货方案的相关收入大于其相关成本，即该方案的贡献毛益大于零，就可做出接受特别订货的决策。

【例 6-11】某企业只生产一种产品，每年最大生产能力为 12 000 件。本年已与其他企业签订了 10 000 件的供货合同，价格为 1 200 元/件，单位完全成本为 1 000 元/件，单位变动生产成本为 800 元/件。假定该企业剩余生产能力无法转移。现有一客户要求以 900 元/件的单价向该企业订

购 1 000 件产品，追加订货无特殊要求。

要求：做出是否接受特别订货的决策。

解：根据题意，接受特别订货后，有

$$相关收入 = 900 \times 1\,000 = 900\,000（元）$$
$$变动成本 = 800 \times 1\,000 = 800\,000（元）$$
$$贡献毛益 = 900\,000 - 800\,000 = 100\,000（元）$$

所以应当接受此项特别订货。另外，在这种情况下，也可以通过比较特别订货的单价与该产品的单位变动生产成本做出决策。

2. 特别订货冲击正常生产

如果特别订货量大于企业的剩余生产能力，接受追加订货就会冲击正常生产任务，使正常生产的贡献毛益减少。减少的这部分贡献毛益就应由"接受特别订货"方案来承担，所以是该方案的机会成本。

【例 6-12】某企业只生产一种产品，每年最大生产能力为 12 000 件。本年已与其他企业签订了 10 000 件的供货合同，价格为 1 200 元/件，单位完全成本为 1 000 元/件，单位变动生产成本为 800 元/件。假定该企业剩余生产能力无法转移。现有一客户要求以 920 元/件的单价向该企业订购 2 500 件产品，追加订货无特殊要求。

要求：做出是否接受特别订货的决策。

解：根据题意，企业剩余的生产量为 2 000 件，客户要求的订单为 2 500 件，冲击了正常生产任务 500 件，故 500 件带来的贡献毛益就构成了机会成本，可用差量分析法进行决策。该方案的相关指标如下：

$$相关收入 = 920 \times 2\,500 = 2\,300\,000（元）$$
$$变动成本 = 800 \times 2\,500 = 2\,000\,000（元）$$
$$机会成本 = (1\,200 - 800) \times 500 = 200\,000（元）$$

差量分析过程见表 6-10。

表 6-10　差量分析表　　　　　　　　　　　　单位：元

项目	接受特别订货	不接受特别订货	差量
相关收入	2 300 000	0	2 300 000
相关成本	2 200 000	0	2 200 000
变动成本	2 000 000	0	2 000 000
机会成本	200 000	0	200 000
相关损益	100 000	0	100 000

因差量损益大于 0，所以应接受这项订货。接受这项特别订货可使企业多获利 100 000 元。

3. 企业的剩余生产能力可以转移

企业剩余生产能力转移出去可以获得相关收益，如果接受这项特别订货，这部分收益就会丧失，所以应作为"接受这项特别订货"方案的机会成本。

【例 6-13】某企业只生产一种产品，每年最大生产能力为 12 000 件。本年已与其他企业签订了 10 000 件的供货合同，价格为 1 200 元/件，单位完全成本为 1 000 元/件，单位变动生产成本为 800 元/件。假定该企业剩余生产能力可以对外出租，租金收入为 150 000 元。现有一客商要求以

900元/件的单价向该企业订购1 000件产品,追加订货无特殊要求。

要求:做出是否接受特别订货的决策。

解:根据题意,接受特别订货后,有

$$相关收入 = 900 \times 1\,000 = 900\,000(元)$$
$$变动成本 = 800 \times 1\,000 = 800\,000(元)$$
$$机会成本 = 150\,000(元)$$

差量分析过程见表6-11。

表6-11 差量分析表   单位:元

项目	接受特别订货	不接受特别订货	差量
相关收入	900 000	0	900 000
相关成本	950 000	0	950 000
变动成本	800 000	0	800 000
机会成本	150 000	0	150 000
相关损益	-50 000	0	-50 000

因为差量损益小于0,所以不应接受这项特别订货。如果接受,企业将损失50 000元。

4. 特别订货有特殊要求,须追加投入一定专属成本

如果特别订货有特殊要求,必须追加专属成本才能完成,该专属成本应纳入"接受特别订货"方案的相关成本之中。

【例6-14】某企业只生产一种产品,每年最大生产能力为12 000件。本年已与其他企业签订了10 000件的供货合同,价格为1 200元/件,单位完全成本为1 000元/件,单位变动生产成本为800元/件。假定该企业剩余生产能力无法转移。现有一客户要求以900元/件的单价向该企业订购1 000件产品,追加订货有特殊的工艺要求,需要投入180 000元购置专用设备。

要求:做出是否接受该项特别订货的决策。

解:根据题意,可用差量分析法进行决策分析。差量分析过程见表6-12。

表6-12 差量分析表   单位:元

项目	接受特别订货	不接受特别订货	差量
相关收入	900 000	0	900 000
相关成本	980 000	0	980 000
变动成本	800 000	0	800 000
专属成本	180 000	0	180 000
相关损益	-80 000	0	-80 000

因为差量损益小于0,所以不应当接受这项特别订货。如果接受,企业将损失80 000元。

四、半成品是否深加工的决策

半成品是否深加工,是指企业对于那种既可以直接出售,又可以经过深加工变成产成品再出售的半成品做出的决策。这种决策涉及"将半成品深加工为产成品"和"直接出售半成品"两个备选方案，在"将半成品深加工为产成品"的方案中，需要考虑的相关成本包括将半成品深加工为产成品的变动成本，以及为了形成深加工能力而追加的专属成本或与可以转移的深加工能力有关的机会成本；在"直接出售半成品"方案中，相关成本为零。因半成品的成本（无论是固定成本还是变动成本）属于与决策方案无关的沉没成本，故不予考虑。

上述两方案相关收入需按照产成品和半成品的单价分别乘以它们的相关业务量来确定。

【例6-15】某企业每年生产、销售甲产品1 000件，单位变动成本为60元/件，单位固定成本为20元/件，售价为100元/件。如果把甲产品进一步加工成乙产品，售价可达到200元/件，但单位变动成本需增加到80元/件，还需要购置一台21 000元的专用设备。

要求：做出半成品是否深加工的决策。

解：依照题意"将半成品深加工为产成品"方案：

$$相关收入 = 200 \times 1\,000 = 200\,000（元）$$
$$变动成本 = 80 \times 1\,000 = 80\,000（元）$$

"直接出售半成品"方案：

$$相关收入 = 100 \times 1\,000 = 100\,000（元）$$
$$相关成本 = 0$$

差量分析过程见表6-13。

表6-13　差量分析表　　　　　　　　　　　单位：元

项目	深加工	直接出售	差量
相关收入	200 000	100 000	100 000
相关成本	101 000	0	101 000
变动成本	80 000	0	80 000
专属成本	21 000	0	21 000
相关损益	99 000	100 000	-1 000

因为差量损益小于0，所以应当直接出售甲产品，否则企业将损失1 000元。

【例6-16】某企业每年生产、销售甲产品1 000件，单位变动成本为60元/件，单位固定成本为20元/件，售价为100元/件。如果把甲产品进一步加工成乙产品，售价为200元/件，单位变动成本增加到80元/件，企业已具备将甲半成品深加工为乙产成品的能力，但如果将与此有关的设备对外出租，预计一年可获得15 000元的租金收入，该设备年折旧为6 000元。

要求：做出是否深加工的决策。

解：依照题意"将半成品深加工为产成品"方案：

$$相关收入 = 200 \times 1\,000 = 200\,000（元）$$
$$变动成本 = 80 \times 1\,000 = 80\,000（元）$$
$$机会成本 = 15\,000\,元$$

"直接出售半成品"方案：

$$相关收入 = 100 \times 1\,000 = 100\,000（元）$$
$$相关成本 = 0$$

差量分析过程见表6-14。

表 6-14　差量分析表　　　　　　　　　　　　　　　　　　　　　单位：元

项目	深加工	直接出售	差量
相关收入	200 000	100 000	100 000
相关成本	95 000	0	95 000
变动成本	80 000	0	80 000
机会成本	15 000	0	15 000
相关损益	105 000	100 000	5 000

因为差量损益大于 0，所以应当将甲产品深加工为乙产品再出售，这样企业比直接出售甲产品多获利 5 000 元。

五、零部件自制或外购的决策

对于那些具有机械加工能力的企业而言，常常面临所需零配件是自制还是外购的决策问题，这类决策通常涉及"自制零部件"和"外购零部件"两个备选方案。由于所需零配件的数量对两个方案都是一样的，所以这些方案不涉及相关收入，只需考虑相关成本因素，相关成本低者即为最优方案。

1. 零部件的需要量已确定

如果企业已经具备自制能力，且自制能力无法转移，那么自制方案的相关成本只包括自制零部件相关的变动成本，外购零部件的相关成本就是购买零部件的支出，一般是零部件的需要量乘以购买单价。由于零部件的需要量已经确定，决策时只需比较两个方案的单位变动成本和外购方案的单价来选优。当自制单位变动成本大于外购单价时，应该外购；自制单位变动成本小于外购单价时，应该自制；自制单位变动成本等于外购单价时，两方案均可。

【例 6-17】某公司生产甲产品每年需要 A 零件 58 000 件，车间已具备了加工该零件的能力。由车间自制成本为 78 元/件，其中单位变动成本为 60 元/件，单位固定成本为 18 元/件。现市场上销售的 A 零件价格为 65 元/件。

要求：做出企业是自制还是外购的决策。

解：由题意知，每件产品有 18 元的固定成本为沉没成本，决策时不予考虑。

因为自制单位变动成本 60 元/件小于外购单价 65 元/件，所以应自制。自制可节约成本 29 000（5×58 000）元。

如果自制能力可以转移，自制方案的相关成本除了包括自制零部件的变动成本外，还包括与自制能力转移有关的机会成本，此时可通过比较两个备选方案的相关成本来决策。

【例 6-18】某公司每年需要 A 零件 5 000 件，已具备了加工该零件的能力，若要自制，自制单位变动成本为 10 元/件；若要外购，外购单位价格为 12 元/件。如果外购 A 零件，腾出的生产能力可以出租，每年租金收入为 3 200 元。

要求：做出企业是自制还是外购的决策。

解：依题意，如果自制，公司将不能获得每年 3 200 元的租金收入，所以租金收入应是自制方案的机会成本。

$$自制相关成本 = 10 \times 5\,000 + 3\,200 = 53\,200（元）$$
$$外购相关成本 = 12 \times 5\,000 = 60\,000（元）$$

计算结果表明，企业应选择自制。因为自制比外购减少成本 6 800（60 000 − 53 200）元。

如果企业尚不具备自制能力，企业所需零部件由外购转为自制时需要增加一定的专属成本，那么，自制方案的相关成本就要包括自制零部件相关变动成本和专属固定成本。

【例 6-19】 某公司每年需要 A 零件 5 000 件，以前一直外购，外购单位价格为 12 元/件。现该公司有无法移作他用的多余生产能力可用来生产该零件，但需购置一台专属设备，价值 6 000 元，自制时单位变动成本为 10 元/件。

要求：判断企业是否应选择自制方案。

解：依题意，如果自制，相关成本应包括相应的变动成本和专属成本。

$$自制相关成本 = 10 \times 5\,000 + 6\,000 = 56\,000（元）$$
$$外购相关成本 = 12 \times 5\,000 = 60\,000（元）$$

计算结果表明，企业应选择自制。因为自制比外购节约成本 4 000（60 000 - 56 000）元。

2. 零部件的需要量不确定

在企业尚不具备自制能力，且零部件的全年需要量不确定的情况下，不能直接通过比较两个方案的相关成本来选优，可采用成本无差别点分析法进行决策。

【例 6-20】 某公司需要 A 零件，以前一直外购，外购单价为 8.4 元/件。现该公司将无法移作他用的多余生产能力用来生产该零件，但需购置一台专属设备，价值 1 200 元，自制时单位变动成本为 6 元/件。

要求：做出公司是应选择自制还是外购的决策。

解：依题意，设自制方案的固定成本为 a_1，单位变动成本为 b_1；外购方案的固定成本为 a_2，单位变动成本为 b_2，则

$$a_1 = 1\,200 元, \quad b_1 = 6 元/件$$
$$a_2 = 0 元, \quad b_2 = 8.4 元/件$$
$$a_1 > a_2, \quad b_1 < b_2$$

符合应用成本无差别点法进行决策的条件。

$$成本无差别点业务量 \ x_0 = \frac{a_1 - a_2}{b_2 - b_1} = \frac{1\,200 - 0}{8.4 - 6} = 500（件）$$

为了便于了解两种方案的产量取舍范围，可将上述资料绘于坐标图中，如图 6-1 所示。

决策结论：当零件需要量在 500 件以内时，外购有利；当零件需要量超过 500 件时，自制有利；当零件需要量正好 500 件时，自制和外购均可。

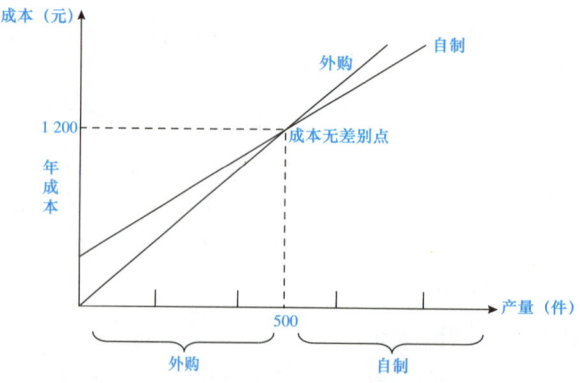

图 6-1 零部件自制、外购分界图

任务三 生产组织决策

一、最优生产批量的决策

就产品生产而言，并不是生产批量越大越好。在全年产量已定的情况下，生产批量与生产批次成反比，生产批量越大，生产批次越少；生产批量越小，生产批次越多。生产批次和生产批量与生产准备成本和储存成本相关，最优的生产批量应该是生产准备成本与储存成本总和最低时的生产批量。

生产准备成本是指每批零配件或产品开始生产前因进行准备工作而发生的成本，如调整机器、准备工卡模具、布置生产线、清理现场、领取原材料等而发生的工资费用、材料费用等。在正常情况下，每次变更零部件或产品生产所发生的生产准备成本基本上是相等的，因此，年准备成本总额与生产批次成正比，与生产批量成反比。生产批次越多，年准备成本就越高；反之，就越低。

储存成本指为储存零部件及产品而发生的仓库及其设备的折旧费、保险费、保管人员工资、维修费、损失费等费用的总和。储存成本与生产批量成正比，而与生产批次成反比。

从上述生产准备成本、储存成本的特点可以看出：若要降低年准备成本，就应减少生产批次，但减少批次必然要增加批量，从而提高与批量成正比的年储存成本；若要降低年储存成本，就应减少生产批量，但减少生产批量必然要增加批次，从而提高与批次成正比的年准备成本。因此，如何确定生产批量和生产批次，才能使年准备成本与年储存成本之和最低，就成为最优生产批量决策需要解决的问题。

1. 一种零配件（或产品）的经济批量决策

最优生产批量是使生产准备成本与储存成本总和最低的生产批量。

$$年准备成本 = 生产批次 \times 每批准备成本$$

$$年储存成本 = 年平均储存量 \times 单位年储存成本$$

其中，年平均储存量 $= \dfrac{1}{2} \times$ 每批生产终了时的最高储存量。

$$每批生产终了时的最高储存量 = 生产批量 - 每批生产天数 \times 每日耗用量或销售量$$

为了计算方便，可以设定以下几个符号：

A 为全年产量；Q 为生产批量；Q^* 为最优生产批量；$\dfrac{A}{Q}$ 为生产批次；S 为每批准备成本；X 为每日产量；Y 为每日耗用量（或销售量）；C 为每单位零配件（或产品）的年储存成本；T 为年储存成本和年准备成本之和（简称年成本合计）。则

$$年准备成本 = \dfrac{A}{Q} S$$

$$每批生产终了时的最高储存量 = Q - \dfrac{Q}{X} Y = Q\left[1 - \dfrac{Y}{X}\right]$$

$$年平均储存量 = \dfrac{1}{2} Q\left[1 - \dfrac{Y}{X}\right]$$

$$年储存成本 = \frac{1}{2}Q\left[1-\frac{Y}{X}\right]C$$

$$年成本合计 = \frac{1}{2}Q\left[1-\frac{Y}{X}\right]C + \frac{AS}{Q} \tag{6-1}$$

确定最优生产批量，一般有列表法、公式法和图解法三种方法。

（1）列表法。根据式（6-1）列表计算生产零部件各批次的年成本合计数，年成本小的批次就是最优生产批次，相应的批量也就是最优生产批量。

【例6-21】某公司生产某产品每年需用甲零件7 200只，专门生产甲零件的设备每日生产80只，每日因组装该产品耗用甲零件20只，每批生产准备成本为600元，甲零件单位年储存成本为8元/只。

要求：确定企业的最优生产批量。

解：依题意，$A = 7\,200$只，$S = 600$元，$C = 8$元/只，$X = 80$只，$Y = 20$只。

经济批量的计算见表6-15。

表6-15 经济批量的计算表

生产批次/次	8	7	6	5	4	3
批量/件	900	1 028	1 200	1 440	1 800	2 400
年平均储存量/件	337.5	385.5	450	540	675	900
年准备成本/元	4 800	4 200	3 600	3 000	2 400	1 800
年储存成本/元	2 700	3 084	3 600	4 320	5 400	7 200
年成本合计/元	7 500	7 284	7 200	7 320	7 800	9 000

可见，经济批量为1 200只，最优生产批次为6次，此时年成本合计（7 200元）最低。

（2）公式法。经济批量，可以利用数学模型直接计算求得，即利用年成本合计T与批量Q的函数关系，用微分法求T为极小值时的Q值。根据极值的求解原理，要使成本T为最小值，需对最优生产批量Q^*求一阶导数并令其等于零，则

$$\frac{1}{2}\left(1-\frac{Y}{X}\right)C - \frac{AS}{Q^{*2}} = 0$$

整理得

$$\frac{AS}{Q^{*2}} = \frac{1}{2}\left(1-\frac{Y}{X}\right)C \tag{6-2}$$

$$Q^{*2} = \frac{2AS}{C\left(1-\frac{Y}{X}\right)} \tag{6-3}$$

最优生产批次可以根据全年产量A及经济批量Q^*计算，即

$$最优生产批次 = \frac{A}{Q^*} \tag{6-4}$$

将式（6-3）代入式（6-1），可以得到最低年成本合计T^*的计算公式为

$$T^* = \sqrt{2ASC\left(1-\frac{Y}{X}\right)} \tag{6-5}$$

利用式（6-3）～式（6-5），可以更简捷地确定经济批量、最优生产批次、最低年成本合计。

以例 6-21 为例，用相应公式计算最优生产批量、最优生产批次和最低年成本合计如下：

$$经济生产批量 Q^* = \sqrt{\frac{2 \times 7\,200 \times 600}{8 \times \left(1 - \frac{20}{80}\right)}} = 1\,200（只）$$

$$最优生产批次 = \frac{A}{Q^*} = \frac{7\,200}{1\,200} = 6（次）$$

$$最低年成本合计 T^* = \sqrt{2 \times 7\,200 \times 600 \times 8 \times \left(1 - \frac{20}{80}\right)} = 7\,200（元）$$

（3）图解法。根据式（6-2）可整理得

$$\frac{AS}{Q^*} = \frac{1}{2} Q^* \left(1 - \frac{Y}{X}\right) C$$

即年准备成本＝年储存成本。

由此可得出结论：年准备成本与年储存成本相等时的生产批量是最优生产批量。所以，可以在直角坐标图中以生产批量为横坐标、以成本为纵坐标，分别绘制年准备成本线和年储存成本线，两线的交点即年准备成本与年储存成本相等的点，两线交点对应的横坐标的读数就是最优生产批量，对应的纵坐标乘以 2 即是最低年成本合计。

根据例 6-18 资料绘制经济批量图，如图 6-2 所示。

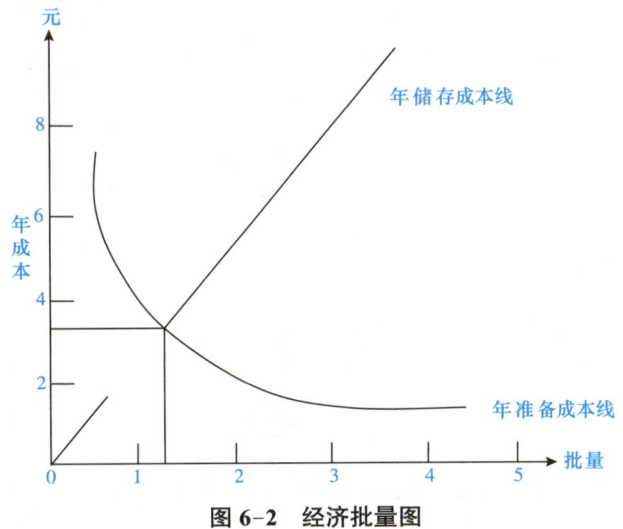

图 6-2　经济批量图

2. 几种零配件或产品轮换分批生产的经济批量决策

上面介绍的是分批生产一种零配件或产品时经济批量的确定方法。当用同一台设备轮换生产几种零配件或产品时，也可以用微分极值的原理计算，但由于各种零配件的生产批量不能简单相加，所以首先求解的应是最优生产批次，再根据各种零配件的全年生产量来确定全年最优生产批量。

根据前面得出的结论，即当年准备成本与年储存成本相等时的年成本合计最低的原理，当企业有几种零配件或产品轮换分批生产时，各种零配件或产品的年调整成本之和与年储备成本之和相等时年成本合计最低，此时各种零配件或产品共同生产批次为最优生产批次。

所谓调整成本，是指一台设备由生产一种零配件或产品转为生产另一种零配件或产品而发生的费用，如撤换工卡模具、调整设备状态、领退原材料、重新布置生产线等的费用。在经济批量分析中，调整成本相当于准备成本，每次的调整成本也用 S 来表示。

计算共同最优生产批次的计算公式推导如下：

设 N 为共同生产批次，各种零配件或产品的生产批量为

$$Q = \frac{A}{N} \tag{6-6}$$

将式（6-6）代入年储存成本公式 $\frac{1}{2}Q\left(1-\frac{Y}{X}\right)C$，可得

$$\text{一种零部件年储存成本} = \frac{A}{2N}\left(1-\frac{Y}{X}\right)C = \frac{1}{2N}AC\left(1-\frac{Y}{X}\right) \tag{6-7}$$

将式（6-6）代入年准备成本公式 $\frac{A}{Q}S$ 可得

$$\text{一种零部件年调整成本} = NS \tag{6-8}$$

由式（6-7）、式（6-8）可得

$$\text{各种零部件的年储存成本} = \frac{1}{2N}\sum_{i=1}^{n}A_iC_i\left(1-\frac{Y_i}{X_i}\right)$$

$$\text{各种零部件的年调整成本} = N\sum_{i=1}^{n}S_i$$

$$\text{各种零部件的年成本合计} = \frac{1}{2N}\sum_{i=1}^{n}A_iC_i\left(1-\frac{Y_i}{X_i}\right) + N\sum_{i=1}^{n}S_i$$

上述公式中的 n 表示在一台设备上分批轮换生产的各种零配件或产品个数。

由于各种零配件的年储存成本等于年调整成本时的年成本合计最低，所以，能够满足下式成立的生产批次即为最优生产批次。

$$N^*\sum_{i=1}^{n}S_i = \frac{1}{2N^*}\sum_{i=1}^{n}A_iC_i\left(1-\frac{Y_i}{X_i}\right)$$

于是，最优共同生产批次

$$N^* = \sqrt{\frac{\sum_{i=1}^{n}A_iC_i\left(1-\frac{Y_i}{X_i}\right)}{2\sum_{i=1}^{n}S_i}} \tag{6-9}$$

而某种零配件的最优生产批量（经济批量）则可按以下公式计算：

$$\text{某种零部件的经济批量} = \frac{\text{该零部全年产量}}{\text{最优共同生产批次}} = \frac{A}{N^*} \tag{6-10}$$

【例6-22】某公司用一台设备轮番分批生产甲、乙两种零件，相关资料见表6-16。

要求：计算各种零件的经济批量。

表6-16 某公司生产甲、乙零件的相关资料

项目	甲零件	乙零件
全年产量/件	5 400	16 200
每次调整成本/元	400	600

续表

项目	甲零件	乙零件
每件零件年储存成本 / 元	6	9
每日耗用量 / 件	20	45
每日产量 / 件	50	180

解：依题意，甲、乙两种零配件的共同最优生产批次为

$$N^*=\sqrt{\frac{5\,400\times6\times\left(1-\frac{20}{50}\right)+16\,200\times9\times\left(1-\frac{45}{180}\right)}{2\times(400+600)}}=8（次）$$

所以

$$甲零件的经济批量=\frac{5\,400}{8}=675（件）$$

$$乙零件的经济批量=\frac{16\,200}{8}=2\,025（件）$$

二、产品最优组合决策

产品最优组合决策适用于生产多种产品的企业。在多种产品的生产过程中，各种产品的生产都离不开一些必要的条件或因素，如机器设备、人工、原材料等，而其中有些因素可以用于不同产品的生产，如各种产品共用一种或几种因素，而这些因素又是有限的，就应使各种产品的生产组合达到最优的结构，以便有效、合理地使用这些限制因素。产品最优组合决策就是通过计算、分析进而做出各种产品应生产多少才能使得各个生产因素得到合理、充分的利用，并能获得最大利润的决策。

进行产品组合优化决策的方法，一般有逐次测算法和图解法。

1. 逐次测算法

逐次测算法是根据企业有限的各项生产条件、各种产品的情况、各项限制因素等数据资料，分别计算单位限制因素所提供的贡献毛益并加以比较，在此基础上，经过逐步测试，使各种产品达到最优组合。

【例6-23】某企业生产A、B两种产品，两种产品共用设备工时总数为18 000小时，共用人工工时总数为24 000小时，A产品单位所需设备工时3小时，人工工时5小时，单位贡献毛益为42元；B产品单位所需设备工时5小时，人工工时6小时，单位贡献毛益为60元，预测市场销售量：A产品为3 000件，B产品为2 000件。

要求：对企业应如何安排A、B两种产品的生产做出决策。

解：（1）计算并比较两种产品单位限制因素所提供的贡献毛益，见表6-17。

表6-17 A、B两产品单位限制因素提供的贡献毛益计算表

项目	A产品	B产品	限制因素 / 小时
单位设备工时贡献毛益 / 元	14	12	18 000
单位人工工时贡献毛益 / 元	8.4	10	24 000

比较两种产品单位限制因素所提供的贡献毛益可知，A 产品每单位设备工时的贡献毛益多于 B 产品，而 B 产品每单位人工工时贡献毛益多于 A 产品。

（2）进行第一次测试。测试优先安排 A 产品生产，剩余因素再安排 B 产品的生产，根据约束条件，A 产品销售量预测为 3 000 件，则安排最大生产量为 3 000 件。其安排结果见表 6-18。

表 6-18　第一次试算表

项目	产量/件	所用设备工时/小时		所用人工工时/小时		贡献毛益/元	
		总工时	单位工时	总工时	单位工时	总额	单位贡献毛益
A 产品	3 000	9 000	3	15 000	5	126 000	42
B 产品	1 500	7 500	5	9 000	6	90 000	60
合计		16 500		24 000		216 000	
限制因素		18 000		24 000			
剩余因素		1 500		0			

以上测试结果表明，按照这种组合方式所确定的两种产品的生产量来进行生产，可获得贡献毛益总额为 216 000 元。

（3）进行第二次测试。由第一次测试结果可知，如果优先安排 A 产品的生产，机器设备工时剩余 1 500 小时，考虑到生产单位 B 产品所用设备工时多于生产单位 A 产品所用设备工时，为充分利用各项因素，第二次测试优先安排 B 产品的生产，剩余因素生产 A 产品。由于 B 产品的市场销售量为 2 000 件，所以，安排的最大生产量也应为 2 000 件。第二次测试情况见表 6-19。

表 6-19　第二次试算表

项目	产量/件	所用设备工时/小时		所用人工工时/小时		贡献毛益/元	
		总工时	单位工时	总工时	单位工时	总额	单位贡献毛益
A 产品	2 400	7 200	3	12 000	5	100 800	42
B 产品	2 000	10 000	5	12 000	6	120 000	60
合计		17 200		24 000		220 800	
限制因素		18 000		12 000			
剩余因素		800		0			

将两次测试结果进行分析比较可以看出，采用第二次测试的产品组合方式可比采用第一次测试的产品组合方式多获贡献毛益 4 800（220 800 － 216 000）元，同时又提高了设备利用率，即减少了剩余设备工时，使之由原来的剩余设备工时 1 500 小时减少到剩余设备工时 800 小时。所以，第二次测试的产品组合对企业更有利，即生产 A 产品 2 400 件、B 产品 2 000 件，是最优产品组合。

2．图解法

图解法是线性规划的方法之一。线性规划是用来求具有线性关系的极值问题的一种现代数学方法，实质上是从数学的角度对经济问题进行定量分析，通过求函数极值形式达到指标的最优化，从而取得最大的经济效益。

使用线性规划进行决策分为以下几步：

(1)确定目标函数;

(2)确定约束条件函数;

(3)选择最优行动方案,即确定一个在满足约束条件的前提下,能使目标函数值最大的最优解。

【例6-24】以例6-23资料为例,用图解法决策企业应如何安排A、B两种产品的生产。

解:依照题意,设A、B两种产品的产量分别为x、y,M为企业可获得的贡献毛益,则目标函数为

$$M = 42x + 60y$$

约束条件函数为

$$\begin{cases} 5x+6y \leqslant 24\,000 & (L_1) \\ 3x+5y \leqslant 18\,000 & (L_2) \\ x \leqslant 3\,000 & (L_3) \\ y \leqslant 2\,000 & (L_4) \\ x, y \geqslant 0 \end{cases}$$

根据约束条件绘图,确定可行解区域,如图6-3所示。

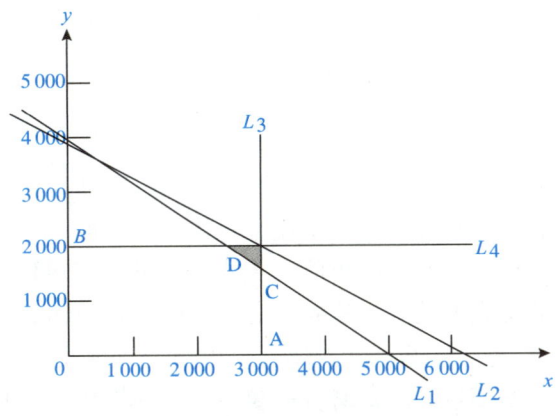

图6-3 线性规划模型

图6-3中,代表L_1、L_2、L_3、L_4四组方程的直线围成一个可行解区域(阴影区域),满足约束条件的方程解必定位于该区域内。可行解区域简称可行域。

最后,确定最优解,即确定能使企业贡献毛益M最大的x、y的值,亦即A、B两种产品的产量。

由于最优解既满足约束条件,又使目标函数值最大,所以,最优解一定在可行域的顶点上。根据以上条件,可以用以下两种方法来确定最优解:

第一,将各顶点的坐标分别求出,代入目标函数,求出各顶点的目标函数值,最大者为最优解,见表6-20。

表6-20 各品种组合的目标函数试算表   单位:元

外突点	品种组合		目标函数	贡献毛益额
	x	y	$M = 42x + 60y$	
A	3 000	0	42×3 000 + 60×0	126 000
B	0	2 000	42×0 + 60×2 000	120 000

续表

外突点	品种组合		目标函数	贡献毛益额
	x	y	$M=42x+60y$	
C	3 000	1 500	42×3 000＋60×1 500	216 000
D	2 400	2 000	42×2 400＋60×2 000	220 800

计算结果表明，当 $x=2\,400$，$y=2\,000$ 时，企业获得贡献毛益最大。即当 A、B 两产品分别安排生产 2 400 件和 2 000 件时，企业获利最大，此时两种产品的生产为最优生产组合。

第二，根据目标函数求得 y 的函数，并过可行域顶点作一组平行线，求最优解。

根据目标函数 $M=42x+60y$，得

$$y=\frac{M}{60}-\frac{42}{60}x$$

过可行域各顶点作一组平行于 $y=\frac{M}{60}-\frac{42}{60}x$ 的直线，在这一组直线中，截距越大，目标函数 M 值越大。所以这一组直线中截距最大者或离原点的距离最远者所经过的那个点的坐标就是所求的最优解，即 A、B 两种产品的最优生产组合。

从图 6-3 中可以直观地看出，通过 L_1 和 L_4 的交点处 D 的那条直线的截距最大，离原点的距离最远，所获得的利润也最大。由此可以得出结论：A、B 两种产品的最优生产组合是 2 400 件和 2 000 件，此时企业获利最大。

三、生产工艺决策

生产工艺是指加工制造产品或零件所使用的机器、设备及加工方法的总称。同一种产品或零件，往往可以按不同的生产工艺进行加工。当采用某一生产工艺时，可能固定成本较高，但单位变动成本较低；而采用另一种生产工艺时，则可能固定成本较低，但单位变动成本较高。于是，采用何种工艺能使该产品或零件的总成本最低，就成为实际工作中必须解决的问题。

一般而言，生产工艺越先进，其固定成本越高，单位变动成本越低；而生产工艺落后时，其固定成本较低，但单位变动成本却较高。这时，只要用成本无差别点分析法来确定不同生产工艺的成本分界点（不同生产工艺总成本相等时的产量点），就可以根据产量确定选择何种生产工艺最为有利。

【例 6-25】某公司计划生产甲产品，共有 A、B、C 三个不同的工艺方案，其成本资料见表 6-21。

要求：确定该公司采用哪个工艺方案生产甲产品更有利。

表 6-21　某公司生产 A、B、C 产品的相关成本资料　　　　　单位：元

工艺方案项目	专属固定成本	单位变动成本
A	700	5
B	600	6
C	800	2

解：依照题意，可得到 3 个不同方案的表达式，即

$$y_A=700+5x$$
$$y_B=600+6x$$
$$y_C=800+2x$$

绘制坐标图，如图 6-4 所示。

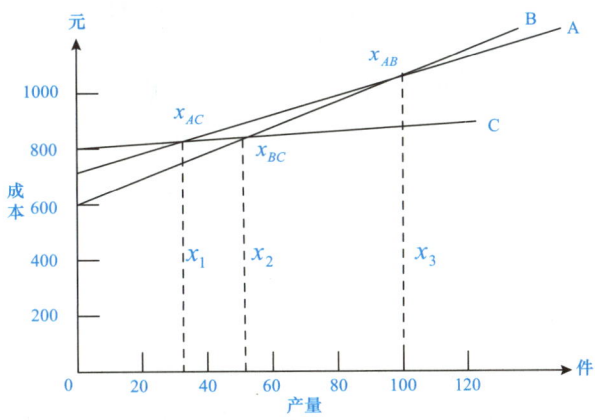

图 6-4　不同生产工艺成本图

由图 6-4 可知，A、B 两个方案的成本无差别点是 x_{AB}；B、C 两个方案的成本无差别点是 x_{BC}；A、C 两个方案的成本无差别点是 x_{AC}。根据成本无差别点的计算公式，则有

$$x_{AB}=\frac{700-600}{6-5}=100（件）$$

$$x_{BC}=\frac{600-800}{2-6}=50（件）$$

$$x_{AC}=\frac{700-800}{2-5}=33.3（件）$$

于是，整个产量区域被划分为 33 件以下、33～50 件、50～100 件、100 件以上 4 个区域。从图 6-4 可以看出，产量在 50 件以下时 B 方案成本最低，所以 B 方案为最优方案；产量在 50 件以上的区域内，C 方案成本最低，所以 C 方案为最优方案。

任务四　不确定性经济决策

不确定性经济决策是指决策者在进行某项决策时，对影响这类决策相关因素的未来情况不仅不能完全确定，而且对出现各种可能结果的概率也无法确切地进行预计的决策。常用的分析方法有小中取大决策法、大中取小决策法、大中取大决策法、折中决策法。

一、小中取大决策法

小中取大决策法又叫小中取大法，也称为最小的最大收益值法或悲观决策方法。这种方法的决策过程是：首先从每个方案中选出一个最小的收益值，然后再从中选出一个收益值最大的方案作为决策方案。

在非确定条件下的决策过程中，如果决策者对未来持比较保守的态度，可采用此法。

【例 6-26】设某企业拟开发一种新产品 A，企业对这种产品的销路大致估计为 3 种情况：销路较好、销路一般和销路差，针对这 3 种可能出现的状态，拟定了 3 种不同的方案。每个方案在 3 种状态下可能造成的损益情况见表 6-22。

表 6-22　生产 A 产品利润表　　　　　　　　　　　　　　　　　　　单位：元

生产方案	自然状态		
	销路较好	销路一般	销路差
甲	50 000	40 000	-10 000
乙	70 000	25 000	-20 000
丙	30 000	15 000	5 000

要求：用小中取大法做出最优方案的决策。

解：根据表 6-22 提供的数据，找出各个方案的"最小收益值"。

方案甲的最小收益值为 -10 000 元；方案乙的最小收益值为 -20 000 元；方案丙的最小收益值为 5 000 元。

可见，方案丙是最小收益值中收益最大的方案，所以应把方案丙作为最优的决策方案。

二、大中取小决策法

大中取小决策法又叫大中取小法是也称为最小的最大后悔值法或后悔值决策法。因此这种方法的分析程序是：首先找出在不同状态下各个方案的最大收益值；其次计算在不同状态下的各个方案的后悔值，后悔值又叫损失额，某种状况下特定方案的后悔值就是该状况的最大收益值与该方案收益值的差额，它表示在该状况下如果选错方案将会发生的损失额；最后从各个方案的最大后悔值中选择最小者为最优方案。

此方法以假定决策发生失误为前提。按此方法决策，即使有失误，也会使损失降到最小。

【例 6-27】设某企业准备生产一种市场上从未出现过的新产品，针对这种产品的市场需求量可能出现的四种自然状态，拟定了四种不同的生产方案，对各个方案在四种自然状态下可能造成的损益，也作了初步的估计，见表 6-23。

要求：用大中取小法做出最优方案的决策。

解：根据上述资料，分析程序如下。

（1）找出在不同状态下各个方案的最大收益值。

表 6-23　生产新产品的利润表　　　　　　　　　　　　　　　　　　单位：元

生产方案	自然状态			
	需求量较好	需求量一般	需求量较差	需求量很差
甲	60 000	40 000	-15 000	-35 000
乙	80 000	35 000	-30 000	-70 000
丙	35 000	22 000	5 000	-10 000
丁	40 000	25 000	9 000	-5 000

需求量较好时的最大收益值为 80 000 元。

需求量一般时的最大收益值为 40 000 元。

需求量较差时的最大收益值为 9 000 元。

需求量很差时的最大收益值为 -5 000 元。

（2）计算在不同状态下各个方案的后悔值。

$$后悔值 = 最大收益值 - 该方案的收益值$$

各方案的后悔值计算见表 6-24。

表 6-24　各方案后悔值计算表　　　　　　　　　　　　　　　单位：元

方案	自然状态下的后悔值				各方案中的最大后悔值
	需求量较好	需求量一般	需求量较差	需求量很差	
甲	20 000	0	24 000	30 000	30 000
乙	0	5 000	39 000	65 000	65 000
丙	45 000	18 000	4 000	5 000	45 000
丁	40 000	15 000	0	0	40 000

（3）从各个方案的最大后悔值中，选择最小者为最优方案。从表 6-24 提供的数据看，方案甲的最大后悔值 30 000 元为最小，所以选择该方案为最优的决策方案。

三、大中取大决策法

大中取大决策法又称为最大的最大收益值法或最大最大原则。这种方法的思想基础是对客观情况采取乐观态度，从最好的客观状况出发，去寻找出预期结果最好的方案，因此，又称乐观决策法。大中取大决策法是从各种决策方案中取一个最大收益值，然后从中选取收益值最大的方案作为决策方案。这种方法假定今后出现的情况总是最有利的，能够获得最高的收益，往往过于乐观，容易引起冒进或轻率行动。

【例 6-28】某百货商场为了扩大营业额，拟定 4 种方案。方案甲：在不增加设施的情况下，只增加经营品种；方案乙：在原有营业面积内调整和增加柜台；方案丙：开辟楼上，增加营业面积；方案丁：在商场外增设销售服务网点。

以上各个方案在不同的市场需求状况下的收益和亏损情况见表 6-25。

表 6-25　某商场预计利润表　　　　　　　　　　　　　　　　单位：元

方案	市场需求状况		
	畅销	平销	滞销
甲	30 000	20 000	500
乙	40 000	20 000	-1 000
丙	50 000	30 000	-1 500
丁	60 000	15 000	-2 000

要求：根据上述资料，采用大中取大决策法选取最优方案。

解：根据资料可知，甲、乙、丙、丁 4 个方案的最大收益值分别为 30 000 元、40 000 元、50 000 元、60 000 元。其中，丁方案的最大，所以选取丁方案为最优方案。

四、折中决策法

折中决策法又叫适度分析法。具体做法如下：

首先，要求决策者根据实际情况和自己的实践经验确定一个乐观系数 a（$0 \leq a \leq 1$）。如果 a 的数值接近 1，则说明比较乐观；如果 a 的数值接近 0，则说明比较悲观。

其次，计算每个被选方案的预期价值，其计算公式为

$$预期价值＝最高收益值 \times a＋最低收益值 \times (1-a)$$

最后，从各个被选方案的预期价值中选择最大的作为最满意方案。

这种方法要求决策者对未来情况采取一种现实主义的折中标准，既不过于乐观也不过于悲观，在充分考虑各种情况的前提下寻求一个比较稳妥的方案。

【例 6-29】仍以例 6-28 资料为例，假设该百货商场对扩大营业额比较乐观，把乐观系数定为 0.7。

要求：采用折中决策法作决策分析。

解：依照题意，分别计算各备选方案的预期价值。

方案甲的预期价值＝（30 000×0.7）+（500×0.3）= 21 150（元）
方案乙的预期价值＝（40 000×0.7）+（-1 000×0.3）= 27 700（元）
方案丙的预期价值＝（50 000×0.7）+（-1 500×0.3）= 34 550（元）
方案丁的预期价值＝（60 000×0.7）+（-2 000×0.3）= 41 400（元）

根据以上计算结果，方案丁可获得最大的预期价值 41 400 元，是最令人满意的方案。

任务五 定价决策

一种产品价格制定得适当与否，往往决定了该产品能否为市场所接受，并直接影响该产品的市场竞争地位和市场占有率。一般来讲，企业可根据影响产品价格的因素和定价的目标，来选择不同的定价决策方法。

一、以成本为基础的定价决策

成本是企业生产和销售产品所耗用的各项费用的总和，是构成产品价格的基本因素，也是价格的最低经济界限。以成本为基础制定产品价格，不仅能保证生产中的耗费得到补偿，而且能保证企业必要的利润。凡是新产品的价格制定，都可以采用以成本为基础的定价决策方法。

1. 总成本定价法

总成本定价法是指当企业只生产一种产品时，在已知总成本的基础上做出定价决策的方法。公式如下：

$$产品价格 = \frac{预计总成本＋目标利润}{预计产销数量}$$

不论在哪种成本法下，总成本定价法中的总成本都可以相应的产品成本加上期间成本来确定，目标利润也可以事先确定，只要正确预测出销售量就可以测定产品价格。

2. 成本加成定价法

成本加成定价法是指在单位产品成本的基础上按一定的加成率确定产品价格的方法。其公式为

$$产品价格 = 单位产品成本 \times (1＋成本加成率)$$

$$成本加成率 = \frac{加成内容}{相关成本} \times 100\%$$

此法应用范围较广，因为加成率可以沿用标准产品的相关指标，故在长期定价时运用十分方便。

在不同的成本计算模式下，单位产品成本和加成率的口径有所不同。

在完全成本法下，单位产品成本是指单位产品制造成本，成本加成包含预期利润和非制造成本。公式如下：

$$产品价格 = 单位产品制造成本 \times (1 + 成本加成率)$$

$$成本加成率 = \frac{预期利润 + 非制造成本}{制造成本} \times 100\%$$

在变动成本法下，单位产品成本是指单位变动生产成本，成本加成既包括预期利润，也包括了全部固定成本和变动非制造成本。公式如下：

$$产品价格 = 单位产品变动生产成本 \times (1 + 成本加成率)$$

$$成本加成率 = \frac{预期利润 + 固定成本 + 变动非制造成本}{制造成本} \times 100\%$$

【例6-30】假设某公司投资1 000 000元，每年产销A产品为50 000件，其单位制造成本为40元/件，单位变动生产成本为25元/件，固定性制造费用为750 000元，固定性销售与管理费用每年为500 000元。该公司期望获得的报酬率为20%。

要求：采用成本加成定价法确定产品价格。

解：依题意，在完全成本法下：

$$成本加成率 = \frac{1\ 000\ 000 \times 20\% + 500\ 000}{50\ 000 \times 40} \times 100\% = 35\%$$

所以，A产品的目标售价为40×（1＋35%）＝54（元）。

在变动成本法下：

$$成本加成率 = \frac{1\ 000\ 000 \times 20\% + 750\ 000 + 500\ 000}{50\ 000 \times 25} \times 100\% = 116\%$$

所以，A产品的目标售价为25×（1＋116%）＝54（元）。

二、以需求为基础的定价决策

以成本为基础的价格决策方法是考虑企业的成本情况而基本不考虑需求情况，因此产品价格的制定是从企业利润最大化的角度看，不一定是最优价格。最优价格应是企业取得最大利润或产销收入时的价格。为此，必须考虑市场需求状况，分析销售收入、成本利润与价格之间的关系，寻找最优价格点。

1. 边际分析法

边际分析法是通过分析不同特定价格与销售量组合条件下的产品边际收入、边际成本和边际利润之间的关系，做出相应定价决策的一种定量分析方法。

按照微分极值原理，如果边际利润为零，边际收入等于边际成本，此时利润为极大值，这时的售价就是最优售价。

在管理会计中，边际成本是指每增加一个单位的产品销售所增加的总成本；边际收入则指每增加一个单位的产品销售所增加的总收入。边际收入与边际成本的差额，称为边际利润，表示每增加一个单位的产品销售所增加的利润。这里一个单位的产品销售可以指一件产品，也可以指一批产品。

当利用边际分析法进行价格的最优决策时，如果确实无法找到能使"边际利润等于零"的售价，也可以根据"边际利润为不小于零的最小值"这个条件，来对产品价格进行决策。

常用的边际分析法有公式法和列表法两种。

（1）公式法。公式法是指当收入和成本函数均为可微函数时，可直接通过对利润函数求一阶导数，进而求得最优售价的方法。

【例 6-31】某产品售价与销售量的关系式为 $p = 60 - 2x$；单位变动成本与销售量的关系式是 $b = 20 + 0.5x$，固定成本 $a = 70$ 元。

要求：确定最优价格。

解：依题意，建立总收入模型为

$$S = px = (60 - 2x)x$$

总成本模型为

$$y = a + bx = 70 + 20x + 0.5x^2$$

分别对总收入函数和总成本函数求一阶导数：

$$S' = 60 - 4x$$
$$y' = 20 + x$$

令 $S' = y'$，则可求得最优销售量 $x = 8$（件）。

将 $x = 8$ 代入 $p = 60 - 2x$，可求得最优售价为 $p = 44$（元/件）。

此法的优点是以微分极值原理为理论依据，可直接对收入与成本函数求导，计算结果比较精确。缺点在于售价与销量的函数关系以及总成本函数关系不容易确定，另外，只有可微函数才能求导数，而非连续函数则无法用公式法，只能借助列表法才能求得最优售价。

（2）列表法。当收入和成本函数均为离散型函数时，可通过列表判断边际收入与边际成本的关系，并利用边际利润的值来确定最优售价。

【例 6-32】某企业生产销售甲产品，固定成本为 3 000 元，单位变动成本为 8 元/件。通过产品试销和市场预测分析，取得的有关资料见表 6-26。

表 6-26　甲产品在不同价格水平时的销售资料

价格/元/件	100	95	90	85	80	75	70	65	60	55
销售量/件	150	175	200	225	250	275	300	325	350	375

要求：确定产品最优价格。

解：根据上述资料，进行整理计算，得到如表 6-27 所示资料。

表 6-27　边际利润计算表（一）　　　　　　　　　　　单位：元

销售量/件	价格/元/件	销售收入	边际收入	总成本	边际成本	边际利润	利润
150	100	15 000	—	4 200	—	—	10 800
175	95	16 625	1 625	4 400	200	1 425	12 225
200	90	18 000	1 375	4 600	200	1 175	13 400
225	85	19 125	1 125	4 800	200	925	14 325
250	80	20 000	875	5 000	200	675	15 000
275	75	20 625	625	5 200	200	425	15 425

续表

销售量/件	价格/元/件	销售收入	边际收入	总成本	边际成本	边际利润	利润
300	70	21 000	375	5 400	200	175	15 600
325	65	21 125	125	5 600	200	−75	15 525
350	60	21 000	−125	5 800	200	−325	15 200
375	55	20 625	−375	6 000	200	−575	14 625

计算结果表明，随着销售量的不断增加，边际收入将逐步下降，边际利润也不断减少。当边际利润为负数时，企业的利润总额就不会是最高的利润额。因此，本例的最优价格在 65～70 元。如果将 300～325 件的销售量区域进一步进行细分，即可确定最优价格。具体计算见表 6-28。

表 6-28　边际利润计算表（二）　　　　　单位：元

销售量/件	价格/元/件	销售收入	边际收入	总成本	边际成本	边际利润	利润
300	70	21 000	—	5 400	—	—	15 600
305	69	21 045	45	5 440	40	5	15 605
310	68	21 080	35	5 480	40	−5	15 600
315	67	21 105	25	5 520	40	−15	15 585
320	66	21 120	15	5 560	40	−25	15 560
325	65	21 125	5	5 600	40	−35	15 525

由表 6-28 可知，当产品销售量是 305 件、价格为 69 元/件时，边际收入最接近边际成本，此时的利润总额最大，为 15 605 元。因此，甲产品每件定价 69 元为最优价格。

2．损益平衡法

采用此法即运用损益平衡原理进行产品价格的制定。损益平衡点销售量的计算公式为

$$x_0 = \frac{a}{p-b} \qquad (6-11)$$

对式（6-11）变形后可得保本价格的计算公式为

$$p_0 = b + \frac{a}{x_0} \qquad (6-12)$$

损益平衡点价格又称保本价格，指产销量一定时产品价格的最低限度。保本价格确定后，企业可以此为基础，适当调整价格水平，确定企业有盈利的合理价格。在目标利润 π 已确定的情况下，销售量的计算公式如下：

$$x_1 = \frac{a+\pi}{p-b} \qquad (6-13)$$

将式（6-13）变形可得保利价格的计算公式为

$$p_1 = b + \frac{a+\pi}{x_1} \qquad (6-14)$$

利用式（6-14），即可预测产品销售价格。

【例 6-33】某企业生产甲产品，固定成本为 40 000 元，目标利润为 60 000 元，单位变动成本

为 5 元 / 件，预计销售量为 50 000 件。

要求：预测甲产品的价格。

解：甲产品单位价格预计为

$$保本价格\ p_0 = 5 + \frac{40\ 000}{50\ 000} = 5.8\ (元/件)$$

$$产品价格\ p_1 = 5 + \frac{40\ 000 + 60\ 000}{50\ 000} = 7\ (元/件)$$

从计算结果可知，甲产品的最低价格每件为 5.8 元，当每件为 7 元时，可以保证实现目标利润。

损益平衡法简便易行，能向企业提供可获必要利润的最低价格。但由于销售量往往受价格影响，因而计算准确性受到一定的影响。

3. 弹性定价法

市场供求关系的变化是影响企业产品价格的一个重要因素，因此，企业制定价格最需考虑的因素是价格弹性。价格弹性又称为价格影响需求量的弹性系数，也叫需求的价格弹性系数。其经济学含义为

$$价格弹性 = \frac{需求量变化的百分比}{价格变化的百分比}$$

它能反映需求量受价格变动率影响的变动程度，表示价格每增加（或减少）1% 时，需求量所降低（或增加）的百分比。

设 E_P 为需求价格弹性系数；Q 为基期需求量；ΔQ 为需求变动量；P 为基期产品价格；Δp 为价格变动量；P_1 为预测期产品价格；Q_1 为预测期需求量。

则需求价格弹性的大小可用下式表示：

$$E_P = \frac{\Delta Q / Q}{\Delta P / P}$$

当企业掌握了某种产品的需求价格弹性和预计需求量时就可预测产品的销售价格。

$$P_1 = P + \Delta P = P + \frac{\Delta Q \cdot P}{Q \cdot E_P} = P \times \left(1 + \frac{\Delta Q}{Q \cdot E_P}\right) = P \times \left(1 + \frac{Q_1 - Q}{Q \cdot E_P}\right)$$

【例 6-34】某企业计划年度预计生产并销售甲产品 25 000 件，上年每件销售价格是 385 元，销售量为 18 500 件，该产品的价格弹性在 -3.8 左右。

要求：确定计划期产品单价在什么水平对企业最为有利。

解：依题意可知

$$E_P = -3.8,\ Q = 18\ 500\ 件,\ P = 385\ 元/件,\ Q_1 = 25\ 000\ 件$$

$$所以\ P_1 = 385 \times \left[1 + \frac{25\ 000 - 18\ 500}{18\ 500 \times (-3.8)}\right] = 349.4\ (元/件)$$

可见，甲产品单位价格下调至 349.4 元对保证完成 25 000 件的产品销售是最为有利的。

项目练习题

一、单项选择题

1. 管理会计中将决策分为确定型决策、风险型决策和不确定型决策的依据是（　　）。

　　A. 决策的重要程度　　　　　　　　　　B. 决策条件的肯定程度

C. 决策规划时期的长短 D. 决策解决的问题内容

2. 在经济决策中，应由中选的最优方案负担的、按所放弃的次优方案潜在收益计算的那部分资源损失，就是（　　）。

A. 增量成本 B. 机会成本
C. 专属成本 D. 沉没成本

3. 企业去年生产某亏损产品的贡献毛益为4 000元，固定成本是1 000元，假定今年其他条件不变，但生产该产品的设备可对外出租，一年增加的收入至少为（　　）元时，应停产该种产品。

A. 2 001 B. 1 001
C. 4 001 D. 3 001

4. 下列决策方法中，能够直接揭示中选的方案比放弃的方案多获得的利润或少发生损失的方法是（　　）。

A. 单位资源贡献毛益法 B. 贡献毛益总额分析法
C. 差别损益分析法 D. 相关损益分析法

5. 下列各项中，属于无关成本的是（　　）。

A. 沉没成本 B. 可避免成本
C. 机会成本 D. 专属成本

6. 在零部件是自制还是外购的决策中，如果零部件的需用量尚不确定，应当采用的决策方法是（　　）。

A. 相关损益分析法 B. 差别损益分析法
C. 相关成本分析法 D. 成本无差别点分析法

7. 在短期经营决策中，企业不接受特殊价格追加订货的原因是买方出价低于（　　）。

A. 正常价格 B. 单位产品成本
C. 单位变动生产成本 D. 单位固定成本

8. 某企业需要一种零部件，经过市场调查，发现外购单价比自制单位变动成本高出2.5元。另外，自制该零部件每年需追加固定成本6 000元，若企业每年该零部件需求量为3 000件，则应（　　）。

A. 外购 B. 自制
C. 两者均可 D. 不能确定

9. 对亏损产品甲产品是否停产进行决策，可采用的判断标准为（　　）。

A. 看甲产品亏损数是否能由盈利产品来弥补，如能弥补，则继续生产
B. 甲产品的亏损数如能由盈利产品来弥补，则应停止生产
C. 甲产品的贡献毛益如为正数，则不应停止生产
D. 甲产品的贡献毛益如为正数，则应停止生产

10. 在管理会计的定价决策中，利润无差别点法属于（　　）。

A. 以成本为导向的定价方法 B. 以需求为导向的定价方法
C. 以特殊要求为导向的定价方法 D. 定价策略

二、多项选择题

1. 下列各项中，属于生产决策相关成本的有（　　）。

A. 增量成本 B. 加工成本
C. 不可避免成本 D. 沉没成本

2. 决策按其重要程度可分为（　　）。
   A. 短期决策　　　　　　　　　　B. 长期决策
   C. 战略决策　　　　　　　　　　D. 战术决策
3. 在是否接受低价追加订货的决策中，如果发生了追加订货冲击正常任务的现象，就意味着（　　）。
   A. 会因此带来机会成本
   B. 追加订货量大于正常订货量
   C. 追加订货量大于绝对剩余生产能力
   D. 因追加订货有特殊要求，故必须追加专属成本
4. 当剩余生产能力无法转移时，亏损产品不应停产的条件有（　　）。
   A. 该亏损产品的贡献毛益率大于零　　B. 该亏损产品的变动成本率小于1
   C. 该亏损产品的贡献毛益大于零　　　D. 该亏损产品的单位贡献毛益大于零
5. 下列各种价格中，符合最优售价条件的有（　　）。
   A. 边际收入等于边际成本时的价格　　B. 边际利润等于零时的价格
   C. 收入最多时的价格　　　　　　　　D. 利润最大时的价格
6. 在进行生产决策时，针对不同的生产决策可采用（　　）等方法。
   A. 贡献毛益总额分析法　　　　　　　B. 单位资源贡献毛益法
   C. 成本无差别点分析法　　　　　　　D. 利润总额分析法

三、判断题

1. 决策分析的实质就是从各种备选方案中做出选择，并一定要选出未来活动的最优方案。（　　）
2. 增量成本是由于产销量不同而引起的成本之差，是一种特殊的差量成本。（　　）
3. 在短期经营决策中，所有的固定成本或折旧费都属于沉没成本。（　　）
4. 对于那些应当停止生产的亏损产品来说，不存在是否应当增产的问题。（　　）
5. 在是否接受低价追加订货的决策中，如果追加订货量大于剩余生产能力，必然会出现与冲击正常生产任务相联系的机会成本。（　　）
6. 在生产经营决策中，必须考虑相关业务量、相关收入和相关成本等因素。（　　）
7. "薄利多销"是市场经济的一般原则，不受商品价格弹性大小的制约。（　　）
8. 当企业拟利用一部分剩余生产能力来扩大某种产品的生产量时，可根据有关产品每单位生产能力所提供的贡献毛益来进行分析、评价，以正确选择增产哪种产品为宜。（　　）
9. 在管理会计的调价决策中，如果调高价格后预计销售量超过利润无差别点销售量，那么就应当调价。（　　）

四、案例分析题

1. 某企业每年生产1 000件甲半成品，其单位变动成本为16元/件，单位完全生产成本为18元/件，出售的单价为20元/件。企业目前已具备将80%的甲半成品深加工为乙产成品的能力，但每深加工一件甲半成品需要追加5元变动加工成本。乙产成品的单价为30元/件。假定乙产成品的废品率为1%。

要求：分别考虑以下三种情况，用差别损益分析法做出是否深加工甲半成品的决策，并说明理由。

（1）假定企业深加工能力无法转移。

（2）假定企业可利用深加工能力承揽零星加工业务，预计可获得贡献毛益4 000元。

（3）同（1），如果追加投入5 000元专属成本，可使企业深加工能力达到100%，并使废品率降为零。

2. 某企业每年需要A零件2 000件，由企业车间组织生产，年总成本为19 000元，其中，固定生产成本为7 000元。经过市场调查，如果从市场上采购该零件，单价为8元／件，同时将剩余生产能力用于加工B零件，可节约外购成本2 000元。

要求：做出是自制还是外购A零件的决策，并说明理由。

3. 某企业常年生产需用的A部件之前一直通过市场采购。当A部件的采购量在5 000件以下时，单价为8元／件；达到或超过5 000件时，单价为7元／件。如果追加投入12 000元专属成本，就可以自行制造该部件，预计单位变动成本为5元／件。

要求：用成本无差别点分析法做出是自制还是外购A零件的决策，并说明理由。

4. 某企业只生产A产品，全年最大生产能力为1 200件。年初已按100元／件的价格接受正常任务1 000件，该产品的单位完全生产成本为80元／件，包括单位固定生产成本25元／件。在生产初期，甲公司以70元／件的价格追加订货。

要求：请考虑以下情况，用差别损益分析法做出是否接受低价追加订货的决策，并说明理由。

（1）剩余生产能力无法转移，追加订货量为200件，不追加专属成本。

（2）剩余生产能力无法转移，追加订货量为200件，但因有特殊要求，企业需追加1 000元专属成本。

（3）同（1），但剩余生产能力可用于对外出租，可获得租金收入5 000元。

（4）剩余生产能力无法转移，追加订货量为300件，但因有特殊要求，企业需追加900元专属成本。

5. 某产品按每件10元的价格出售时，可获得8 000元贡献毛益，贡献毛益率为20%，企业最大生产能力为7 000件。

要求：分别根据以下条件做出是否调价的决策。

（1）将价格调低为9元／件时，预计可实现销售9 000件。

（2）将价格调高为12元／件时，预计可实现销售3 000件。

6. 某企业尚有一定闲置设备台时，拟用于开发一种新产品，现有A和B两个品种可供选择。A品种的单价为100元／件，单位变动成本为60元／件，单位产品台时消耗定额为2小时。此外，还需消耗甲材料，其单耗定额为5千克。B品种的单价为120元／件，单位变动成本为40元／件，单位产品台时消耗定额为8小时，甲材料的单耗定额为2千克。假定甲材料的供应不成问题。

要求：用单位资源贡献毛益法做出开发哪个品种的决策，并说明理由。

7. 某公司生产甲产品，甲产品产量为500件时的有关成本费用资料如下：直接材料20 000元，直接人工11 000元，变动制造费用12 000元，固定制造费用10 000元，销售及管理费用1 800元。已知该公司计划实现30 000元的目标利润。

要求：分别按完全成本法和变动成本法下的成本加成定价法确定目标售价。

8. 广东恒大工厂生产的主要产品有多门电脑控温冰箱、两门恒温冰箱和迷你冰箱。2016年该厂销售部门根据市场需求进行预测，计划部门初步平衡了生产能力，编制了2017年产品生产计划，财会部门打算据此进行产品生产的决策。

该厂多年生产的老产品迷你冰箱，由于造价高、定价低、长期亏损。尽管是亏损产品，但是市场上仍有一定的需求量，为满足市场需要，会继续生产。财会部门根据产品生产计划预测了成本和利润情况，见表6-29。

表6-29　2017年成本、利润预测表　　　　　　　　　　单位：万元

产品	迷你冰箱	两门恒温冰箱	多门电脑控温冰箱	合计
销售收入	604.6	630.7	138.3	1 423.6
销售成本	681.9	564.5	106.8	1 353.2
销售利润	-27.3	66.2	31.5	70.4

厂长阅读了该表以后，对财会部门提出了以下问题：

（1）2017年本厂目标利润能否达到100万元？

（2）迷你冰箱亏损27.3万元，影响企业利润，可否考虑停产？

带着这些问题，财会部门与销售、生产等部门一起研究，寻找对策。若干天后，他们提出了以下三个方案，希望有关专家经过分析比较，确定其中的最优方案。

A方案：停止生产迷你冰箱，按原计划生产两门恒温冰箱和多门电脑控温冰箱。

B方案：停止生产迷你冰箱后，根据生产能力的平衡条件，两门恒温冰箱最多增产40%，多门电脑控温冰箱最多增产10%。

C方案：进一步平衡生产能力，调整产品生产计划。该厂两门恒温冰箱系列是最近几年开发的新产品，由于技术性能好、质量高，颇受用户欢迎，目前已是市场供不应求的产品。因此，根据市场预测，调整产品生产结构，压缩迷你冰箱生产计划30%，两门恒温冰箱在原方案基础上可增产36%。

另外，财会人员运用回归分析法在计算出单位产品变动成本的基础上，计算出了变动成本占销售收入的比例。在2016年的成本资料基础上，考虑到原材料调价因素，其结果见表6-30。

表6-30　变动成本占销售收入的百分比

产品	迷你冰箱	两门恒温冰箱	多门电脑控温冰箱
变动成本占销售收入的百分比	70%	60%	55%

要求：请帮助该工厂的财会人员做出决策。

项目七
长期投资决策

知识目标

○ 了解长期投资的概念、特点、分类及主要影响因素；
○ 熟悉货币时间价值和现金流量的概念；
○ 掌握复利现值、年金现值的计算公式和货币时间价值系数表的运用；
○ 重点掌握针对不同类型的投资项目计算净现金流量的技巧和方法；
○ 能够运用长期投资决策指标对长期投资进行决策。

能力目标

○ 决策分析能力：能理解和分析长期投资决策的相关因素；
○ 数据解读能力：能准确解读和分析与决策相关的数据；
○ 方案制定能力：能制定可行的长期投资决策方案；
○ 团队协作与沟通能力：能与团队成员协作并清晰传达决策意图；
○ 实际操作能力：能将理论知识应用于实际决策场景。

职业素养及思政元素

○ 学习了长期投资决策后，应掌握相关的理论知识，并具备实际应用能力，以便在未来的工作中能够独立完成投资决策任务。
○ 市场在资源配置中起决定性作用；要更好地发挥政府作用。
○ 专注主业与适度相关多元化。

案例导入

克明面业的投资决策

2016年1月24日，克明面业公司第三届董事会第二十次会议审议通过了《关于全资子公司对外投资的议案》，公司将原武汉项目变更为"武汉生产基地年产10万吨面条生产线项目"（简称"武汉项目"），由公司全资子公司武汉克明面业有限公司以自筹资金在武汉市东西湖区食品工业园投资建设。

武汉项目总投资25 811.00万元，建成达产后年均收入52 549.92万元，年净利润为3 024.18万元。税前项目投资财务内部收益率为20.47%，税前项目投资回收期为6.70年（静态/不含建设期）。公司表示，结合现有产能及近五年的发展规划，项目分两个阶段进行建设，第一期投资建设2.5万吨面条生产线、物流仓储中转中心及配套附属设施，2016年年底完成；第二期投资建设7.5万吨面条生产线项目，预计2019年年底前完成。

公司表示，根据未来五年发展规划，公司已规划和建设中的项目产能将在2018年基本达产，2019年将出现新的产能缺口，从谨慎的角度考虑，公司在2019年必须有新的项目开始建设并于年底前投产。选择将武汉生产基地扩建，可以形成规模优势，降低生产及物流成本。与此同时，针对挂面产品同质化竞争激烈的市场现状，公司未来还将通过进一步优化公司治理机构，建立明确的绩效目标考核体系和相关激励机制，稳定技术团队及管理团队并激发起活力；另外，公司将加强内部营销管理，采用销售手段多元化、渠道精耕的方式锁定主要目标市场，保持市场占有率上升态势，同时，制定灵活的产品组合策略、多方位与上下游客户建立稳定的销售关系、不断改进产品工艺以降低市场风险。

思考：（1）你知道长期投资对公司的重要意义吗？
　　　（2）克明面业公司应该如何进行有效的长期投资决策？

任务一　长期投资决策概述

一、长期投资的概念、特点及长期投资决策的意义

1. 长期投资的概念

长期投资是指企业适应今后生产经营上的长远需要，为实现特定的生产经营目的而进行的为期较长（一般超过1年）的投资，通常不能由当年产品销售收入补偿，又称为"资本性支出"。如厂房设备的扩建、改建、更新，资源的开发、利用，现有产品的改造和新产品的试制等方面的支出。

从广义上看，长期投资包括固定资产投资、流动资产投资、无形资产投资、长期有价证券投资等内容；从狭义上看，长期投资一般特指固定资产投资。

2. 长期投资的特点

长期投资的主要特点是投资项目金额较大、资金占用时间较长、对企业业务经营影响较大、要承担更大的风险等。

3. 长期投资决策的意义

长期投资决策就是对企业的各个长期投资方案进行分析、评价和选择，确定最佳方案。长期投资决策对企业具有长远意义，主要作用在于规划企业未来的发展方向、规模，决策执行的结果将形成新的生产经营能力，从而在较长的时间内对企业的业务经营产生持续的影响。做好长期投资决策的关键，就是必须做好投资决策的前期工作，重点是做好可行性研究和项目的经济评价，这也是提高投资效益的重要途径。

二、长期投资的分类

1. 长期投资按其对象分类

长期投资按其投资对象的不同可分为项目投资、证券投资和其他投资三种类型。

（1）项目投资是一种以特定项目为对象，直接与固定资产的购建项目或更新改造项目有关的长期投资行为。它是以形成或改善企业生产能力为最终目的，至少涉及一个固定资产项目的投资。

（2）证券投资则是企业通过让渡资金的使用权而取得某种有价证券，以收取利息、使用费或股

利等形式取得收益而使得资金增值或以获得对特定资源、市场及其他企业控制权为目的的一种投资行为，包括长期债券投资和长期股票投资。

（3）其他投资则是指项目投资和证券投资以外的长期投资，如联营投资等。

2. 长期投资按其动机分类

长期投资按其动机可分为诱导式投资和主动式投资两种类型。

（1）诱导式投资是指因投资环境的改变、科技的进步等，而由生产本身激发出来的投资。

（2）主动式投资是指完全由个人主观决定的投资，它受投资者个人对风险的态度影响。

3. 长期投资按其影响的范围分类

长期投资按其影响的范围可分为战术型投资与战略型投资两种类型。

（1）战术型投资是指只限于局部条件的改善，一般不会改变企业经营方向，影响范围较小的投资。

（2）战略型投资是指通常能够改变企业经营方向，对企业全局产生重大影响的投资。

4. 长期投资按其与再生产类型的联系分类

长期投资按其与再生产类型的联系可分为合理型投资和发展型投资两种类型。

（1）合理型投资是指与简单再生产相联系，为维持原有产品的生产经营而必须进行的投资，如设备的日常维修和一般更新等。

（2）发展型投资是指为扩大再生产所需进行的长期投资，如新增固定资产、扩建厂房等。

5. 长期投资按其直接目标的层次分类

长期投资按其直接目标的层次可分为单一目标投资和复合目标投资两种类型。

（1）单一目标投资包括单纯以增加收入为目标的投资和以节约开支为目标的投资。

（2）复合目标投资的直接目标不是单一的，按照多个目标之间的关系不同又分为主次目标分明型的投资和多目标并列型的投资。

三、长期投资决策的程序

长期投资决策是指企业对长期投资项目的可行性进行分析，并对各可行的投资项目备选方案进行对比，从中确定出最优方案的过程。鉴于长期投资本身具有投入金额大、影响持续时间长、回收慢的特点，其直接影响着企业未来的长期效益与发展，甚至关系到企业的生死存亡。因此，企业通常对长期投资的决策比较慎重，有一套较为严密的程序。

1. 项目规划

项目规划就是根据市场情况以及自身发展的需要，提出项目建设的构想。

2. 编制项目建议书

对项目建设的必要性以及在技术上、财务上、经济上的可行性进行初步分析，并按管理权限报批后，分别列入各级前期工作计划，也就是对项目做出初步决策。

3. 编制可行性研究设计任务书

对项目建议书已批准并已列入前期工作计划的项目，按规定进行可行性研究，具体研究分析项目的产品市场和产、供、销情况及地点、技术设计方案、财务、经济效益等，编制可行性研究报告与设计任务书。

4. 确立项目

可行性研究报告及设计任务书应按管理权限报经有关部门批准，对项目做出最后决策。

以上程序是对基建项目的要求。至于更新改造项目，大中型的应比照基建项目办理，小型的则可根据具体情况简化程序。

会计人员参与长期投资决策,重点在于可行性研究报告的财务、经济效益分析。

任务二　长期投资决策的主要影响因素

长期投资决策是一项复杂的经营决策,需要考虑多种因素。其中较为重要的因素包括货币时间价值、与投资方案相关的现金流量,以及资金成本等。

一、货币时间价值

1. 货币时间价值的概念

货币可以作为资本投放到企业的生产经营中,经过一段时间的资本循环后,会产生利润,这样就产生了货币的增值,即货币的时间价值。

所谓货币的时间价值,一般是指货币随着时间的推移而发生的增值。西方经济学中对货币时间价值的解释是:投资者进行投资(开办企业、购买证券、存入或借出款项等)就必须推迟消费,对投资者推迟消费的行为应该给予报酬,报酬的量与推迟消费的时间长度成正比。因此,货币的时间价值是对投资者推迟消费的一种报酬。它有两种表现形式:绝对数(利息)和相对数(利率)。相对数就是没有风险和没有通货膨胀条件下的社会资金平均利润率,在一定条件下可视同贷款利率。

货币时间价值

例如,小王存入银行 10 000 元,1 年定期,1 年期满后可取出本息和 10 393.30 元,则该货币时间价值的绝对数为利息 393.30 元;相对数为 3.933%(税后)或 4.14%(税前)。

长期投资在较长时间内产生影响,资金的投入和回收发生在不同时点,对不同时点的资金数额进行折算,换算到同一时点上时才具有可比性。因此,货币时间价值是评价长期投资方案的重要因素。

2. 货币时间价值的计算

货币时间价值的计算有两种制度,一是单利制,二是复利制。单利制是每期计算利息时都以基期的本金作为计息的基础,当期的利息不计入下期本金,各期利息额不变的计息制度;复利制是在每一计息期后,将利息加入本金一起计息,使每期利息额递增,利上生利的计息制度。从理论上讲,长期投资决策应以复利计息方式计算货币的时间价值。下面,对复利方式下货币时间价值的计算进行阐述。

(1)复利的计算。

1)复利终值。终值是指一定数额的本金在若干时期后所折合成的本金和利息总额,即本利和。终值的计算是已知本金、利率、期数,求本利和的过程。其计算公式如下:

$$S=P(1+i)^n$$

式中,S 为终值;P 为本金;i 为利率;n 为期数;$(1+i)^n$ 为复利终值系数,用符号 $(S/P, i, n)$ 表示。

因而复利终值的计算公式可表示为

$$S=P(S/P,i,n)$$

在实际应用中,$(S/P, i, n)$ 可通过查阅复利终值系数表,得到所需的复利终值系数。该表的第一行是利率 i,第一列是计息期数 n,相应的 $(1+i)^n$ 值在其纵横相交处。本表的作用不仅在于

已知 i 和 n 时查找 1 元的复利终值，而且，可以在已知 1 元复利终值和 n 时查找 i，或已知 1 元复利终值和 i 时查找 n。

【例 7-1】存入银行定期存款 10 000 元，假定年利率 10%，问 5 年后的终值是多少？

解：
$$S = 10\,000 \times (S/P, 10\%, 5)$$

查"复利终值系数表"，得
$$(S/P, 10\%, 5) = 1.611$$

所以
$$S = 10\,000 \times 1.611 = 16\,110（元）$$

【例 7-2】某人有 12 000 元，拟投入报酬率为 8% 的投资项目，问经过多少年才可使现有货币增加 1 倍？

解：
$$S = 12\,000 \times 2 = 24\,000（元）$$
$$24\,000 = 12\,000 \times (S/P, 8\%, n)$$
$$(S/P, 8\%, n) = 2$$

查"复利终值系数表"，在 $i = 8\%$ 的项下寻找 2，最接近的值为
$$(S/P, 8\%, 9) = 1.999$$

所以，$n = 9$，即 9 年后可使现有货币增加 1 倍。

【例 7-3】现有 12 000 元，欲在 19 年后使其达到原来的 3 倍，选择投资机会时最低可接受的报酬率为多少？

解：
$$S = 12\,000 \times 3 = 36\,000（元）$$
$$36\,000 = 12\,000 (S/P, i, 19)$$
$$(S/P, i, 19) = 3$$

查"复利终值系数表"，在第 19 期这一行，当 i 为 5% 时，复利终值系数为 2.527；当 i 为 6% 时，复利终值系数为 3.026。因此，要求的报酬率一定介于 5% ~ 6%，利用插值法计算得

$$i = 5\% + \frac{3 - 2.527}{3.026 - 2.527} \times (6\% - 5\%) = 5.95\%$$

所以投资机会的最低报酬率为 5.95%，才可使现有货币在 19 年后达到目前的 3 倍。

2）复利现值。复利现值是指未来某一时期一定数额的货币按复利折合成的现在的价值，或者说是为取得将来一定本利和现在所需要的本金。

复利终值的计算是已知本金求本利和，复利现值的计算是已知本利和求本金。因此，复利现值与终值互为逆运算。

根据复利终值的计算公式，可推导出复利现值的计算公式为

$$P = \frac{S}{(1+i)^n} = S(1+i)^{-n}$$

上式中的 $(1+i)^{-n}$ 被称为复利现值系数，或 1 元的复利现值，用符号 $(P/S, i, n)$ 来表示。因而复利现值的计算公式可表示为

$$P = S(P/S, i, n)$$

复利现值系数 $(P/S, i, n)$ 可查复利现值系数表得到。

【例 7-4】某人拟在 5 年后获得本利和 10 000 元，假设投资报酬率为 10%，他现在应投入多少元？

解：$P = S(P/S, i, n) = 10\,000 \times (P/S, 10\%, 5) = 10\,000 \times 0.621 = 6\,210$（元）

3）名义利率与实际利率。复利的计息期不一定总是一年，有可能是季度、月或日。当利息在一年内要复利几次时，给出的年利率叫作名义利率。当一年内复利几次时，计息基础在不断增大，实际得到的利息要比按名义利率计算的利息高。

【例 7-5】 本金 10 000 元，投资 5 年，年利率 8%，每年复利一次，求其本利和与复利息为多少。

解：
$$S = 10\,000 \times (S/P, 8\%, 5) = 10\,000 \times 1.469 = 14\,690 \text{（元）}$$
$$\text{利息} = 14\,690 - 10\,000 = 4\,690 \text{（元）}$$

【例 7-6】 本金 10 000 元，投资 5 年，年利率 8%，每季复利一次，求其本利和与复利息为多少。

解：
$$\text{每季度利率} = 8\% \div 4 = 2\%$$
$$S = 10\,000 \times (S/P, 2\%, 20) = 10\,000 \times 1.486 = 14\,860 \text{（元）}$$
$$\text{利息} = 14\,860 - 10\,000 = 4\,860 \text{（元）}$$

当一年内复利几次时，实际年利率高于名义利率。

实际年利率和名义利率之间的关系是

$$i = \left(1 + \frac{r}{m}\right)^m - 1$$

式中：r 为名义利率；m 为每年复利次数；i 为实际利率。

依例 7-6，得实际年利率为

$$i = \left(1 + \frac{8\%}{4}\right)^4 - 1 = 1.0824 - 1 = 8.24\%$$
$$S = 10\,000 \times (1 + 8.24\%)^5 = 10\,000 \times 1.486 = 14\,860 \text{（元）}$$

（2）年金的计算。年金是指每隔相同时间就发生相等金额的系列收付款项。年金必须同时具备三个条件：一是收付的时间间隔相等；二是每次收付的数额相等；三是款项的收付必须是连续的。例如，等额分期收付款，分期等额偿还的各种偿债基金、养老金、折旧费、保险费等，都属于年金。按照收付的时间，年金可以分为普通年金、预付年金、递延年金、永续年金等。

1）普通年金。普通年金又称后付年金，是指各期期末收付的年金。

a. 普通年金终值计算：普通年金终值是指普通年金的复利终值之和。

【例 7-7】 每年末存入银行 100 元，年利率为 10%，3 年的年金终值为多少？

解：根据复利终值的计算，3 年的年金终值为

$$100 \times (1 + 10\%)^2 + 100 \times (1 + 10\%)^1 + 100 \times (1 + 10\%)^0 =$$
$$100 \times 1.21 + 100 \times 1.1 + 100 \times 1 = 331 \text{（元）}$$

如果年金的期数为 n，年金为 A，利率为 i，年金终值为 S_A，则按复利计算年金终值为

$$S_A = A + A(1+i) + A(1+i)^2 + \cdots + A(1+i)^{n-1}$$

它正好是公比为 $(1+i)$ 的等比数列前 n 项的和，用等比数列求和公式整理得

$$S_A = A \frac{(1+i)^n - 1}{i}$$

上式中的 $\frac{(1+i)^n - 1}{i}$ 称为年金终值系数，或称 1 元的年金终值，用符号 $(S/A, i, n)$ 表示，因而年金终值的计算公式可表示为

$$S_A = A(S/A, i, n)$$

年金终值系数（S/A, i, n）可查年金终值系数表得到。

根据例7-7，用年金终值公式计算：

$$S_A = A(S/A, 10\%, 3)$$

查年金终值系数表得

$$(S/A, 10\%, 3) = 3.31$$
$$S_A = 100 \times 3.31 = 331 （元）$$

与年金终值相关的一个概念是偿债基金。偿债基金是指为使年金终值达到既定金额每期应支付的年金数额。由于普通年金终值 $S_A = A(S/A, i, n)$，因此偿债基金 $A = S_A \dfrac{1}{(S/A, i, n)}$，通常将年金终值系数的倒数 $\dfrac{1}{(S/A, i, n)}$ 称为偿债基金系数。

【例7-8】拟在5年后还清10 000元债务，从现在起每年等额存入银行一笔款项。假设银行存款利率10%，每年需要存入多少元？

解：

$$A = 10\,000 \dfrac{1}{(S/A, 10\%, 5)} = 10\,000 \times \dfrac{1}{6.105} = 10\,000 \times 0.163\,8 = 1\,638 （元）$$

因此，在银行利率为10%时，每年存入1 638元，5年后可得10 000元，可还清债务。

b. 普通年金现值计算：普通年金现值是指普通年金的复利现值和。

【例7-9】假定某人打算连续3年在每年末取出1 000元，如果年利率10%，现在应一次性存入银行多少钱？

解：根据复利现值的计算公式，现在应存入的金额为

$1\,000 \times (1+10\%)^{-1} + 1\,000 \times (1+10\%)^{-2} + 1\,000 \times (1+10\%)^{-3}$
$= 1\,000 \times 0.909\,1 + 1\,000 \times 0.826\,4 + 1\,000 \times 0.751\,3$
$= 1\,000 \times (0.909\,1 + 0.826\,4 + 0.751\,3)$
$= 1\,000 \times 2.486\,8 = 2\,486.8（元）$

如果年金的期数为 n，年金为 A，利率为 i，年金现值为 P_A，则按复利计算年金现值得

$$P_A = A(1+i)^{-1} + A(1+i)^{-2} + \cdots + A(1+i)^{-n}$$

它正好是公比为 $(1+i)^{-1}$ 的等比数列前 n 项的和，根据等比数列求和公式整理得

$$P_A = A \dfrac{1-(1+i)^{-n}}{i}$$

上式中的 $\dfrac{1-(1+i)^{-n}}{i}$ 称为年金现值系数，或称1元的年金现值，用符号（P/A, i, n）表示，因而年金现值的计算公式可表示为

$$P_A = A(P/A, i, n)$$

年金现值系数（P/A, i, n）可查年金现值系数表得到。

根据例7-9，用年金现值公式计算：

$$P_A = A(P/A, i, n) = 1\,000 \times (P/A, 10\%, 3)$$

查年金现值系数表：

$$(P/A, 10\%, 3) = 2.487$$
$$P_A = 1\,000 \times 2.487 = 2\,487（元）$$

与年金现值相关的一个概念是年回收额。年回收额是指为使年金现值达到既定金额每年应收回的年金数额。由于普通年金现值 $P_A = A(P/A, i, n)$，因此，回收额 $A = P_A \dfrac{1}{(P/A, i, n)}$，通常将年金现值系数的倒数 $\dfrac{1}{(P/A, i, n)}$ 称为投资回收系数。

【例 7-10】假设以 10% 的利率借得 10 000 元，投资于某个寿命为 10 年的项目，每年至少要收回多少现金才是有利的？

解：据普通年金现值的计算公式可知：

$$A = P_A \frac{1}{(P/A,i,n)} = 10\ 000 \times \frac{1}{(P/A,10\%,10)}$$

$$= 10\ 000 \times \frac{1}{6.145} = 10\ 000 \times 0.162\ 7 = 1\ 627\ (元)$$

因此，每年至少要收回现金 1 627 元，才能还清贷款本息。

2）预付年金。预付年金是指在每期期初收付的年金，又称即付年金或先付年金。

a. 预付年金终值计算：预付年金终值的计算公式为

$$S_A = A(1+i) + A(1+i)^2 + \cdots + A(1+i)^n$$

式中，各项为等比数列，首项为 $A(1+i)$，公比为 $(1+i)$，根据等比数列的求和公式整理得

$$S_A = A\left[\frac{(1+i)^{n+1}-1}{i} - 1\right]$$

上式中，$\frac{(1+i)^{n+1}-1}{i} - 1$ 与普通年金终值系数相比，期数加 1，而系数减 1，可记作 $[(S/A, i, n+1) - 1]$，并可查普通年金终值系数表得 $(n+1)$ 期的值，减去 1 后得出 1 元预付年金终值。

【例 7-11】$A = 2\ 000$，$i = 8\%$，$n = 6$ 的预付年金终值是多少？

解：

$$S_A = 2\ 000 \times [(S/A, 8\%, 6+1) - 1]$$

查"普通年金终值系数表"得

$$(S/A, 8\%, 7) = 8.923$$

$$S_A = 2\ 000 \times (8.923 - 1) = 15\ 846\ (元)$$

b. 预付年金现值计算：预付年金现值的计算公式为

$$P_A = A + A(1+i)^{-1} + A(1+i)^{-2} + \cdots + A(1+i)^{-(n-1)}$$

式中，各项为等比数列，首项为 A，公比为 $(1+i)^{-1}$，根据等比数列的求和公式整理得

$$P_A = A\left[\frac{1-(1+i)^{-(n-1)}}{i} + 1\right]$$

上式中的 $\frac{1-(1+i)^{-(n-1)}}{i} + 1$ 与普通年金现值系数相比，期数减 1，而系数要加 1，可记作 $[(P/A, i, n-1) + 1]$，并可利用普通年金现值系数表查得 $(n-1)$ 期的值，加上 1 后得出 1 元预付年金现值。

【例 7-12】6 年分期付款购物，每年初付 2 000 元，设银行利率为 10%，该项分期付款相当于一次现金支付的购价是多少？

解：

$$P_A = 2\ 000 \times [(P/A, 10\%, 6-1) + 1] = 2\ 000 \times (3.791 + 1) = 9\ 582\ (元)$$

3）递延年金。递延年金是指第一次收付发生在第二期或第二期以后的年金。

【例 7-13】某递延年金的收付形式如图 7-1 所示。

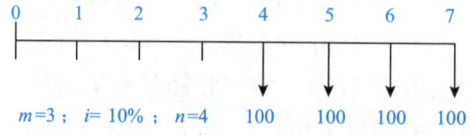

图 7-1　递延年金的收付形式

从图7-1中可以看出，前三期没有发生收付，一般用 m 表示递延期数，本例的 $m=3$。第一次收付在第四期末，连续收付四次，即 $n=4$。

a．递延年金的终值的大小，与递延期无关，故计算方法和普通年金终值相同：

$$S_A = A(S/A, i, n) = 100 \times (S/A, 10\%, 4) = 100 \times 4.641 = 464.1（元）$$

b．递延年金的现值计算有以下两种方法：

第一种方法，是把递延年金视为 n 期普通年金，求出递延期末的现值，然后再将此现值调整到第一期初（即图7-1中0的位置）。

$$P_3 = A(P/A, i, n) = 100 \times (P/A, 10\%, 4) = 100 \times 3.170 = 317（元）$$
$$P_0 = P_3(P/S, i, m) = 317 \times (P/S, 10\%, 3) = 317 \times 0.7513 = 238.1（元）$$

第二种方法，是假设递延期中也进行收付，先求出（$m+n$）期的年金现值，然后扣除实际并未收付的递延期 m 的年金现值，即可得出最终结果。

$$P_{(m+n)} = 100 \times (P/A, i, m+n) = 100 \times (P/A, 10\%, 3+4) = 100 \times 4.868 = 486.8（元）$$
$$P_m = 100 \times (P/A, i, m) = 100 \times (P/A, 10\%, 3) = 100 \times 2.487 = 248.7（元）$$
$$P_n = P_{(m+n)} - P_m = 486.8 - 248.7 = 238.1（元）$$

4）永续年金。无限期定额收付的年金，称为永续年金，如现实中的存本取息。

永续年金无终止时间，故无终值。永续年金的现值可以通过普通年金现值的公式导出：

$$P_A = A \frac{1-(1+i)^{-n}}{i}$$

当 $n \to \infty$ 时，$(1+i)^{-n}$ 的极限为零，故上式可写成 $P_A = A/i$。

【例7-14】拟建立一项永久性的奖学金，每年计划颁发10 000元奖金。若利率为10%，现在存入多少钱？

解：

$$P = 10\,000 \div 10\% = 100\,000（元）$$

上述各种计算货币时间价值的方法，可将不同时间的货币统一在同一时间点上进行比较，排除了由于时间的不同而导致不可比的情况。

二、现金流量

1．现金流量的含义

现金流量是指投资项目在其计算期内因资本循环而发生的各项现金流入与现金流出的统称。它以收付实现制为基础，以反映广义现金运动为内容。在长期投资决策中，都是以现金流量来评价项目经济效益的高低，而不是从传统意义上按财务会计所计算的利润。这是因为相对于利润指标而言，现金流量有以下优点：

（1）现金的收支运动可以及时动态地反映投资的流向与回收的投入产出关系，使决策者处于投资主体的立场，更完整、更全面地评价投资的效益。按权责发生制计算的利润包括未收到现金的收益。这种收益不能真实地反映项目的效益，是因为在不同的时点上收到的现金具有不同的价值，代表不同的收益额，所以以利润作为评价项目的基础就显得不够科学。

（2）采用现金流量，可以回避在贯彻权责发生制时必然要遇到的因存货估价及费用摊配的会计方法不一致而导致不同方案利润指标相关性差、透明度不高的缺陷，使不同投资项目具有相同的计量标准，从而具有可比性。而使用利润指标，由于同一方案在不同的费用分摊方法下可以得出不同的利润额，因而不同方案的利润指标的可比性较差。

（3）利用现金流量，使得应用货币时间价值的形式进行动态投资效果的综合评价成为可能。在利润指标下,不考虑现金收支的时间,本期作为收入的金额也许到下一期才能收到现金。这种时间差在利润中无法得到反映,只能进行一种静态的评价。而采用了现金流量指标后,就可以应用货币时间价值,将不同时期的金额转化为同一时点上的金额,再进行对比,使得对投资项目的动态评价成为可能。

2. 现金流量的具体内容

(1) 现金流入的内容。

1) 营业收入净额是指项目投产后每年实现的全部销售收入或营业收入扣除折扣、折让后的净额。作为经营期现金流入项目,本应按当期现销收入与回收以前应收款的合计数确认,但为简化核算,假定本期赊销额与回收的应收账款大体相等。营业收入净额是经营期主要的现金流入项目。

2) 回收固定资产余值是指投资项目的固定资产在终结点报废清理或中途变价转让处理时所回收的价值,即处理固定资产净收益。

3) 垫支流动资金的收回是指项目计算期完全终止时,回收原垫付的全部流动资金。

4) 其他现金流入是指以上三项以外的现金流入。

(2) 现金流出的内容。

1) 建设投资是指在建设期内按一定生产经营规模和建设内容进行的固定资产、无形资产、开办费等各项投资的总和。

2) 垫支流动资金是指项目投产前、后投放于流动资产项目的投资额。

3) 经营成本又称付现成本,是指在生产经营期内每年发生的用现金支付的成本。某年的经营成本等于当年的总成本费用(含期间费用)扣除该年折旧额、无形资产摊销额等项目后的差额。付现成本是生产经营阶段最主要的流出项目。

4) 各项税款是指项目投产后依法缴纳的各项税款,包括营业税、消费税、所得税等,但不包括价外核算的增值税。

5) 其他现金流出是指不包括在以上项目中的现金流出。

3. 现金流量的有关假定

(1) 全投资假定。按投资项目的范围确定现金流量的内容,将整个投资项目的自有资金和借入资金都视为投资额,作为现金流出计算。

(2) 建设期投入全部资金假定。不论项目的资金是一次投入还是分次投入,除特殊说明外,假定它们都是在建设期内投入的。

(3) 项目计算期假定。投资项目从开始建设到最后报废清理的全部时间称为项目计算期。项目计算期分为建设期和生产经营期两个阶段。项目计算期的第1年年初一般记为0,称为建设起点,第1年年末记为1,第2年年末记为2,以此类推,最后一年年末称为终结点,假定项目最终报废清理均发生在终结点。

(4) 时点假定。为便于进行货币时间价值的计算,不论时点指标还是时期指标,均假定为时点指标处理。

(5) 现金流量符号的假定。假定现金流入用正值表示,现金流出用负值表示。

4. 净现金流量的计算

(1) 净现金流量的含义。

净现金流量又称现金净流量,是指在项目计算期内每年现金流入量与同年现金流出量之间的差额,记作 NCF。它是长期投资决策分析指标计算的重要依据。其理论公式为

$$某年净现金流量(NCF_t)=该年现金流入量-该年现金流出量$$

由于现金流出、流入在项目计算期内的不同阶段内容不同,各阶段净现金流量表现出不同的特

点。在建设期内,净现金流量一般小于零;在经营期内则多大于零。

(2)净现金流量的计算。

1)建设期净现金流量的计算。由于原始投资一般都在建设期内投入,且建设期内一般不会进行营运,因此,建设期的净现金流量即为项目投资额。

建设期某年净现金流量(NCF_t)表示该年发生的投资额。

2)经营期净现金流量的计算。经营期净现金流量可按以下公式计算:

经营期某年净现金流量(NCF_t)=该年净利润+该年折旧+该年摊销额+该年回收额

【例 7-15】某工业项目需要原始投资 300 万元,其中,固定资产投资 260 万元;开办费投资 10 万元;流动资产投资 30 万元。建设期为 1 年,固定资产投资和开办费投资于建设起点投入,流动资金于完工时,即第 1 年年末投入。该项目寿命为 8 年,固定资产按直线法计提折旧,期满有净残值 20 万元;开办费于投产当年一次摊销完毕。预计投产后第 1 年可获利润 10 万元,以后每年递增 5 万元,流动资金于终结点一次收回。试计算各年的净现金流量。

解:依据题意可知:

$$项目计算期=1+8=9(年)$$

$$固定资产年折旧=(260-20)\div 8=30(万元)$$

项目投产后每年可获利润分别为 10 万元、15 万元、20 万元、25 万元、30 万元、35 万元、40 万元、45 万元(共 8 年)。

则:

$$NCF_0=-(260+10)=-270(万元)$$
$$NCF_1=-30(万元)$$
$$NCF_2=10+30+10=50(万元)$$
$$NCF_3=15+30=45(万元)$$
$$NCF_4=20+30=50(万元)$$
$$NCF_5=25+30=55(万元)$$
$$NCF_6=30+30=60(万元)$$
$$NCF_7=35+30=65(万元)$$
$$NCF_8=40+30=70(万元)$$
$$NCF_9=45+30+20+30=125(万元)$$

经营期净现金流量还可根据长期投资决策方案所涉及的资料不同,采用下列公式计算:

营业净现金流量=税后净利润+折旧

=(收入-成本)×(1-税率)+折旧

=[收入-(付现成本+折旧)]×(1-税率)+折旧

=收入×(1-税率)-付现成本×(1-税率)-折旧×(1-税率)+折旧

=收入×(1-税率)-付现成本×(1-税率)+折旧×税率

=税后收入-税后付现成本+折旧抵税

三、资本成本

资金成本是指企业取得和使用资金所付出的代价,通常以百分比表示。资金成本的高低取决于该项资金的来源。该项资金如果是从银行借来的,资金成本就是借款利率;如果是发行债券筹集来的,资金成本就是债券利息、手续费等;如果是增发股票取得的,资金成本就是注册费、手续费、股息等;如果是企业本身自有的,

资金成本

那么，资金成本就是预期的投资报酬率。在市场经济条件下，由于竞争，投资的利润率趋于平均化。每个企业在投资某项目时，至少要取得社会平均利润，否则它可能就要舍弃该项目。因此，在长期投资决策中使用的资金成本通常是社会加权平均的资金成本。

在长期投资决策中，资金成本是评价投资项目在经济上是否可行的基本尺度，只有投资项目的预期报酬率大于其资金成本时，项目才可取；反之，若投资项目的预期报酬率小于资金成本，项目应舍弃。资金成本在长期投资决策分析中通常以贴现率的方式体现。

任务三　长期投资决策分析的基本方法

投资项目决策分析方法，一是非贴现分析法，也叫静态分析法，即使用没有考虑货币时间价值的指标，主要包括回收期、投资报酬率等；二是贴现分析法，也叫动态分析法，即使用考虑了货币时间价值因素的指标，主要包括贴现的回收期、净现值、现值指数、内含报酬率等。

一、非贴现的长期投资决策分析方法

非贴现的长期投资决策分析方法也叫非贴现的现金流量法或静态分析法，是指在进行长期投资决策时没有考虑货币时间价值的一种决策方法。常见的主要有投资回收期法、投资报酬率法等。

1．投资回收期法

投资回收期是指一项投资的现金流入逐步累计至等于现金流出总额，即收回全部原始投资所需的时间。投资回收期法是以投资回收期的长短评价投资方案优劣的一种决策方法。一般来说，回收期越短，收回投资的速度就越快，投资方案所承担的风险也越小。

运用这一方法进行投资决策分析时，应将投资方案的回收期与决策者主观期望的回收期进行比较，若方案回收期小于期望回收期，则方案可行；否则，方案不可行。如果有两个或两个以上的方案均可行，则应选择回收期最短的方案。

计算投资项目方案的回收期有两种方法。

（1）项目方案每年现金净流入量相等时，回收期的计算公式为

$$回收期 = 原始投资额 \div 年现金净流入量$$

【例 7-16】某企业拟进行一项投资，初始投资总额为 500 万元，当年投产，预计寿命为 10 年，每年的现金净流入量预计为 100 万元，试计算其回收期。

解：

$$该方案的回收期 = 500 \div 100 = 5（年）$$

（2）项目方案每年现金净流入量不相等时，只能用逐年累计的方法计算回收期，当累计到现金净流量为 0 时，此年限即为回收期；当累计现金净流量无法直接到 0 时，可利用相邻的正值和负值用插值法计算回收期。

【例 7-17】某企业要进行一项投资，初始投资额为 500 万元，建设期 1 年。第 2 年开始投入使用，经济寿命 6 年，每年的现金净流入量分别为 160 万元、190 万元、200 万元、180 万元、160 万元、160 万元。该企业期望的投资回收期为 4 年。

要求：用回收期法做出决策。

解：该方案累计现金净流量的计算见表 7-1。

表 7-1　某方案累计现金净流量的计算表　　　　　　　　　　单位：万元

年份（第 n 年）	各年现金净流量	累计现金净流量
第 0 年	-500	-500
第 1 年	0	-500
第 2 年	160	-340
第 3 年	190	-150
第 4 年	200	50
第 5 年	180	230
第 6 年	160	390
第 7 年	160	550

从表 7-1 中计算的累计现金净流量可知，该方案的回收期在 3～4 年。

$$投资回收期 = 3 + \frac{150}{200} = 3.75（年）$$

该方案的投资回收期小于企业期望的投资回收期 4 年，所以方案是可行的。

回收期法的优点是计算简单、通俗易懂，但回收期法只反映投资收回速度，不反映投资方案的整个寿命期限的盈利能力。再者，它不考虑投资方案现金流量发生的时间性，忽略了货币时间价值这一重要因素。

2．投资报酬率法

投资报酬率是指一项投资方案平均每年获得的收益与投资额之比，是一项反映投资获利能力的相对数指标。投资报酬率法则是以投资报酬率为标准评价和分析投资方案的方法。投资报酬率有两种不同的计算方法。

（1）以原始投资额为基础，计算投资报酬率，计算公式为

$$投资报酬率 = \frac{年平均净利润}{原始投资额}$$

【例 7-18】某公司拟进行一项投资，有两个方案可供选择，有关资料如表 7-2 所示。

解：根据表 7-2 中的资料，计算两方案的投资报酬率为

A 方案：

$$\frac{15}{100} \times 100\% = 15\%$$

B 方案：

$$\frac{10}{80} \times 100\% = 12.5\%$$

由计算结果可看出，A 方案投资报酬率大于 B 方案的投资报酬率，故前者的效益为佳。

表 7-2　某公司 A、B 投资方案的相关资料

项目	A 方案	B 方案
原始投资额/万元	100	80
预计终了残值/万元	20	10

续表

项目	A 方案	B 方案
预计寿命 / 年	10	10
平均每年净利润 / 万元	15	10

（2）以平均投资额为基础计算投资报酬率。依此计算出的报酬率称为年平均投资报酬率，在整个寿命期内按平均获得的净利与其平均占用的资金额之比计算。

$$年平均投资报酬率 = \frac{年平均净利润}{(初始投资额 - 残值) \div 2} \times 100\%$$

依例 7-18，可计算 A、B 两投资方案的年平均报酬率如下：

A 方案：

$$\frac{15}{(100-20) \div 2} \times 100\% = 37.5\%$$

B 方案：

$$\frac{10}{(80-10) \div 2} \times 100\% = 28.57\%$$

根据计算结果，应选择 A 方案。

投资报酬率评价和分析投资方案的原则是，一项投资方案的投资报酬率越高，其效益越好；反之，其效益越差。只要投资报酬率大于或等于决策者期望的投资报酬率，方案就是可行的；否则，方案不可行。这种方法计算简单，容易理解。其缺点是没有考虑货币的时间价值，不能准确反映各投资方案的真实效益，因而在进行决策分析时只能作为辅助的方法加以运用。

二、贴现的长期投资决策分析方法

贴现的长期投资决策分析方法也叫贴现的现金流量法或动态分析法，是指在进行长期投资决策时考虑货币时间价值的一种决策方法。常见的主要有回收期法、净现值法、现值指数法、内含报酬率法等。

1. 回收期法

贴现的回收期是指按投资项目设定的折现率，用折现的生产经营期现金净流量补偿原始投资现值所需的全部时间，也就是考虑货币时间价值的投资回收期。贴现的回收期法一般只计算包括建设期的回收期。其方案是否可行的标准与非贴现的回收期法相同。贴现的投资回收期法与非贴现的投资回收期法一样，回收期的计算也按现金净流量是否相等不同情形而有不同的计算方法。

（1）年现金净流量相等的计算方法。在年现金净流入量相等的情况下，设投资额现值为 P_A，年现金净流入量为 A，贴现率为 i，投资回收期为 n，根据投资回收期的含义，n 年内所有现金净流入量折成现值后应等于投资额现值，则有

$$年现金净流量 \times 年金现值系数 - 投资额现值 = 0$$

即

$$P_A = A(P/A, i, n)$$

则

$$(P/A, i, n) = \frac{P_A}{A}$$

在投资额现值 P_A、每年净现金流入量 A 以及折现率 i 确定的情况下，只需通过查表计算，便可求得回收期 n 的数值。

【例 7-19】某公司欲购入一台设备。设备价款为 150 000 元。采用该设备后，每年的现金净流入量为 50 000 元。设备预计可使用 6 年，假定贴现率为 10%，该企业期望的投资回收期为 4 年。

要求：用贴现的回收期法做出决策。

解：由题意可知，投资额现值为 150 000 元，年净现金流入量为 50 000 元，折现率为 10%。设回收期为 n，则有

$$(P/A, 10\%, n) = \frac{150\ 000}{50\ 000} = 3$$

查年金现值系数表可知，在 10% 的折现率下，回收期为 3 年时，年金现值系数为 2.487；回收期为 4 年时，年金现值系数为 3.176。可见，回收期 n 必定在 3～4 年，利用插值法：

$$n = 3 + \frac{3 - 2.487}{3.176 - 2.487} = 3.74\ (年)$$

所以 3.74 年后公司便可收回全部投资，方案是可行的。

（2）年现金净流入量不相等的计算方法。与非贴现的回收期法一样，也需要运用各年年末的累计净现金流量的办法计算投资回收期，所不同的是在累计时，需将各年末的净现金流量折成现值。

【例 7-20】某企业一项固定资产投资的现金净流量见表 7-3。企业设定的折现率为 8%，期望贴现的回收期为 4 年。

要求：采用贴现的回收期法评价该方案是否可行。

表 7-3 某企业某项固定资产投资   单位：万元

年份（第 n 年）	第 0 年	第 1 年	第 2 年	第 3 年	第 4 年	第 5 年	第 6 年	第 7 年	第 8 年
年现金净流量	−200	−100	100	140	140	120	100	120	130

解：根据已知资料计算贴现的固定资产回收期，见表 7-4。

表 7-4 某企业某项固定资产投资回收期计算的现金净流量表   单位：万元

年份（第 n 年）	年现金净流量	复利现值系数	折现的现金净流量	累计折现的现金净流量
第 0 年	−200	1	−200	−200
第 1 年	−100	0.926	−92.6	−292.6
第 2 年	100	0.857	85.7	−206.9
第 3 年	140	0.794	111.16	−95.74
第 4 年	140	0.735	102.9	7.16
第 5 年	120	0.681	81.72	88.88
第 6 年	100	0.63	63	151.88
第 7 年	120	0.584	70.08	221.96
第 8 年	130	0.54	70.2	292.16

从表 7-4 中可以看出，该方案的投资回收期在 3～4 年，利用插值法计算如下：

$$回收期 = 3 + \frac{95.74}{102.9} = 3.93\ (年)$$

该方案贴现的投资回收期为 3.93 年，小于期望贴现的回收期（4 年），故该方案可行。

贴现回收期法考虑了货币时间价值，能客观地评价投资方案，但仍无法揭示回收期后继续发生

的现金流量变动情况，因而无法反映投资项目本身的盈利情况，有一定的片面性。

2. 净现值法

净现值法是以投资方案的净现值作为标准评价和分析投资方案的方法。所谓净现值，是指在寿命期内的全部现金流入现值减去全部现金流出现值后的余额，即一项投资未来报酬总现值超过原投资额现值的金额，用 NPV 表示。净现值的计算公式如下：

净现值法

净现值＝生产经营期各年现金净流量的现值－投资额的现值

净现值实际上是一项投资在实现其必要报酬率后多得的报酬的现值。若一项投资方案的净现值大于零，则说明方案是可行的；若小于零，则说明方案不可行。

【例 7-21】设贴现率为 10%，有三个投资方案，有关数据见表 7-5。

要求：采用净现值法对各方案进行评价。

表 7-5　A、B、C 三个投资方案的相关资料　　　　　　　　单位：元

年份 （第 n 年）	A 方案		B 方案		C 方案	
	净收益	现金净流量	净收益	现金净流量	净收益	现金净流量
第 0 年		（20 000）		（9 000）		（12 000）
第 1 年	1 800	11 800	(1 800)	1 200	600	4 600
第 2 年	3 240	13 240	3 000	6 000	600	4 600
第 3 年			3 000	6 000	600	4 600
合计	5 040	5 040	4 200	4 200	1 800	1 800

解：

净现值（A）＝（11 800×0.909＋13 240×0.826）－20 000＝21 662－20 000＝1 662（元）

净现值（B）＝（1 200×0.909＋6 000×0.826＋6 000×0.751）－9 000＝10 553－9 000＝1 553（元）

净现值（C）＝4 600×2.487－12 000＝11 440－12 000＝-560（元）

A、B 两项投资的净现值为正数，说明两方案的报酬率超过 10%，这两个方案是可以接受的。C 方案净现值为负数，说明该方案的报酬率达不到 10%，因而应予放弃。

需要注意的是，净现值法只能应用于各被选方案投资额相等的情况。如果各被选方案投资额不相等，则单纯看净现值的绝对额不能做出正确的评价。因为在投资额不同的情况下，不同方案的净现值不具有可比性，此时，还应结合其他投资决策方法进行评价。

3. 现值指数法

现值指数法也叫获利能力指数法，是以现值指数为标准评价和分析投资方案的方法。所谓现值指数，是指投资方案未来报酬的总现值与原投资额现值之比，它说明每元投资额未来可以获得报酬的现值是多少。现值指数的计算公式如下：

$$现值指数 = \frac{投产各年现金净流量的现值总额}{原始投资现值总额}$$

如果现值指数大于 1，则说明投资报酬率已超过预定的贴现率；如果现值指数小于 1，表明投资报酬率达不到预定的贴现率。所以，只有当现值指数大于 1，投资方案才可行。当两个以上投资方案的现值指数都大于 1，应选择现值指数最大的方案。因为现值指数是一个相对数指标，各投资方案的现值指数具有可比性。

【例7-22】根据例7-21的资料，要求用现值指数法对各方案进行评价。

解：3个方案的现值指数如下：

$$现值指数（A）= 21\ 662 \div 20\ 000 = 1.08$$
$$现值指数（B）= 10\ 553 \div 9\ 000 = 1.17$$
$$现值指数（C）= 11\ 440 \div 12\ 000 = 0.95$$

A、B两项投资的现值指数都大于1，说明两方案都是可行的。C项投资的现值指数小于1，说明C方案不可行。另外，方案B的现值指数大于方案A，则表明方案B的报酬率高于方案A。

4．内含报酬率法

内含报酬率法是根据方案本身内含报酬率来评价方案优劣的一种方法。所谓内含报酬率，是指能够使未来现金流入量现值等于未来现金流出量现值的贴现率，或者说是使投资方案净现值为零的贴现率。

净现值法和现值指数法虽然考虑了货币的时间价值，可说明投资方案高于或低于某一特定的投资报酬率，但没揭示方案本身可以达到的具体的报酬率是多少。内含报酬率是根据方案的现金流量计算的，是方案本身的投资报酬率。当内含报酬率大于资金成本时，方案可取；反之，则方案不可取。如果两个或两个以上方案的内含报酬率均大于资金成本，应选取内含报酬率最高的方案。内含报酬率的计算方法按年现金净流入量是否相等分为两种。

（1）年现金净流入量不相等。在年现金净流入量不相等的情况下，内含报酬率的计算通常需要用"逐步测试法"。首先估计一个贴现率，用它来计算方案的净现值；如果净现值为正数，说明方案本身的报酬率超过估计的贴现率，应提高贴现率后进一步测试；如果净现值为负数，说明方案本身的报酬率低于估计的贴现率，应降低贴现率后进一步测试。

【例7-23】根据例7-21中的A、B两方案的资料，求A、B两方案的内含报酬率。

解：根据例7-21的计算结果，已知当贴现率为10%时，A方案的净现值为正数，说明它的投资报酬率大于10%，因此，应提高贴现率进一步测试。以18%为贴现率进行测试，结果净现值为-499元。下一步降低到16%重新测试，结果净现值为9元，已接近于零。测试过程见表7-6。用插值法求得

$$内含报酬率（A）= 16\% + \left(2\% \times \frac{9}{9+499}\right) = 16.04\%$$

表7-6 A方案内含报酬率的测试

年份（第n年）	现金净流量/元	贴现率＝18%		贴现率＝16%	
		贴现系数	现值/元	贴现系数	现值/元
第0年	（20 000）	1	（20 000）	1	（20 000）
第1年	11 800	0.847	9 995	0.862	10 172
第2年	13 240	0.718	9 506	0.743	9 837
净现值			（499）		9

B方案用18%作为贴现率测试，净现值为-22元，下一步降低到16%重新测试，结果净现值为338元，测试过程见表7-7。用插值法求得

$$内含报酬率（B）= 16\% + \left(2\% \times \frac{338}{338+22}\right) = 17.88\%$$

表 7-7　B 方案内含报酬率的测试

年份 （第 n 年）	现金净流量/元	贴现率＝18%		贴现率＝16%	
		贴现系数	现值/元	贴现系数	现值/元
第 0 年	（9 000）	1	（9 000）	1	（9 000）
第 1 年	1 200	0.847	1 016	0.862	1 034
第 2 年	6 000	0.718	4 308	0.743	4 458
第 3 年	6 000	0.609	3 654	0.641	3 846
净现值			（22）		338

如资金成本是 10%，则 A、B 两方案都可接受，且 B 方案的实际报酬率高于 A 方案。

（2）年现金净流入量相等。在年现金净流入量相等的情况下，可先求出使得净现值为零的年金现值系数，在确定了年金现值系数与 n 后，通过查年金现值系数表确定内含报酬率的范围，用插值法求内含报酬率。

【例 7-24】根据例 7-21 中的 C 方案资料，求 C 方案的内含报酬率。

解：C 方案各期现金净流入量相等，符合年金形式，内含报酬率可直接利用年金现值系数表来确定，不需要进行逐步测试。

使得净现金流量为零的年金现值系数为

$$(P/A, i, 3) = \frac{12\,000}{4\,600} = 2.609$$

查阅"年金现值系数表"，寻找 $n = 3$ 时系数 2.609 所指的利率。查表结果，与 2.609 接近的现值系数 2.624 和 2.577 分别指向 7% 和 8%。用插值法确定方案的内含报酬率：

$$\text{内含报酬率（C）} = 7\% + \left(1\% \times \frac{2.624 - 2.609}{2.624 - 2.577}\right) = 7\% + 0.32\% = 7.32\%$$

假设资金成本是 10%，那么 C 方案不可以接受。

5. 净现值、现值指数和内含报酬率之间的关系

三个指标均是贴现的长期投资决策评价指标，它们之间的关系如下：

若净现值＞0，则现值指数＞1，内含报酬率＞资金成本；
若净现值＝0，则现值指数＝1，内含报酬率＝资金成本；
若净现值＜0，则现值指数＜1，内含报酬率＜资金成本。

任务四　长期投资决策的分析与应用

计算评价指标的目的是为长期投资决策提供定量依据，进行项目的优选。由于评价指标的运用范围不同、评价指标的自身特征不同，以及评价指标之间的关系比较复杂，必须根据具体运用范围确定如何运用评价指标。

一、单一独立投资项目的决策

在只有一个投资项目可供选择的条件下,主要根据净现值、内含报酬率来判断项目的可行性。如果净现值大于零,内含报酬率大于设定的贴现率,则项目是可行的;反之,应拒绝这一投资项目。投资回收期与年平均投资报酬率可作为辅助指标,其结果可用于参考。例如,投资回收期较长,则表明是有一定风险的。

【例 7-25】某企业购入机器一台,价值 24 000 元,可用 5 年。每年税后净利 5 200 元。以直线法计提折旧。假定贴现率为 10%,计算该项目的净现值、现值指数、内含报酬率、贴现投资回收期,并判断该项目是否可行。

解:

$$净现金流量 NCF = 5\ 200 + 4\ 800 = 10\ 000(元)$$

$$净现值 NPV = 10\ 000 \times (P/A, 10\%, 5) - 24\ 000 = 10\ 000 \times 3.791 - 24\ 000 = 13\ 910(元)$$

$$现值指数 = \frac{37\ 910}{24\ 000} = 1.58$$

$$年金现值系数(净现值为零) = \frac{24\ 000}{10\ 000} = 2.4$$

查表可得:$(P/A, 10\%, 2) = 1.736$;$(P/A, 10\%, 3) = 2.487$

$$投资回收期 = 2 + \frac{2.4 - 1.736}{2.487 - 1.736} = 2.88(年)$$

查表可得:$(P/A, 30\%, 5) = 2.436$;$(P/A, 35\%, 5) = 2.22$

$$内含报酬率 = 30\% + \frac{2.436 - 2.4}{2.436 - 2.22} \times (35\% - 30\%) = 30.83\%$$

由于净现值大于 0,内含报酬率大于设定的贴现率 10%,因此项目是可行的,并且风险也不大。

【例 7-26】某项目投资 70 000 元,一年后建成。第二年起每年有销售收入 114 000 元,每年的料、工、费付现成本为 65 000 元,项目建成后可用 5 年,以直线法计提折旧,贴现率为 10%,所得税税率为 25%,期望的回收期为 4 年(含建设期)。要求用净现值、动态投资回收期对该项目进行评价。

解:

$$NCF = \left[114\ 000 - \left(65\ 000 + \frac{70\ 000}{5}\right)\right] \times (1 - 25\%) + \frac{70\ 000}{5} = 40\ 250(元)$$

$$NPV = 40\ 250 \times (P/A, 10\%, 5) \times (P/S, 10\%, 1) - 70\ 000$$
$$= 40\ 250 \times 3.791 \times 0.909 - 70\ 000 = 68\ 702(元)$$

投资回收期也可按年现金净流入量相等的方法计算,但是要先将投资折算至第二年初,即

$$70\ 000 \times (1 + 10\%) = 77\ 000(元)$$

$$年金现值系数(净现值为零) = \frac{77\ 000}{40\ 250} = 1.92$$

查表得:$(P/A, 10\%, 2) = 1.736$;$(P/A, 10\%, 3) = 2.487$。

$$投资回收期 = 2 + \frac{1.92 - 1.736}{2.487 - 1.736} = 2.25(年)$$

再加上一年建设期,即为 3.25 年。

该投资项目净现值大于 0,投资回收期小于期望的回收期,所以方案是可行的。

【例 7-27】假定例 7-26 中的投资不是一次性发生的,第一年初发生 40 000 元,第二年初发生

30 000 元，其余资料不变。请用净现值、动态投资回收期对该项目进行评价。

由于本例的投资不是全部发生在第一年的年初，因此投资额也存在贴现问题。

$NPV = 40\,250 \times (P/A, 10\%, 5) \times (P/S, 10\%, 1) - [40\,000 + 30\,000 \times (P/S, 10\%, 1)]$
$= 40\,250 \times 3.791 \times 0.909 - [40\,000 + 30\,000 \times 0.909] = 71\,432.27（元）$

投资回收期计算见表 7-8。

表 7-8 投资回收期计算表 单位：元

年份（第 n 年）	年现金净流量	复利现值系数	折现的现金净流量	累计折现的现金净流量
第 0 年	-40 000	1	-40 000	-40 000
第 1 年	-30 000	0.909	-27 270	-67 270
第 2 年	40 250	0.826	33 246.5	-34 023.5
第 3 年	40 250	0.751	30 227.75	-3 795.75
第 4 年	40 250	0.683	27 490.75	23 659

从表 7-8 中可以看出，该方案的投资回收期在 3～4 年，利用插值法计算如下：

$$回收期 = 3 + \frac{3\,795.75}{27\,490.75} = 3.14（年）$$

该投资项目净现值大于 0，投资回收期小于期望的回收期，所以方案是可行的。

【例 7-28】某企业拟投资 310 000 元购置设备一台，可用 10 年，期满后有残值 10 000 元。使用该设备，每年可增加销售收入 250 000 元，每年付现成本将增加 178 000 元。假定采用直线法计提折旧，贴现率为 12%，所得税税率为 25%。请用净现值对该项目进行评价。

$$NCF_0 = -10\,000$$

$$NCF_{1\sim9} = \left[250\,000 - \left(178\,000 + \frac{310\,000 - 10\,000}{10}\right)\right] \times (1 - 25\%) + \frac{310\,000 - 10\,000}{10}$$
$$= 31\,500 + 30\,000 = 61\,500（元）$$

$$NCF_{10} = 61\,500 + 10\,000 = 71\,500（元）$$

$$NPV = 61\,500 \times (P/A, 12\%, 9) + 71\,500 \times (P/S, 12\%, 10) - 310\,000$$
$$= 61\,500 \times 5.328 + 71\,500 \times 0.322 - 310\,000$$
$$= 327\,672 + 23\,023 - 310\,000 = 40\,695（元）$$

净现值大于 0，该项目是可行的。

二、多个互斥投资项目的决策

投资一个项目时，有多个方案可供选择，采纳某一方案就会排除其他方案，各方案之间具有互斥性，这些方案即为互斥方案。在这种情况下，即使方案的净现值大于零，内含报酬率大于设定的贴现率，方案也不一定能中选。因为满足上述条件的方案可能不止一个，要根据各个方案的使用年限、投资额相等与否等信息，采用不同的方法做出选择。

更新改造决策

1. 使用年限相等

在使用年限相等情况下，还应根据投资额是否相等而采用不同的方法进行判断。

（1）投资额相等。在对使用年限相同并且投资额相等的互斥方案进行评价时，可计算净现值或内含报酬率，哪个方案的净现值或内含报酬率高，哪个方案最优。

【例 7-29】某企业面临着两个投资方案，投资额均为 450 000 元，都能使用 5 年。A 方案每年现金净流入量为 150 000 元，B 方案各年现金净流入量分别为 120 000 元、140 000 元、160 000 元、180 000 元与 200 000 元。由于资金有限，只能两者取一，如果贴现率为 12%，请做出选择。

解：$NPV_A = 150\,000 \times (P/A, 12\%, 5) - 450\,000 = 150\,000 \times 3.605 - 450\,000 = 90\,750$（元）

$NPV_B = 120\,000 \times (P/S, 12\%, 1) + 140\,000 \times (P/S, 12\%, 2) + 160\,000 \times (P/S, 12\%, 3) + 180\,000 \times (P/S, 12\%, 4) + 200\,000 \times (P/S, 12\%, 5) - 450\,000$

$= 120\,000 \times 0.893 + 140\,000 \times 0.797 + 160\,000 \times 0.712 + 180\,000 \times 0.636 + 200\,000 \times 0.567 - 450\,000 = 110\,540$（元）

由于 B 方案的净现值大于 A 方案的净现值，因此应投资 B 方案。

（2）投资额不等。当多个互斥方案的投资额不相等时，只凭净现值或内含报酬率很难区分方案的优劣，通常采用差量投资净现值或差量投资内含报酬率来评判方案的好坏。

【例 7-30】某企业决定投资一个项目，可供选择的有 A、B 两个方案。A 方案的投资为 70 000 元，各年的现金净流入量分别为 21 000 元、25 000 元、35 000 元和 30 000 元；B 方案的投资为 50 000 元，各年的现金净流入量分别为 20 000 元、20 000 元、20 000 元和 20 000 元。如果贴现率为 10%，请做出选择。

由于本例两个方案的投资额不同，因此应该采用差量投资净现值来做出选择。

$\Delta NPV_{(A-B)} = (21\,000 - 20\,000) \times (P/S, 10\%, 1) + (25\,000 - 20\,000) \times (P/S, 10\%, 2) + (35\,000 - 20\,000) \times (P/S, 10\%, 3) + (30\,000 - 20\,000) \times (P/S, 10\%, 4) - (70\,000 - 50\,000)$

$= 1\,000 \times 0.909 + 5\,000 \times 0.826 + 15\,000 \times 0.751 + 10\,000 \times 0.683 - 20\,000 = 3\,134$（元）

本例表明 A 方案比 B 方案多投资 20 000 元，在以后的 4 年中，分别多流入了 1 000 元、5 000 元、15 000 元和 10 000 元。这 4 年的 ΔNCF 考虑了货币时间价值，抵补了投资差额后还净赚 3 134 元，即差量投资净现值大于零，因此 A 方案优于 B 方案。

2. 使用年限不等

在使用年限不等的情况下，不能简单地根据净现值或内含报酬率来评价项目，通常可根据不同的情况采用年回收额法、年平均成本法。

（1）年回收额法。在各方案使用年限不等，并且年收入不同的情况下，可采用年回收额法，即某一方案的年回收额等于该方案的净现值除以 n 年的年金现值系数，其实质是将净现值总额分摊到每一年，然后将各方案以年为单位进行比较，哪个方案年回收额大即年均净现值大，则可认为哪个方案好。

【例 7-31】某公司拟更新一台旧设备，以提高效率、降低营运成本。旧设备原值 85 000 元，净值为 55 000 元，年折旧额为 10 000 元，已用 3 年，尚可使用 5 年，5 年后残值为 6 000 元。旧设备的变现价值为 35 000 元。使用旧设备每年收入 80 000 元，营运成本 60 000 元。新设备购置价格为 126 000 元，可用 6 年，报废时残值 7 000 元，年折旧 20 000 元。使用新设备每年可增加收入 12 000 元，同时降低营运成本 17 000 元。假定贴现率为 10%，所得税税率为 40%。请做出设备是否要更新的决策。

解：本例由于使用年限不一样，因此要分别计算继续使用旧设备和更新设备的年回收额。

第一步，先分别计算两个方案各年的税后现金流量。

继续使用旧设备的税后现金流量为

$$NCF_0 = -35\,000\,（元）$$

$$NCF_{1\sim 4} = [80\,000 - (60\,000 + 10\,000)] \times (1 - 40\%) + 10\,000 = 16\,000\,（元）$$

$$NCF_5 = 16\,000 + 6\,000 = 22\,000\,（元）$$

采用新设备的税后现金流量为

$NCF_0 = -126\,000 + (55\,000 - 35\,000) \times 40\% = -126\,000 + 8\,000 = -118\,000$（元）

其中，$(55\,000 - 35\,000) \times 40\% = 8\,000$（元）为营业外支出抵税。因此，在采用新设备的第0年加上8 000元，也可以将其作为继续使用旧设备的机会成本来处理。

$NCF_{1\sim5} = [(80\,000 + 12\,000) - (60\,000 - 17\,000 + 20\,000)] \times (1 - 40\%) + 20\,000$
$= 17\,400 + 20\,000 = 37\,400$（元）

$NCF_6 = 37\,400 + 7\,000 = 44\,400$（元）

第二步，算出两个方案的净现值。

$NPV_{旧} = 16\,000 \times (P/A, 10\%, 4) + 22\,000 \times (P/S, 10\%, 5) - 35\,000$
$= 16\,000 \times 3.17 + 22\,000 \times 0.621 - 35\,000 = 29\,382$（元）

$NPV_{新} = 37\,400 \times (P/A, 10\%, 5) + 44\,400 \times (P/S, 10\%, 6) - 118\,000$
$= 37\,400 \times 3.791 + 44\,400 \times 0.564 - 118\,000 = 48\,825$（元）

第三步，算出年均净现值，即年回收额。

$$继续使用旧设备的年回收额 = \frac{29\,382}{(P/A, 10\%, 5)} = \frac{29\,382}{3.791} = 7\,750 \text{（元）}$$

$$采用新设备的年回收额 = \frac{48\,825}{(P/A, 10\%, 6)} = \frac{48\,825}{4.355} = 11\,211 \text{（元）}$$

由上述计算可知，采用新设备的年回收额高于继续使用旧设备的年回收额，因此应该更新。

（2）年平均成本法。在各方案使用年限不等，收入相同的情况下，可采用年平均成本法。当收入相同时，通常可以比较成本，但是由于使用年限不同，所以比较总成本并无意义，唯一的分析方法是比较各个方案的年均成本。具体步骤如下：

首先，计算各方案的总成本现值。

其次，将总成本现值分摊到每一年，只需将总成本现值除以n年的年金现值系数就可得到，其原理与计算年回收额相同。

【例7-32】某企业有一台旧设备，工程技术人员提出更新要求，有关数据见表7-9。如果贴现率为10%，请问是否要更新。

$$继续使用旧设备的年平均成本 = \frac{70\,000 + 120\,000 \times (P/A, 10\%, 5) - 2\,000 \times (P/S, 10\%, 5)}{(P/A, 10\%, 5)}$$

$$= \frac{70\,000 + 120\,000 \times 3.791 - 2\,000 \times 0.621}{3.791} = 138\,137.16 \text{（元）}$$

表7-9 某企业备选方案的相关资料

指标	旧设备	新设备
原值/元	220 000	300 000
预计使用年限/年	8	8
已经使用年限/年	3	0
最终残值/元	2 000	3 000
变现价值/元	70 000	300 000
年运营成本/元	120 000	80 000

更新方案的年均成本 $=\dfrac{300\,000+80\,000\times(P/A,10\%,8)-3\,000\times(P/S,10\%,8)}{(P/A,10\%,8)}$

$=\dfrac{300\,000+80\,000\times 5.335-3\,000\times 0.467}{5.335}=135\,969.82$（元）

由于更新方案的年均成本低于继续使用旧设备的年均成本，因此应该更新。

在上述计算中，旧设备的原值与净值是沉没成本，与决策无关，应考虑其变现价值。变现价值为机会成本，属于相关成本。

项目练习题

一、单项选择题

1. 对于一个长期投资决策，应从整个国民经济现状及发展的角度宏观地分析该项目是否可行、是否有发展前景，尤其应该考虑其是否满足环保要求，这是指（　　）。

   A. 国民经济可行性分析　　　　　　B. 财务可行性分析
   C. 技术可行性分析　　　　　　　　D. 环保可行性分析

2. 在写出投资项目可行性分析报告的基础上，企业应做出最后的决策。投资额特别大的项目应由（　　）投票表决。

   A. 董事会　　　　　　　　　　　　B. 股东大会
   C. 财务经理　　　　　　　　　　　D. 投资部经理

3. （　　）是指在可以比较准确地预测未来的相关因素时所进行的投资，其现金流量稳定，投资收益可以准确确定，决策过程相对比较简单。

   A. 独立项目　　　　　　　　　　　B. 互斥项目
   C. 互补项目　　　　　　　　　　　D. 相关成本和无关成本

4. 建设期资本化利息是指在建设期发生与（　　）有关的借款利息。

   A. 存货　　　　　　　　　　　　　B. 流动资产
   C. 固定资产　　　　　　　　　　　D. 无形资产

5. 当建设期不为零时，建设期各年内的净现金流量可能（　　）。

   A. 小于 0　　　　　　　　　　　　B. 等于 0
   C. 大于 0　　　　　　　　　　　　D. 等于 1

6. 一个独立项目可行的条件是（　　）。

   A. 投资回收期＜标准回收期　　　　B. 投资利润率＞资金成本
   C. $NPV>0$　　　　　　　　　　　D. $NPV<0$

7. 对于多个投资方案组合的决策，在资金总量不受限制的情况下，可按每一项目的（　　）大小排队，确定优先考虑的项目顺序。

   A. 净现值 NPV　　　　　　　　　B. $NPVR$
   C. 内含报酬率　　　　　　　　　　D. 现值指数

8. 年等额净回收额法是指根据所有投资项目的年等额净回收额指标的大小来选择最优项目的一种投资决策方法。某一方案年等额净回收额等于该方案（　　）与相关的资本回收系数的乘积。

   A. 净现金流量　　　　　　　　　　B. 净现值
   C. 净利润　　　　　　　　　　　　D. 现金流入量

二、多项选择题

1. 长期投资项目对企业的生产经营活动产生长期影响，因为其（　　），对企业的长期获利能力具有决定性的影响。

   A. 投资额大　　　　　　　　　　　B. 风险高
   C. 影响时间长　　　　　　　　　　D. 价值具有不确定性

2. 一般来说，降低成本型投资项目（　　）。

   A. 能够扩大产品生产规模
   B. 一般不增加收入
   C. 能够降低成本支出
   D. 评价时一般只需要比较相关成本孰低，即可做出决策

3. 下列各项属于现金流入量的有（　　）。

   A. 营业收入　　　　　　　　　　　B. 残值回收额
   C. 流动资金回收额　　　　　　　　D. 建设投资

4. 在经营期的任何一年内的净现金流量等于（　　）。

   A. 原始投资额的负值
   B. 原始投资与资本化利息
   C. 该年现金流入量与其流出量之差
   D. 该年利润加折旧、摊销和利息

5. 使各年利润分布与现金流量分布不同的因素是（　　）。

   A. 折旧方法　　　　　　　　　　　B. 存货计价方法
   C. 间接计入费用分配方法　　　　　D. 收现率

6. 对于同一个项目的财务可行性进行评价，下列各项指标的结论肯定一致的是（　　）。

   A. 回收期　　　　　　　　　　　　B. 投资利润率
   C. 净现值　　　　　　　　　　　　D. 内含报酬率

7. 对多个投资方案组合进行决策，当资金总量受到限制时，需按（　　）的大小，结合净现值 NPV 进行各种组合排队，从中选出能使 $\sum NPV$ 最大的组合。

   A. 净现值 NPV　　　　　　　　　　B. $NPVR$
   C. 内含报酬率　　　　　　　　　　D. 现值指数

三、判断题

1. 对于工业企业来说长期投资就是固定资产投资。　　　　　　　　　　　　　（　　）
2. 相关性项目一定是互斥项目。　　　　　　　　　　　　　　　　　　　　　（　　）
3. 对于降低成本型投资项目的评价一定要考虑收入对企业的影响。　　　　　　（　　）
4. 企业面临的长期投资决策大多数属于确定性决策。　　　　　　　　　　　　（　　）
5. 财务管理中的现金流量与财务会计中的现金流量含义一致。　　　　　　　　（　　）
6. 一个投资方案在项目计算期内任一年度的净现金流量等于该年的利润、折旧、摊销、借款利息和回收额之和。　　　　　　　　　　　　　　　　　　　　　　　（　　）
7. 资本化利息不应该计算为建设期项目现金流出量。　　　　　　　　　　　　（　　）
8. 对互斥项目进行选择时，净现值最大的项目一定是最佳项目。　　　　　　　（　　）
9. 对于同一个项目的主要指标与次要指标得到的结论肯定是一致的。　　　　　（　　）
10. 对于投资金额和期限不同的项目，年等额净回收额可用来比较项目优劣。　　（　　）

四、案例分析题

1. 有两个投资额相等的项目可供选择，投资获利的有效期均为 10 年。第一个项目 10 年内每年年末可回收投资 20 000 元，第二个项目前 5 年每年年末回收 25 000 元，后 5 年每年年末回收 15 000 元，银行利率为 10%。

要求：通过计算分析哪一个项目获利更大。

2. 城达科技公司有一投资项目需要投入固定资产 300 万元，建设期资本化利息为 50 万元，经营期为 5 年，固定资产期满残值收入 30 万元。该项目投产以后，预计年营业收入 160 万元，年经营成本 60 万元。经营期每年支付借款利息 35 万元，经营期结束时还本。该企业采用直线法计提折旧。所得税税率为 25%，资金成本率为 10%。

要求：

（1）计算该投资项目静态投资回收期；

（2）计算该投资项目的净现值、净现值率及获利指数；

（3）根据计算结果，评价该投资项目的可行性。

3. 某公司需要新建一个项目，该项目的折现率为 10%。现有甲、乙两个备选方案，相关资料如下：

甲方案的原始投资额为 1 000 万元，在建设起点一次投入，项目的计算期为 6 年，净现值为 150 万元。

乙方案的原始投资额为 950 万元，在建设起点一次投入，项目的计算期为 4 年，建设期为 1 年，运营期每年的净现金流量为 500 万元。

$(P/A, 10\%, 3) = 2.4869$；$(P/F, 10\%, 1) = 0.9091$；$(P/A, 10\%, 6) = 4.3553$；$(P/A, 10\%, 4) = 3.1699$。

要求：（1）计算乙方案的净现值；

（2）用年等额净回收额法做出投资决策。

项目八 预算管理

知识目标

○ 掌握预算管理的概念、原则和作用；
○ 了解预算的分类及编制方法；
○ 学习预算执行与监控的关键环节；
○ 探讨预算调整与修订的策略和方法；
○ 理解预算在企业战略规划中的重要作用。

能力目标

○ 编制企业预算报表，包括收入、支出、资产、负债和所有者权益；
○ 掌握预算分析方法，进行合理性、可行性和效益性评估；
○ 制定预算执行计划，确保目标实现；
○ 熟悉预算监控与评价流程，跟踪反馈预算执行情况；
○ 掌握预算调整和修订技巧，确保动态适应性；
○ 利用预算管理工具进行成本控制和绩效管理。

职业素养及思政元素

○ 绿色发展理念、可持续发展、核心竞争力。
○ 信用体系的建设，严谨工作作风。
○ 建立全面规范透明、标准科学、约束有力的预算制度，全面实施绩效管理。效益优先，协调发展。

案例导入

神华集团：预算管理的模型化之路

中国神华是国家能源集团旗下上市公司，成立于2004年11月8日，资产规模6217亿元，职工总数8.3万人。公司主营煤炭、电力、新能源等业务，实行跨行业、跨产业纵向一体化发展，居全球能源公司2022年250强榜单前列、2022年《财富》中国500强第36位。品牌价值2056.09亿元，居能源化工领域第5名、能源上市公司第1名。

神华集团采用全产业链模型，将煤炭、电力、铁路、港口等业务单元模型化，以形象地呈现整个产业链。根据模型数据和表单进行场景测试，对比实际指标与预测指标，调整能力和差距。全产业链模型帮助管理层清晰看到企业目标及产能安排，平衡与利益相关者关系，进行预期管理。

神华关注业务间关系和协同作用，根据各公司对集团的贡献，设定二级单位KPI选择方法体系，包括短板分析、贡献度分析、产业链分析等。通过将指标落实到作业活动，神华有效实现财务向业务的延伸，更好管控目标。

神华建立全面预算管理体系，使战略落地，使管理有抓手。预算管理着眼于战略落地，并为管理层决策提供支持。神华通过业务模型化工作和管理报告工具的整合，解决决策支持问题。业务模型化打破传统财务分析体系，重组生产业务单元，建立价值分析模型，描述业务变动对企业绩效和价值的影响。

神华正在进行基于产业链和二级公司层面的业务模型化建设，通过总部层面产业链模型，找出全年目标的管控点；在二级公司建立盈利模型，作为审视产业链的工具。

思考：（1）你能按照不同的预算分类标准，说明神华集团的预算包括哪些内容吗？
（2）你认为神华集团应该如何编制预算并加强预算控制？

任务一　预算管理认知

一、预算与预算管理

（一）预算的概念

预算起源于18世纪的英国，最初在政府部门推行，主要用于控制国王的征税权，进而限制政府的支出。随后在美国，预算得到了进一步的发展。预算是一个财政收支计划，由国家行政机关根据其施政方针编制，通常为预算年度内的财政收支计划。预算经立法机关通过后，成为该财政年度内政府工作经费的来源和支配的依据，即财政预算。

随着政府机构逐渐成熟地运用预算管理方法进行宏观资源配置，这些经验被企业吸收借鉴用于企业内部的资源配置，从而形成了现代企业的预算管理。企业预算是以经营目标和经营计划为指引，沿着业务流程和组织体系，对未来一定时期制定资源获取与使用规划，是资源配置过程与预计配置结果的完整反映。在应用中，企业预算通常是指由内部各部门立足于资源基础和经营目标，评估下一阶段经营计划的资源需求与预计资源供给，进而形成的一种资源配置计划。所以，预算要围绕如何实现目标进行资源供求的预测和估算，这是预算之名得来的缘由。

预算是一个规划和管理收支的计划，用于预测特定时间内的收入和支出，以确定可用资金。预算可以帮助企业对未来做出计划和安排，以实现目标。

（二）预算管理的概念

预算管理，是指企业以战略目标为导向，通过对未来一定期间内的经营活动和相应的财务结果进行全面预测和筹划，科学、合理配置企业各项财务和非财务资源，并对执行过程进行监督和分析，对执行结果进行评价和反馈，指导经营活动的改善和调整，进而推动实现企业战略目标的管理活动。预算管理关系如图8-1所示。

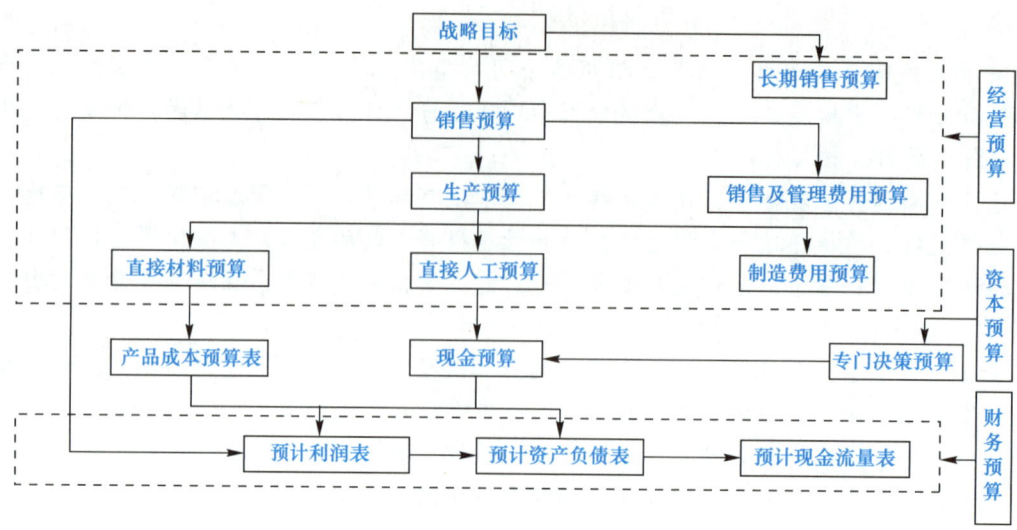

图 8-1 预算管理关系

预算管理是战略执行的保障、风险控制的重要组成部分，也是企业持续创新发展的激励手段。预算管理通过资源配置、过程监控和成果指标建立，确保财务资源的安全并激发企业的创新动力。

（三）预算管理与其他管理手段的关系

预算管理作为企业管理体系的重要组成部分，与其他管理手段存在衔接与协作的关系，这是预算管理行之有效的重要前提，有必要理清预算管理与其他管理手段的关系，从企业全局视角综合审视预算管理体系的构建和实施。当预算管理效果未达到预期时，可能不仅仅是预算管理手段单方面的问题；而当企业预算管理效果较好时，可能是预算管理与其他管理手段共同发挥良性作用的结果。

1. 预算管理与战略规划的关系

战略规划是在战略决策的基础上，为实现战略目标所拟定的行动路线和资源配置计划，是在企业长期经营方向的指导下配置及约束相关经营资源。预算则是对战略目标和战略规划的分解，它服务于战略规划，并以战略规划为起点。战略规划首先分解为各项详细的计划，如销售计划、资金计划等。而预算就是在这些计划的基础上，通过合理配置资源，制定各项详细预算，如成本费用预算、收入预算，最终形成预算报表。全面预算实际上是指导资源分配以实现战略目标的连续控制过程。

预算管理要承接、分解并实现整体战略，衔接经营目标，从而成为战略目标落实的重要管理机制。为此，预算管理体系在设计上需要紧密结合战略目标及其年度分解、部门或流程节点分解，架构更精细化的预算目标体系。由于行业千差万别，预算目标体系的设计和实施需要充分依托行业场景和企业自身的经营管理场景，做到有的放矢，推动预算管理体系同战略管理的衔接。

总之，预算是工作计划的量化体现，同时促进工作计划目标明确并且相互衔接。而要保持预算的合理性、可行性，就需要以战略目标为指引，开展科学预测。预算管理将企业内部的各种预测、计划与预算联结为一个整体，它们相互衔接并相互钩稽，共同组成了综合的预算管理体系。

2. 预算管理与预测的关系

预测是运用一定的科学方法，对市场趋势和企业未来经济活动可能产生的经济效益和发展趋势进行预计与推测，是计划的基础。预算作为一类企业全局性的管理工具，通常需要构建业财一体化的预测模型，综合运用各项经营预测，并同财务预测相结合。预算管理则是在预测的基础上，对企业未来发展所提出的对策性方案和计划的数量表述，是以货币的形式对企业未来的收入、现金流量和财务状况进行的量化。

3. 预算管理与经营计划的关系

经营计划是企业为实现战略目标所制定的具体实施方案，涵盖了生产经营、市场营销、人力资源等方面的详细计划。预算管理则是对企业未来的收入、支出、资产和负债等方面进行预测和规划，以货币形式对企业未来的财务状况进行量化。预算管理与经营计划之间存在密切的联系，预算管理为经营计划提供了财务数据支持，而经营计划则是预算管理的基础和执行依据。

4. 预算管理与财务计划的关系

财务计划是根据企业战略目标和经营计划，对财务资源进行配置和调控的过程。预算管理则是对企业财务状况进行预测和规划，以实现财务计划的目标。财务计划与预算管理相互依赖，预算管理为财务计划提供了依据和执行手段，而财务计划则是预算管理的实现途径。

5. 预算管理与业绩评价的关系

预算管理作为一种全面性的管理工具，可以帮助企业对各部门和员工的业绩进行评估。通过对预算执行情况的监控和分析，企业可以发现业绩偏差，采取相应的措施进行调整。而业绩评价则是预算管理的重要环节，通过对预算执行结果的评估，企业可以了解各部门和员工的绩效，为激励和奖惩提供依据。

现代企业要在未来达到并完成预定的经营目标、保证企业最优决策方案的贯彻与执行，需要从战略角度统筹安排各种资源。全面预算既是企业决策的具体化，又是对生产经营活动进行控制和考核的依据。全面预算与企业的经营决策和投资决策既相互联系，又相互作用，通过编制全面预算保证企业目标的实现，已成为现代企业管理的大势所趋。

二、全面预算的含义、作用与内容

（一）全面预算的含义

预算是指企业在科学的生产经营预测与决策的基础上，用价值和实物等多种指标反映企业未来一定时期内的生产经营状况、经营成果及财务状况等的一系列具体计划。预算既是计划工作的结果，又是控制生产经营活动的依据。

全面预算是指在预测与决策的基础上，按照企业既定的经营目标和程序，规划与反映企业未来的销售、生产、成本、现金收支等各方面活动，以便对企业特定计划期内全部生产经营活动有效地做出具体组织与协调，最终以货币为主要计量单位，通过一系列预计的财务报表及附表展示其资源配置情况的有关企业总体计划的数量说明。

全面预算的编制需要以预测的结果为根据，并受到预测质量的制约。全面预算必须服从决策目标的要求，使决策目标具体化、系统化、定量化。

（二）全面预算的作用

全面预算作为企业管理当局对未来生产经营活动的总体规划，其作用主要表现在以下几个方面：

1. 明确工作目标

预算作为一种计划，规定了企业一定时期的总目标以及各级各部门的具体目标，能使各个部门了解本单位的经济活动与整个企业经营目标之间的关系，明确各自的职责及努力方向，从各自的角度去完成企业总的战略目标。

2. 协调部门关系

全面预算把企业各方面的工作纳入了统一计划之中，促使企业内部各部门的预算相互协调、环环相扣、达到平衡，在保证企业总体目标最优的前提下，组织各自的生产经营活动。

3. 控制日常活动

编制预算是企业经营管理的起点，也是控制日常经济活动的依据。在预算的执行过程中，各部门应通过计量、对比，及时揭露与实际脱离的差异并分析其原因，以便采取必要措施，消除薄弱环节，保证预算目标的顺利完成。

4. 考核业绩标准

企业预算确定的各项指标，也是考核各部门工作成绩的基本尺度。在评定各部门工作业绩时，要根据预算的完成情况，分析偏离预算的程度和原因，划清责任，奖惩分明，促使各部门为完成预算规定的目标而努力工作。

请注意：预算属于计划，但不能将所有计划都视同预算。

（三）全面预算的内容

全面预算是由一系列预算按其经济内容及相互关系排列组成的有机体。预算的编制方法因企业的性质和规模不同而不尽相同，但一个完整的全面预算的组成内容在各个不同的企业中基本是一致的。通常完整的全面预算包括经营预算、专门决策预算和财务预算三个组成部分。

1. 经营预算

经营预算是与企业日常经营业务直接相关的具有实质性的基本活动的一系列预算的统称，有时也称为业务预算，一般为短期预算。它主要包括销售预算、生产预算、直接材料预算、应交税金预算、销售税金及附加预算、直接人工预算、制造费用预算、产品成本预算、期末存货成本预算、销售费用及管理费用预算。

2. 专门决策预算

专门决策预算是指企业为那些在预算期内不经常发生的、一次性的经济活动所编制的预算。与在日常经营业务基础上编制的经营预算和财务预算不同，专门决策预算所涉及的不是经常预测和决策事项，一般为长期或不定期编制的预算，针对性较强。专门决策预算又可以分为经营决策预算和投资决策预算。

3. 财务预算

财务预算是指反映预算期内现金收支、经营成果和财务状况的预算。财务预算主要包括现金预算、财务费用预算、预计利润表和预计资产负债表。

在以上三种预算类别中，财务预算的综合性最强，各种经营预算和专门决策预算最终反映在财务预算中，它是全面预算体系的最后环节，能够从价值方面总括地反映经营预算和专门决策预算的结果。显然，财务预算在全面预算体系中占有举足轻重的地位；但是，财务预算中的各项指标依赖于经营预算和专门决策预算。由此可见，经营预算和专门决策预算是财务预算的基础。

三、全面预算的编制方法

从预算编制的不同角度，可以将预算编制分为若干种类。

（一）固定预算和弹性预算

预算编制按其业务量基础的数量特征不同，可分为固定预算和弹性预算两大类。

1. 固定预算

固定预算又称静态预算，是指根据预算期内正常的、可实现的某一业务量（如生产量、销售量、采购量）水平作为唯一基础来编制预算的方法。

这种预算编制方法的特点是：以事先确定的某一个业务量水平为编制基础，这一业务量水平是综合各种因素之后所做的判断，有时与实际业务量存在误差甚至差异较大。因此，当业务量水平不稳定时，编制固定预算难以满足预算管理对外部市场环境的适用性要求，造成预算与市场脱节；更为重要的是，当实际业务量与预算业务量发生较大差异时，有关预算指标的实际数与预算数就会因业务量基础不同而失去可比性，不利于正确地控制、考核和评价企业预算的执行情况，难以发挥预算的内部管理功能。所以，固定预算的应用范围较小，只适用于那些业务量水平较为稳定的企业或非营利组织编制预算时采用。

2. 弹性预算

弹性预算是指企业在不能准确预测业务量的情况下，在成本性态分析的基础上，以业务量、成本和利润之间的数量关系为依据，按照预算期可预见的各种业务量水平，编制能够适应多种业务量水平的预算的方法。

弹性预算的特点是：

（1）弹性预算是按一系列业务量水平编制的，从而扩大了预算的适用范围。也就是说，弹性预算不像固定预算那样，只适应一个业务量水平，而是能够随业务量水平的变动而做机动调整的一组预算。

（2）弹性预算是按成本的性态分类列示的，便于在计划期末计算实际业务量的预算额，从而能够使预算执行情况的评价和考核建立在更加客观和可比的基础上，便于更好地发挥预算的控制作用。

（3）弹性预算适用于编制所有与业务量有关的预算，但从现实角度看，主要用于编制弹性成本费用预算和弹性利润预算。

（二）增量预算和零基运算

预算编制按其出发点的特征不同，可分为增量预算和零基预算两大类。

1. 增量运算

增量预算是指以基期成本费用水平为基础，结合预算期业务量水平及有关降低成本的措施，通过调整有关原有费用项目而编制预算的方法。

增量预算以过去的经验为基础，实际上是认为过去的各项费用开支项目及水平都是合理的，而不必在预算内容上做出调整。这种预算方法的不足非常明显：首先，编制预算时，通常是以以前的成本项目及水平为基础稍做调整进行编制，可能使原来一些不合理的成本开支项目继续保留，造成预算上的浪费；其次，按照这种方法编制成本费用预算，可能因没有考虑未来情况的变化而造成一些未来实际需要开支的项目预算不足，不利于企业的长期发展。这种预算的最大优点是预算编制工作简单，不需要耗费大量时间及精力，编制速度快。

2. 零基预算

零基预算即以零为基础编制预算的方法，是指在编制成本费用预算时，不考虑以往预算期间内所发生的费用项目及费用水平，而是一切从预算期实际需要与可能出发，逐项审议预算期内各项费用的内容及开支标准是否合理、是否符合企业目标，在综合平衡的基础上编制费用预算的方法。此预算方法是为了克服增量预算的缺点，是美国德州仪器公司的彼得·派尔在20世纪60年代末提出的，现已被西方国家广泛采用，作为管理间接费用的一种新的有效方法。

零基预算的特点是：

（1）零基预算不受以前预算期的成本费用项目及水平的限制，一切从预算期的实际出发，不仅可以促进企业提高资源配置的效率，而且对一切费用一视同仁，有利于企业面向未来全面考虑各种成本费用的预算问题，有利于企业的长期发展。

（2）零基预算的方法可以充分发挥各级管理人员的积极性、主动性和创造性，促使各预算部门精打细算，合理使用资金，提高资金的利用效果。

零基预算的主要缺点是工作量较大，编制时间较长。在编制成本费用预算时，需要进行大量的基础工作，如需要进行历史分析、现状分析及未来分析，工作量极大。在实践中，为简化零基预算的工作量，一般不需要每年都按这种方法编制预算，而是每隔几年才按此方法编制一次预算。

（三）定期预算和滚动预算

预算编制按其预算的时间不同，可分为定期预算和滚动预算两大类。

1. 定期预算

定期预算是在编制预算时以不变的会计期间（如日历年度）作为预算期的一种编制预算的方法。定期预算的优点在于能够使预算期与会计年度相配合，便于考核和评价预算的执行结果。

按照定期预算方法编制预算的主要缺点是：

（1）缺乏远期指导性。因为定期预算往往是在年初或提前两三个月编制的，对于整个预算年度的生产经营情况很难做出准确估计，尤其是预算后期的预算不准确，给预算的执行带来困难，不利于预算执行情况的考核与评价。

（2）定期预算不能随情况的变化及时做出调整，比较机械，缺乏灵活性，当经营活动在预算期内发生重大变化时，所做的预算将无任何意义。

2. 滚动预算

滚动预算又称连续预算，是指在编制预算时，将预算期与会计年度相脱离，随着预算的执行不断延伸补充预算，逐期向后滚动。具体做法是：每过一个季度（或月份），立即根据前一个季度（或月份）的预算执行情况对以后季度（或月份）的预算进行修订并增加一个季度（或月份）的预算。如此逐期向后滚动，连续不断地形成预算，以规划企业未来的经营活动。

滚动预算按其预算编制和滚动的时间单位不同可分为逐月滚动、逐季滚动两种方式。逐月滚动方式是指在预算编制过程中，以月份为预算的编制和滚动单位，每个月调整一次预算的方法。例如，在2017年1月至12月的预算执行过程中，需要在2017年1月末根据当月预算的执行情况修订2017年2月至12月的预算，同时补充2018年1月的预算；到2017年2月末可根据当月预算的执行情况修订2017年3月至2018年1月的预算，同时补充2018年2月的预算……以此类推。这种滚动方式编制的预算比较准确，但预算的编制工作量太大。逐季滚动方式是指在预算编制过程中，以季度为预算编制和滚动的单位，每个季度调整一次预算的方法。这种滚动方式编制的预算准确性不如逐月滚动方式，但预算的工作量小。

滚动预算克服了定期预算的缺点，实现了与日常管理的紧密衔接，能够帮助管理人员从动态的角度把握企业近期的规划目标和远期的战略需要；而且，滚动预算能够根据前期预算的执行情况，结合各种因素的变动影响，及时调整和修订近期预算，从而使预算更加切合实际，能够充分发挥预算的指导和控制作用。这种预算编制方法的最大缺点是预算工作量较大。

（四）预算方法与各种预算之间的关系

预算方法与全面预算体系中的各种预算是相互区别又有联系的。

1. 预算方法与各种预算的区别

（1）归属的内容不同。本节所介绍的六种预算方法分别归属于三种类型，固定预算方法与弹性预算方法属于一类，增量预算方法与零基预算方法属于一类，定期预算方法与滚动预算方法属于一类。只有同类中的不同预算方法才可以相互比较。其中，固定预算方法、增量预算方法和定期预算方法都属于传统的预算方法；弹性预算方法、零基预算方法和滚动预算方法则属于为克服传统预算方法的缺点而设计的先进预算方法。

而全面预算体系中的各种具体预算则分别归属于经营预算、专门预算和财务预算三种类型。每一种预算都可以与其他类型中的任何预算进行比较，不受限制。

（2）命名的规则不同。预算方法在命名时，突出了该种方法的本质特征，如弹性预算方法强调了预算编制所依据的多个业务量基础，滚动预算方法则突出了预算期连续滚动的特征。

而全面预算体系中的各种具体预算在命名时反映了预算的具体内容，这一点在经营预算中尤为突出，如销售预算的内容主要是销售收入，生产预算的内容则是产量。

2. 预算方法与各种预算的联系

任何一种预算方法只有通过编制具体的预算才能发挥作用，如弹性预算方法不仅可以用于成本预算的编制，也可以用于利润预算的编制。同样，在实践中根本不可能存在既不按照固定预算方法也不按照弹性预算方法编制的成本或费用预算。

此外，不同类型的预算方法之间并非完全相互排斥的关系。在编制某一特定内容预算的过程中，完全有可能同时既采取弹性预算方法，又采取滚动预算方法。

思考：财务预算与财务会计提供的资产负债表、利润表和现金流量表有什么异同？

任务二 建立全面预算管理系统及管理程序

一、预算的管理体系

建立健全的预算组织体系是企业开展全面预算管理工作的基础环境之一。由于全面预算管理是一项复杂的系统工程，所以需要有一个健全的组织体系来保障预算管理各环节能够有效顺畅运行。预算部门包括预算管理委员会、计划/预算管理部等部门，具体组织架构如图8-2所示。

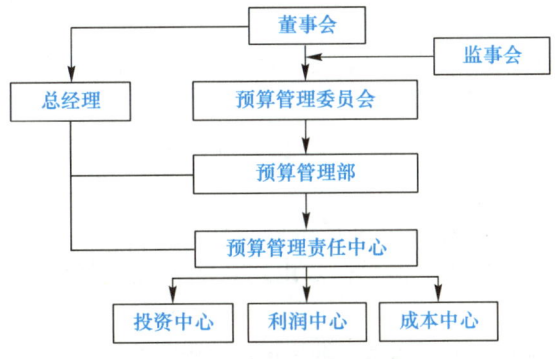

图8-2 预算组织架构

其中，预算的决策机构为董事会和预算管理委员会，预算的日常组织机构为预算管理部及各级财务部门，预算的执行部门为各责任中心。此外，预算的监控机构为各级财务部门和审计部门，预算的考核机构一般为人力资源部门和财务部门。

二、全面预算的组织

全面预算管理组织体系由全面预算管理的决策机构、工作机构和执行机构三个层面组成，是承担预算编制、审批、执行、控制、调整、监督、核算、分析、考评及奖惩等一系列预算管理活动的主体。它是全面预算管理有序开展的基础环境，企业全面预算管理能否正常进行并发挥作用，全面预算管理的组织体系将起到关键性的主导作用。

预算管理决策机构是指组织领导企业全面预算管理的最高权力组织；预算管理工作机构是指负责预算的编制、审查、协调、控制、调整、核算、分析、反馈、考评与奖惩的组织机构；预算管理执行机构是指负责预算执行的各个责任预算执行主体。

（一）预算管理决策机构

企业董事会或类似机构应当对企业预算的管理工作负总责。企业董事会或经理办公会可以根据情况设立预算管理委员会或指定财务管理部门负责预算管理事宜，并对企业法定代表负责。

预算管理委员会或财务管理部门主要拟定预算的目标、政策，制定预算管理的具体措施和办法，审议、平衡预算方案，组织下达预算，协调解决预算编制和执行中的问题，组织审计、考核预算的执行情况，督促企业完成预算目标。

其主要职责：

（1）审议有关预算管理的制度、规定和政策；

（2）根据董事会下达的经营战略和规划，预测、制定并审议通过集团及其所属机构的预算控制总体目标；

（3）审查集团的整体预算方案，审查所属各单位的预算草案，并就必要的修正提出意见与建议；

（4）在预算编制和执行过程中，对各单位发生的分歧、矛盾或问题进行协调、调解和仲裁；

（5）审查预算考核方案；

（6）经审议通过的预算呈董事长审批，董事长审批后下达执行；

（7）接受预算分析报告，并提出预算工作改进的意见与建议。

（二）预算管理工作机构

预算管理工作机构是负责企业预算管理工作的常设机构，其主要职责一般包括：

（1）制定预算管理的有关制度、规定和政策，并报经预算管理委员会审批；

（2）指导并组织各预算责任中心进行预算编制，对各预算责任单位编制的预算草案进行审查、评价、协调和平衡，并提出具体的指导意见；

（3）对预算草案进行汇总，并编制集团的总预算，上报预算管理委员会；

（4）制定预算考核方案；

（5）监督各预算责任中心预算的执行，对各预算责任单位预算的执行情况进行事中和事后的监督检查；

（6）协助预算管理委员会对预算冲突进行协调、仲裁、评判，对预算执行结果进行考核评价，兑现考核结果，分析各层次的预算分析报告，写出汇总的预算分析报告，报预算管理委员会。

（三）预算管理执行机构

企业内部生产、投资、物资、人力资源、市场营销等职能部门具体负责本部门业务涉及的预算编制、执行、分析等工作，并配合预算委员会或财务管理部门做企业总预算的综合平衡、协调、分析、控制与考核等工作。其主要负责人参与企业预算管理委员会的工作，并对本部门预算执行结果承担责任。

三、预算的编制、执行、反馈与调整

（一）预算的编制程序

企业编制预算，一般应按照"上下结合、分级编制、逐级汇总"的原则进行。

1. 下达目标

企业董事会或经理办公会根据企业发展战略和预算期经济形势的初步预测，在决策的基础上提出下一年度企业财务预算目标，包括销售目标、成本费用目标、利润目标和现金流量目标，并确定财务预算编制的政策，由预算管理层下达各部门。

2. 编制上报

各部门按照预算管理层下达的财务预算目标和政策，结合自身特点以及预测的执行条件，提出详细的本部门财务预算方案，上报企业财务管理部门。

3. 审查平衡

企业财务管理部门对各部门上报的财务预算方案进行审查、汇总，提出综合平衡的建议。在审查、平衡过程中，预算管理层应当进行充分协调，对发现的问题提出初步调整的意见，并反馈给各有关部门予以修正。

4. 审议批准

企业财务管理部门在各部门修正调整的基础上，编制出企业财务预算方案，报预算管理层讨论。对于不符合企业发展战略或者财务预算目标的事项，企业预算管理层应当责成有关部门进一步修订、调整。在讨论、调整的基础上，企业财务管理部门正式编制企业年度财务预算草案，提交董事会或总经办审议批准。

5. 下达执行

企业财务管理部门将董事会或总经办审议批准的年度总预算分解成一系列的指标体系，由财务预算管理层逐级下达各部门执行。

（二）预算的执行

预算一经批复下达，各部门必须认真组织实施，将财务预算指标层层分解，从横向和纵向落实到各部门、各环节和各岗位，形成全方位的财务预算执行责任体系（见图8-3）。

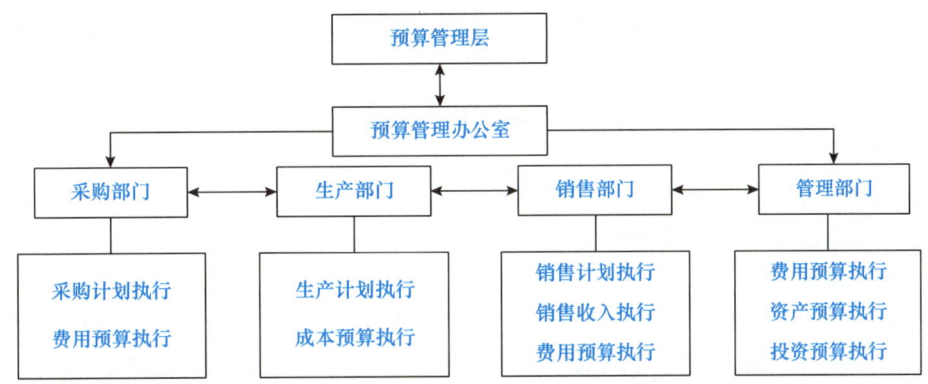

图8-3　预算执行责任体系

（三）预算的控制反馈

每月月初，财务部门根据预算和预算执行进度给各部门下达财务指标，指导业务部门制定当月业务计划。

当月，财务部门根据下达的财务指标对各级业务部门的日常业务进行监督和审核，保障预算目标的实现。

月末，财务部门根据考核依据对本月的预算实现情况进行评价，并把情况及时反馈给总经理或管理层，以指导下一月度的预算计划。

（四）预算执行情况分析

预算管理层、办公室及财务管理部门对预算的执行情况按月度、季度进行分析，着重分析利润预算、资本性支出预算、现金流量预算的完成情况，对当期实际发生数与预算数之间存在的差异，不论是有利还是不利，都要认真分析其成因，而且要写明拟采取的改进措施。预算分析的重点是差异的原因及应采取的措施。

1. 调整经营活动，采取相应的预算控制方式

结合公司为消除不利差异所做的调整，由预算部门对初始编定的后续月度预算进行调整，以保证在完成年度预算的目标下，月度预算能够及时反映经营活动的变化，以便于实施控制与考核。调

整后的预算报预算管理层审批,涉及年度预算目标的项目报董事长审批。

2. 调整后续月度/季度的经营预算

由内部可控因素引起的不利预算差异,应由对应的责任部门调整其经营活动,采取措施消除差异产生的原因,并尽可能在后续月度内消化已形成的预算差异,相应地,预算编制部门对上述责任部门/经营活动要加大预算控制力度。

3. 记录责任部门的经营业绩

已形成的差异将根据其成因的性质计入对应责任部门的业绩,同时,后续月度的考核指标也要随月度预算的调整进行相应的修正,以利于责任部门消除不利差异。

任务三　全面预算的编制

预算的编制方法多种多样,一般有固定预算、弹性预算、零基预算、滚动预算和概率预算。

一、固定预算

固定预算法又称静态预算法,是编制预算最基本的方法。固定预算法的优点是简便易行,应用广泛。缺点是当实际业务量偏离预算编制所依据的业务量时,采用固定预算法编制的预算就失去了其编制的基础,也失去了其作为控制和评价标准的意义。

固定预算法的适用范围如下:

(1)经营活动比较稳定的企业。

(2)企业经营管理活动中的某些相对固定的成本费用支出。

(3)社会非营利性组织。

【例 8-1】企业工资预算的编制因工资制度的不同而采取不同的方法。在计件工资制度下,生产工人的工资属于变动费用,可按生产预算需要的工时数和小时工资率直接编制;在月工资制度下,工资费用是固定费用,只能依靠职工在册人数、出勤率、平均日工资额等数据来编制。某企业年度生产计划及工时计划见表 8-1,工资费用预算见表 8-2。

表 8-1　企业年度生产计划及工时计划

产品名称	预测销量/件	期初库存/件	预计期末库存/件	计划产量/件	单位产品工时定额/工时/件	计划产量总工时/工时
甲	1 160	200	40	1 000	60	60 000
乙	4 200	500	300	4 000	80	320 000

表 8-2　工资费用预算

项目	年度计划产量/件	总工时/工时	年度计划工资总额/元	福利费/元	合计/元
生产工人	380 000	2	760 000	106 400	866 400
车间管理人员			10 000	1 400	11 400
修理车间人员			16 000	2 240	18 240

续表

项目	年度计划产量/件	总工时/工时	年度计划工资总额/元	福利费/元	合计/元
行政管理人员			30 000	4 200	34 200
合计			816 000	114 240	930 240

基本车间工资分配率 = 866 400 ÷ 380 000 = 2.28
甲产品应分配额 = 60 000 × 2.28 = 136 800（元）
乙产品应分配额 = 320 000 × 2.28 = 729 600（元）

二、弹性预算

1. 弹性预算的特性

弹性预算仅以某个"相关范围"为编制基础，而不是以某个单一业务水准为基础。弹性预算的编制可配合任何业务水准，甚至在预算期间结束的业务。换言之，经理人可视该期间所达到的业务水准来编制弹性预算，以确定在该业务水准下，"应有"的成本为多少。

2. 弹性预算编制步骤

弹性预算的基本观念是经过成本性态的研究，编出一份以某一业务范围为基础的预算。编制弹性预算的基本步骤如下：

（1）定一个相关范围（上限和下限），则下期的生产产量将在此范围内变动。

（2）分析在此范围内将发生的各种成本，并决定各种成本的性态（变动成本、固定成本或混合成本）。

（3）按成本性态区分成本，设立变动成本及混合成本的公式。选用制造费用变动成本的公式编制预算，以说明在相关范围内不同业务水准下应有的成本。

3. 弹性预算的应用

弹性预算编制完成后，经理人即可比较某期的实际结果（成本）与该业务水准下的预算，不再受固定预算所规定的某一预算水平的限制。例如，某公司3月份无法完成生产10 000件的目标，而仅能生产9 400件，依据弹性预算编制的绩效报告见表8-3。

表8-3 某公司动态绩效报告 单位：元

预算生产件数/件		10 000		
实际生产件数/件		9 400		
变动制造费用	成本公式	实际成本	预算成本	差异
间接材料	0.40	3 800	3 760*	40（U）+
润滑剂	0.10	950	940	40（U）+
动力	0.30	2 900	2 820	80（U）+
合计	0.80	7 650	7 520	130（U）+

注：*处计算为9 400×0.40 = 3 760（元），其余预算限额也以相同方式计算。

因为这种差异是在同一业务水准下实际与预算的比较，故可用以评估成本控制。

请注意在这道例题中，当实行弹性预算时，所有的差异为不利差异，而实行固定预算时则表现为有利差异。这是因为在采用弹性预算时，预算成本与实际成本均按同一生产量（9 400件）计算，而采用固定预算，则实际成本与预算成本按不同的生产量计算。总而言之，按采用弹性预算，就是

冰激凌和冰激凌的比较，而固定预算则是冰激凌和热狗的比较，因此弹性预算的差异分析更有助于业绩评价。

从上述的分析可以看出：即使实际生产量不是弹性预算上所列的数字，例如，上述的 9 400 件，其预算成本仍可和实际成本做比较。其方法是按照弹性预算中的变动成本公式，算出产量为 9 400 件的预算成本。这是弹性预算的优点。事实上，只要在相关范围内，可使用变动成本公式，编出任何业务水准的预算表。

4. 弹性预算编制基础的选定

在上述的例子里，是以生产量为基础编制弹性预算的，但事实上，还可使用其他业务量为基础编制。哪一个最好，往往因公司不同而不同。当选择业务量基础时，至少应考虑下列 3 个因素：所选择的业务量基础与制造费用间是否有因果关系存在；所选择的业务量基础应避免用金额来表示；所选择的业务量基础应尽量简单并且易于了解。

（1）因果关系。所选择的业务量基础必须与公司变动的制造费用有因果关系。换言之，变动制造费用应随业务量基础的变动而变动。例如，一家机械厂，其动力耗用与其他变动制造费用应随机器操作的时间而变动。因此，机器小时即可作为编制弹性预算的基础。

其他比较适用的业务量基础还有直接人工小时、推销员行车里数、推销员推销合约份数、处理的发票份数、医院病床数、X 光透射次数等。这些在适当的情况下，均可作为编制弹性预算的基础。

（2）不用金额表示。选定的业务量基础应尽量以单位数表示，而不以金额表示。若不得不以金额表示，则应使用标准金额，而不用实际金额。

使用金额表示的缺点是容易受物价变动的影响，从而导致所选定的业务量基础发生"歪曲"现象。如果弹性预算以直接人工成本为编制基础，工资率若发生变动，也会产生同样结果。工资率变动，即使不影响制造费用，也会使业务量基础发生变更。若以单位数（如病床数、小时数、公里数等）来衡量业务量，则其受"歪曲"的机会将会减少，较适合弹性预算的编制。

（3）所采用的基础力求简单。所采用的业务量基础，应力求简明易懂。若所采用的基础不易为经理人所了解，则不但不能作为成本控制的工具，反而会造成许多混乱及误解。

主要预算因素（也称为关键因素或限定因素）是在预算中首先需要考虑的因素，因为它制约着公司（组织）的活动。例如，如果某段时期内生产能力被限定在 45 000 个单位数量上，那么，一个 75 000 个单位数量的销售预算将是愚蠢的。但是，主要预算因素不是一成不变的，经理们可以通过他们的行动来消除或减少其影响。

三、零基预算

预算的另一种方法是零基预算法。零基预算是 20 世纪 70 年代由美国德州仪器公司所创建的，目前已被西方国家作为费用预算的编制方法之一。编制费用预算的传统方法是以现有的费用水平为基础，根据计算期内的有关业务进行编制。企业的低层管理人员一般通过对当年预算的各个项目进行产量调整后，编制出下一年的预算。

1. 零基预算基本假定

零基预算基本假定指的是零基预算的核心前提和原则。主要包括：

（1）每个预算周期都是独立的，不依赖于过去的预算决策。

（2）所有支出项目都需要重新审视其必要性、效率和效果，即每个项目都需要有充分的理由和证据来支持其预算要求。

（3）资源分配应该基于项目或活动的实际需求和优先级，而非历史或传统。

（4）零基预算鼓励创新和成本节约，迫使决策者考虑是否有更高效或成本更低的替代方案。

（5）从零开始编制预算，可以更好地控制成本，提高资金使用的透明度和效率。

2. 零基预算与传统预算的差异

零基预算不以现有的费用水平为基础，而是一切以"零"为起点，对每项费用开支的大小及必要性进行认真的反复分析和权衡，并进行评定分级，据以判定其开支的合理性和优先次序，并根据生产经营的客观需要与一定期间内资金供应的实际可能，在预算中对各个项目进行择优安排，从而提高资金的使用效益，节约费用开支。

3. 零基预算的编制程序

划分基层预算单位；对基层预算单位的业务活动提出计划，说明每项活动计划的目的性以及需要开支的费用；由基层预算单位对本身的业务活动做具体分析，并提出"一揽子业务方案"；对每项业务活动计划进行"费用—效益分析"，权衡得失，排出优先顺序，并进行分级；根据生产经营的客观需要与一定期间内资金供应的实际可能，判定纳入预算中的费用项目可达到几级，并对已确定可纳入预算中的费用项目进行加工、汇总，形成综合性的费用预算。

4. 零基预算的优点

零基预算由于冲破了传统预算方法的条框限制，以"零"为起点来观察、分析一切费用开支项目，确定预算金额，所以具有以下优点：

（1）合理、有效地进行资源分配。

（2）有助于企业内部的沟通、协调，激发各基层单位参与预算的积极性和主动性。

（3）目标明确，可区分方案的轻重缓急。

（4）有助于提高管理人员的投入、产出意识。

（5）特别适用于产出较难辨认的服务性部门，克服资金浪费的缺点。

这种方法在服务或支持领域中尤其有用，如餐厅、福利、研究与开发等领域。它迫使负责预算的经理们为他们的预算找出充分理由，并根据必要性排序，还要做高成本或低成本的备选方案评价。高层管理者可以筛选和讨论这些提案，确定哪一种方案可以施行。这种方法可以大大促进有效的资源配置。这是因为，经理人员必须说明以下问题：

（1）他们需要多少？

（2）他们为何需要它？

（3）怎样可以实现同一个结果？

（4）他们所关心问题的重要程度。

这种方法根据预算各方面的重要程度对其进行系统分类，适用于服务或非营利性活动。

5. 零基预算的不足

业绩差的经理人员会认为零基预算是对他的一种威胁，因此拒绝接受；工作量较大，费用较昂贵；评级和资源分配具有主观性，易引起部门间的矛盾；易导致人们注重短期利益而忽视长期利益。

6. 零基预算在实践中的应用

实践中，零基预算没有得到充分应用。虽然人们普遍认为零基预算比传统的增量预算要好，但运用时，又经常不得不回到增量预算。其原因如下：

零基预算法下，编制预算的工作量和报告量很大，因此企业高层管理人员只会关注其中与上一年不同的地方，这等于回到了增量预算。

企业内部选拔管理人员，一般是垂直进行的。这些选拔上来的管理人员仍掌握着以前其从事的工作的详细知识和信息，他们对基础预算已经非常了解，所以现在只需对基础预算的变动进行了解即可。因此在实际执行中，零基预算很可能犹如画圆，费了半天劲，由终点又回到了起点。

在企业的中、高层管理人员经常变动或者项目发生变动的情况下，零基预算还是非常有效的。管理工作的替换会消除掌握专门知识的影响。同样，在存在大量战略变动和高度不确定的条件下，零基预算也是十分有效的。例如，一个钢铁厂想投资一个食品厂，运用零基预算就很合适。但零基预算的编制成本大于增量预算也是明显的事实。零基预算通常是在政府预算中加以运用的。在政府部门，决策管理人员掌握着专业知识，在相关的部门工作。而行政性或立法性的机构拥有决策控制权。这类对专业机构进行监督的组织，成员是推选出来的，任期一般较短，因此对于部门的专门知识掌握较少。运用零基预算可以帮助他们对各项目间的数据进行调整，而不是仅仅对各项目增量数据进行替换调整。

四、滚动预算

1．滚动预算的基本特点

滚动预算又称为"永续预算"或"连续预算"，是一种经常稳定保持一定期限（如一年）的预算。其基本特点是凡预算执行过一个月后，即根据前一个月的经营成果结合执行过程中发生的变化等新信息，对剩余 11 个月的预算加以修订，并自动后续一个月，重新编制一年的预算，从而使总预算保持 12 个月的预算期。

2．传统预算的不足

为便于将实际执行结果同预算数进行对比分析，预算通常按会计年度进行编制，并往往于会计年度的最后一个季度就开始着手编制下年度的预算。

传统预算的不足之处在于：由于预算期较长，因而编制预算时，难以预测未来预算期，从而给预算的执行带来种种困难，事先预见到的预算期内的某些活动，在预算执行过程中往往会有所变动，而原有预算却未能及时调整，从而使原有预算显得不再合适；预算执行过程中，由于受预算期的限制，管理人员的决策视野局限于剩余的预算期间的活动，缺乏长远的打算，不利于企业的长期稳定、有序发展。

3．滚动预算与传统预算相比的优、缺点

（1）滚动预算的优点在于能克服传统预算的缺点，能使企业管理层对未来一年的经营活动进行持续不断的计划，并在预算中保持一个稳定的视野，而不至于等到原有预算执行快结束时，匆促编制新预算，有利于保证企业的经营管理工作稳定、有序地进行。

（2）滚动预算的缺点也源自其优点：预算的自动延伸工作比较耗时，代价较大；要说服经理人员确信不断调整的过程是值得的。

滚动预算是总预算的常用形式，它将年度预算分解为月度预算，本月即将结束时，编制预算并增加第 12 个月的预算，并对前 11 个月的预算做出相应的调整，逐月滚动，从而保持稳定的计划时间跨度，迫使管理层将年度预算与长期计划相结合进行考虑。在滚动预算执行过程中，应将每月实际结果与最初计划和最新调整后的计划相比较。

滚动预算可以对市场环境的变化及时做出反应，使月度预算更趋准确。

滚动预算虽然有它的优越性，但在实际操作中也存在很多弊端。众所周知，预算编制的工作量极大，即使是成熟的国际先进企业，如摩托罗拉、微软等，其预算编制也会耗费相当大的管理和时间成本，因此每月均对预算做全盘调整，会使预算本身的成本超过其收益，对于公司更是如此。因此，依据成本效益原则，公司的全面预算管理不能照搬滚动预算。滚动预算另一个不能适用的原因是公司的年度经营目标是不能轻易调整的，即使发生了一些市场变化，也要求其经理人员去解决和消化其不良影响，完成年度目标，因此每月或每季调整一次预算值，改变相应的预算目标在实际经营中不可取。

尽管滚动预算有上述问题，但公司还是可以借鉴其思路，进行滚动调整，即按月度或季度根据年度预算的累计完成情况，以年度目标为依据，调整本年度以后几期的预算，一方面与实际情况相接近，另一方面可确保年度经营目标的实现。也就是说，每期初公司将总结上月/季度预算累计进度，对差异做出分析，并提出改进建议，调整以后各期预算，保持年度目标不变。

此外,滚动调整的方法也可以使预算更能适应多变与竞争激烈的市场,适合高成长、高速发展的公司。所谓"滚动调整",是借用滚动预算的概念同时考虑到公司的实际情况并规避滚动预算的弊端,形成的在预算管理中行之有效的一种方法。

五、概率预算

预算是在对企业未来各项经济活动预测和估计的基础上编制的,而影响预算对象的一些因素存在不确定性。这就要求根据有关因素的预计值和变动的可能性大小(概率),计算确定预算对象在某种状态下的期望值,然后根据期望值确定预算对象的概率预算数,这种利用概率分析方法编制的预算就称为概率预算。

【例8-2】乙公司生产的A产品单位售价为100元/件。经预测,预算期销售8 000件的概率为0.2,销售9 500件的概率为0.5,销售10 200件的概率为0.3;单位变动成本为65元/件的概率是0.5,单位变动成本是68元/件的概率为0.3,单位变动成本是70元/件的概率为0.2;固定成本在上述产量范围内保持200 000元不变。

根据上述资料,乙公司编制的利润概率预算见表8-4。

表8-4 乙公司利润概率预算(单位售价100元/件)

销售量/件	单位变动成本/元/件	固定成本/元	利润/元	联合概率	利润期望值/元
8 000 ($P=0.2$)	65($P=0.5$)	200 000	080 000	0.10	008 000
	68($P=0.3$)	200 000	056 000	0.06	003 360
	70($P=0.2$)	200 000	040 000	0.04	001 600
9 500 ($P=0.5$)	65($P=0.5$)	200 000	132 500	0.25	033 125
	68($P=0.3$)	200 000	104 000	0.15	015 600
	70($P=0.2$)	200 000	085 000	0.10	008 500
10 200 ($P=0.3$)	65($P=0.5$)	200 000	157 000	0.15	023 550
	68($P=0.3$)	200 000	126 400	0.09	011 376
	70($P=0.2$)	200 000	106 000	0.06	006 360
合计				1	111 471

概率的准确性与合理性,关键在于能否准确预计有关因素的变动值及其发生的概率。

任务四 营业预算与财务预算

一、营业预算

营业预算包括销售预算、生产预算、销售与管理费用预算。

1. 销售预算

(1)销售预算是生产企业预算的关键,在"以销定产"的情况下,全面预算通常以销售预算为起点,总预算中的其他经营预算和绝大多数的财务预算都要以销售预算为基础。销售预算主要列示全年和分季度的预计销售量和销售收入。它依赖于销售预测，销售预测的准确性对全面预算的准确性有着至关重要的影响。

要提高销售预测的准确性，可以采用以下方法：

1）尽可能多地收集信息：进行销售预测时可以采用自下而上的方法，要求每位销售经理提交一份所管辖地区的销售预测报告，然后合计这些销售预测，从而形成总销售预测。

2）充分发挥销售人员与顾客联系紧密的信息优势，准确地把握顾客的中、短期需求。

3）应向市场研究人员咨询，以从更长远的视角来预测社会经济和文化发展对公司销售、潜在市场和产品的影响。

4）销售预测报告应提交给预算委员会从更广阔的视野进行讨论，考虑宏观经济形势、竞争、定价政策等，以弥补自下而上法的不足。

销售预算与生产预算

材料预算与人工预算

制造费用与产品成本预算

（2）销售预算确定了未来期间预计的销售量和销售单价后，即可求出预计的销售收入：

$$预计的销售收入 = 预计销售量 \times 预计销售单价$$

销售预算一般还附有预算期间关于预计收回现金的计算，以有助于现金预算的编制，销售收入预算与预计收入分别见表8-5和表8-6。

期间费用预算

表8-5 销售收入预算

年度	2018	2019	2020	2021	2022	2018—2022
预计销售量/件	200	200	300	900	1 500	3 100
预计单位售价/元	800	800	800	800	800	
销售收入/元	160 000	160 000	240 000	720 000	1 200 000	2 480 000

表8-6 预计各年度现金收入 单位：元

年度	2018年收入	2019年收入	2020年收入	2021年收入	2022年收入	销售收入
2018	128 000	32 000				160 000
2019		128 000	32 000			160 000
2020			192 000	48 000		240 000
2021				576 000	144 000	720 000
2022					960 000	960 000
合计	128 000	160 000	224 000	624 000	1 104 000	2 240 000

说明：假设每年都能收到本年度销售额的80%，其余第二年收到。

2. 生产预算

（1）生产预算是为满足预算期的销售量以及期末存货所需的资源，根据销售预算编制的计划。计划期间除必须有足够的产品供销售之外，还必须考虑到计划期期初和期末存货的预计水平，以避免存货太多形成积压，或存货太少影响下期销售。

其计算公式：
$$预计生产量＝预计销售量＋预计期末存货－预计期初存货$$

为了了解现有生产能力是否能够完成预计的生产量，生产设备管理部门有必要审核生产预算，若无法完成，预算管理委员会可以修订销售预算或考虑增加生产能力；若生产能力超过需要量，则可以考虑把生产能力用于其他方面。

以生产预算为基础，可编制直接材料预算、直接人工预算、制造费用预算等。

1）直接材料预算。直接材料预算是一项采购预算，取决于企业的存货规定，通常根据所用的存货控制模型确定。预计采购量取决于生产材料的耗用量和原材料存货的需要量。其计算公式：
$$直接材料预计采购金额＝预计材料采购量×预计材料单价$$

为了便于编制现金预算，在直接材料预算中，预计材料单价是指该材料的平均价格，通常可从采购部门获得。另外，通常还要进行材料方面预期的现金支出的计算，包括上期采购的材料将于本期支付的现金和本期采购的材料中应由本期支付的现金。

2）直接人工预算。直接人工预算列示根据预计生产量进行生产所需的直接人工小时以及相应的成本。直接人工成本通常从生产管理部门和工程技术部门获得，根据生产预算确定的每单位产出所需直接人工以及生产量，就可编制直接人工预算。

其计算公式：
$$预计直接人工总成本＝预计生产量×单位产品直接人工小时×单位工时工资率$$

3）制造费用预算。制造费用是在直接材料和直接人工以外为生产产品而发生的间接费用。制造费用项目不存在易于辨认的投入、产出关系，其预算需要根据生产水平、管理层的意愿、长期生产能力、公司规定和国家的税收政策等外部因素进行编制。

考虑到制造费用的复杂性，为了简化预算的编制，通常按成本性态将制造费用分为变动制造费用和固定制造费用两大类。变动制造费用通常包括动力、维修费、直接材料、间接材料、间接制造人工等，计算变动制造费用的关键在于确认那些可变的具体项目，并选择成本分配的基础。固定制造费用通常包括厂房和机器设备的折旧、租金、财产税及一些车间的管理费用，它们支撑企业总体的生产经营能力，一旦形成，短期内不会改变。

其计算公式：
$$预计制造费用＝预计变动制造费用＋预计固定制造费用＝预计业务量×预计变动制造费用分配率＋预计固定制造费用$$

制造费用预算的编制包括费用方面预计的现金支出的计算，以便为编制现金预算提供必要的资料。尽管固定资产折旧是计算制造费用分配率所必需的，但由于它是无须用现金支出的项目，所以，在计算费用方面预期的现金支出时应将折旧扣除。

4）期末产成品存货预算。存货的计划和控制可以使企业以尽可能少的库存量来保证生产和销售的顺利进行。期末产成品存货预算的编制，不仅提供了编制预计资产负债表的信息，同时也为编制预计损益表提供了产品销售成本的数据。

编制期末产成品存货预算的基本步骤如下：

a. 根据直接材料、直接人工、变动和固定制造费用的预算，计算确定产成品单位成本。

b. 将产成品单位成本乘以预计期末产成品存货数量，即可得到预计期末产成品存货额。

（2）生产预算编制见表 8-7 至表 8-12。

表 8-7 生产预算表　　　　　　　　　　　　　　　　　　　　　　　　　　　单位：件

年度	2018	2019	2020	2021	2022	2018—2022
预计销售量	200	200	300	900	1 500	3 100
加：预计期末存货	40	60	180	300	700	
合计	240	260	480	1 200	2 200	4 380
减：预计期初存货	0	40	60	180	300	
预计生产量	240	220	420	1 020	1 900	3 800

说明：假设期末存货量为下一期销售量的 20%。

表 8-8 直接材料预算表

年度	2018	2019	2020	2021	2022	2018—2022
预计生产量/件	240	220	420	1 020	1 900	3 800
单位产品材料用量/元/件	20	20	20	20	20	
预计采购金额/元	4 800	4 400	8 400	20 400	38 000	76 000

表 8-9 预计现金支出表　　　　　　　　　　　　　　　　　　　　　　　　　　单位：元

年度	2018 年支出	2019 年支出	2020 年支出	2021 年支出	2022 年支出	预计采购金额
2018	3 840	960				4 800
2019		3 520	880			4 400
2020			6 720	1 680		8 400
2021				16 320	4 080	20 400
2022					30 400	30 400
合计	3 840	4 480	7 600	18 000	34 480	68 400

说明：假设赊购比率为 20%。

表 8-10 人工情况一览表

年度	2018	2019	2020	2021	2022	2018—2022
预计产量/件	240	220	420	1 020	1 900	3 800
单位产品工时/小时/件	20	20	20	20	20	
人工总工时/小时	4 800	4 400	8 400	20 400	38 000	
每小时人工成本/元	20	20	20	20	20	
人工总成本/元	96 000	88 000	168 000	408 000	760 000	1 520 000

表 8-11　制造费用情况一览表　　　　　　　　　　　　　　　单位：元

年度	2018	2019	2020	2021	2022	2018—2022
变动制造费用	12 000	11 000	21 000	51 000	95 000	190 000
固定制造费用	50 000	50 000	50 000	50 000	50 000	250 000
合计	62 000	61 000	71 000	101 000	145 000	440 000
减：折旧	20 000	20 000	20 000	20 000	20 000	100 000
现金支出费用	42 000	41 000	51 000	81 000	125 000	340 000

表 8-12　产品成本预算

年度	2018	2019	2020	2021	2022	2018—2022
直接材料／元	4 800.00	4 400.00	8 400.00	20 400.00	38 000.00	76 000.00
直接人工／元	96 000.00	88 000.00	168 000.00	408 000.00	760 000.00	1 520 000.00
制造费用／元	62 000.00	61 000.00	71 000.00	101 000.00	145 000.00	440 000.00
单位成本／元/件	678.33	697.27	589.05	519.02	496.31	535.79
生产成本／元	162 800.00	153 400.00	247 400.00	529 400.00	943 000.00	2 036 000.00
期末存货／件	27 133.00	41 836.00	106 029.00	155 706.00	347 421.00	678 125.00
期初存货／件	0.00	27 891.00	35 343.00	93 424.00	148 895.00	305 552.00
销货成本／元	135 667.00	139 455.00	176 714.00	467 118	744 474.00	1 663 427.00

3．销售与管理费用预算

销售与管理费用预算列示预算期内预期发生的制造费用以外的其他费用。其编制一般以历史数据为基础，先剔除其中的不合理开支，再根据各费用项目与有关业务量变动的依存关系逐一确定。

与制造费用预算的编制类似，其各费用项目也要按成本性态分为变动性销售与管理费用和固定性销售与管理费用两类。

变动性销售与管理费用：变动性销售与管理费用随销售量的变动而变动，通常包括销售佣金、运杂费和物料用品。

固定性销售与管理费用：固定性销售与管理费用在一定范围内不受销售量的影响，如租金、保险、折旧和基本工资等。

销售与管理费用预算见表 8-13。

表 8-13　销售与管理费用预算　　　　　　　　　　　　　　　单位：元

年度	2018	2019	2020	2021	2022	2018—2022
销售费用	10 000	10 000	15 000	45 000	75 000	155 000
管理费用	6 000	6 000	6 500	9 500	12 500	40 500
合计	16 000	16 000	21 500	54 500	87 500	195 500

二、财务预算

财务预算量化了企业管理层对未来收入、现金流量及财务状况的预期,包括现金预算、预计损益表编制、预计资产负债表编制等。

1. 现金预算

现金预算是企业对现金流动进行预计和管理的重要工具,是用来反映未来某一期间的一切现金收入和支出,以及二者对抵后的现金余缺数的预算。

财务预算

现金预算包括现金收入、现金支出、现金溢余或短缺、资金的筹集与运用四个部分。

(1)现金收入。现金收入部分包括期初的现金余额和预算期的现金收入,包括现销、应收账款收回、应收票据到期兑现、票据贴现收入、出售长期性资产、收回投资等产生现金的业务。产品销售收入是取得现金收入的最主要来源。

(2)现金支出。现金支出部分包括预算期预计的各项现金支出,如材料采购支付货款、应交税金、应付利息以及资本性支出等。需要指出的是,短期借款的利息支付不列入该项,而是放在资金的筹集与运用中。

(3)现金溢余或短缺。现金溢余或短缺是当前可动用现金合计数与预计现金支出合计数的差额,差额为正,说明现金多余;差额为负,说明现金不足。

(4)资金的筹集与运用。资金的筹集与运用是根据预算期现金收支的差额和企业有关资金管理的各项政策,确定筹集与运用资金的数额。如果资金不足,可向银行取得借款或通过其他方式筹集资金,并预计还本付息的期限和数额;如果现金多余,除了可用于偿还借款外,还可用于购买有价证券作为短期投资。

现金预算表见表 8-14。

表 8-14 现金预算表   单位:元

年度	2018	2019	2020	2021	2022	2018—2022
期初现金余额	0	17 410	26 430	-11 459	-14 425	17 955
加:销售现金收入	128 000	160 000	224 000	624 000	1 104 000	2 240 000
可供使用的现金	128 000	177 410	250 430	612 541	1 089 575	2 257 955
减:各项支出						
直接材料	3 840	4 480	7 600	18 000	34 480	68 400
直接人工	96 000	88 000	168 000	408 000	760 000	1 520 000
制造费用	42 000	41 000	51 000	81 000	125 000	340 000
销售与管理费用	16 000	16 000	21 500	54 500	87 500	195 500
所得税	2 750	1 500	13 789	65 466	121 449	204 954
购买设备	200 000					
股利	0	0	0	0	0	0
支出合计	360 590	150 980	261 889	626 966	1 128 429	2 328 854
现金多余或不足	-232 590	26 430	-11 459	-14 425	-38 854	-270 899
需要融资金额	250 000	0	0	0	0	250 000

说明:筹集资金起点为 200 000 元,增加幅度 50 000 元

2. 预计损益表编制

预计损益表是在各项经营预算的基础上，根据权责发生制编制的损益表。它综合反映计划期内预计销售收入、销售成本和预计可实现的利润或可能发生的亏损，可以揭示企业预期的盈利情况，有助于管理人员及时调整经营策略。预计损益表见表8-15。

表8-15 预计损益表　　　　　　　　　　　　　　　　　　　　　　　单位：元

年度	2018	2019	2020	2021	2022	2018—2022
销售收入	160 000	160 000	240 000	720 000	1 200 000	2 480 000
销售成本	135 667	139 455	176 714	467 118	744 474	1 663 427
毛利	24 333	20 545	63 286	252 882	455 526	816 573
销售与管理费用	16 000	16 000	21 500	54 500	87 500	195 500
利润总额	8 333	4 545	41 786	198 382	386 026	621 073
所得税（估计）	2 750	1 500	13 789	65 466	121 449	204 954
税后净收益	5 583	3 045	27 997	132 916	264 577	416 119

3. 预计资产负债表编制

预计资产负债表是依据当前的实际资产负债表和全面预算中的其他预算所提供的资料编制而成的、反映企业预算期末财务状况的总括性预算。

预计资产负债表可以为企业管理当局提供会计期末企业预期财务状况的信息，有助于管理当局预测未来期间的经营状况，并采取适当的改进措施。预计资产负债表见表8-16。

表8-16 预计资产负债表　　　　　　　　　　　　　　　　　　　　　　单位：元

年度	2018	2019	2020	2021	2022
资产					
现金	17 410	26 430	-11 459	-14 425	-38 854
应收账款	32 000	32 000	48 000	144 000	240 000
存货	27 133	41 836	106 029	155 706	347 421
固定资产	200 000	180 000	160 000	140 000	120 000
减：累计折旧	20 000	20 000	20 000	20 000	20 000
固定资产净值	180 000	160 000	140 000	120 000	100 000
资产总额	256 543	260 266	282 569	405 280	468 567
权益					
应付账款	960	880	1 680	4 080	7 600
实收资本	250 000	250 000	450 000	450 000	450 000
未分配利润	5 538	8 629	27 996	132 916	246 578
权益总额	256 498	259 509	479 676	586 996	704 178

说明：因为前期发展需要资金，所以利润全部未分配。

项目练习题

在线做题

一、单项选择题

1. 专门反映企业未来一定预算期内财务状况、经营成果和现金收支的一系列计划，如预计资产负债表、预计利润表和现金收支预算等，是指（　　）。
   A. 全面预算　　　　　　　　　　　B. 经营预算
   C. 资本预算　　　　　　　　　　　D. 财务预算

2. 企业处于初创期，全面预算的编制起点一般是（　　）。
   A. 销售预算　　　　　　　　　　　B. 资本预算
   C. 成本控制　　　　　　　　　　　D. 现金流量

3. 有利于发挥各个编制部门主观能动性的预算编制程序是（　　）。
   A. 自上而下式　　　　　　　　　　B. 自下而上式
   C. 上下结合式　　　　　　　　　　D. 上下并行式

4. 根据预算编制所依据的业务量的数量特征，预算编制方法可分为（　　）。
   A. 固定预算和弹性预算　　　　　　B. 增量预算和零基预算
   C. 资本预算和财务预算　　　　　　D. 定期预算和滚动预算

5. 在成本习性分析的基础上，分别按一系列可能达到的预计业务量水平编制的能适应多种情况的预算，是（　　）。
   A. 定期预算　　　　　　　　　　　B. 弹性预算
   C. 零基预算　　　　　　　　　　　D. 固定预算

6. 下列各项预算中，构成全面预算体系最后环节的是（　　）。
   A. 日常业务预算　　　　　　　　　B. 专门决策预算
   C. 财务预算　　　　　　　　　　　D. 现金预算

7. 星海公司预计 2023 年第三、第四季度产品销量分别为 220 件、350 件，单价分别为 2 元/件、2.5 元/件，各季度销售收现率为 60%，其余部分于下个季度收回，则星海公司第四季度现金收入为（　　）元。
   A. 437.5　　　　　　　　　　　　B. 440
   C. 875　　　　　　　　　　　　　D. 701

8. 编制生产预算的基础是（　　）。
   A. 销售预算　　　　　　　　　　　B. 直接人工预算
   C. 管理费用预算　　　　　　　　　D. 现金预算

9. 为规划和控制未来时期的生产、销售等经常性业务以及与此相关的各项成本和收入而编制的预算是（　　）。
   A. 全面预算　　　　　　　　　　　B. 经营预算
   C. 资本预算　　　　　　　　　　　D. 财务预算

10. 某企业编制直接材料预算，预计第四季度期初存量为 456 千克，季度生产需用量为 2 120 千克，预计期末存量为 350 千克，材料单价为 10 元/件。若材料采购货款有 50% 在本季度内付清，另外 50% 在下季度付清，则该企业预计资产负债表年末"应付账款"项目为（　　）元。
    A. 11 130　　　B. 14 630　　　C. 10 070　　　D. 13 560

二、多项选择题

1. 全面预算管理的主要作用有（　　）。
   A. 设置目标　　　B. 协调部门关系　　　C. 控制业务
   D. 节约现金　　　E. 考评业绩

2. 预算编制的方法包括（　　）。
   A. 固定预算与弹性预算　　　B. 零基预算与增量预算
   C. 财务预算与资本预算　　　D. 经营预算与全面预算
   E. 滚动预算与定期预算

3. 与生产预算有直接联系的预算有（　　）。
   A. 直接材料预算　　　B. 变动制造费用预算
   C. 销售及管理费用预算　　　D. 直接人工预算
   E. 现金流量预算

4. 资本预算具体包括（　　）。
   A. 研究开发费用预算　　　B. 固定资产购置预算
   C. 现金收支预算　　　D. 无形资产预算
   E. 固定资产处置预算

5. 财务预算是一系列专门反映企业未来一定预算期内预计财务状况和经营成果，以及现金收支等价值量指标的各种预算的总称，具体包括（　　）。
   A. 预计资产负债表　　　B. 预计利润表
   C. 现金收支预算　　　D. 资本支出预算
   E. 销售收入预算

三、判断题

1. 企业实行预算的目的是限制花钱。（　　）
2. 全面预算管理最早兴起于西方国家。（　　）
3. 预算编制涉及企业的每一个部门、每一个岗位，它需要企业每一个部门和每一位员工的参与和支持。（　　）
4. 弹性预算方法主要适用于编制成本费用预算和弹性利润预算。（　　）
5. 预算编制是预算管理循环的一个重要环节，预算编制质量的高低直接影响预算执行结果，也影响对预算执行者的业绩评价。（　　）
6. 财务预算包括生产预算、经营预算和应收账款预算。（　　）
7. 编制生产预算的目的是保证有充足的现金可以满足企业的需要，而且对多余现金可以有效利用。（　　）
8. 在资本预算中涉及的现金流量是与投资决策相关的，是指一个项目引起的企业现金支出和现金收入的数量。（　　）
9. 资本预算具体包括银行借款预算和财务费用预算等。（　　）
10. 预计利润表是财务预算中的一个重要组成部分，也是编制预计资产负债表的基础。（　　）

四、案例分析题

1. 星海公司预算期内的简略销售情况见表 8-17，若销售当季度收回货款的 60%，次季度收回货款的 35%，第三个季度收回货款的 5%，预算年度期初应收账款余额为 22 000 元，其中包括上年度第三季度销售形成的应收账款 4 000 元、第四季度销售形成的应收账款 18 000 元。

表 8-17　星海公司预算期内的简略销售情况

项目	第一季度	第二季度	第三季度	第四季度	合计
预计销售量 / 件	2 500	3 750	4 500	3 000	13 750
销售单价 / 元	20	20	20	20	20

要求：根据上述资料编制预算年度的销售预算，填入表 8-18。

表 8-18　预算年度的销售预算　　　　　　　　　　　　　　　　　　　　单位：元

项目	第一季度	第二季度	第三季度	第四季度
预计销售量 / 件	2 500	3 750	4 500	3 000
销售单价 / 元 / 件	20	20	20	20
预计销售金额	（1）	（2）	（3）	（4）
本年期初应收账款	（5）	（6）		
第一季度销售收现	（7）	17 500	2 500	
第二季度销售收现		45 000	（8）	3 750
第三季度销售收现			54 000	31 500
第四季度销售收现				36 000

2. 某公司生产甲产品，第一季度至第四季度的预计销售量分别为 1 000 件、800 件、900 件、850 件，生产每件甲产品需要 2 千克 A 材料。公司的政策是：每季度末的产成品存货数量等于下一季度销售量的 10%，每季度末的材料存量等于下一季度生产需要量的 20%。

要求：请填写表 8-19。

表 8-19　材料采购量　　　　　　　　　　　　　　　　　　　　　　　　单位：千克

项目	第一季度	第二季度	第三季度	第四季度
销量 / 件	1 000	800	900	850
加：期末存货量 / 件（下一季度销售量的 10%）	（1）	（2）	（6）	
减：期初存货量（上期期末）/ 件	—	（3）	（7）	
生产量 / 件	—	（4）	（8）	
生产需用材料数量	—	1 620（810×2）	1 790（895×2）	
加：期末材料存量（下一季度生产需要量的 20%）	（5）	（9）	358	
减：期初存量（上期期初）			（10）	
材料采购量			（11）	

3. 星海公司预计下月月初现金余额为 10 000 元，下月月初应收账款为 5 000 元，预计下月可收回 80%；下月销货 62 500 元，当期以现金收到销货款的 50%；采购材料 10 000 元，

当期付款70%，当月应付账款余额为6 250元，需在月内付清；下月以现金支付工资10 500元；间接费用为62 500元，其中折旧费5 000元；预交所得税1 125元；购买设备支付现金25 000元。现金不足时，可向银行借款，借款金额为1 000元的整数倍，现金余额最低为3 750元。

要求：计算下月预算现金余额，填写表8-20。

表8-20 下月预算现金余额

期初现金余额	10 000元
加：现销收入	（1）
可供使用现金	（2）
减：各项支出现金合计	（3）
材料采购支出	（4）
工资支出	（5）
间接费用支出	（6）
所得税支出	（7）
设备支出	25 000元
现金多余或不足	（8）
向银行借款	（9）
期末现金余额	（10）

4. 武钢集团1999年开始推行预算管理，首先在组织结构上进行了配套改革，成立了公司预算管理委员会，并利用机构改革之机，把公司的年度生产经营计划和公司财务管理部门合并，组建了计划财务部，优化了预算管理的组织结构。利用计划财务部这个组织结构平台，不断吸纳生产、销售、设备、运输、能源等各个专业的管理专家，使预算管理真正超越财务管理的范畴，使预算管理部门成为一个综合性的管理部门。预算管理委员会成员由公司董事长或总经理任免，董事长或总经理对公司的预算管理工作负总责。预算管理委员会制定公司总体预算目标及保障措施，审定公司总预算、分预算和专项预算。预算管理委员会设预算管理办公室，集团公司总会计师兼任办公室主任，负责全面预算管理工作的日常事宜。委员会下各单位成立相应的预算管理组织，一般设在财务部门，由多个部门参加，负责本单位内部的预算编制和监督执行工作。预算管理委员会建立例会制度，定期分析预算的执行情况，督促检查预算的实施。

武钢集团预算管理的特点有：

一是全员参与。预算的有效执行充分发挥了预算管理的激励作用，营造了激励全体员工的环境，引导企业全体员工自主地控制预算的执行情况，当预算执行出现不利偏差时，及时地、积极主动地采取有效措施加以纠正，自觉自愿地完成预算目标。

二是全程控制。预算控制对业务活动的渗透性操作过程，是基于财务角度并延伸出去的辐射性、开放式、主动干预式的管理。预算控制系统的精髓在于蒸馏出隐藏在粗放管理中的利润，它是一种事先控制，可以制止无效或低效的行为。预算控制是全流程、系统的、逻辑的管理，追求一种全局效率。

三是全面管理。预算管理利用预算这一手段对企业经营的各个环节和企业的各个部门进行管理控制，对企业的各种财务及非财务资源进行配置。预算是武钢为实现长期规划而对未来经营年度的生产经营活动及其目标做出的预期安排和计划，它是规范企业生产经营活动和提高经济效益的重要手段。

要求：（1）简述武钢集团是如何科学合理建立预算管理组织体系的。

（2）简析全面预算管理的本质，并分析武钢集团的预算管理是否体现了全面预算管理的本质。

项目九
成本控制

📄 知识目标

○ 了解成本控制概念、目的，理解成本控制的原则；
○ 掌握目标成本法的基本概念、计算方法和操作流程；
○ 掌握作业成本法的基本概念、计算方法和操作流程；
○ 掌握直接材料成本差异、直接人工成本差异、变动制造费用差异、固定制造费用差异的计算与分析。

能力目标

○ 通过学习成本控制，能完善成本管理中的全过程管理；
○ 通过学习目标成本法，能运用目标成本法进行成本控制；
○ 通过学习作业成本法，能运用作业成本法进行成本控制；
○ 通过学习标准成本法，能运用标准成本法进行成本控制。

职业素养及思政元素

○ 通过学习成本控制，树立节约观念，运用正确的成本管理工具方法，以最小的投入获得最大的产出。
○ 没有规矩，不成方圆。目标成本是成本的事先规划，作业成本是目标成本的落实，标准成本是各种资源最佳使用的消耗尺度，三者构成完整的成本控制体系。

案例导入

邯钢公司的成本控制

钢铁行业是多流程、大批量生产的行业，生产过程的高度计划性决定了对生产流程各个工艺环节必须实行高度集中的管理模式。为了严格成本管理，一般依据流程将整个生产线划分为不同的作业单元，在各个作业单元之间采用某些锁定转移价格的办法。而邯钢在成本管理方面率先引入市场竞争手段，以市场竞争力为导向分解内部转移成本，再以此为控制指标，落实到人和设备上，将指标责任与奖罚挂钩，强制实现成本目标，达到系统整体最优。

对邯钢而言，要挤出利润，首先需要确定合理先进、效益最佳的单位产品目标成本。公司根据一定时期内市场上生铁、钢坯、能源及其他辅助材料的平均价格编制企业内部转移价格，并根据市场价格变化的情况每半年或一年做一次修订，各分厂根据原材料等的消耗量和"模拟市场价格"核算本分厂的产品制造成本，并以"模拟市场价格"向下道工序"出售"自己的产品。

这种用以市价为基础的内部成本倒推分解法，把产品成本、质量、资金占用、品种结构等因素纳入完整的考核体系之中，给了成本中心更大的责任和压力，使分厂在有限的决策权之下，有了除降低成本以外的增利手段。采用这种项目成本倒推分解方法，从根本上改变了各个流程成本控制与总成本控制之间的关系，使个人将自己与对总成本控制的贡献直观相关联，个人的晋升与发展也与这些贡献相关联，从而形成了良性循环。

思考：（1）你能说出邯钢公司的成本控制动因是什么吗？
（2）你能评述邯钢公司成本控制的内容以及做法吗？

任务一 成本控制认知

成本控制是一个在企业经营管理中至关重要的环节。它不仅涉及了解和掌握企业成本的构成和特性，还包括采取一系列策略和方法来有效地管理和控制这些成本。对成本控制的深入理解和恰当应用，可以帮助企业提高经济效益，增强市场竞争力，实现可持续发展。

一、成本控制概念、目的与重要性

（一）成本控制概念

成本控制是企业根据一定时期预先建立的成本管理目标，由成本控制主体在其职权范围内，在生产耗费发生以前和成本控制过程中，对各种影响成本的因素和条件采取的一系列预防和调节措施，以保证成本管理目标实现的管理行为。成本控制有广义和狭义之分。广义的成本控制是对企业生产经营过程中各方面、各环节、各阶段的所有成本进行控制。这种控制在空间上渗透到企业的方方面面，在时间上贯穿了企业生产经营的全过程，与成本预测、成本决策、成本规划、成本考核共同构成现代成本管理系统。狭义的成本控制主要是指对生产阶段产品成本的控制，即运用一定的方法对产品生产过程中构成产品成本的一切耗费，进行科学严格的计算、限制和监督，将各项实际耗费限制在预先确定的预算、计划或标准的范围内，并分析实际脱离计划的原因，积极采取应对措施，以实现全面降低成本目标的一种会计管理行为。

（二）成本控制目的

成本控制的目的主要体现为以下几点：

（1）降低企业成本。通过对成本进行控制和管理，可以有效降低企业的运营成本，提高企业的经济效益，增强企业的竞争力。

（2）保证产品质量。成本控制管理可以促进企业对产品质量的控制和管理，保证产品的质量达到要求，提高产品的市场竞争力。

（3）提高管理水平。成本控制管理需要企业管理者对企业的各个方面进行全面的了解，从而提高企业的管理水平和综合素质。

（4）优化资源配置。成本控制管理可以促进企业对资源的分配和利用进行优化，实现资源的最大化利用。

（三）成本控制重要性

在当今充满挑战与机遇的商业环境中，企业经营管理目标的实现离不开科学有效的成本控制。

成本控制不仅关乎企业的经济效益，更是企业持续发展和提高市场竞争力的关键所在。成本控制的重要性主要体现在以下两个方面：

1. 成本控制助力企业实现经营目标

成本控制是企业经营管理的重要组成部分，合理规划和精细管理企业的各项成本，有助于企业更加精准地实现经营目标。具体而言，有效的成本控制可以从以下几个方面推动企业经营管理目标的达成：

（1）节约资源，提高利用效率。通过成本控制，企业能够深入分析成本构成，找出成本过高的环节，进而采取针对性的措施进行改进。这不仅可以减少不必要的浪费，还能提高资源的利用效率，使企业耗用有限的资源实现更大的经济效益。

（2）增强盈利能力。成本控制直接关系到企业的利润水平。通过降低生产成本、管理费用和销售费用等，企业可以显著提升自身的盈利能力，为企业的长远发展奠定坚实基础。

（3）优化决策过程。成本控制所提供的数据和分析，能够为企业决策者提供更加全面、准确的成本信息。这有助于决策者做出更加明智、科学的决策，从而推动企业经营管理目标的顺利实现。

2. 成本控制提升企业市场竞争力

在竞争日益激烈的市场环境下，成本控制已经成为企业获得竞争优势的重要手段之一。具体来说，成本控制对企业市场竞争力的提升作用主要体现在以下几个方面：

（1）价格优势。通过降低产品成本，企业可以在保证产品质量的前提下提供更加具有竞争力的价格。这不仅有助于吸引更多客户，还能扩大企业的市场份额，从而提升企业的市场竞争力。

（2）质量提升。成本控制并不意味着牺牲产品质量。相反，通过精细化的成本管理和持续改进生产流程，企业可以在保证成本降低的同时提高产品质量。这种以顾客需求为导向的质量提升，有助于提升企业的品牌形象和市场认可度。

（3）服务水平提升。优秀的成本控制体系不仅能够降低企业的运营成本，还能为企业提供更多的资源用于提升服务水平。通过提供个性化、差异化的服务，企业能够更好地满足客户需求，进一步巩固和提升市场地位。

二、成本控制原则

成本控制原则是成本控制工作的基本框架和指导思想。为确保成本控制工作的严谨性、稳定性和有效性，企业在实施成本控制时，应遵循以下原则：

（1）全面性原则。成本控制应涵盖所有成本项目、涉及全体员工，并贯穿生产经营全过程。这意味着成本控制不仅要关注变动成本，还要关注固定成本；不仅要涉及生产部门，还要涉及销售、管理等其他部门；不仅要关注生产过程，还要关注产品研发、采购等环节。

（2）例外管理原则。成本控制应重点关注异常、不符合常规的成本项目。对于实际发生与标准预算偏离超过一定比例（如10%）的成本项目，以及对企业长期经济效益产生重大影响的成本项目，应进行深入分析，查明偏高原因，并采取相应措施进行调整。

（3）经济性原则。成本控制的目标是实现经济效益最大化。在控制成本时，应遵循成本效益原则，合理安排资源投入，确保各项支出都能为企业带来长期经济利益。

（4）日常与定期控制相结合原则。日常控制是成本控制的基础，定期控制则是对日常控制的总结和提升。企业在进行成本控制时，应建立日常监控机制，及时发现和解决成本问题；同时，还应定期进行成本分析和评估，以检查成本控制的效果和制定进一步的改进措施。

（5）单项与综合控制相结合原则。单项控制是对具体成本项目进行的控制，综合控制则是对企业整体成本进行的控制。企业在进行成本控制时，应既关注具体成本项目的控制情况，又关注企业

整体成本的控制情况，确保成本控制工作的全面性和系统性。

三、成本控制方法

成本控制作为企业经营管理中至关重要的环节，直接影响企业的经济效益与市场竞争力。为确保企业稳定、高效地运营，需采取一系列严谨、理性的成本控制方法。

1. 标准化成本控制法

标准化成本控制法强调通过制定并遵循明确的成本标准，实现对企业各项成本的精确控制。企业需基于历史数据、市场趋势及内部需求，制定科学合理的成本标准。随后，通过定期的成本核算与对比分析，及时识别并纠正实际成本与标准成本之间的偏差。此方法有助于确保企业资源得到高效利用，提升成本控制的精确性与有效性。

2. 作业成本分析法

作业成本分析法侧重于将总成本分配到各个作业或活动中，通过深入分析每个作业或活动的成本构成，找出成本控制的关键环节。企业需对每个作业或活动的成本进行细致核算，识别出成本的主要来源及潜在的节约空间。此方法有助于企业优化作业流程、提高工作效率，进而实现成本的有效控制。

3. 目标导向的成本控制法

目标导向的成本控制法是以设定明确的成本控制目标为导向，通过一系列措施确保企业各环节的成本均控制在预定目标之内。企业在产品设计、生产、销售等各环节均需充分考虑成本控制因素，确保各环节的成本得到有效管理。为实现成本控制目标，企业可采取多种策略，如优化产品设计、提升生产效率、降低采购成本等。此方法有助于激发全员参与成本控制的积极性，形成成本控制的明确目标。

4. 全面成本控制法

全面成本控制法强调将成本控制贯穿企业整个经营过程，覆盖产品设计、生产、销售、售后服务等各个环节。企业需从全局出发，综合考虑各种因素，构建完整的成本控制体系。通过全面成本控制，企业可更全面地了解和控制各项成本，实现成本管理的系统化和科学化。此方法有助于企业优化经营策略、提升市场竞争力，为企业的长期稳定发展奠定坚实基础。

5. 技术创新驱动的成本控制法

随着科技的不断发展，技术创新已经成为企业降低成本、提高效率的重要手段。技术创新驱动的成本控制法就是通过引进先进的生产技术和设备、改进生产流程，降低单位产品的成本。企业可以加大研发投入，推动产品创新，实现产品的高端化、智能化，从而提高产品的附加值和市场竞争力。同时，企业还可以通过技术创新提高资源的利用效率，减少浪费，实现绿色生产。

6. 供应链管理成本控制法

供应链是企业成本控制的重要环节。供应链管理成本控制法就是通过与供应商建立长期稳定的合作关系，实现采购成本的优化和控制。企业可以通过对供应商的评价和选择，确保采购的原材料和零部件质量稳定、价格合理。同时，企业还可以通过与供应商的深度合作，实现供应链的协同管理，提高供应链的响应速度和灵活性，从而降低库存成本和运营成本。

7. 人力资源成本控制法

人力资源是企业成本的重要组成部分。人力资源成本控制法就是通过优化人力资源配置，提高员工的工作效率和满意度，从而降低人力资源成本。企业可以通过制定合理的薪酬制度和福利政策，吸引和留住优秀的人才。同时，企业还可以通过培训和发展计划，提高员工的技能和素质，提升员工的工作效率。此外，企业还可以通过优化组织结构和流程设计，减少不必要的岗位和人员，降低人力资源成本。

在实施这些成本控制方法时，企业应注重方法的综合性和协同性，确保各种方法能够相互补充、相互促进。同时，企业还应注重成本控制与企业战略目标的结合，确保成本控制能够为企业的长期发展提供有力支持。通过不断完善和创新成本控制方法，企业可以在激烈的市场竞争中保持优势地位，实现持续稳定的发展。

任务二　目标成本法

一、目标成本法产生的背景

在经济全球化的背景下，随着科技的发展和市场的不断细分，企业面临着前所未有的挑战。为了保持竞争优势、提升市场份额，企业开始寻求更加高效和精细的成本管理方法。正是在这样的历史节点，目标成本法应运而生，成为企业应对市场变革的重要工具。该方法是由日本丰田公司于20世纪60年代首创的，20世纪80年代末被美国人引进，并通过英文专业杂志和教科书传至全世界。许多西方企业开始学习和借鉴这一方法，尝试将其应用于自身的成本管理。这些企业发现，通过实施目标成本法，他们能够更加精准地控制成本、提高资源利用效率，从而增强自身的竞争力和盈利能力。

随着市场竞争的加剧和消费者需求的不断变化，目标成本法逐渐成为企业成本管理的核心方法。许多企业开始将目标成本法与其他先进的管理方法相结合，如供应链管理、精益生产等，以实现成本管理的全面优化。这些做法不仅有助于企业降低成本、提高生产效率，还能增强企业的创新能力和市场竞争力，为企业的发展注入新的动力。

二、目标成本法的概念

目标成本法也称为目标成本控制，是指企业以市场为导向、以目标售价和目标利润为基础确定产品的目标成本，从产品设计阶段开始，通过各部门、各环节乃至与供应商的通力合作，共同实现目标成本的管理方法，也是企业经营战略与市场竞争有机结合起来的全面成本管理系统。目标成本法一般适用于制造业企业成本管理，也可以在物流、建筑、服务等行业应用。

三、目标成本法的应用

（一）一般程序

目标成本的确定与传统的产品成本确定过程相反，传统的产品成本确定方法主要是在产品生产后，对实际发生的成本进行汇总和核算，这种方法更多地关注历史数据和实际发生的成本。这种方法的问题在于，它通常是在产品已经生产出来之后，才能知道成本是多少，这时如果成本超出了预期，可能已经没有太多机会去改变。而目标成本的确定方法则更加注重在产品设计和开发阶段就进行成本规划和控制。这种方法首先设定一个目标成本，然后在产品的设计和生产过程中，通过价值工程分析、产品设计优化、供应链管理等手段，努力使实际成本达到或低于这个目标成本。这种方法的好处在于，可以在产品设计和生产阶段就及时发现并解决潜在的成本问题，从而提高产品的竞争力。目标成本法应用程序一般包括：确定应用对象，成立跨部门团队；收集相关信息，计算市场容许成本；设定目标成本，分解可实现目标成本，落实目标成本责任；考核成本管理业绩；不断改进并持续优化成本管理。企业在具体实施过程中应根据自身实际情况进行灵活调整和优化。

1. 确定应用对象，成立跨部门团队

首先，企业需要明确目标成本法的应用对象，这通常涉及特定的产品或服务。在选择应用对象时，企业应考虑产品的市场潜力、技术复杂性和成本结构等因素。接下来，企业应组建一个由多个部门成员组成的跨部门团队，包括研发、生产、销售、采购和财务等部门。这个团队将共同协作，确保目标成本法的有效实施。

2. 收集相关信息，计算市场容许成本

在实施目标成本法之前，企业需要全面收集与产品相关的市场信息，包括市场需求、竞争对手的产品价格、客户偏好等。通过收集这些信息，企业可以更好地了解市场环境和竞争态势，从而确定市场容许成本。市场容许成本是指产品在市场上的可接受价格，是企业制定成本目标的重要参考依据。

$$市场容许成本＝目标售价－目标利润$$

目标售价的设定必须考虑顾客感知的产品价值、竞争产品的预期相对功能和售价，以及企业针对该产品的战略目标等因素。目标利润的设定应综合考虑利润预期、历史数据、竞争地位分析等因素。

【例9-1】假设某制造企业在2023年第二季度计划生产10 000台某种电子产品，预计每台产品的销售价格为1 000元。企业设定的目标利润为200万元。

$$市场容许总成本＝10\,000×1\,000－2\,000\,000＝8\,000\,000（元）$$
$$单位市场容许成本＝8\,000\,000÷10\,000＝800（元）$$

3. 设定目标成本，分解可实现目标成本，落实目标成本责任

在确定了市场容许成本后，企业需要根据期望的利润水平设定产品的目标成本。目标成本应既具有挑战性又可实现，能够确保企业在保持竞争力的同时实现盈利。接下来，企业需要将目标成本分解为各个成本项目或成本驱动因素，如原材料成本、制造成本、销售费用等。这样可以帮助企业更好地管理和控制成本，确保实现目标成本。

4. 考核成本管理业绩

在实施目标成本法的过程中，企业需要定期对各个责任部门或责任人的成本管理业绩进行考核和评价。这可以通过设立成本考核指标、定期召开成本分析会议等方式实现。通过考核和评价，企业可以及时发现成本管理中的问题并采取相应措施进行改进，确保目标成本法的顺利实施。

5. 不断改进并持续优化成本管理

根据市场反馈和内部审计结果，不断优化产品设计和生产流程，以实现成本降低和效率提升。这包括引入新技术、改进生产方法、提高员工技能等，以推动公司持续降低成本、提高竞争力。

（二）目标成本设计与分解

1. 产品设计阶段目标成本的确定

产品设计阶段可以采用的目标成本测算方法有：选择预测法、倒推预测法和比率预测法。

选择预测法与预测分析中提到的方法相同。

倒推预测法可按照以下公式进行预测：

$$单位产品目标成本＝预计售价×（1－税金及附加率）－目标利润$$

比率预测法要求事先确定先进的成本利润率，调查用户可以接受的价格或具有竞争性的市场价格，并以此推算目标成本。相关计算公式如下：

$$单位产品目标成本 = \frac{产品预计价格 \times (1 - 税金及附加率)}{1 + 成本利用率}$$

【例 9-2】某企业准备开发一种新产品，财务人员经过调查确定的产品目标售价为 20 000 元，成本利润率为 25%，假定按照制度规定，需要缴纳的税金及附加率为 10%。

要求：预测该新产品的目标成本。

解：依题意得

$$单位产品目标成本 = \frac{20\,000 \times (1-10\%)}{1+25\%} = 14\,400（元）$$

2. 产品设计阶段目标成本的分解

产品设计阶段目标成本确定后，需要将其按照设计的生产形式分解到产品的零部件、各工序或各成本项目。目标成本常用的分解方法有以下三种：

（1）按成本项目占比分解。这种方法是根据新产品各成本项目占成本总额的比重，将目标成本分解为直接材料、直接人工和制造费用三个成本项目的一种成本分解方法。确定新产品各成本项目比重，既可以依据老产品或类似产品的实际成本资料，测算料、工、费各项目占成本的比重，也可以依据设计工艺中所确定的技术定额，如所耗材料消耗定额、产品计划单价、产品工时定额、计划小时工资率等测算各成本项目的设计成本比重。将新产品的目标成本乘以各成本项目的比重，即可求得新产品的直接材料、直接人工、制造费用的目标成本。此种方法通常适用于单品种生产的新产品的目标成本分解。

【例 9-3】续例 9-2，新产品各成本项目占总成本比重：原材料占总成本的 40%，直接人工占总成本的 20%，制造费用占总成本的 30%，剩下的 10% 则是企业的管理费用和间接费用。

要求：进行目标成本的分解。

解：依题意得

$$原材料 = 14\,400 \times 40\% = 5\,760（元）$$
$$直接人工 = 14\,400 \times 20\% = 2\,880（元）$$
$$制造费用 = 14\,400 \times 30\% = 4\,320（元）$$
$$管理费用和间接费用 = 14\,400 \times 10\% = 1\,440（元）$$

（2）按制造过程分解。将制造过程划分为不同的阶段或工序，根据每个阶段或工序的成本特点来分解目标成本。如果属于连续式生产组织方式，可以按照产品成本形成的逆方向分解目标成本，即由产品目标成本依次倒推前一步骤的半成品目标成本，并将各步骤的半成品目标成本依据各步骤的成本项目占比分解为该步骤的直接材料、直接人工和制造费用。确定各步骤或各成本项目成本比重时，既可以根据老产品或类似产品的实际成本资料结合新产品调整确定，也可以在产品设计方案完成后根据产品的设计图纸测算产品的设计成本，它反映了新产品正常投产后的成本。在实际工件中，可以采用的测算方法有直接测算法、概算法和直接分析法。

1）直接测算法。直接测算法是根据设计方案的技术定额来直接测算新产品或改造老产品设计成本的一种预测方法。如果新产品或改造老产品的技术资料齐全，可以直接测算其单位成本，即按设计方案规定的产品所耗用各种原材料的消耗定额和计划单价，测算直接材料成本；按规定的产品工时定额、计划小时工资率及相关人工计提比率，测算直接人工成本；按产品工时定额和各项费用的计划小时费用率，测算制造费用。三者加总后就是产品的设计成本。实务中，企业发生的共同成本常常需要在新老产品之间进行分摊，需要根据新产品成本改造老产品设计方案中完备的各项技经济定额以及预计年生产能力等方面的资料,并结合原有产品的相关资料,通过计算分摊确定设计产品的直接材料、直接人工和制造费用等成本项目,从而预测设计产品的各成本项目的总成本和单位产品成本。

2)概算法。概算法是借助直接测算法的测算原理,依据技术定额测算直接材料的设计成本,其他成本项目比照类似产品成本中这些项目所占的比重来估算新产品设计成本的一种预测方法。

3)直接分析法。企业采用直接分析法确定目标成本,就是对成本的构成内容进行分析,确定每一构成项目的具体成本金额,从而计算产品成本的方法。

(3)按产品组成分解。根据产品的不同组成部分,如主要零部件、辅助材料等的成本占比或功能评价系数来分解目标成本。

【例 9-4】假设一家公司正在开发一款智能手机,并决定使用目标成本法进行成本分解。首先,他们确定了手机的总目标成本为 1 000 元。接下来,他们识别了手机的各个主要功能,如显示屏、处理器、摄像头、电池等,并对每个功能的重要性和复杂程度进行了评估。相关资料如表 9-1 所示。

表 9-1　手机部件重要性和复杂程度表

部件	重要性系数①	复杂程度系数②	评价系数③=②×①
显示屏	0.3	0.2	0.06
处理器	0.2	0.3	0.06
摄像头	0.15	0.25	0.0375
电池	0.15	0.15	0.0225
其他功能(如存储、连接等)	0.2	0.05	0.01

根据这些评估结果,我们可以计算出每个功能的评价系数。评价系数通常是重要性系数和复杂程度系数的乘积。例如,显示屏的评价系数为 0.3×0.2 = 0.06。接下来,我们可以根据每个功能的评价系数,将总目标成本分配到各个功能上。这个过程通常是按照比例分配,即每个功能的成本等于其评价系数乘以总目标成本。例如,显示屏的成本为 0.06×1 000 元 = 60 元。

通过这种方法,我们可以将总目标成本分解为各个功能的成本,从而更好地理解和控制产品的成本结构。这有助于公司在产品开发过程中进行成本优化和决策,以确保最终产品的成本符合目标成本要求。

四、目标成本法的优点和缺点

1. 优点

(1)市场导向。目标成本法强调从市场需求出发,以目标售价为基础确定目标成本,有助于企业更好地适应市场需求,提高市场竞争力。

(2)成本控制。通过设定目标成本,企业可以更加明确地控制成本,避免不必要的浪费,提高成本管理的效率和效果。

(3)全员参与。目标成本法要求企业全体员工参与成本管理,形成全员成本控制的氛围,有助于增强员工的成本意识和责任感。

(4)有利于产品设计和改进。目标成本法在产品设计阶段就开始考虑成本控制,有助于企业设计出更符合市场需求、更具竞争力的产品。

2. 缺点

（1）对市场预测的准确性要求高。目标成本法以目标售价为基础确定目标成本，因此对市场预测的准确性要求较高。如果市场预测不准确，可能会导致目标成本设定不合理，进而影响企业的盈利能力和市场竞争力。

（2）需要较高的管理水平。目标成本法要求企业具备较高的管理水平，包括成本核算、成本控制、市场预测等方面的能力。如果企业管理水平不足，可能会导致目标成本法无法有效实施。

（3）可能忽视长期利益。目标成本法主要关注短期内的成本控制和市场竞争力，可能会忽视企业的长期利益。如果企业过度追求短期利益，可能会对企业的长期发展造成不利影响。

任务三　作业成本法

一、作业成本法产生的背景

自20世纪70年代以来，世界科学技术和社会经济环境发生了重大变化。特别是以美国和日本等为代表的发达国家的企业，纷纷将高新技术应用于生产领域。建立于高新技术基础上的生产，其基本特征是在电子技术基础上形成的信息化、机器人、电脑辅助设计、电脑辅助制造等技术的广泛应用，乃至机电（电脑）一体化制造系统的形成。它从产品订货开始，直到设计、制造、销售等所有阶段，各种自动化、信息化技术综合成一个整体，由电子计算机统一进行调控。

作业成本法

上述高新技术在生产领域的广泛应用，其影响之一就是改变了企业产品的成本结构。如一个传统的人工密集型企业的成本结构可能是：

直接材料	40%
直接人工	40%
间接成本	20%

同样一个企业，如果采用了先进技术，实行了自动化生产，其成本结构就可能是：

直接材料	30%
直接人工	20%
间接成本	50%

显然，在高新技术企业成本结构中，直接材料、直接人工的比重下降了，而制造费用的比重却大幅度上升了。按理说，无论采用什么技术生产产品，材料投入应该是一样的。但是，自动化生产可以降低材料的浪费和损失，因而可以降低单位产品的材料成本。假定企业产量或业务量不变，但在生产过程中提高先进技术的使用程度，那么企业直接人工成本通常是下降的。

先进技术的成本（通常是非常大的）和操作先进技术的非直接人工成本，都包括在企业的间接成本中。间接成本增加和直接成本下降，使得间接成本成为企业生产成本中占比最大的成本。于是，如何科学、合理地分配间接成本即制造费用就成为一个重要课题。

传统成本计算方法一般以直接人工成本、直接人工工时、机器工时等作为制造费用的分配标准。在20世纪初期，即成本会计发展之初，多数企业是劳动密集型的，直接人工成本是产品成本的主要组成部分，相对来说，制造费用数额较小。由于制造费用的发生与直接人工成本具有一定的相关性，加之直接人工成本数据易于获得，因而直接人工成本便成为制造费用分配普遍使用的标准。然而，随着生产过程的高度自动化、电脑化，生产成本中的直接人工成本部分大大减少，而制造费用部分却大大增加，其重要性也日益提高。与此同时，制造费用的发生与直接人工成本的相关性逐渐消失。例如，一家自动化程度很高的工厂，直接人工成本很少，甚至根本就没有直接人工成本，取而代之的是大量的制造费用。这时，无论是从提高产品成本计算的正确性，还是从加强成本控制的有效性来看，都要求把产品成本计算工作重点放在制造费用的分配上。

作业成本法就是基于上述原因产生的。

二、作业成本法的原理

作业成本法建立在以下几个基本概念上：

（1）作业是企业组织为了特定目的而消耗资源的活动或事项。例如，企业物资采购工作由收取请购单、挑选可能的供应商、订购物项、催促送货、批准付款、监督采购部工作等"作业"所组成。作业成本法就是一种以"作业"为基础的成本计算方法。

（2）作业中心是指生产过程中的某道工序或某个部门。例如，检验部门就是一个作业中心。按照作业中心归集成本、披露成本信息，便于管理当局控制作业、评估业绩。

（3）成本动因是指消耗资源即引发成本的具体事由。例如，电路板生产中的成本动因有：电路板表面放置的零件数、扦入电路板孔中的零件数、用手工扦入方法放置这些零件所需要的时间、电路板特殊元件数、生产计划小时数、生产准备时间（分钟）、检测和再加工时间（分钟）等。

根据上述概念，作业成本计算的基本原理可以概括为：依据不同的成本动因分别设置成本库（或称成本归集组）；分别以各种产品所耗费的作业量分摊其在该成本库中的作业成本；分别汇总各种产品的作业总成本，计算各种产品的总成本和单位成本。由此可见，作业成本法的着眼点放在"作业"上，以"作业"为核算对象，依据"作业"对资源的消耗情况，将资源的成本分配到"作业"上，再由"作业"依据成本动因归集到产品成本上，并逐步积累，最后得出最终产品成本。作业成本法原理如图9-1所示。

图 9-1 作业成本法原理

图9-1中，实线表示产品成本形成和积累的过程，而虚线则表示资源消耗过程。具体是两个过程：①作业消耗资源；②产品消耗作业。

根据作业成本法的基本原理，作业成本法计算的具体步骤如图9-2所示。

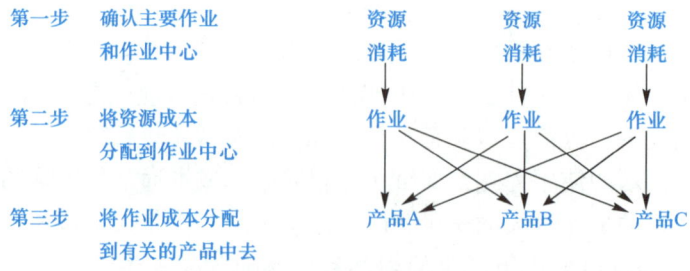

图 9-2 作业成本法具体步骤

对作业成本法而言，关键是成本动因的正确选择，一般应由企业的工程技术人员和成本会计师等组成的专门小组确定。在选择成本动因时，要注意以下两个问题：

（1）成本动因应简单、易懂、可认、可数，易从现存的资料中分辨出来，并与部门的产出直接相关。

（2）为避免作业成本计算过于复杂，以致难以执行而流于形式，不宜把面铺得太广，要挑选最具代表性和重要性的成本动因。

表 9-2 列示了作业成本法下一些典型的作业中心和成本动因。

表 9-2 作业中心和成本动因

作业中心	成本动因
整备	整备次数或整备工时数
质量控制	检验次数或检验时间
材料采购	供应商的数量或购货订单的数量
顾客关系	顾客的数量或部门分布或顾客订单数量
材料处理	材料移动次数或移动距离

试选择下列生产间接成本的成本动因：
（1）生产计划。
（2）质量控制。
（3）机器操作准备成本。
（4）收货处理。
（5）一般维修。

选择的结果为：

（1）生产计划、质量控制以及机器操作准备成本，一般与企业不同产品或不同工艺的订单有关，生产订单数量越少，生产计划、质量控制以及机器操作准备成本也就越少。产生上述成本可能还有其他成本动因，如产品生产计划和机器操作准备的复杂程度，控制质量而进行的质检次数。要为间接成本选择正确的成本动因，必须找出对间接成本发生有重大影响的动因。

（2）收货处理成本的大小取决于收货的次数。因此，收货次数可以视作该作业的成本动因。

（3）一般维修费用因持续使用设备而发生。因此，可以推断最合理的成本动因就是机器工时。机器设备的使用时间及程度与维修成本的大小有直接关系。

三、作业成本的计算

建议采用作业成本法的人认为，在采用先进技术生产的企业里，企业的生产间接成本的分配，应该以产生间接成本的原因为基础。这些产生间接成本的原因，称作间接成本的"成本动因"。例如，材料处理成本通常是由签发领料单引起的，因此，签发领料单是材料处理的成本动因。

作业成本法是一种成本计算法的专用词汇。在该方法下，间接成本要按其成本动因分配。正因为分配基础不同，作业成本法与一般成本计算法才有所区别。至于成本信息的收集和直接成本的分配，作业成本法同一般成本计算法相同。

作业成本法的计算过程如下：

在分配生产间接成本之前，先要确定产生各项相关间接成本的动因。各项成本动因确定后，必须收集有关这些成本动因出现次数的信息，并确定与这些动因相关的成本单位。然后，按各项间接成本的动因次数，分配间接成本到成本单位上。使用作业成本法，成本单位负担的间接成本在账簿

上的记录方法和一般成本计算方法相同,即每个成本单位经历某个生产过程时,都要吸收相应的间接成本,吸收额为预定间接费用分配率与某个成本动因数量的乘积。

四、作业成本法的优点和缺点

1. 优点

(1)作业成本法克服了"产量基础"成本计算法的缺点。在产量成本计算法下,生产间接成本按"产量基础"分配给各个成本单位,而不管产量是否与间接成本的发生有关,或者是否是这些成本的动因。

【例9-5】某企业生产X和Y两种产品,最近一个会计期间的有关资料如下:

	领料单次数	产量
X产品	10 000	500件
Y产品	5 000	500件

材料处理成本45 000(元)。

间接成本如果按"产量基础"分配,那么分配结果如下:

	X产品	Y产品	合计
材料处理成本	30 000元	15 000元	45 000元

如果采用作业成本法分配间接成本,则分配结果如下:

	X产品	Y产品	合计
材料处理成本	22 500元	22 500元	45 000元

使用上述两种不同的成本计算方法,出现了两个差异很大的成本信息。在"产量基础"成本计算法下,产量越大,负担的间接成本就越多,不管该产品的生产是否引发了全部间接成本,或引发了部分间接成本。

(2)作业成本法有利于成本控制。由于采用作业成本法需要对间接成本详加分析,这将迫使管理人员去确定间接成本的各种成本动因。在可能的情况下,对于那些不增加产品价值的成本动因应予剔除。另外,由于管理人员密切注视间接成本及其发生的动因,因此可尽力将那些可能增加成本的成本动因控制在最低水平上。

(3)作业成本法的成本信息更加准确。如果间接成本分配按更准确、更真实的基础进行的话,那么因此产生的产品成本信息就会更加准确。信息质量的提高有助于提高决策的正确性,从而提高企业的业绩。

2. 缺点

(1)实施作业成本法的成本可能很大,对刚刚大量投资于先进技术的企业来说,可能是一种负担。但是,经验证明,在一个企业里,适当采用作业成本法,其耗费会因成本控制和成本信息的改善而得到补偿。

(2)和其他成本计算方法一样,在作业成本法下,要找到一般管理费用的成本动因,或一个合理的成本分配基础,不是那么容易的。因为一般管理费用未必是由一些独立、可识别的成本动因引发的,也不是与独立可识别的成本单位直接发生联系的。无论是作业成本法还是其他成本计算法,分配基础的选择,均包含某种估计的成分。

(3)和其他成本计算方法一样,在产品繁多的企业,使用作业成本法仍要根据某种判断进行成本计算。例如,如果两个成本单位同时与某一个成本动因有关,如调整设备同时加工两个不同的产品,那么就要决定如何将间接成本在这两种成本单位之间分配。不能不承认,这种分配有一定的复杂性,并包含较大的主观判断因素。

任务四　标准成本法

企业生产经营的主要目标是获取最大的利润，为了实现企业的经营目标，就必须对企业的各项经营活动加以控制。由于企业的经营活动或多或少要涉及成本，因此成本控制是现代化企业管理的核心环节。标准成本法产生于20世纪20年代的美国，是泰罗制与会计相结合的产物。第二次世界大战后，随着管理会计的发展，标准成本法在成本预算的控制方面得到广泛应用。与一般的成本计算方法不同，标准成本法将日常核算与差异分析相结合，将成本控制与成本计算相结合。

标准成本法

标准成本法是以事先确定的标准成本为基础，用标准成本与实际成本进行比较，核算和分析成本差异的一种产品成本计算方法，也是加强成本控制、评价经营业绩的一种成本控制法。标准成本法的核心是按标准成本记录和反映产品成本的形成过程和结果，并借以实现对成本的控制。标准成本法是目标成本控制常用的方法。

标准成本法以目标成本（标准成本）为基础，把实际发生的成本与标准成本进行对比，揭示成本差异，并以此为线索，进一步查明形成差异的原因和责任，据以采用相应的措施，巩固成绩，改进不足之处，实现对成本的有效控制。期末，通过一定的方法将标准成本和成本差异结合起来，确定产品的实际成本。由此可见，以标准成本为基础形成的标准成本法，把成本的事前规划、日常控制和产品实际成本的计算有机地结合起来，从而成为加强成本管理、全面提高企业的经济效益的重要工具。

一、标准成本法的内容与作用

标准成本制度的主要内容包括标准成本的制定、成本差异的计算和分析、成本差异的账务处理。其中，标准成本的制定是采用标准成本法的前提和关键，据此可以达到成本事前控制的目的；成本差异的计算和分析是标准成本法的重点，借此可以促使成本控制目标的实现，并据以进行业绩考评。

标准成本法主要有以下几个作用：

（1）有利于企业的目标管理。标准成本法是通过"标准"来控制成本的。通过实际成本与标准成本的比较，随时将其差异进行"信息反馈"，从而使有关部门及时采取措施，控制成本，力求使实际费用支出不超过成本目标，达到降低产品成本的目的。

（2）有助于责任会计制度的推行。采用标准成本法，要将目标成本的各项指标分解到各个成本中心，作为企业考核和评价各个成本中心工作质量的主要指标。通过对企业各项生产经营费用的控制和反映，提高广大职工的成本意识，分清各成本中心责任，促使成本中心努力完成成本目标。

（3）有利于简化产品成本计算工作和及时提供成本资料。标准成本在实际生产之前即已编制就绪。在标准成本法下，将标准成本和成本差异分别列示，当某一项产品完工时，只需对高于或低于标准的各项差异做出相应的处理，即可算出产品的实际成本。因此，在日常账务处理中，原材料、在产品和产成品等均可按标准成本入账，这将极大地简化日常的账务处理工作。

（4）有利于做出产品定价决策。标准成本反映产品的预计或期望成本，因此，标准成本作为定价依据，有助于企业制定长期、稳定的产品销售价格，从而有利于企业目标利润的实现。

由此可见，标准成本法不仅是一种成本计算方法，而且是配合目标利润进行成本控制的一种制度。它要求在比较高的工作效率和比较良好的经营条件下，以预计应该发生的成本为基础，计算出标准成本，并根据产品的标准成本编制成本计划，进行日常控制。因此，标准成本法是目标成本管理的一种手段，可以适用于任何一种产品成本计算方法（如分批法和分步法）。

二、标准成本的制定

标准成本是用科学方法测定的成本，可以作为与实际成本进行比较的基础水准，它们是正常营业情况下所应达到的"目标成本"。换言之，标准成本是通过对未来情况进行分析，预计在正常生产技术水平、有效的经营条件、较高的工作效率下，生产产品所发生的成本。

标准成本一般有理想标准成本、基本标准成本和现实标准成本三种类型。

（一）理想标准成本

理想标准成本是根据最佳的生产水平，在最优的经营状态下所能达到的标准来制定的标准成本。理想标准成本是根据最少的耗费量、最低的耗费价格和可能实现的最高生产能力利用程度等条件制定的。也就是说，它是在资源无浪费、设备无故障、产出无废品、工时全有效的假设前提下制定的现有条件下最理想的最低的成本水平。管理上一般用这种标准来鼓励职工的积极性。但是，在现实经济生活中，这种标准成本往往难以实现，所以很少采用。

（二）基本标准成本

基本标准成本是根据较长期使用而不变更的标准所制定的标准成本。它以实施标准成本的第一年度或选定某一基本年度的实际成本作为标准，用以衡量以后各年度的成本高低，据以观察成本升降的趋势。基本标准成本一经制定，以后若干年内不再变动。基本标准成本可以使各个阶段的成本在同一基础上进行比较，但它不能反映出目前应该达到的标准，不能发挥其在成本管理中的作用。所以，在实际工作中也很少采用。

（三）现实标准成本

现实标准成本是根据现有的生产技术水平、正常的生产能力，以有效经营条件为基础而制定的标准成本。它考虑了材料的正常损耗、工人一定的间歇时间、机器的故障等因素，但要求经过努力达到尽可能的高效率。通过有效的经营管理和努力，现实标准成本易于达到，在成本管理中能调动职工降低产品成本的积极性。由于现实标准成本是一种切实可行的标准成本，因此，在实际工作中常采用这种标准成本。

某种产品的各成本项目的标准成本之和即为该种产品的单位标准成本。单位标准成本一般汇总在标准成本单中，见表9-3。

表 9-3 标准成本单

产品：甲　　　　　　　　　　　2023 年 1 月 1 日确定

项目	数量	单价（分配率）	单位产品成本（元）
原材料			
A	2 千克	5 元 / 千克	10
B	1.5 千克	4 元 / 千克	6
C	2.5 米	0.6 元 / 米	1.5
D	0.5 升	2.4 元 / 升	1.2
原材料合计			18.7

续表

项目	数量	单价（分配率）	单位产品成本（元）
人工			
金工车间	0.5 小时	5 元/小时	2.5
装配车间	1 小时	4.5 元/小时	4.5
人工合计			7
制造费用			
金工车间			
变动制造费用	0.5 小时	3 元/小时	1.5
固定制造费用	0.5 小时	2 元/小时	1
小计			2.5
装配车间			
变动制造费用	1 小时	3.2 元/小时	3.2
固定制造费用	1 小时	2 元/小时	2
小计			5.2
制造费用合计			7.7
单位标准成本总计			33.4

三、成本差异分析

标准成本制度下成本的过程控制是通过差异分析来进行的。产品的标准成本是由各个成本项目组成的，所以其差异也应该按各成本项目分别披露。如果实际成本超过标准成本，所形成的差异称为不利差异（逆差）；反之，如果实际成本低于标准成本，所形成的差异称为有利差异（顺差）。

由于标准成本是根据标准用量和标准价格计算的，而实际成本是根据实际用量和实际价格计算的，成本差异总是由用量变动或价格变动引起，因此，成本差异计算的一般模式可用图 9-3 表示。

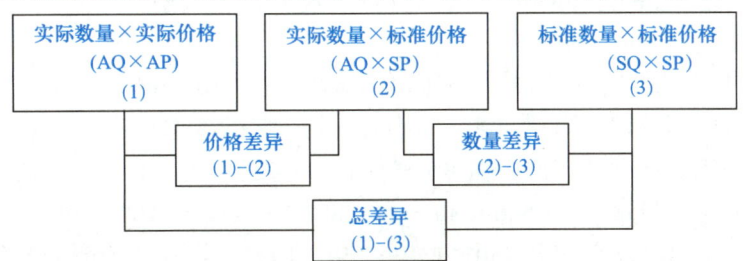

图 9-3　成本差异计算的一般模式

注意：按上述模式计算时，若结果为正数，表示发生了有利差异，若结果为负数，则表示发生了不利差异。

由于标准成本是分别按直接材料、直接人工和制造费用制定的，所以，成本差异分析也应从这三个方面进行。

（一）直接材料成本差异

直接材料成本差异是指产品直接材料的实际成本与标准成本之间的差异，包括材料价格差异和材料用量差异两部分。前者由材料实际价格与标准价格不同引起；后者由材料实际耗用量与标准耗用量不同引起。材料价格差异和材料用量差异的计算公式如下：

材料价格差异＝（实际单价 × 实际用量）－（标准单价 × 实际用量）
　　　　　　＝（实际单价－标准单价）× 实际用量

材料用量差异＝（实际用量 × 标准单价）－（标准用量 × 标准单价）
　　　　　　＝（实际用量－标准用量）× 标准单价

计算结果正数为超支，负数为节约。

【例 9-6】金星公司生产 D 产品，材料耗用定额为 10 千克/台，每千克标准价格为 1 元。当年 5 月投入生产 D 产品 150 台，实际消耗材料 1 450 千克，实际单价为 1.1 元/千克，则材料用量差异和材料价格差异计算如下：

材料价格差异＝（1 450×1.1）－（1 450×1）＝145（元）（超支）
材料用量差异＝（1 450×1）－（150×10×1）＝－50（元）（节约）
材料成本总差异＝1 450×1.1－150×10×1＝95（元）（超支）

影响材料数量差异的因素是多方面的，包括材料耗用中的浪费、节约，由于产品结构的变化、材料加工方法改变、材料质量改变及材料代用等造成的超支、节约等，因此，材料数量差异控制的重点是材料领用环节。材料价格差异，除了价格调整所造成的之外，大多是由于采购工作造成的，如采购地点和数量是否恰当、运输方法和途径是否合理等，因此，材料价格差异控制的重点是材料采购环节。

（二）直接人工成本差异

直接人工成本差异是指生产工人工资的实际发生额与按实际产量和标准工资率计算的工资额之间的差额，包括工资率差异和人工效率差异两部分。前者由生产工人的实际工资率与标准工资率之间的差异引起；后者由产品实际耗用工时与标准耗用工时之间的差异引起。工资率差异和人工效率差异的计算公式如下：

工资率差异＝（实际工时 × 实际工资率）－（实际工时 × 标准工资率）
　　　　　＝（实际工资率－标准工资率）× 实际工时

人工效率差异＝（实际工时 × 标准工资率）－（标准工时 × 标准工资率）
　　　　　　＝（实际工时－标准工时）× 标准工资率

计算结果正数为超支，负数为节约。

【例 9-7】承例 9-6，D 产品的直接人工标准工时为每台 10 小时，每小时标准工资率为 2 元。实际共耗用 1 550 小时，实际工资率为 1.8 元/小时。则人工效率差异和工资率差异计算如下：

工资率差异＝（1 550×1.8）－（1 550×2）＝－310（元）（节约）
人工效率差异＝（1 550×2）－（150×10×2）＝100（元）（超支）
人工成本总差异＝1 550×1.8－150×10×2＝－210（元）（节约）

影响人工效率差异的原因有多方面，可能是工人个人方面的，也可能是由管理当局计划不周造成的，如工厂流水线的安排、生产设备或控制标准的变动等。影响工资率差异的原因主要有生产人员的人数变动、非生产工时损失（如开会、停工待料时间等），因为实际工资率由实际总工资除以实际有效总工时求得，因此，在计件工资形式下，直接人工差异控制点主要是各种津贴和补加工资；在计时工资形式下，人工效率差异的控制点是每项加工任务完成时间。工资率差异的控制点是职工的人数和劳动生产率等。

(三) 变动制造费用差异

变动制造费用是指与直接成本成正比例增减变动的制造费用。变动制造费用的标准经常用每生产活动单位的分配率来表示。变动制造费用差异包括变动制造费用耗用差异和变动制造费用效率差异两部分。前者是指变动制造费用实际分配率与标准分配率之间的差异；后者是指实际耗用工时与按实际产量计算的标准工时之间的差异。变动制造费用耗用差异和变动制造费用效率差异计算公式如下：

变动制造费用耗用差异＝（实际耗用工时 × 变动制造费用实际分配率）－（实际耗用工时 × 变动制造费用标准分配率）

＝（变动制造费用实际分配率－变动制造费用标准分配率）× 实际工时

变动制造费用效率差异＝（实际耗用工时 × 变动制造费用标准分配率）－（按实际产量计算的标准工时 × 变动制造费用标准分配率）

＝（实际耗用工时－按实际产量计算的标准工时）× 变动制造费用标准分配率

计算结果正数表示超支，负数表示节约。

【例 9-8】 承例 9-6，D 产品标准工时为 10 小时／台，标准变动制造费用分配率为 0.5 元／小时。实际耗用 1 400 小时，实际分配率为 0.45 元／小时。则变动制造费用效率差异和变动制造费用耗用差异可计算如下：

变动制造费用耗用差异＝（1 400×0.45）－（1 400×0.5）＝－70（元）（节约）

变动制造费用效率差异＝（1 400×0.5）－（150×10×0.5）＝－50（元）（节约）

变动制造费用总差异＝1 400×0.45－150×10×0.5＝－120（元）（节约）

由于标准变动制造费用是按照标准工时（或定额工时）分配的，因此，如果人工成本发生效率差异，变动制造费用也相应地发生效率差异。变动制造费用耗用差异是指标准费用分配率与实际费用分配率之间的差异，它既受到这些费用耗用的节约或超支的影响，也受到非生产工时多少的影响。由于企业的生产类型不同，对于变动制造费用控制点的选择也不尽相同，不能强求一致。

(四) 固定制造费用差异

固定制造费用是指在较长时期内在一定产量范围内保持不变的费用。固定制造费用差异是实际固定制造费用与实际产量标准固定制造费用的差异。其计算公式如下：

固定制造费用差异＝实际固定制造费用－实际产量标准固定制造费用

＝实际固定制造费用－实际产量 × 工时标准 × 固定制造费用标准分配率

＝实际固定制造费用－实际产量标准工时 × 固定制造费用标准分配率

式中的固定制造费用差异是在实际产量基础上算出的。由于固定制造费用总额相对固定，因此，产量变动会对单位产品成本中的固定制造费用产生影响：产量增加时，单位产品应负担的固定制造费用会减少；产量减少时，单位产品应负担的固定制造费用会增加。这就是说，实际产量与计划产量的差异会对单位产品应负担的固定制造费用产生影响。所以，固定制造费用差异的分析方法与其他费用差异的分析方法有所不同，通常有两种方法：一种是两差异分析法；另一种是三差异分析法。

1. 两差异分析法

两差异分析法将固定制造费用差异分为固定制造费用预算差异和固定制造费用产量差异两部分。前者是指固定制造费用实际发生数和预算数之间的差异；后者是指在固定制造费用预算不变的情况下，由实际产量和计划产量不同引起的差异。固定制造费用预算差异和固定制造费用产量差异的计算公式如下：

$$固定制造费用预算差异 = 固定制造费用实际数 - 固定制造费用预算数$$
$$固定制造费用产量差异 = 固定制造费用预算数 - (实际产量标准工时 \times 固定制造费用标准分配率)$$

计算结果正数表示超支，负数表示节约。

【例9-9】承例9-6，D产品固定制造费用预算为600元，预算产量为120台，实际产量为150台，实际固定制造费用为675元。则固定制造费用产量差异和固定制造费用预算差异可计算如下：

$$固定制造费用标准分配率 = 600 \div 120 \div 10 = 0.5（元/千克）$$
$$固定制造费用总差异 = 675 - 150 \times 10 \times 0.5 = -75（元）（节约）$$

其中：

$$固定制造费用预算差异 = 675 - 600 = 75（元）（超支）$$
$$固定制造费用产量差异 = 600 - (150 \times 10 \times 0.5) = -150（元）（节约）$$

固定制造费用预算差异同材料的价格差异、人工的工资率差异和变动制造费用的耗用差异相类似，由其实际分配率与预算数或预计数的偏离引起，因而，这个差异常常被称为耗用差异。而固定制造费用产量差异仅仅是为成本计算之用，并不意味着真正的节约或浪费。

两差异分析法比较简单，但其分析结果并没有反映和分析生产效率对固定制造费用差异的影响。在计算产量差异时，使用的都是标准工时，如果实际产量标准工时与计划产量标准工时一致，则产量差异为零。但是，实际产量的实际工时可能与其标准工时存在差异，而生产能力的实际利用情况更多地取决于实际工时而非标准工时。实际工时与标准工时之间的差异，属于效率高低的问题。因此，固定制造费用差异分析更多地采用将产量差异划分为能力差异和效率差异的三差异分析法。

2. 三差异分析法

三差异分析法将固定制造费用差异分为固定制造费用预算差异、固定制造费用能力差异和固定制造费用效率差异三部分。其中，固定制造费用预算差异与两差异分析法相同；固定制造费用能力差异是指实际产量的实际工时脱离计划产量的标准工时而引起的生产能力利用程度差异导致的成本差异；固定制造费用效率差异是指生产效率差异导致的实际工时脱离标准工时而产生的成本差异。固定制造费用预算差异、固定制造费用能力差异与固定制造费用效率差异的计算公式如下：

$$固定制造费用预算差异 = 固定制造费用实际数 - 固定制造费用预算数$$
$$固定制造费用能力差异 = (计划产量标准工时 - 实际产量实际工时) \times 固定制造费用标准分配率$$
$$固定制造费用效率差异 = (实际产量实际工时 - 实际产量标准工时) \times 固定制造费用标准分配率$$

计算结果正数表示超支，负数表示节约。

【例9-10】沿用例9-9中D产品有关资料，可知固定制造费用标准分配率为0.5元。采用三差异分析法计算固定制造费用差异如下：

$$固定制造费用预算差异 = 675 - 600 = 75（元）（超支）$$
$$固定制造费用能力差异 = (120 \times 10 - 1\,550) \times 0.5 = -175（元）（节约）$$
$$固定制造费用效率差异 = (1\,550 - 150 \times 10) \times 0.5 = 25（元）（超支）$$

三差异分析法的能力差异与效率差异之和，等于两差异分析法的产量差异。采用三差异分析法，能够更好地说明生产能力利用程度和生产效率高低所导致的成本差异情况，并且有利于分清责任：能力差异的责任一般在于管理部门；效率差异的责任往往在于生产部门。

上述成本差异计算完成后应进行汇总，先分别编制直接材料差异汇总表、直接人工差异汇总表、变动制造费用差异汇总表及固定制造费用差异汇总表,然后汇总成为成本差异汇总表,据以进行总分类核算。

按照计算出来的差异,进行差异分析。差异分析一般限于重大差异。差异的重要性取决于差异的数额和差异出现的频率。与标准成本相比,差异的数额越大,或者差异重复出现的次数越多,则该差异就越重要。管理部门应采用"例外管理"的原则,即突出重要差异,略去微不足道的差异,通过分析那些特殊的差异,确定原因,从而做出对将来有影响的各种改进性的决定,真正发挥成本控制的作用。

项目练习题

一、单项选择题

1. 在成本管理工作中能充分发挥其应有的积极作用,因而在实际工作中得到最广泛应用的标准成本是( )。
   A. 基准标准成本　　　　　　　　B. 理想标准成本
   C. 现实标准成本　　　　　　　　D. 历史标准成本

2. 在标准成本差异分析中,材料价格差异是根据实际数量与价格脱离标准的差额计算的,其中实际数量是指材料的( )。
   A. 采购数量　　　　　　　　　　B. 入库数量
   C. 领用数量　　　　　　　　　　D. 耗用数量

3. 变动制造费用的价格差异即为( )。
   A. 效率差异　　　　　　　　　　B. 耗用差异
   C. 预算差异　　　　　　　　　　D. 能力差异

4. 如果所制定的标准成本符合企业的实际情况,成本差异不大,则( )。
   A. 每月的成本差异按标准成本的比例在销售成本、产成品成本和在产品成本之间分摊
   B. 每月将成本差异全部结转到销售成本中
   C. 成本差异累积到年终时,按比例分摊到销售成本、产成品成本和在产品成本中
   D. 成本差异累积到年终时,全部结转到销售成本中

5. 固定制造费用通常是根据事先编制的( )来控制其总额的。
   A. 固定预算　　　　　　　　　　B. 弹性预算
   C. 零基预算　　　　　　　　　　D. 滚动预算

6. 与数量相关的动因不包括( )。
   A. 产量　　　　　　　　　　　　B. 直接人工工时
   C. 机器工时　　　　　　　　　　D. 生产工人人数

7. 作业成本管理的核心内容是( )。
   A. 产品成本计算　　　　　　　　B. 作业分析
   C. 业绩评价　　　　　　　　　　D. 成本动因分析

8. 下列有关成本动因的说法中,不正确的是( )。
   A. 成本动因是构成成本结构的决定性因素
   B. 成本动因通常分为资源动因和作业动因两种
   C. 资源动因是将作业中心的成本分配到最终产品的纽带
   D. 成本动因分析的目的,就是力求摆脱无效或低效的成本动因

9. 以资源无浪费、设备无故障、产出无废品、工时都有效的假设前提为依据而制定的标准成本是（ ）。

A. 基本标准成本　　　　　　　　　B. 理想标准成本

C. 正常标准成本　　　　　　　　　D. 现行标准成本

10. 下列变动成本差异中，无法从生产过程的分析中找出产生原因的是（ ）。

A. 变动制造费用效率差异　　　　　B. 变动制造费用耗用差异

C. 材料价格差异　　　　　　　　　D. 直接人工效率差异

二、多项选择题

1. 标准成本制度的主要内容包括（ ）。

A. 标准成本的制定　　　　　　　　B. 成本差异的计算

C. 成本差异的分析　　　　　　　　D. 成本差异的账务处理

2. 标准成本制度的主要作用有（ ）。

A. 有利于企业的目标管理　　　　　B. 有助于责任会计制度的推行

C. 有利于及时提供成本资料　　　　D. 有利于做出产品定价决策

3. 影响材料实际价格变动的因素有很多，除了国家及供应单位调整价格外，还包括（ ）等因素。

A. 采购数量　　　　　　　　　　　B. 运输方式

C. 可利用的数量折扣　　　　　　　D. 紧急订货

4. 下列成本差异中，通常不属于生产部门责任的有（ ）。

A. 直接材料价格差异　　　　　　　B. 直接人工工资率差异

C. 直接人工效率差异　　　　　　　D. 变动制造费用效率差异

5. 固定制造费用的三差异分析法将固定制造费用差异分为（ ）三部分。

A. 固定制造费用预算差异　　　　　B. 固定制造费用能力差异

C. 固定制造费用产量差异　　　　　D. 固定制造费用效率差异

6. 作业基础成本管理（ ）。

A. 为提高顾客的价值而有效地管理作业　　B. 为提高顾客的价值而有效地管理流程

C. 是一种系统的、综合的管理方法　　　　D. 是一种提高成本计量正确性的技术

7. 作业成本管理的具体步骤包括（ ）。

A. 作业分析　　　　　　　　　　　B. 产品成本计算

C. 成本动因分析　　　　　　　　　D. 业绩计量

8. 成本控制的原则包括（ ）。

A. 经济原则　　　　　　　　　　　B. 因地制宜原则

C. 全员参加原则　　　　　　　　　D. 例外管理原则

9. 下列说法正确的有（ ）。

A. 成本控制以完成预定成本限额为目标，而成本降低则以成本最小化为目标

B. 成本降低仅限于有成本限额的项目

C. 成本控制涉及制定决策的过程，包括成本预测和决策分析

D. 成本控制又称为绝对成本控制，成本降低又称为相对成本控制

10. 下列说法不正确的有（ ）。

A. 无法从生产过程的分析中找出材料价格差异产生的原因

B. 直接人工工资率差异的具体原因会涉及生产部门或其他部门

C. 数量差异的大小是由用量脱离标准的程度以及实际价格高低所决定的

D. 变动制造费用耗用差异是实际变动制造费用支出与标准工时和变动制造费用标准分配率的乘积之间的差额

三、判断题

1. 成本差异的分析是采用标准成本制度的前提和关键。（　）
2. 标准成本制度不仅是一种成本计算方法，更是目标成本管理的一种手段。（　）
3. 材料数量差异控制的重点是材料采购环节。（　）
4. 固定制造费用能力差异的责任一般在管理部门，而效率差异的责任则往往在生产部门。（　）
5. 在标准成本制度下，除了要设置"生产成本"等成本核算账户，用以反映产品的标准成本外，还需设置相关的成本差异账户，用以反映产品实际成本脱离标准成本的差异数额。（　）
6. 企业的生产过程既是作业消耗资源、产品消耗作业的过程，又是产品价值的形成过程。（　）
7. 作业基础成本法以成本动因作为分配成本的基础，因此它能提供比传统成本法更为精确的成本信息。（　）
8. 作业成本管理涉及的仅仅是生产成本而不包括期间费用。（　）
9. 要实现作业成本管理的基本思想，就必须借助作业分析。（　）
10. 狭义的成本控制主要是指成本事中控制，也就是指生产阶段产品成本的控制。（　）

四、案例分析题

1. 企业开发一种新产品，经过调查确定的产品目标售价为 8 000 元/件，成本利润率为 30%，假定按照制度规定，需要缴纳的税金及附加率为 15%。

要求：预测该新产品的目标成本。

2. 企业向市场推出一种新产品，目标售价为 1 000 元/件，成本利润率为 20%，假定按照制度规定，需要缴纳的税金及附加率为 15%。

要求：预测该新产品的目标成本。

3. 某企业在生产原有产品 A 与产品 B 的同时，开发新产品甲，目前新产品甲的研制工作已经完成，企业决定将其投入批量生产之前，需预测甲产品的设计成本，有关资料如下：

新产品预计年生产 10 000 件，销路不成问题。

新产品研究开发投资 80 万元，其中：增加专用设备投资 20 万元，年综合折旧率为 10%；扩大厂房投资 22 万元，年折旧率为 5%；专有技术投资 38 万元，按规定分 10 年摊销。专用设备年维修费按年折旧额的 40% 计算，厂房年维修费按年折旧额的 20% 计算。

新产品设计方案中有关材料、燃料与动力消耗情况是：单件材料耗费 400 元，其他辅助耗费每件 28 元。

企业预计新产品投产后不需要增加新的生产工人。该企业年度生产工人工资总额及职工福利费等为 100 万元。新产品单位定额工时为 8 小时/件，原生产的 A 产品的单位定额工时为 12 小时/件，B 产品的单位定额工时为 10 小时/件。

扣除新产品的专用设备及厂房的折旧费和维修费，企业制造费用总额为 50 万元。

要求：预测甲产品的设计成本。

4. 某产品的计划产量为 400 件，其有关资料如下：

（1）标准成本如下：

直接材料（30×1）　　　　　　　　　　　　　30元/件
直接人工（5×2）　　　　　　　　　　　　　10元/件
变动制造费用（5×3）　　　　　　　　　　　15元/件
固定制造费用　　　　　　　　　　　　　　　10元/件
单位成本　　　　　　　　　　　　　　　　　65元/件

（2）实际产量为480件，实际成本如下：

直接材料（17 280×1.2）　　　　　　　　20 736元
直接人工（2 160×2.5）　　　　　　　　　5 400元
变动制造费用（2 160×2.8）　　　　　　　6 048元
固定制造费用　　　　　　　　　　　　　　3 600元
总成本　　　　　　　　　　　　　　　　　35 784元

要求：计算各项成本差异（固定制造费用差异用三差异分析法）。

5. 某企业生产甲产品，采用标准成本法，有关资料如下：

（1）甲产品的标准成本如下：

直接材料（50千克/件，单价0.2元/千克）　　　　10元/件
直接人工（3小时/件，单价6元/小时）　　　　　　18元/件
变动制造费用（3小时/件，单价1元/小时）　　　　3元/件
固定制造费用（3小时/件，单价0.5元/小时）　　　1.5元/件
单位产品标准成本　　　　　　　　　　　　　　　32.5元/件

（2）制造费用预算如下：

固定制造费用总额　　　　　　　　　　　700元
变动制造费用分配率　　　　　　　　　　1元/小时
正常生产能力　　　　　　　　　　　　　400直接人工小时

（3）实际生产资料如下：

购进材料25 000千克，单价0.21元/千克；耗用材料19 000千克；直接人工工资6 490元（1 100小时，单价5.9元/小时）；变动制造费用1 300元；固定制造费用710元；甲产品生产量400件。

要求：计算有关的成本差异（固定制造费用差异用三差异分析法）。

6. 某公司本月投产甲产品5 000件，实际耗用A材料20 000千克，其实际价格为每千克60元，该产品A材料的用量标准为4千克/件，标准价格为50元/件。

要求：（1）计算甲产品耗用A材料的实际成本与标准成本的差异总额。

（2）将差异总额进一步分解为数量差异与价格差异。

7. 某公司本月投产甲产品5 000件，该公司为甲产品制定的人工标准为：工时标准2小时，标准工资率12.5元/小时。本月甲产品实际耗用工时为8 000小时，直接人工成本总额为120 000元。

要求：（1）计算直接人工成本差异总额。

（2）将差异总额进一步分解为人工效率差异和人工工资率差异。

8. 某公司生产甲产品，有关资料如下：

（1）预计本月生产甲产品600件，每件产品需10小时，制造费用预算为18 000元（其中变动制造费用预算12 000元，固定制造费用预算6 000元），该企业产品的标准成本资料见表

9-4。

表 9-4　产品的标准成本资料

成本项目	标准单价（标准用量）	标准用量	标准成本
直接材料	0.6 元/千克	100 千克	60 元
直接人工	4 元/小时	10 小时	40 元
变动制造费用	2 元/小时	10 小时	20 元
固定制造费用	1 元/小时	10 小时	10 元
单位产品标准成本			130 元

（2）本月实际投产甲产品 520 件，已全部完工入库，无期初、期末在产品。

（3）本月材料每千克 0.62 元，全月实际领用 46 800 千克。

（4）本月实际耗用 5 200 小时，每小时平均工资率 3.8 元。

（5）制造费用实际发生额 16 000 元（其中变动制造费用 10 920 元，固定制造费用 5 080 元）。变动制造费用实际分配率为 2.1 元/小时。

要求：计算甲产品的各类成本差异（固定制造费用差异用三差异分析法）。

项目十
责任会计与业绩评价

📄 知识目标

○ 了解责任会计制度的基础、特点、核算原则；
○ 理解成本中心、收入中心、利润中心、投资中心和内部转移价格的含义；
○ 对比以市场价格为基础、以成本为基础、协商决定三种制定内部转移价格的方法；
○ 掌握成本中心、收入中心、利润中心和投资中心的业绩评价方法；
○ 掌握非财务业绩指标的主要内容；
○ 描述平衡计分卡的四部分基本内容。

👥 能力目标

○ 理解责任会计基本概念和原则；
○ 能够运用业绩评价系统进行管理决策；
○ 能够运用各种考核指标评价成本中心、利润中心和投资中心；
○ 能够制定内部转移价格。

🧮 职业素养及思政元素

○ 完善考核评价机制。
○ 建立激励机制。
○ 全体人民共同富裕与人的全面发展。
○ 收入分配更合理、更有序。

🎯 案例导入

华艺公司的内部转移价格

华艺公司有甲、乙两个下属分公司，均为利润中心，并且均有较大的剩余生产能力。甲分公司专门生产A部件，该部件有一部分按市价卖给乙分公司，另一部分在市场上直接出售，单价为100元，单位变动生产成本为85元/件。乙分公司生产B产品，在市场上的销售单价为280元，单位变动生产成本资料见表10-1。

表10-1 单位变动生产成本明细

项目	金额（元/件）
直接材料	150

续表

项目	金额（元/件）
其中：A部件	100
其他材料	50
直接人工	20
变动制造费用	30
变动销售及管理费用	15
单位变动生产成本合计	215

现在有一客户要求订购 100 万件 B 产品（数量较大），出价仅为 190 元。虽然这笔订单不需要增加销售及管理费用，但是其出价还是太低——低于单位变动生产成本；由于有大量的剩余生产能力，所以乙分公司经理不甘心放弃这笔大生意。想来想去，乙分公司经理打起甲分公司的主意，并向甲分公司提议，将 A 部件按 85 元/件卖给乙分公司，高于此价格，乙分公司将不愿接受上述订单。由于 A 部件的单位变动生产成本已达 85 元/件，因而甲分公司坚决不同意乙分公司的上述提议，认为 A 部件的内部转移价格起码应在 95 元/件以上才可接受。

思考： 内销 A 部件无须增加销售及管理费用，究竟这笔订单应如何处理？

任务一　责任会计制度

财务控制是企业财务管理的一个组成部分，它是将企业内部责任单位按其责任权限范围及业务活动的特点不同，分为成本中心、利润中心和投资中心三大类，各责任中心在生产经营过程中，应按照内部转移价格进行内部交易结算，并根据不同的考核指标对各责任中心的业绩进行考核与评价。

责任会计是 20 世纪 60 年代以后在西方企业中发展起来的，为考核与评价企业各责任中心的工作成绩而实行的一种会计制度。

随着企业的日益壮大，产生了职责的分割，建立了责任区域。现代化企业由于经营方式和所有制形式朝多样化、多元化方向发展，企业的规模不断扩大，使得一个管理层次众多的集中管理企业内部无法实现有效的信息传递、控制和协调。同时，伴随企业组织规模扩大和复杂性的增加，企业高层管理既不可能具体了解企业正在进行的生产经营活动情况，也不可能为企业未来的生产经营活动做出决策。更重要的是，依靠企业高层的少数几个人来经营管理一个庞大的企业，已显得越来越力不从心。由于传统的集权制管理已不能满足现代化企业管理的需要，于是，分权管理应运而生。

分权管理（Decentralized Management）就是企业把一定的日常经营管理的决策权随同相应的责任下放给基层管理人员，许多关键性的经营决策由这些基层的经理人员做出。分权管理的主要表现形式是部门化，即在企业中建立一种具有半自主权的组织结构，通过由企业管理中心向下或向外的层层授权，使每一部门都拥有一定的积极性、权力和责任。

组织越大、越复杂，分权管理的优点越明显。实施分权管理有以下主要优点：

（1）有利于企业做出正确的决策。分权管理特别适用于跨国公司，它们在许多国家都设有广泛的分支机构，受不同法律体系和风俗的影响。由于置身于具体经营环境的较低层管理人员可以更好地了解当地的一些实际信息，因此，实施分权管理更有利于企业做出正确的决策。

（2）有利于提高企业的应变能力。通过分权管理，能使企业更快地对环境的变化做出快速的反应，从而做出正确的经营决策。如前所述，企业的经营规模日趋庞大，信息的传递要经过多道环节，如果再采用集权制进行经营决策，无疑会影响决策信息的时效性。因而，采用分权管理能够使基层管理人员更迅速、有效地制定经营决策，以适应市场变化。

（3）有利于高层管理者关注重点问题。通过分权管理，使高层管理人员能将有限的时间和精力放在企业最重要的战略决策上，以保证企业始终有明确的、正确的发展目标。高层管理部门通常在高层的重大决策方面比中层管理部门更具优势，如果他们的时间都花费在日常经营决策上，就会分散他们的精力，从而忽略了重要的战略决策。

（4）有利于提高企业的竞争能力。在一个高度集权的企业，大额的利润可能掩盖下属分部的无效率。而分权管理则可以使组织能够确定每个分部对企业利润所做的贡献，并使每个分部直接面对市场。

（5）有利于激励基层管理人员。通过分权管理，能有效地调动各级管理人员的积极性和创造性，从而群策群力，使全体管理人员既能为提高企业经济效益做出贡献，又能体现自身的价值，同时能够锻炼、评价和激励基层的管理人员。

由于分权管理在当今的国际经济环境中具有明显的优越性，因而，分权管理正成为企业管理中的一种国际趋势。

然而，采用分权管理的结果往往是：使各分权单位之间具有某种程度的相互依存性，主要表现为各分权单位间的产品或劳务的相互提供，且不允许各分权单位在所有方面像一个独立的组织那样经营。因此，某一分权单位的行为不仅会影响其自身的经营业绩，有时，各分权单位为了其自身的业绩，还会采取一些有损于其他分权单位经营业绩甚至有损于企业整体利益的行为。因此，在采用分权管理时，需要建立一种制度来协调各分权单位之间的关系，使各分权单位之间及企业与分权单位之间在工作和目标上达成一致，防止各个部门为了片面地追求局部利益，致使企业整体利益受到损害。由此可见，在分权管理使企业日常的经营决策权不断下放，从而使决策达到最大程度的有效性的同时，企业经营管理的责任也应随着经营决策权的下放层层落实到各级管理部门，使各级管理部门在充分享有经营决策权的同时，也对其经营管理的有效性承担经济责任。这种根据授予基层单位的权力和责任以及对其业绩的计量、评价方式，将企业划分成各种不同形式的责任中心，并建立起以各个责任中心为主体，以责、权、利相统一的机制为基础，通过信息的积累、加工和反馈而形成的企业内部的严密的控制系统，即为责任会计制度。

如前所述，责任会计制度是在分权管理的条件下，为适应经济责任制的要求，在企业内部建立若干责任单位，并对它们分工负责的经济活动进行规划、控制考核与业绩评价的一整套会计制度。它实质上是企业为了加强内部经营管理而实施的一种内部控制制度，是把会计资料同各级有关责任单位紧密联系起来的信息控制系统。

一、责任会计制度的基础和条件

进行责任会计核算必须具备一定的基础和条件，具体包括以下几种：

1. 明确规定权责范围

实施责任会计制度，首先要根据企业的具体情况和内部管理的实际需要，合理地划分各责任中心。责任中心按其授权范围的大小分为成本中心、收入中心、利润中心和投资中心四种形式。由于各责任中心所承担的责任都不一样，因此，必须首先依据各个责任中心的具体特点，明确规定其权责范围，从而合理地确定其核算内容。

2. 正确编制责任预算

企业应根据全面预算所确定的生产经营总目标和任务，按责任中心进行层层分解、落实，并为每个责任中心编制责任预算，作为今后控制各责任中心经济活动的依据，同时也作为评价其工作成果的基本标准。

3. 制定业绩考核标准

业绩考核标准应当具有可控性、可计量性和协调性等特点，即其考核的内容只能是责任中心能够控制的因素；考核指标的实际执行情况，要能比较准确地计量和报告，并能使各个责任中心在完成企业总的目标的过程中，明确各自的目标和任务，以实现局部和整体的统一。

4. 制定内部转移价格

为了分清经济责任，正确地评价各责任中心的工作业绩，对各责任中心之间相互提供的产品和劳务都应该进行结算，这就需要根据各责任中心的特点，对企业内所转移的各种产品和劳务合理地制定内部转移价格。由于内部转移价格的合理与否直接关系到与之相关的各责任中心的利益，因此，内部转移价格的确定要讲究科学性和合理性，既有助于调动各责任中心的积极性，又有助于实现局部和整体之间的目标一致。

5. 建立健全信息系统

责任预算一经确定，就要按责任中心相应建立一套完整的日常记录、计算和积累有关责任预算执行情况的信息跟踪系统，对实际执行情况进行跟踪反映，并定期编制业绩报告。企业应根据各责任中心的业绩报告，分析预算执行差异发生的原因，及时通过信息反馈，控制并调节它们的日常经营活动；同时还要督促它们迅速采取有效措施，纠正缺点，巩固成绩。因此，责任会计的信息系统必须满足相关性、及时性和准确性等要求。

6. 制定合理而有效的奖惩制度

企业应制定一套既完整、合理，又切实有效的奖惩制度，根据各责任中心实际工作业绩的好坏进行奖惩，鼓励先进，鞭策落后。如果一个责任中心的工作业绩因其他责任单位的过失而受到损害，应由责任单位赔偿。该制度应有助于实现权、责、利的统一。

二、责任会计制度的特点

与财务会计相比，责任会计制度具有以下特征：

（一）责任会计的核算对象

为了准确核算各责任中心的经营业绩，首先必须明确各项业务的责任对象。财务会计是以企业实体的经济活动为核算对象的，而责任会计是以企业中的各责任中心的经济责任为核算对象的，责任会计所要反映和评价的是每一个责任中心的工作业绩。当企业建有全面的责任中心时，企业所发生的每一项经济业务都由特定的责任中心负责，所以，一切与该责任中心相关的业务和事项都可归属到某一责任中心，都是责任会计所需核算的内容。

（二）责任会计的核算程序

责任会计核算的一般程序如下：

1. 为各责任中心制定责任预算或确立目标

为各责任中心确立一个履行职责的目标，这同时也是为评价各责任中心的工作确立了一个标准。

2. 准确地核算各责任中心的经营业绩

这是责任会计核算的重要环节，包括原始凭证的填制、费用的归集和分配、内部产品或劳务转移的结算、收入的确认及最终经营业绩的确定等。

3. 评价和考核各类责任中心经济责任的履行情况

通过核算环节，已对各责任中心的实际经营情况进行了客观的反映，接着就应将实际执行结果与预定的责任目标或责任预算进行比较，揭示其差异，并对其经营业绩做进一步的评价。

4. 通过调查和分析，编制责任会计报告

责任报告是对责任中心经营业绩的全面考核和评价。责任会计报告的内容包括责任目标（或预算）和实际执行情况及差异的揭示，并根据重要性原则对差异进行调查和分析，找出原因，提出改进工作的建议等。

（三）责任会计报告

责任会计报告是责任会计提供信息的媒介，也是责任会计的工作成果。责任会计报告为企业内部提供信息，因此，与财务报告相比，责任会计报告在报告对象、报告形式、报告时间、报告内容等方面都有其特点。

1. 报告对象

不同责任中心所包含的责任内容、范围不一样，因此，应根据具体的对象确定报告的内容。

2. 报告形式

将责任目标、实际履行情况及产生的差异用报表予以列示是责任会计报告的基本形式，但在揭示差异的同时，必须对重大差异予以分析，查找其产生原因，并做出说明或提出改进建议。所以，责任会计报告的形式除报表外，必须采用数据分析和文字说明方式。

3. 报告时间

责任会计报告的编制时间一般是定期的，但由于各责任中心的特点不一样，所以为各责任中心所定的报告时间可能不尽一致。

4. 报告内容

由于各责任中心的性质不一样，所以各类责任中心的报告内容也不尽相同，但基本的要求是必须报告其责任目标或预算及实际执行结果和产生的差异，以便各责任中心进行自我控制，以及上层责任中心对下属责任中心予以控制。除此之外，应根据重要性原则对重大差异做进一步的定量分析和定性分析。

三、责任会计制度的核算原则

建立责任会计制度应当遵循以下几个原则：

1. 目标一致性原则

责任中心是一个企业的各个局部为了保证企业整体目标的实现而设立的管理机制。在为各责任中心确定责任目标或进行责任预算时，应始终注意与企业的整体目标保持一致。在进行责任控制时，同样应注意各个责任中心的业绩与企业整体目标的一致性，以避免因片面追求局部利益而影响整体利益。

建立责任会计
基本原则

2. 责权利相结合原则

拥有与责任相当的权力和相应的经济利益是责任落实及目标完成的保证。企业在落实责任目标的同时必须明确相应的权力和利益。在责、权、利三者关系中，"责"是核心，"权"是落实完成"责"的前提条件，"利"是激励因素。

3. 激励原则

实现经济责任制的目的就是最大限度地调动企业全体职工的积极性和创造性，因此所确立的目标或预算必须相对合理。目标过高，会挫伤职工的工作积极性；目标太低，不利于企业整体目标的实现。同时，各种奖惩措施也应适当且合理，既要奖惩分明，又要给人以希望，这样就能不断激励全体职工为实现目标而努力奋斗。

4. 可控性原则

由于各责任中心的利益直接与其业绩挂钩，因而对其工作业绩的考评必须以可控性为原则，也就是说，对各责任中心的收入或费用的核算都必须以各责任中心可以控制为原则。

5. 反馈性原则

各责任中心在执行预算过程中，对各项经济活动发生的信息，要及时、可靠地进行计量、记录、计算和反馈，以便发现问题，并迅速采取有效措施加以控制，达到强化管理的目的。责任预算执行情况的信息反馈，既是一个经济信息的运用过程，也是责任会计真正发挥其管理作用的一个重要步骤，通过层层反馈并由层层控制而形成的一个反馈控制网络，能保证整个企业的生产经营活动正常有序地进行。

6. 及时性原则

为了保证各责任中心对其经营业绩的有效控制，责任会计的核算和信息反馈要遵循及时性原则。现代管理的发展，已从事后控制发展到事前控制和事中控制。目标的确定和预算的编制是事前控制的基本方法；事中控制就是在目标和预算的实施过程中，通过不断掌握其实施情况，并不断反馈信息，纠正偏离目标或预算的差异。因此，各责任单位在编制业绩报告后，应迅速做出反应，把有关信息反馈给责任者，以便他们迅速调整自己的行为。

四、责任中心的类型

实行责任会计制度的企业，为了实施有效的内部控制，通常采用统一领导、分级管理的原则，在其内部合理地划分责任单位，承担相应经管责任，并赋予相应的权限，促使企业内部各单位各尽其责并协调配合。这种权责范围就是各个责任单位能够对其经济活动进行严格控制的区域，即"责任中心"。

责任中心（Responsibility Center）实际上是指企业内部按各自生产经营的特点和一定的控制范围，由其主管人员对其可控制的生产经营活动负责并拥有相应权力的内部单位。就企业内部单位而言，生产经营活动通常具有自身的特点及相应的控制范围，如生产车间，其生产经营活动的特点是进行产品的生产，控制的对象是产品的生产成本；而一个分厂的生产经营活动除了产品生产外，还包括产品销售等，因此，控制的对象不仅有产品的生产成本，还有收入和利润等。因此，不同的内部单位，因生产经营活动的特点及相应的控制范围不同，可以成为不同的责任中心。划分责任中心的目的是充分调动一切积极因素，使各责任中心在其权责范围内，恪守职责，努力工作；然后按成绩优劣进行奖惩，从而真正提高企业整体的经济效益，增强企业的竞争能力。

责任中心根据其控制区域和权责范围的大小，一般可分为成本中心、收入中心、利润中心和投资中心四种类型。

（一）成本中心

成本中心（Cost Center）是指那些只能控制成本从而只对成本负责的责任中心。成本中心有狭义和广义之分：狭义的成本中心是指对产品生产或劳务提供的资源耗费负责的责任中心，即生产产品或提供劳务的责任中心；广义的成本中心除狭义的成本中心外，还包括那些非生产性的以控制经营管理费用为主的责任中心，即费用中心。

成本中心及其考核

成本中心的特点是没有经营权或销售权，无法控制收益，因而只对在其职权范围内发生的成本或费用负责。成本中心的目标是在保质保量完成生产任务或搞好管理工作的前提下控制和降低成本和费用。企业中的某一生产部门，如组装或精加工部就属于成本中心。生产部门的管理人员不制定价格或做出营销决策，但可以控制生产成本。因此，成本控制的好坏是对成本中心管理者评价的主要依据。

成本中心是应用较广泛的一种责任中心形式，上至工厂一级，下至车间、工段、班组，甚至个人都可被划分为成本中心。由于成本中心的规模大小不一，所以各成本中心控制、考核的内容也不一样。为了正确确定成本中心的责任对象，提高成本中心控制的有效性，首先必须将成本划分为可控成本和不可控成本。可控成本是相对于不可控成本而言的，凡是责任中心能控制的各种耗费称为可控成本，凡是责任中心不能控制的耗费则为不可控成本。对某一个成本中心来说，可控成本应具备以下几个条件：

（1）成本中心能预知将发生什么样性质的耗费。
（2）成本中心有办法计量它的耗费。
（3）成本中心有办法控制并调节它的耗费。

属于某个成本中心的各项可控成本之和，即为该中心的责任成本。

必须注意的是，一项费用是否为可控成本，不是由费用本身确定的，而是对成本中心而言的。因为一个成本中心的不可控成本，可能是另一个成本中心的可控成本；下一级成本中心的不可控成本，对于上一级成本中心来说，往往是可控的。例如，材料的价格对供应部门来说是可控的，但对生产部门来说就是不可控的；又如，制造费用中的固定费用对生产小组来说是不可控的，但对车间来说却是可控的。

（二）收入中心

收入中心（Revenue Center）是指对收入负责的责任中心。收入中心不需要考虑产品的成本，只需要考虑如何在企业许可的售价浮动范围内更多地推销企业产品，更多地占领市场，因为推销得越多，收入也越多，在市场中所占的份额越大，那么对企业的贡献也就越大。

收入中心的特点是对收入负责，不对成本负责，因此，为了评价其经营业绩，必须首先为其确定目标收入，作为其考核依据。企业中的营销部门是收入中心的实例。营销部门的管理者确定价格，并对销售做出预测。因此，营业收入的实现情况是评价收入中心管理者的重要指标。

随着市场经济的发展和产品销售竞争的日趋激烈，营销工作越来越重要，尤其在将新产品打入市场的过程中更为明显。因此，以推销产品为主要职能的责任中心将不断增多。

（三）利润中心

利润中心（Profit Center）是对利润负责的中心。由于利润等于收入减去成本和费用，所以，利润中心实际上既要对收入负责，又要对成本费用负责。利润中心有以下两种形式：

1. 自然形成的利润中心

这种利润中心虽然是企业内部的一个责任单位，但它既可向企业内部其他责任单位提供产品和劳务，又可直接向外界市场销售产品和提供劳务，获得收入并赚取利润。分公司、分厂就是自然利润中心的实例。

2. 人为划分的利润中心

这种利润中心一般不直接对外销售，只对本企业内部各责任单位提供产品或劳务，但需按"内部转移价格"进行内部结算，实现等价交换，并确认其成本、收入和利润。企业中的各个成本中心，只要对它们提供的产品或劳务制定内部转移价格，就是人为的利润中心。

利润中心及其考核

建立"人为"利润中心的主要目的是明确划分经济责任，正确评价各责任中心的业绩。由于能够为成本中心相互提供的产品或劳务规定一个适当的"内部转移价格"，使得这些成本中心可以取得"收入"进而得到业绩评价，因此，大多数成本中心总能转化为"人为"的利润中心。

一个部门或责任中心作为利润中心，关键是要有独立的经营决策权，即生产何种产品、生产多少、用什么材料等都可由利润中心决定，否则就无法对其收入和成本负责。所以，与成本中心相比，利润中心往往处于较高的层次，其权力更大，责任也更重。对于利润中心来说，营业利润将会是评价其管理者业绩的一项重要指标。

建立利润中心的主要目的是通过授予必要的经营权和确立利润这一综合性指标来推动和促进各责任中心扩大销售、节约成本，努力实现自己的利润目标，使企业有限的资金得到最有效的利用。同时，通过对利润这一综合性指标的考核，将各利润中心的经营业绩与其经济效益紧密挂钩，有效地调动全体职工的积极性，从而形成从上到下，群策群力，为实现企业目标而共同努力的风气。

（四）投资中心

投资中心（Investment Center）是既对成本、收入和利润负责，又对其投资及利用效益负责的责任中心。投资中心在责任中心中处于最高层次，它具有最大的决策权，也承担最大的责任。

投资中心及其考核

投资中心实质上也是利润中心，但它的控制区域和职权范围比一般的利润中心要大得多。它与利润中心的主要区别是：利润中心没有投资决策权，因而它是在企业确定投资方向后进行具体的经营；而投资中心则拥有投资决策权，即当企业总部将一定数额的资本交给投资中心后，应投资什么行业、生产什么产品等都由投资中心决定，企业总部一般不予干涉，但投资中心必须对其投资的收益负责。所以投资中心包括了利润中心的特点，但比利润中心范围更大，特别是要更多地考虑长期的效益，如企业的分部经常被认为是投资中心。投资中心的管理者除了控制成本和进行价格决策外，还有权进行投资决策，比如开设或关闭一家工厂，保持或停产某一生产线。因此，营业利润和某种类型的投资报酬率都将成为评价投资中心管理者的重要指标。

为了准确地计算出各投资中心的经济效益，必须划分清楚各投资中心共同使用的资产；对共同发生的成本，应按适当的标准进行分配；各投资中心之间相互调剂使用的现金、存货、固定资产等，均应计息清偿，实行有偿使用。只有这样，才符合责任会计的要求，才能正确计算、评价与考核各投资中心的经济效益和工作业绩。

应该注意的是，责任中心的管理者只对本中心的作业负责，但其做出的决策可能会影响其他责任中心。比如，某公司的营销部门按惯例在年末为顾客提供现金折扣，销售量大幅度上升，同时，公司也不得不要求生产部门的工人加班满足需要。

综上所述，责任会计要求设置的责任中心根据其控制区域和权责范围的大小，分为成本中心、收入中心、利润中心和投资中心四种类型。但是，它们并非各自孤立存在，每个责任中心必须就其分工负责的指标向其上一级责任中心承担经管责任。例如，最基层的成本中心（如班组）应就其经管的可控成本，向其上层的成本中心（如车间）负责；上层的成本中心（如车间）则就其本身的可控成本和下属转来的责任成本，一并向利润中心（如分厂）负责；利润中心（如分厂）则就其本身经管的收入、成本（包括下属单位转来的责任成本）和贡献毛益（或税前利润）向投资中心（如事业部）负责；投资中心（如事业部）则就其经管的投资报酬率和剩余收益向总经理或董事会负责。这样，企业的各种类型和层次的责任中心，就形成了一个"连锁责任"网络，促使每个责任中心为保证经营目标一致性的实现而协调工作。

任务二　内部转移价格

内部转移价格（Internal Transfer Price）是企业对中间产品内部转让计价的一种标准。一个责任中心的产出经常可以作为另一个责任中心的投入，比如，一个部门生产出来的集成电路可以被另一个部门用来生产视频录像机。企业内部各责任中心之间相互提供的产品和劳务都应该按内部转移价格进行结算，其目的是正确地评价和考核内部责任中心的经营业绩。制定内部转移价格是建立责任会计制度后所必须配套的一种机制。

一、内部转移价格的意义和作用

内部转移价格是指企业内部各责任中心因相互提供产品或劳务所采用的一种结算价格。

企业内部各责任单位在生产经营过程中既相互联系，又相互独立地开展各自的活动，各责任中心之间经常相互提供产品或劳务。内部转移价格为转出方创造了收入，同时也为购买方增加了成本，从而影响两个责任中心的经营利润。为了正确评价企业内部各个责任中心的经营业绩，明确区分各责任中心的经济责任，使对各责任中心的业绩评价与考核建立在客观而可比的基础上，从而有利于调动各责任中心的积极性，必须根据各责任中心业务活动的具体特点，制定具有充分经济依据的内部转移价格。

内部转移价格为各责任中心之间的"买卖"活动制定了一个科学合理的计算标准。内部转移价格给"卖方"提供了一个尺度，表明了在目前的经营水平下，"卖方"所能获得的内部利润的幅度；同时由于这个尺度的存在，促使"卖方"不断改进经营管理，从各个方面来降低经营成本，从而获得更多的内部利润。内部转移价格同样给"买方"提供了一个尺度，因为"买方"耗用了中间产品或劳务后，他们的成本开支中就有为这一中间产品或劳务的支出部分。为了能在收入中补偿支出并获得更多的利润，"买方"就会千方百计地降低物料消耗，减少人工和机器工时等各方面的支出。这样，内部转移价格就能促使"买卖"双方加强经营管理，提高经济效益。

可见，内部转移价格主要有以下几个作用：

（1）有助于经济责任的合理落实。内部转移价格利用它的调节手段，通过内部交易的形式在各责任中心之间调节"买卖"双方的收入和支出，可使各责任中心的经济责任合理，从而使这些经济责任易于落实。

（2）使管理当局对各责任中心的评价和考核建立在客观、公正和可比的基础上。内部转移价格不仅为责任中心的激励提供了一个公正和易于使用的计量基础，而且提供了反映责任中心综合成果的内部利润数，便于具体利益的计算和分配。

（3）保证各责任中心与整个企业经营目标的一致性。内部转移价格使企业能根据各责任中心提供的相关信息，结合最优生产计划，使资源得到最佳利用，从而使企业整体实现最佳的经济效益。

二、制定内部转移价格的方法

在制定内部转移价格时，一般有三种方法可供选择：以市场价格为基础的内部转移价格、以成本为基础的内部转移价格和协商决定的内部转移价格。

（一）以市场价格为基础的内部转移价格

以市场价格为基础的内部转移价格就是直接以市场价格作为责任中心之间中间产品或劳务的内部转移价格。此法是假定企业内部各部门都可以独立自主地决定从外界或内部进行购销。同时，产品或劳务处于完全的市场竞争条件下，并有客观的市价可供采用。

一般认为，市场价格是制定内部转移价格的最好依据。因为，市场价格比较客观，对买卖双方无所偏袒，而且能激励卖方努力改善经营管理，不断降低成本。同时，市场价格也最能体现利润中心的基本要求，在企业内部创造一种竞争的市场环境，让每个利润中心都成为名副其实的独立生产经营单位，以利于相互竞争，最后再通过利润指标来评价和考核它们的经营成果和工作业绩。

在采用市场价格作为计价基础时，为了保证各责任中心的竞争建立在与企业的总体目标相一致的基础上，企业内部的买卖双方都应遵守这样一条基本原则：各责任中心之间应尽可能进行内部转让，除非责任中心有充分的理由说明进行外部交易比内部转让更为有利。

利润中心或投资中心之间相互提供产品或劳务，在有客观的可供利用的市场价格的情况下，其内部转移价格按市价计价，这是使它们能形成"部门利润"的一个必要条件。

以市场价格作为内部转移价格的优点是："买方"责任中心可以同外部市场相比，如内部转移价格高于现行市场价格，它可以舍内而求外，不必为此而支付更多的代价；"卖方"责任中心也是如此，市场价格迫使它不能获得高于市场价格的收入。这是正确评价各个利润中心和投资中心的经营成果，充分发挥其生产经营主动性的一个重要条件。

但实际上，以市场价格作为内部转移价格，也有其局限性。由于企业内部相互转让的产品或提供的劳务手续简单，往往比对外销售节约较多的销售费用和管理费用，如仍直接按正常的市场价格计价，这方面的节约将全部表现为"卖方"的经营业绩，而"买方"却得不到任何好处，因而其结果不太合理。

（二）以成本为基础的内部转移价格

以成本为基础的内部转移价格就是在各中间产品或劳务的成本基础上加上一定比例的内部利润作为内部转移价格的方法，也称成本加成法。此法主要适用于各责任中心之间转让的产品或劳务处于不完全市场竞争条件下，即中间产品或劳务没有正常市场价格的情况。

理论上说，成本加成可在各种成本基础上进行。但由于因成本加成制定的内部转移价格是一种管理手段，它应与其他各种有效的管理方法相结合，因此，成本加成一般按中间产品或劳务的标准成本加成。以标准成本为基础进行成本加成具有以下优点：

第一，定价基础相对稳定，因而易于操作。

第二，避免将卖方的成本节约或浪费"转嫁"给买方，不仅有利于激励卖方努力降低成本，而且便于正确考核买方的工作业绩。

成本加成法通常有完全成本加成和变动成本加成两种做法。

1. 完全成本加成法

完全成本加成法就是根据中间产品或劳务的完全成本加上按一定的合理利润率计算的利润作为内部转移价格的方法。

实务中，在计算产品对外销售价格时，加成的基础是该产品的完全成本。而在制定内部转移价格时，若加成的基础仍选用中间产品或劳务的完全成本，则买方就会在计算内部利润中占便宜，卖方就会吃亏。因为，买方产品的完全成本中包括了前面责任中心转来的成本，这些转移的成本在企业范围内重复计算利润，从而对价值链后端的责任中心更有利。中间产品内部转移的次数越多，这种重复计算就越严重。

可见，采用完全成本加成法能保证卖方责任中心有利可图，充分调动他们的工作积极性，但其不足之处在于把卖方的功过全部转嫁给买方承担，从而削弱了各责任中心降低成本的责任感。另外，确定加成的利润率，往往带有很大程度的主观随意性，它的偏高或偏低都会影响双方业绩的正确评价。

2．变动成本加成法

变动成本加成法就是根据中间产品或劳务的变动成本加上按一定的合理利润率计算的利润作为内部转移价格的方法。

变动成本加成法的主要问题是：

（1）这种内部转移价格会对"买方"过分有利。

（2）由于对责任中心只计算变动成本，因而不能用投资利润率和剩余收益对责任中心进行业绩考核。

（3）如果无限制地将一个责任中心的变动成本转移给另一责任中心，将不利于激励成本中心控制成本。

总之，成本加成法是一种较简单但不完善的方法。但对于无外部市场的中间产品来说，它仍不失为一种行之有效的和必要的制定内部转移价格的方法。

（三）协商决定的内部转移价格

为了避免直接以市场价格作为内部转移价格所存在的缺点，也可以协商的市场价格作为内部转移价格。

协商决定的内部转移价格是责任中心的买卖双方以正常的市场价格为基础，定期共同协商，确定一个双方都能接受的价格作为中间产品或劳务的内部转移价格。协商的市场价格又称"议价"。采用这种价格的前提条件是责任中心相互转让的中间产品或劳务应有非竞争性的市场可以买卖，在这一市场内买卖双方有权决定是否买卖这种中间产品。协商定价应该由每个部门所面临的机会成本来指导，只有当"卖方"的机会成本比"买方"的机会成本低时，才能达成协商价格。因此，协商价格通常要比市场价格稍低一些，这是因为：

（1）内部转移价格中所包含的销售和管理费用，一般要低于外部市场供应的市场价格。

（2）内部转移的中间产品一般数量较大，故单位成本较低。

（3）卖方大多拥有剩余的生产能力，因而议价只要略高于单位变动成本即可。

可见，协商价格的上限是市价，下限是单位变动成本，具体价格应当由责任中心的买卖双方在其上下限范围内协商议定。在各责任中心之间相互提供的产品或劳务没有适当市价的情况下，也可以采用议价的方式来确定，即通过买卖双方的协商，确定一个卖方愿卖、买方愿买的"公允市价"，作为计价基础。

协商价格的缺陷是：在各责任中心的协商过程中，不可避免地要花费很多人力、物力和时间；另外，当买卖双方难以确定内部转移价格时，往往需企业高层管理人员进行裁定，这不仅与分权管理的初衷相违背，同时也很难起到激励作用。

三、制定内部转移价格的原则

下面以北海石油公司为例，对内部转移价格的制定原则进行探讨。

【例10-1】北海石油公司有三个分公司，每个分公司都是利润中心。其中，生产分公司从事油田的原油生产，运输分公司负责原油管道的输送工作，精炼分公司专门将原油加工成汽油。假设每个分公司的变动成本随着单一的成本动因变化。生产分公司和运输分公司的成本动因分别是其生产和运送的原油桶数，精炼分公司的成本动因是其加工的汽油桶数。每单位的固定成本则是根据预算年产量，即生产的原油产量、运送的原油产量及生产的汽油产量来计算的。

生产分公司可以以每桶104元的价格将原油卖给公司的外部客户；运输分公司从生产分公司"买入"原油，然后将它们运到精炼分公司，并"卖给"精炼分公司。输油管道每天可以承运40 000桶原油。精炼分公司已经达到其最大生产能力，每天加工15 000桶汽油（生产1桶汽油需耗用2桶原油），平均每天耗用从运输分公司运来的10 000桶原油和向当地其他产油商购买（每桶144元）的20 000桶原油。精炼分公司以每桶416元的价格出售汽油。

图10-1概括了北海石油公司下各分公司单位产品的固定成本和变动成本以及购买、销售原油，销售汽油的外部市价。

根据上述资料，分别采用以市场价格为基础、以完全成本的110%加成率和协商决定的方法制定内部转移价格。

（1）以市场价格为基础制定内部转移价格。

$$从生产分公司到运输分公司 = 104（元）$$
$$从运输分公司到精炼分公司 = 144（元）$$

（2）以完全成本的110%加成率制定内部转移价格。

$$从生产分公司到运输分公司 = （16 + 48）\times 110\% = 70.4（元）$$
$$从运输分公司到精炼分公司 = （70.4 + 8 + 24）\times 110\% = 112.64（元）$$

（3）协商决定制定内部转移价格。如前所述，协商定价应该由每个部门所面临的机会成本来指导，只有当"卖方"的计划成本比"买方"的机会成本低时，才能达成协商价格。假定经协商，内部转移价格确定如下：

$$从生产分公司到运输分公司 = 80（元）$$
$$从运输分公司到精炼分公司 = 134（元）$$

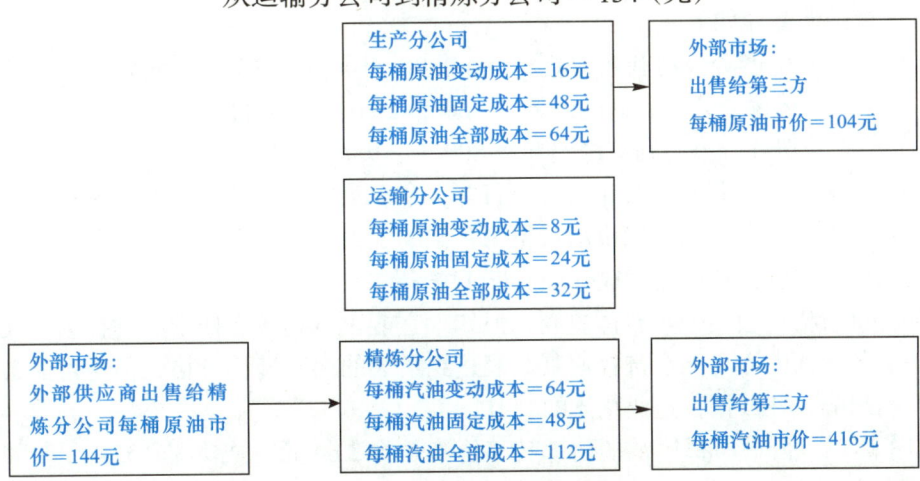

图10-1 北海石油公司的经营数据

【例10-2】承例10-1，假设北海石油公司的生产分公司每天生产10 000桶原油。精炼分公司不再向其他产油商购买原油。现分别考虑三种不同的转移定价方法对各分公司业绩的影响。

根据上述资料，编制各分公司经营利润表，见表10-2。

表 10-2 各分公司经营利润表　　　　　　　　　　　　　　　　　　　　单位：百元

	方法 1	方法 2	方法 3
1. 生产分公司			
收入：104×10 000，70.40×10 000，80×10 000	10 400	7 040	8 000
减：本分公司变动成本 16×10 000	1 600	1 600	1 600
本分公司固定成本 48×10 000	4 800	4 800	4 800
生产分公司经营利润	4 000	640	1 600
2. 运输分公司			
收入：144×10 000，112.64×10 000，134×10 000	14 400	11 264	13 400
减：转入成本 104×10 000，70.40×10 000，80×10 000	10 400	7 040	8 000
本分公司变动成本 8×10 000	800	800	800
本分公司固定成本 24×10 000	2 400	2 400	2 400
运输分公司经营利润	800	1 024	2 200
3. 精炼分公司			
收入：416×5 000	20 800	20 800	20 800
减：转入成本 144×10 000，112.64×10 000，134×10 000	14 400	11 264	13 400
本分公司变动成本 64×5 000	3 200	3 200	3 200
本分公司固定成本 48×5 000	2 400	2 400	2 400
精炼分公司经营利润	800	3 936	1 800

表 10-2 是根据三种不同方法计算的每 10 000 桶原油带给各分公司的经营利润。可以看出，内部转移价格为"卖方"带来了收入，为"买方"增加了相应的成本，而所有分公司的经营成果合并时，收入和成本就全抵消了。采用不同的内部转移价格得出的各分公司的利润是不同的，若以方法 1 为基础，可计算最大差异如下：

$$生产分公司利润的差异 = 4\,000 - 640 = 3\,360\,（百元）$$
$$运输分公司利润的差异 = 800 - 2\,200 = -1\,400\,（百元）$$
$$精炼分公司利润的差异 = 800 - 3\,936 = -3\,136\,（百元）$$

如果各分公司都是以其利润最大化为唯一目标，毫无疑问，各分公司都会选择最有利于本分公司的定价方法：生产分公司会选择以市场价格为基础的定价方法；运输分公司会选择协商决定的定价方法；而精炼分公司会首选按完全成本加成率 110% 的定价方法。

虽然内部转移价格不会使公司整体盈利，但如果它能影响到各责任中心的行为，就可能影响公司的盈利水平。各责任中心可能会选择使其利润达到最大的内部转移价格，但这可能会对整个公司的利润造成不利影响，导致损害企业整体的利益。

【例 10-3】运输分公司一桶原油的内部转移价格是 112.64 元，成本是 102.4 元。如果精炼分公司可以从外部供应商处以每桶 108 元的价格购入原油，那么，它就会拒绝从运输分公司购买。假设运输分公司没有外部市场，原油只能在公司内部销售。试比较精炼分公司的利益和总公司的损失。

$$精炼分公司每桶原油可节约成本 = 112.64 - 108 = 4.64\,（元）$$
$$总公司每桶原油的损失 = 108 - 102.4 = 5.6\,（元）$$

可见，如何制定内部转移价格对公司的总体利润是至关重要的。因此，必须针对各责任中心业务活动的具体特点及科学合理的经济依据制定内部转移价格。合适的内部转移价格应该是可以使各个责任中心的管理者做出的决策对于整个企业而言都是最优的。例如，"卖方"应该有动力设法降低产品或服务的供应成本，而"买方"则应该致力于得到并使用高效率的产品。

综上所述，制定内部转移价格一般应遵循以下几条原则：

1. 一致性原则

一致性原则是制定内部转移价格的最基本原则。在制定内部转移价格时，应强调企业利益高于分部利益。一致性原则要求内部转移价格不仅对"买卖"双方责任中心有利，还必须符合企业整体利益。

2. 激励性原则

内部转移价格应具有激励作用，有利于调动各责任中心的工作积极性。它要求使"买卖"双方均有利可图，能够客观公正地反映各责任中心的工作业绩。

3. 自主性原则

承认各责任中心的相对独立的物质利益，就必须给各责任中心以自主权。因此，制定的内部转移价格必须以"买卖"双方自愿接受为前提，只要一方不同意，价格就不能确定。

总之，内部转移价格就是要找到一种机制，使它能同时满足这三个目标。通过考虑内部转移产品的机会成本，我们就能设计出内部转移价格满足定价机制中的三个目标的程序。机会成本法可以广泛地应用于内部转移价格的制定。

四、机会成本法与内部转移价格

机会成本法（Opportunity Cost Approach）就是找出"卖方"愿意接受的最低价格和"买方"愿意支付的最高价格的方法。最高价格和最低价格就相当于内部转移的机会成本。最低内部转移价格或底价，就是"卖方"按此价格将产品卖给内部其他部门，不会因此而使得业绩变得更差的内部转移价格；最高内部转移价格或顶价，就是"买方"按此价格购买内部其他部门的产品，不会因此而使业绩变得更差的内部转移价格。机会成本法可表明什么时候通过内部转移价格可能提高公司整体的利益。应该指出的是，只要"卖方"的机会成本（最低价格）比"买方"的机会成本（最高价格）低，就应该在内部转移产品。这就意味着，公司总体的利益不会因内部转移产品而降低。

【例10-4】现仍以上述北海石油公司的资料为例，采用机会成本法对其内部转移价格的制定方法进行探讨。

（1）以市场价格为基础的内部转移价格。如前所述，以市场价格为基础的内部转移价格适用于完全竞争市场的情形，即中间产品或劳务存在正常市场价格的情况。假定生产分公司和运输分公司能以每桶104元的价格分别从市场上买入或卖出数量不受限制的原油。北海石油公司希望分公司能在公司内部买卖原油。

机会成本法表明此时合适的内部转移价格就是市场价格。由于生产分公司可以以市场价格每桶104元出售它生产的所有原油，若以较低的价格进行内部转移，将会不利于生产分公司。与此相似，运输分公司能够以市场价格获得原油，所以它不愿为同类的内部转移产品付出更高的价格。由于生产分公司的最低内部转移价格是市场价格，而运输分公司的最高内部转移价格也是市场价格，所以，唯一可能的内部转移价格就是市场价格。

如果每一个分公司管理者都有动机使其所处的分公司的利润最大化，那么，只要有利可图，生产分公司将会以市场价格出售（或对内部或对外部）尽可能多的原油；同样，运输分公司也将会以市场价格买入（或从内部或从外部）尽可能多的原油。这些使分公司的经营利润最大化的行为同样也能使北海公司的经营利润最大化。如果内部转移价格与市场价格偏离，将会使整个公司的利润下降。

（2）以全部成本为基础的内部转移价格。如前所述，以成本为基础的内部转移价格适用于不完全竞争市场情形，即中间产品或劳务没有正常市场价格的情况。北海公司将内部转移价格定为全部成本的110%。精炼分公司平均每天以每桶144元的价格从当地的供应商那里购买20 000桶原油。精炼分公司了解到外地的一个独立供应商每桶原油的价格为104元，为降低成本，精炼分公司决定先由运输分公司买下，然后运到当地，再卖给精炼分公司。假设运输分公司的输油管有多余的运油能力，仍能以每桶8元的变动成本承运新的20 000桶原油。那么，对精炼分公司而言，在哪种情况下成本更低？

若从当地供应商那里购买20 000桶原油，每桶价格144元，精炼分公司因此要承担的总成本是2 880 000（144×20 000）元。

若通过运输分公司从外地独立供应商那里购买20 000桶原油，精炼分公司因此要承担的总成本是2 992 000［（104＋8＋24）×110%×20 000］元。

作为一个利润中心，精炼分公司若从当地供应商处购买原油，则其短期经营利润可实现最大化（2 880 000元与2 992 000元相比）。

在以成本为基础制定内部转移价格时，精炼分公司将向运输分公司支付的每桶原油成本149.6元全部视为变动成本。而从北海公司的整体来看，每桶原油的变动成本实际上只有112元（外地买价104元＋8元），剩余的37.6元只是固定成本和对运输分公司的加成。显然，站在公司的角度，从外地购买原油更便宜。但是，站在精炼分公司的角度，则是从当地购买更便宜。可见，由于选择了全部成本加成法来制定内部转移价格，公司内部出现了结果不一致的问题。

按机会成本法的原理，合适的内部转移价格的下限是112元，如果内部转移价格低于112元，运输分公司就不可能有动力去外地购买原油来运输，而只要内部转移价格略高于112元，就可以使运输分公司赚得一些边际收益来弥补固定成本。另外，内部转移价格的上限是144元，如果内部转移价格高于144元，精炼分公司就会从外部市场，而不是从运输分公司购买。在112元和144元之间的内部转移价格都可以实现目标的一致性：从外地购买原油，两个分公司的利润都有所增加。

（3）协商决定的内部转移价格。协商决定的内部转移价格也应该由每个责任中心所面临的机会成本来指导。只有当"卖方"的机会成本比"买方"的机会成本低时，才能达成协商决定的内部转移价格。

假定运输分公司有剩余的运输能力，可以用来将原油从外地运到当地。那么，只有内部转移价格超过每桶112元（运输分公司变动成本）时，它才会将原油"卖"给精炼分公司。同时，对于精炼分公司，只有在内部转移价格低于144元（精炼分公司在当地购买的原油价格）时，才会乐意从运输分公司"购买"原油。

从这个公司的角度来看，精炼分公司从运输分公司购买原油才能使公司利润最大化。但是，只有当内部转移价格介于112元和144元之间时，精炼分公司与运输分公司才会都有兴趣进行这项交易。如每桶原油134元的内部转移价格将使运输分公司每桶的利润增加22（134－112）元，同时也使精炼分公司每桶的利润增加10（144－134）元。此时，运输分公司的机会成本低于精炼分公司的机会成本。

任务三　财务业绩评价

业绩评价（Performance Appraisal）意味着要对管理人员进行业绩评价，这也就意味着实际产出必须和预期或预算产出相比较，以评价管理者的业绩。

一、成本中心的业绩评价

由于责任会计围绕责任中心来组织，以各个责任中心为对象进行有关资料的收集、整理和分析对比，因而，成本中心责任成本（Responsibility Cost）的核算制度与传统的产品成本的核算制度相比有很大的不同，其主要区别是：

（1）成本核算的对象不同。产品成本以一定种类或批次的产品为计算对象；而责任成本是以责任中心为对象归集的生产或经营管理费用。

（2）成本核算的原则不同。产品成本的核算原则是谁受益，谁承担；而责任成本的核算原则是谁负责，谁承担。

（3）成本核算的内容不同。产品成本既包括可控成本，又包括不可控成本，只要应归属于产品的，都是产品成本；而责任成本的核算只包括可控成本，不可控成本只作为参考指标。

（4）成本核算的目的不同。产品成本核算能为考核成本计划完成情况及计算利润、制定产品价格提供依据，是实施经济核算制的重要手段；而责任成本核算则是为了评价和考核责任预算的执行情况，是进行成本控制和考核成本责任的重要手段。

责任成本与产品成本虽有区别，但两者又有密切的联系。首先，两者核算的原始成本信息是相同的，只是加工整理的主体不同；其次，两者归集的成本都是企业生产经营过程中实际发生的耗费，因此，在狭义的成本中心范围内，一定时期的责任成本总额和一定时期的产品成本总额是相等的。分清产品成本与责任成本的区别，是责任中心核算的一个基本前提。

由于成本中心只对成本负责，职责比较单一，因而，对其业绩进行评价和考核的重点是责任成本。成本中心的考核指标主要包括目标成本降低额和目标成本降低率，其计算公式为：

$$目标成本降低额=目标（或预算）成本-实际成本$$

$$目标成本降低率=\frac{目标成本降低额}{目标成本}\times 100\%$$

在对成本中心进行考核时，应注意区分可控成本和不可控成本，不可控成本不应计入责任成本。还需注意的是，如果预算产量与实际产量不一致，应先按弹性预算的方法调整预算指标，然后再进行考核。

【例 10-5】珠海公司一车间生产 A 产品，预算产量为 500 件，其成本预算资料见表 10-3。

表 10-3　A 产品成本预算表

成本项目	标准单价	标准用量	标准成本
直接材料	3元/千克	5千克/件	15元/件
直接人工	8元/小时	1小时/件	8元/件
合计			23元/件

当年实际生产 A 产品 550 件，实际发生的成本资料如表 10-4 所示。

表 10-4　A 产品实际成本表

成本项目	实际单价	实际用量	实际单位成本	实际总成本
直接材料	3.5 元/千克	4.8 千克/件	16.8 元/件	9 240 元
直接人工	8.2 元/小时	1.1 小时/件	9.02 元/件	4 961 元
合计			25.82 元/件	14 201 元

从上述资料可知，一车间 A 产品的预算总成本为 11 500（23×500）元，实际总成本为 14 201 元，实际成本超支 2 701 元。然而，对一车间来说，由于材料单价和人工单价是不可控的，因而，应该按标准单价和实际用量计算确定一车间的责任成本，作为其考核业绩的依据。

一车间的责任成本 =（3×4.8 + 8×1.1）×550 = 12 760（元）

在评价该成本中心的业绩时，还应按弹性预算的方法，根据实际产量对预算成本进行调整，从而做出合理的评价。

调整后的预算成本 = 23×550 = 12 650（元）
目标成本降低额 = 12 650 − 12 760 = −110（元）（超支）
目标成本降低率 = −110÷12 650 = −0.87%（超支）

二、收入中心的业绩评价

收入中心是只对产品或劳务的营业收入负责的责任中心。但应注意的是，收入中心的收入实际上是整个企业的收入，因此，各收入中心的目标营业额是否能够实现，直接影响到企业整体经营目标，尤其是利润目标的实现，所以，加强对各收入中心的营业收入目标的控制非常重要。

收入中心的主要职能是实现营业收入，所以其业绩评价以营业收入的实现为主。然而，收入中心的职能不仅包括将产品或劳务推向市场，而且还包括及时地收回货币资金和控制坏账。因此，收入中心的业绩评价指标包括营业收入目标完成百分比、营业货款回收平均天数和坏账发生率等。

（一）营业收入目标完成百分比

营业收入目标完成百分比是将实际实现的营业收入与目标营业收入相比较，以考核营业收入的目标完成情况。其计算公式为：

$$营业收入目标完成百分比 = \frac{实际实现的营业收入}{目标营业收入} \times 100\%$$

对收入中心来说，这一指标是最主要的业绩评价指标。

（二）营业货款回收平均天数

营业货款回收平均天数是评价收入中心回收营业款项是否及时的指标。销售过程是企业的产品资金向货币资金转化的过程，在这一过程中，营业收入的资金能否及时收回，对企业资金的正常周转将产生重要影响。在市场经济条件下，一个企业的经营能否顺利进行和发展，资金是一个重要的因素。因此，确保营业货款的及时回收是收入中心的又一重要职责。营业货款回收平均天数这一评价指标能促进收入中心加速资金回收，提高资金使用效率。其计算公式为：

$$营业货款回收平均天数 = \frac{\sum(营业收入 \times 回收天数)}{全部营业收入}$$

将实际的营业货款回收平均天数与计划天数相比较，能反映收入中心的营业款项回收的及时情况。

(三)坏账发生率

坏账发生率这一指标主要用来评价收入中心在履行其职责过程中所发生的失误。销售产品或提供劳务的企业发生坏账的情况是不可避免的。尽管如此,企业仍然有责任控制坏账的发生,以尽量避免损失。对收入中心来说,正确判断客户的付款能力也是其经营业务中的基本职责,控制坏账的发生自然也是收入中心的重要职责。坏账发生率的计算公式为:

$$坏账发生率 = \frac{某年坏账发生天数}{某年全部营业收入} \times 100\%$$

以坏账发生率来评价收入中心的业绩能促进收入中心在经营过程中保持认真谨慎的作风。

三、利润中心的业绩评价

利润中心业绩的评价和考核,主要是通过一定期间实现的利润与"责任预算"所确定的预计利润数进行比较,进而对差异形成的原因和责任进行具体剖析,借以对其经营上的得失和有关人员的功过做出全面而正确的评价。

利润中心业绩评价的主要指标是"责任利润",而责任利润又有多种含义或多种选择(见表10-5),主要的评价指标包括可控边际贡献、部门边际贡献和税前部门利润等。

表10-5 某利润中心利润表 单位:万元

营业收入	1 450
减:变动成本	1 550
边际贡献	950
减:可控固定成本	600
可控边际贡献	132
减:不可控固定成本	468
部门边际贡献	250
减:分配的企业共同费用	218
税前部门利润	3 000

(一)可控边际贡献

可控边际贡献(Controllable Contribution Margin)也称部门经理可控边际,是部门经理在其权责范围内有能力控制,因而应对其负责的全部边际贡献,是最符合"责任利润"概念的指标。可控边际贡献通常是考核利润中心业绩最主要的指标。其计算公式为:

可控边际贡献=营业收入总额-变动成本总额-部门经理可控的可追溯固定成本
=边际贡献-部门经理可控的可追溯固定成本

上述公式可看作严格意义上的边际贡献在利润中心业绩评价中的自然延伸,是可控性原则的具体体现。

可控边际贡献指标主要用于评价利润中心(分部)负责人的经营业绩,因而必须就经理人员的可控成本进行评价、考核。为此,必须在各部门追溯性固定成本基础上,进一步将之区分为部门经理可控成本和不可控成本,并就经理人员可控成本进行业绩评价、考核。这是因为有些成本尽管可追溯到部门,却不为部门经理所控制,如广告费、保险费等。部门经理毛益反映的是部门经理对其控制的资源的有效利用程度。

（二）部门边际贡献

部门边际贡献（Department Contribution Margin）又称部门毛利，该指标反映利润中心为整个企业实际做出的贡献，对评价其在企业中所具有的重要性、确定其应有的客观地位具有重要意义。其计算公式为：

部门边际贡献＝营业收入总额－变动成本总额－部门经理可控的可追溯固定成本－
部门经理不可控但高层管理部门可控的可追溯固定成本
＝可控边际贡献－部门经理不可控但高层管理部门可控的可追溯固定成本

部门边际贡献指标主要用于对利润中心（分部）的业绩进行评价和考核，因而仅将为分部所控制的可追溯固定成本从边际贡献中扣除，其所反映的是部门为补偿共同性固定成本及提供企业利润所做的贡献。但由于该指标中包含了部门不可控的因素，所以与"责任利润"概念不完全相符，只能作为利润中心业绩评价的参考指标。

（三）税前部门利润

税前部门利润（Pretax Contribution Margin）是将部门边际贡献调整到与整个企业税前利润相一致的指标，其意义在于提醒部门经理企业中还有共同成本存在，只有当各个利润中心都产生了足够的边际贡献来弥补这些共同成本时，整个企业才有可能获利。以税前部门利润指标评价利润中心的业绩，能够促使各个利润中心自觉地为实现企业整体目标而努力。其计算公式为：

税前部门利润＝部门边际贡献－分摊的企业共同费用

应该注意的是，以税前部门利润指标评价利润中心的业绩有其局限性：

其一，企业共同费用的分摊具有主观性，这一分配数会因共同费用实际发生数的改变而改变，也会因共同费用分配方法的改变而改变。

其二，企业发生的共同费用对于部门管理人员来说往往是不可控的。如果企业管理层希望各个利润中心的获利能力足以弥补它们自己的费用，包括企业的共同费用，那么，最好建立一个能够补偿企业发生共同费用的部门贡献标准。这样，利润中心的管理人员可以集中精力来提高收入和减少其所能控制的成本支出，而无须关心其不能控制的主观分配的成本。

总之，采用"责任利润"评价利润中心的业绩有两个缺陷：一是利润只是一个概括性的指标，它只能概括性地反映该利润中心对企业所做的贡献，但无法直接地让员工了解如何才能提高本部门的业绩；二是利润是一个短期指标，而且容易被操纵，从而导致部门的管理人员注重部门的眼前利润而牺牲企业的长期利益，如不注重员工的培训、不注重质量管理等。

四、投资中心的业绩评价

投资中心业绩的评价和考核除了使用利润指标外，还通常以投资报酬率、剩余收益和经济附加值作为评价和考核其业绩的主要指标。

（一）投资报酬率

投资报酬率（Return on Investment，ROI）是一个常用的投资中心业绩评价指标，它对外对内都有较高的价值。对外部来说，投资报酬率是股东用来衡量公司是否健康运转的指示器，因为投资报酬率的提高会使公司的股票价格升高。对内部来说，投资报酬率被用来评价各分部的相对业绩。

投资报酬率是投资中心所获得的利润与其经营资产之间的比率，其计算公式为：

$$投资报酬率 = \frac{营业利润}{经营资产（或投资额）} \times 100\%$$

上述公式中的营业利润是指扣减利息费用和所得税之前的利润（即息税前利润）。这是因为投资报酬率所要反映的是企业有效运用其资产以获得利润。而利息和所得税与资产的使用无关，故需将这两者排除在外。另外，由于营业利润是期间性指标（即利润是在整个预算执行期内获得的），故上述公式分母的"经营资产"应按平均占用额或投资额计算，即期初数加期末数之和除以2。

【例10-6】 珠海公司下的甲投资中心，报告期年初数全部资产为250 000元，年末数为150 000元。报告期的税后净利润为37 500元，发生的利息费用为8 000元。假定所得税税率为25%。根据资料，可计算投资报酬率如下：

$$投资报酬率=\frac{37\,500\div(1-25\%)+8\,000}{(250\,000+150\,000)\div 2}=29\%$$

从上述公式可以看出，有两种方法可以提高投资报酬率：增加收入或减少成本（增加分子），或者减少投资（减少分母）。

根据杜邦利润分析的方法，投资报酬率还可按其构成因素分解为如下的计算公式：

$$投资报酬率=\frac{销售收入}{经营资产}\times\frac{营业利润}{销售收入}\times 100\%=经营资产周转率\times销售利润率$$

从上述公式中我们了解到，还有两个基本方法可以提高企业的投资报酬率：提高经营资产周转率或提高销售利润率。

【例10-7】 珠海公司下的乙投资中心报告期的有关资料如下：

销售收入	300 000元
营业利润（税前）	36 000元
经营资产（期初）	140 000元
经营资产（期末）	160 000元

假定报告期没有发生利息费用。

该投资中心的投资报酬率可计算如下：

$$投资报酬率=\frac{300\,000}{(140\,000+160\,000)\div 2}\times\frac{36\,000}{300\,000}=2\times 12\%=24\%$$

从上述投资报酬率的计算过程可以看出，提高投资报酬率的途径不外乎以下三条：

（1）扩大销售量。若该投资中心计划期的销售可增加20%，营业利润可由原来的36 000元增加30%，其他因素不变。则该投资中心的投资报酬率可计算如下：

$$投资报酬率=\frac{300\,000\times(1+20\%)}{(140\,000+160\,000)\div 2}\times\frac{36\,000\times(1+30\%)}{300\,000\times(1+20\%)}=2.4\times 13\%=31.2\%$$

上述计算结果表明，销售收入增加20%，使该投资中心的资产周转率由原来的2次提高到2.4次，销售利润率由原来的12%提高到13%，从而使投资报酬率由原来的24%提高到31.2%。

（2）降低成本。若该投资中心计划期将降低成本6 000元，其他因素不变，则该投资中心的投资报酬率可计算如下：

$$投资报酬率=\frac{300\,000}{(140\,000+160\,000)\div 2}\times\frac{(36\,000+6\,000)}{300\,000}=2\times 14\%=28\%$$

上述计算结果表明，由于成本降低6 000元，使投资中心的销售利润率由原来的12%提高到14%，从而使投资报酬率从原来的24%提高到28%。

（3）减少营业资产。若该投资中心的经营资产的平均余额从原来的150 000元降为120 000元，其他因素不变，则该投资中心的投资报酬率可计算如下：

$$投资报酬率=\frac{300\,000}{120\,000}\times\frac{36\,000}{300\,000}=2.5\times 12\%=30\%$$

上述计算结果表明，由于营业资产的平均余额从原来的 150 000 元降为 120 000 元，使该投资中心的资产周转率由原来的 2 次提高到 2.5 次，从而使投资报酬率从原来的 24% 提高到 30%。

投资报酬率是全面评价投资中心各项经营活动的综合性质量指标。它既能揭示投资中心的销售利润水平，又能反映资产的使用效果。利用投资报酬率指标能够使不同经营规模责任中心的业绩具有可比性，从而对各利润中心的业绩做出客观公正的评价和考核，而且为企业合理调整资金布局和进行新的投资提供了决策依据。

然而，使用投资报酬率评价投资中心也有其局限性。首先，由于投资报酬率重视投资中心短期业绩，因而容易导致投资中心短期行为的发生，也就是投资中心管理者常常以牺牲长远发展为代价来获取短期利益。投资中心的管理者为了提高投资报酬率，常常通过直接削减可选择的成本来达到节约费用的目的，如解雇较高工资的雇员，故意延迟雇员的晋升和员工的培训等。虽然这些举措在短期内提高了利润和投资报酬率，但由于这些措施可能会挫伤员工的积极性，有可能降低生产率，降低顾客满意度，因而它们有着长远的不利影响，也导致将来的投资报酬率的下降。其次，不利于投资中心开发新项目。由于项目开发初期的投资报酬率相对较低，尽管会提高公司整体的利润率，但可能会降低投资中心的投资报酬率。因此，投资中心往往会拒绝开发投资报酬率较低的项目。

【例 10-8】景江公司下的一个投资中心，目前拥有资产 5 000 万元，所产生的经营利润为 750 万元，投资报酬率为 15%。假定该投资中心的资金成本为 10%，该投资中心有机会再投资一个新项目，投资所需的支出为 1 000 万元，预计可得经营利润 130 万元，则该项目的投资报酬率为 13%。

如果投资这个项目，该投资中心的投资报酬率将降为：

$$投资报酬率 = \frac{(750+130)}{(5\,000+1\,000)} \times 100\% = 14.67\%$$

尽管新项目产生的投资报酬率高于资金成本，但由于该投资降低了部门的投资报酬率，投资中心的管理者显然不会进行此项投资。由此可见，尽管有许多项目是有利于公司整体发展，且是有利可图的，但由于其投资报酬率低于投资中心目前的投资报酬率，造成投资中心管理人员放弃了许多有利可图的投资机会，从而导致投资中心的局部目标偏离企业的整体目标。为了弥补投资报酬率的这一缺陷，对投资中心还应考核剩余收益指标。

（二）剩余收益

除了以投资报酬率指标考核投资中心外，对于一些与整个企业集团的利益相关的投资中心，例如，为占领某一地区的市场或为扩大企业在某一地区的影响而设立的投资中心，由于环境较差或竞争较激烈，投资报酬率可能较低，因而如果与其他投资中心一样用统一的投资报酬率来考核其业绩，就可能会掩盖某些投资中心的实际业绩，此时可用剩余收益指标来考核。

剩余收益（Residual Income，RI）是指投资中心的营业利润，减去其投资额按规定的最低报酬率计算的投资收益后的余额。这里规定的最低报酬率一般是指各投资中心的平均报酬率或企业预期的报酬率。这一指标的含义是：只要投资收益超过平均或期望的报酬额，对企业和投资中心都是有利的。剩余收益的计算公式为：

$$剩余收益 = 营业利润 - （经营资产 \times 规定的最低报酬率）$$

应该指出的是，上述公式中从投资中心营业利润中所扣除的并非其实际的资本成本，而是机会成本。

为了说明剩余收益指标的优点，我们再次使用例 10-8 中投资中心的数据，比较该投资中心投资新项目前后的剩余收益（见表 10-6）。

表 10-6　剩余收益表　　　　　　　　　　　　　　　　　　单位：万元

项目	投资前	投资后
投入资本	5 000	6 000
营业利润	750	880
按 10% 资本成本计算的期望报酬额	500	600
剩余收益	250	280

从上述的计算可以看出，如果以投资报酬率评价该投资中心业绩的话，这个投资项目可能不会被接受。但如果用剩余收益这个指标来评价该投资中心业绩的话，由于其剩余收益从原来的 250 万元增加到了 280 万元，该投资中心则会接受这个投资方案。

以剩余收益来评价和考核投资中心的业绩，有两个优点：一是可以消除利用投资报酬率进行业绩评价所产生的缺陷，促使管理层重视对投资中心业绩绝对金额的评价；二是可以鼓励投资中心乐于接受比较有利的投资，使部门目标和企业整体目标趋于一致。

但剩余收益指标也有其缺点：首先，与投资报酬率一样，以剩余收益指标评价业绩也会导致短期行为的发生。其次，剩余收益是一个绝对数指标，使用该指标很难直接比较各个责任中心的业绩。

【例 10-9】A 和 B 为某公司下的两个投资中心，其规定的最低报酬率为 8%。A 和 B 投资中心的相关资料见表 10-7。

表 10-7　A、B 投资中心资料表　　　　　　　　　　　　　　单位：万元

项目	A 投资中心	B 投资中心
平均经营资产	1 500 000	250 000
营业利润	150 000	30 000
必要报酬	120 000	20 000
剩余收益	30 000	10 000

从表面上看，A 投资中心的经营业绩比 B 投资中心的好，因为它的剩余收益是 B 投资中心的 3 倍。然而，我们再仔细观察一下就会发现，A 投资中心使用了 6 倍于 B 投资中心的资产才产生了这些收益。显然，B 投资中心的经营效率更高。

（三）经济附加值

为了避免以投资报酬率和剩余收益指标评价业绩所产生的短期行为，一个较好的方法就是使用经济附加值指标。

经济附加值（Economic Value Added，EVA）是一种特殊形式的剩余收益，它是税后利润减去全年资金使用的总成本的差额。其计算公式为：

经济附加值＝税后利润－（加权平均资金成本 × 资金总额）

如果 EVA 是正数，表示该公司是盈利的；如果 EVA 是负数，则表示该公司的资金正在减少。从长期看，只有不断地创造资本或财富的公司才能生存。可口可乐、通用电气和英特尔等公司就是20 世纪 90 年代 EVA 不断增加的公司。以 EVA 指标评价投资中心的经营业绩，能够激励管理者使用现有的和新增的资金去获得更大的利润。EVA 指标的重要特征就在于它强调税后利润和资金的实际成本。

使用经济附加值指标的关键是如何计算资金成本。一般来说，计算资金成本需要下列两个步

骤：一是确定资金的加权平均成本；二是确定资金总额。

1. 确定资金的加权平均成本

为了计算资金的加权平均成本，首先必须明确各种投资资金的来源。典型的资金来源是负债和权益资本。来源负债的资金通常有一个规定的利率，因为利息成本是免税的，所以这个利率可以根据相关的所得税税率进行调整。比如，公司借入 10 年期的年利率为 8% 的长期借款，所得税税率为 25%，那么，这笔借款的税后成本就是 6%[8%×（1－25%）]。而权益资本是投资者不投资于该项目而转投与其风险类似的其他项目的机会成本，股东成本无须做税后调整。根据每种融资方式占总融资的比例与它的资金成本率，就可以计算出资金的加权平均成本。其计算公式为：

资金的加权平均成本＝∑（某种融资在总融资中所占的比例 × 该项融资的资金成本）

2. 确定资金总额

计算资金使用成本所需的第二个数据就是资金总额。一般来说，资金总额不仅包括购买厂房建筑物、机器设备和土地使用权等投资的资金数额，而且还包括一些预期可能会有长期回报的其他支出，如研究开发费用、雇员培训费等（实际上它们本身也是投资）。

【例 10-10】顺达汽车公司上年的税后利润为 250 万元。该公司有三个融资来源：300 万元年利率为 8% 的长期借款；400 万元年利率为 9% 的企业债券；1 300 万元的普通股，普通股的资金成本是 10%。顺达汽车公司的资金总额是 2 000 万元，所得税税率为 25%。计算该公司的 EVA，并对其业绩进行评价。

顺达汽车公司的资金加权平均成本计算见表 10-8。

表 10-8　顺达汽车公司资金加权平均成本计算表

	金额（元）	百分比	税后成本	加权成本
长期借款	3 000 000	15%	6%	0.009
企业债券	4 000 000	20%	6.75%	0.013 5
普通股	13 000 000	65%	10%	0.065
合计	20 000 000			0.087 5

由于顺达汽车公司的资金总额为 2 000 万元，资金成本为 175（2 000×8.75%）万元，则顺达汽车公司的 EVA 可计算如下：

税后利润	2 500 000
减：资金的加权平均成本	1 750 000
EVA	750 000

由计算结果可以看出，EVA 为正数，表明顺达汽车公司在扣除资金成本后仍有盈利，该公司正在创造财富。

现在，越来越多的公司都已发现使用 EVA 有助于鼓励它们的分部以一种正确的方式经营，即不能只注重营业利润。在许多公司，由于投资决策的责任往往是由公司管理层来承担的，结果是资金成本被认为是一项公司费用，投资对于分部来说好像是免费的，因此，分部希望投资越多越好。为此，必须计量公司各分部资产的 EVA。

任务四　非财务业绩计量

一、非财务业绩计量的特点

随着知识经济时代的到来，企业所处的经营环境竞争越来越激烈，一个公司调动和开发利用无形资产的能力已比投资并管理有形资产更具有决定性意义，在这种情况下，原有的企业财务业绩评价系统已显不足，人们开始研究探索新的业绩评价系统。不少非财务性的业绩评价指标，如市场占有率、产品与服务的品质、生产率、企业与顾客的关系、市场价值、品牌价值、新产品的开发能力、员工的培训等开始受到关注，并在企业经营业绩的评价中扮演着重要的角色。

非财务业绩评价具有以下特点：

1. 能用于适时评价

非财务评价是过程评价而非事后评价，因而管理人员能够及时、连续地对所有控制的项目进行跟踪监视，使产生的问题能够及时解决。

2. 能用于整体评价

一些非财务评价方法都是立足于企业整体角度的，强调企业的整体利益。

3. 能用于未来评价

非财务评价是企业经营的全过程评价，尤其把革新过程引入到评价中，包括了未来的价值创造，是全面价值创造的长波而不仅仅是现有价值创造的短波。

4. 能用于战略评价

非财务评价主要反映的是那些关系企业长远发展的关键因素，因而与企业的战略规划密切相关，非财务评价指标的进步可以直接促进企业战略上的成功。

5. 能用于责任评价

非财务评价一般较为具体，可直接划分责任归属，以进行有效的控制。

此外，非财务指标与财务指标相比，往往更容易量化和理解，因此，员工能更容易受到激励去实现业绩目标。

二、非财务业绩指标的主要内容

非财务业绩指标主要用于对企业经营过程、企业与外部利益相关者的关系以及智力资本投入、企业可持续发展能力的评价。

（一）对企业经营过程的评价

1. 产品品质

品质是个多层面的因素，它不仅指处于产品制造阶段合乎企业的制造标准所表现出来的品质，还包括购进的材料合乎用料要求而表现出来的品质，以及顾客购买后合乎其使用要求而表现出来的品质。产品品质是企业生存的支柱，对它的评价应包括以下内容：

（1）对购进原材料质量的评价。可分别按材料类别和厂家计算残次品率，便于对材料或供货厂家进行质量方面的评价。

（2）对生产过程质量的评价。评价指标有残次品率、返工率、合格品率等。

（3）对产成品质量的评价。对产成品质量的最终评价也就是顾客满意程度，可从要求索赔的顾客数量和顾客投诉情况等方面进行判别。

2．周期

周期也叫生产流程周期，是完成一种产品或一项服务，或完成产品或服务的某一部分所花费的时间。它是衡量生产或服务的效率与效益的综合指标。生产产品或提供服务的周期越短，意味着完成产品或服务（无次品）越迅速。生产产品或提供服务的周期越长，意味着完成产品或服务（无次品）所需的时间越长，消耗的成本也就越大。短的生产周期是顾客所看重的产品或服务特性。当然缩短周期需要流畅高效的生产过程和高质量，同时要求有更大的灵活性，能对顾客需求做出更为快速的反应。

企业计量重要生产步骤的周期和整个生产过程的周期的一个有效方法是使用条形码。将条形码贴在一个元件或一件产品上，在每一道工序结束时对其进行读取。读取条码的时间差，就是每道工序的完成时间，周期就是通过计量每一道工序的完成时间而确定的。条形码还能有效追踪原材料和产品的库存、计划和发货情况。

表 10-9 为企业常用的周期报告。

表 10-9　周期报告

加工步骤	实际周期*（小时）	标准周期（小时）	差异（小时）	解释
材料加工	2.1	2.5	-0.4	
电路板组装	44.7	28.8	+15.9	低质量原材料导致返工
电源组装	59.6	36.2	+23.4	工程变动要求重新组装所有电源
产品组装	14.6	14.7	-0.1	
功能和环境测试	53.3	32.0	+21.3	测试过程中软件错误要求重新测试

注：*为生产周期中每一步骤平均所需时间。

从表 10-9 的周期报告可以看出，该公司 5 个生产步骤中只有 2 个步骤达到了周期的目标，另外 3 个步骤中实际周期与标准周期有差异。进一步对差异产生的原因进行分析，结果表明，低质量材料和低水平设计导致了过量返工和重新测试，结果导致实际周期大大超出标准周期。

3．生产率

生产率是用产出除以投入的一种量度。产出一定时，所需投入越少，组织的生产率就越高。其中，投入产出的计量指标必须根据管理控制问题进行恰当确定。劳动密集型（尤其是服务业）企业关心的是提高劳动生产率，所以以人工为基础的指标比较合适。高度自动化企业关注机器使用和资本投资的生产率，所以以资本为基础的指标（如机器可用时间百分比）可能对它们来说是最重要的。制造企业通常比较关注原材料使用效率，所以原材料产出率（原材料产出与原材料投入的比率）可能是有效的生产率指标。所有生产率指标都应以管理层想要控制的资源的量度作为分母（投入），以使用资源的目标结果的量度作为分子（产出）。

表 10-10 列示了 10 种可能的生产率指标。企业应该根据管理层关心的资源种类，选择采用相关的生产率指标。

表 10-10　生产率指标

资源	产出（分子）	投入（分母）	指标名称
人工	销售收入	实际使用的直接人工小时	劳动生产率
	销售收入	员工人数	员工产出比率
	服务电话	直接人工成本	服务电话劳动生产率
原材料	合格品数量	产出总数量	原材料产出率
设备生产能力	合格品期望机器小时	实际机器小时	设备生产能力利用率

选择生产率指标时可能会面临这样的问题，即尽管提高了某一业绩计量指标，但却损害了其他方面的业绩。例如，机器长时间运转可能会提高机器生产率，但会引起存货过量。或者，短期内较高的劳动生产率往往伴随较高的次品率。

这种情况下，仅仅采用一个生产率计量指标是不可能使业绩全面改善的，为此很多企业将重点首先放在质量与服务的控制上，然后再采用生产率指标来监测改善这些作业活动所带来的实际好处。

4. 售后服务

售后服务已成为竞争对手之间非价格竞争的主要手段。良好的售后服务可使客户产生安全感和可靠感，从而有利于企业巩固和扩大现有市场。

完整的售后服务至少包括以下内容：

（1）物理产品，指在为顾客提供服务的过程中需要交接的那些有形产品。
（2）核心服务，指服务的提供者所定义的最基本的服务部分。
（3）辅助服务，指试图让服务更具有吸引力的额外服务部分。
（4）服务传递，表示实际服务提供的方式、途径和过程。
（5）服务环境，表示服务场所的物理环境，包括地址、大小、装饰、氛围等。

有调查表明，顾客关心的售后服务质量包括以下几方面：

（1）紧急问题处理的及时性。
（2）维修的彻底性。
（3）备件备品的可靠性。
（4）维修人员的技术水平及对待顾客的态度等。

所以，对售后服务的评价可用服务反应周期、服务成本、服务一次成功的比率等指标来衡量。

5. 交货效率

企业能否对客户的订货按期及时发货，反映了企业的可信赖程度。如果企业不能按时发货，就可能失去这笔交易，甚至使企业的声誉受到影响，进而影响企业以后的交易成功率。

对交货效率的评价可用及时发货率（企业总发货次数中及时发货所占的百分比）来表示，也可用交易循环时间（从订单签订到将货物交给客户所需要的时间）来表示。

6. 应变能力

企业对市场的变化应有足够的敏感性和很强的应变能力，只有迅速适应市场才不至于处处被动。

对企业应变能力的评价可从生产调整准备时间这一角度进行。所谓生产调整准备时间，指的是企业由一批产品生产改成另一批产品生产时，需要调整机器设备来组织生产所花费的时间。生产调整准备时间越短，表明企业的应变能力越强。

（二）对企业与外部利益相关者关系的评价

1. 顾客满意度

顾客就是上帝，企业生产的产品需不断地满足顾客日益变化的需求，不仅在质量上，也包括花色品种等方面。顾客因欲望和要求而产生期望，满足顾客的期望会使顾客产生满足感，超越顾客的期望还可以带来更强烈的顾客忠诚。评价顾客满意度就是要确定企业产品或服务是否满足了以及在多大程度上满足了顾客的欲望和要求。顾客满意度的评价指标因企业与行业不同而有所不同，以产品制造业为例，主要包括产品的质量、设计、数量、时间、价格、服务、品位等方面。顾客满意程度的信息资料可采用深入访谈、焦点小组访谈、邮寄调查、电话访问等方式获取。

2. 市场份额

市场份额反映了企业在现实情况下及未来一段时间内的竞争力，是企业实力最直接的体现，通常用产品市场占有率表示。市场占有率是指企业某主导产品的产销量占整个行业同种产品产销量的比例。

3. 留住客户率

企业要保持一定的市场份额，关键是要留住客户。企业留住客户率是指继续与本企业保持交易关系的已有客户占所有客户的比重。该指标侧面反映了客户的满意度。

4. 赢得客户率

企业为了扩大自己的市场份额，在留住老客户的同时，必须争取新客户。能否获得新客户反映了企业挖掘潜在市场、扩大市场占有率的能力，也从侧面反映了企业在公众心目中的声誉。争取新客户的工作既可用新顾客的数量来评价，也可通过统计向这些新客户销售的产品总额来评价。

5. 从客户处获得的利润

企业不仅要评价同客户达成的交易量，也要评价这种交易是否有利可图。能否长期获利成为决定保留或排除客户的关键点。有些新客户目前看来无利可图，但若有增长潜力，仍是很重要的，所以要对客户进行细分。

6. 政府支持

企业要搞好，除了增强市场竞争力外，离不开政府的支持，所以能否争取政府的政策支持也很重要。

（三）对智力资本投入的评价

1. 研究开发与创新能力

研究开发与创新能力是指企业在生产和改进现有产品时，开发和创造适应市场需要的新产品的能力。企业在开发新产品方面付出的代价及所取得的成果，是评价该能力的主要依据。

2. 员工能力

对员工能力的评价应从员工积极性、员工培训情况及员工劳动生产率三个方面着手。

（1）员工积极性。员工积极性是企业深层次的文化内涵。如果企业员工的积极性不高，在企业中没有荣誉感，则整个企业的业绩在一定程度上会受到影响。员工积极性可用员工流动率（月中离职人数与平均雇用人数的比率）来评价。

（2）员工培训情况。科技的进步、追求的提高使得每个人都必须不断地学习，企业的员工同样必须经过必要的技能培训才能操作先进的设备、熟悉先进的工艺流程。员工培训情况可用培训范围、培训周期、培训次数、培训费用所占全部费用的比率等指标来评价。

（3）员工劳动生产率。员工劳动生产率最能显示出雇员的知识与技能水平，可用每位雇员给企业所带来的收入、所耗费的成本和时间来综合评价。

（四）对企业可持续发展能力的评价

经济的表面繁荣和高速增长的背后往往存在许多隐患，如环境恶化、资源短缺或耗竭等，高速经济增长甚至可能造成实际上的经济倒退。实现可持续发展是人类唯一正确的选择和必由之路，评价企业业绩时必须考虑这一点。

1. 资源利用情况

企业是否真正实现了从粗放型到集约型的转变，是否能充分利用现有生产能力，可以通过设备利用率、机器完好率、原材料利用率和废弃物再生利用率等指标来评价。

2. 环境保护状况

保护环境、崇尚自然、维护生态平衡，需要企业尽量开发绿色产品、引导绿色消费。对环境保护状况的评价可通过有害物质生成量、污染控制程度等指标来进行。

3. 公益建设

从长远利益考虑，为子孙后代着想，企业应积极开展公益建设和希望工程。对企业参加公益建设的评价可通过参加次数、投入金额等指标来进行。

任务五　平衡计分卡

一、平衡计分卡的产生

在 20 世纪 80 年代以前，人们对企业经营业绩的评价具有以下主要特点：

（1）企业经营业绩的评价基本上是采用单一的、由会计核算资料生成的财务指标体系，而忽视了非财务指标以及无形资产和智力资本对企业未来收益的贡献。

（2）企业经营业绩的评价注重企业内部的管理水平和生产效率，而忽视了企业外在因素，如企业产品的市场份额、竞争对手的财务状况、客户对企业产品或服务的要求、企业的创新能力和纠错能力、员工对其工作的满意程度等。

平衡计分卡

（3）对企业经营业绩的评价偏重于企业过去和现在的经营成果，而忽视了企业创造未来价值的潜在能力。

平衡计分卡的应用程序

由这些特点可见，传统的企业经营业绩评价是与工业经济时代相适应的，因为在这个时代，企业在经营上的成功主要依赖于规模经营所带来的利润；产品的市场需求量大大超过供应量，且主要以卖方市场为主；企业要提高利润水平、实现财务目标，只要通过加强内部管理、提高生产效率就可以达到；物质资本在生产经营活动中占主导地位，"股东至上"成为企业经营者所追求的最高目标。所以，在这个时代，财务指标体系能够较综合、全面、系统地反映企业的经营业绩和竞争状况，符合经营者决策和管理的要求。

但是，自 20 世纪 80 年代以后，随着科学技术的发展，人类社会正逐步迈入知识经济时代。随着知识经济时代的到来，企业内部经营条件和外部经营环境都发生了巨大的变化，表现为许多基本产品的需求市场已基本达到饱和，消费者对产品质量的要求不断提高，产品市场已由卖方市场开始变为买方市场；科学技术高速发展，产品更新换代的时间不断缩短，企业要生存、发展，就必须善于预测未来客户的需要，具有较强的产品创新能力；通信技术的迅猛发展和信息渠道的不断拓宽，使企业获取信息的及时性和准确性不断提高，可以根据市场的要求及战略目标对生产经营做出迅速调整；知识资本在企业生产经营中的地位和作用越来越重要，企业要持续而稳定地发展，就必须加大对知识资本的投入和经营，重视为利益相关者服务；企业之间的竞争与合作相统一成为企业发展的基本模式，因此，企业在剧烈的市场竞争中要加强与其他企业的合作与协调。

在这种新的经营条件和环境下，企业要获得持续而稳定的发展，就必须具有战略性的竞争优势。为此，企业必须在制定经营决策时具有战略眼光，不仅要考虑内部资源的改善与整合，更要考虑外部环境的影响与制约；不仅要重视物质资本的经营，更要重视知识资本的经营。这就客观上要求对企业经营业绩的评价不能仅观察企业财务成果的好坏，更应重视影响企业长期而稳定发展的因素。如果继续使用传统的业绩计量方法将无法完整地满足这样的要求，为此，必须建立一套新的、科学的企业经营业绩评价方法。在这种情况下，平衡计分卡应运而生。

二、平衡计分卡的内容

平衡计分卡（Balanced Score Card）由罗伯特·卡普兰（Robert S. Kaplan）和戴维·诺顿（David P.Norton）于1992年首先提出，它是通过建立一整套财务与非财务指标体系，将公司的战略转化为具体目标和业绩指标，对企业的经营业绩和竞争状况进行综合、全面、系统的评价的一种业绩评价方法。平衡计分卡的指标体系，对影响企业成功的一些关键要素进行了协调和平衡，包括外部股东满意程度与客户满意程度之间的协调和平衡，内部经营过程、激励机制、员工学习和销售收入增长之间的协调与平衡，企业过去经营业绩评价与未来发展潜力评价之间的协调与平衡，财务评价与非财务评价之间的协调与平衡等。应该说，平衡计分卡为企业业绩评价提供了一个较为全面的框架。

平衡计分卡衡量的内容，从其评价指标体系来看，包括四个方面（见图10-2）。

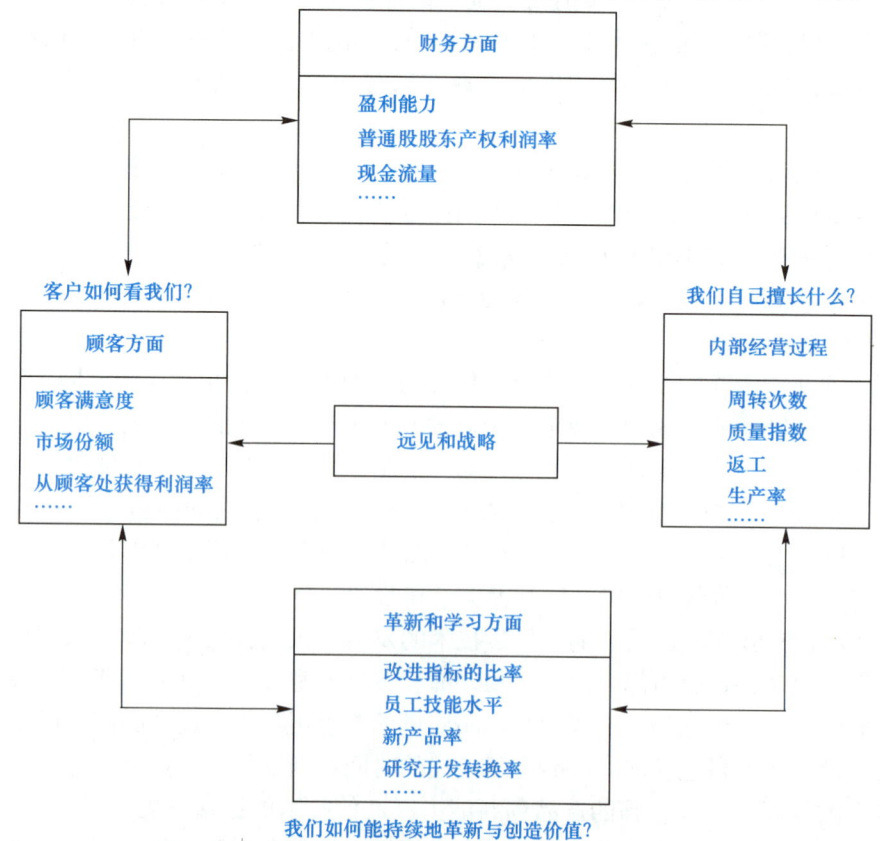

图10-2　平衡计分卡的主要内容

(一)财务方面

财务方面的指标,主要包括盈利能力、产权利润率、现金流量等,当然,也可以根据企业的具体要求,设置更加具体的指标,如经济增加值、净资产收益率、投资报酬率、销售利润率、应收账款周转率、存货周转率、成本降低率等。平衡计分卡运用财务业绩指标对企业经营业绩进行的评价,与传统的企业财务业绩评价有着较大的不同,主要表现在:平衡计分卡要求根据企业所处发展时期或阶段的不同,相应地选择财务业绩计量指标。例如,当企业处于增长期时,由于企业在提供产品和劳务获得收入方面有着较大的增长潜力,投资规模较大和投资报酬率较低,其财务目标主要是不断提高收入的增长率及目标市场、客户群和区域的销售额,因此处于这个时期的企业应主要采用销售增长率、目标市场收入增长率等财务业绩指标来加以评价。当企业处于稳定期时,由于企业为了获得较高的投资回报而需要对有发展前途的投资项目进行投资和再投资,其财务目标主要是投资回报和经济增加值的最大化,因此对处于这一时期的企业应主要采用投资报酬率、经济增加值、成本降低率等与盈利能力有关的财务业绩指标来加以评价。当企业处于成熟期时,由于企业无须大规模地投资,主要是想办法充分利用现有生产能力以获得前两个阶段投资所产生的利润,其财务目标主要是利润最大化,以及最大限度地收回现金,因此对处于这一时期的企业应主要采用净利润、经营现金流量净额、经营现金流量净额与净利润的比率等财务业绩指标加以评价。总之,在运用财务业绩指标对企业经营业绩进行评价时,平衡计分卡充分考虑了企业在不同发展时期的具体要求,因而更符合企业的实际情况。

财务指标是一种综合指标,其他三个方面的改善必须反映在财务指标上。平衡计分卡提醒管理者:产品质量、客户满意、生产率、生产时间和新产品等方面的改善和提高,必须转化为费用的降低、收入和利润的增加等财务成果。从这一意义看,财务方面是其他三个方面的出发点和归宿。

(二)顾客方面

顾客方面体现了企业对外界变化的反应。只有了解顾客,不断地满足顾客的需求,产品的价值才能够得以实现,企业才能获得持续增长的经济源泉。企业以顾客为中心开展生产经营活动,必须把顾客方面核心的衡量指标(包括顾客满意度、新顾客赢得率、老顾客留住率、从顾客处获得利润率以及目标市场份额等)放在首位。这些指标,可以系统地反映企业在市场中为客户提供了什么样的价值、处于什么样的竞争地位。

顾客方面的这些核心衡量指标之间存在一种因果关系,即顾客满意程度决定老顾客留住率和新顾客赢得率;老顾客留住率和新顾客赢得率决定市场份额的大小;顾客满意程度可以决定从顾客处获得的利润率;市场份额的大小和从顾客处获得的利润率的高低,决定着企业的财务收益目标能否实现。这种关系如图10-3所示。

顾客满意度、老顾客留住率、新顾客赢得率的提高,归根结底又取决于企业在其目标范围内用以吸引和保持顾客的价值观念。尽管价值观念在不同的行业范围中是不相同的,但在许多制造业和服务业企业中普遍存在一些企业价值观念属性,这些属性可分为三类:产品或服务的特征、形象和信誉以及顾客关系。

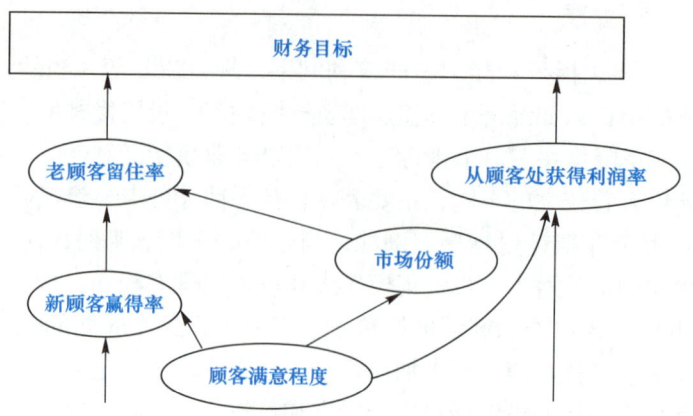

图 10-3 顾客方面核心衡量指标之间的关系

（1）产品或服务的特征，指产品或服务在独特性、功能、质量、价格、交货期或提供时间等方面的特点，这些特点可以反映产品或服务给顾客带来的效用。

（2）产品或服务的形象和声誉，指将顾客吸引到企业的两种抽象因素，企业可通过广告以及产品或服务的质量来确定形象和声誉，并使顾客保持对企业的忠诚，该效果往往高于产品或服务的具体优势产生的效果。

（3）顾客关系，指同客户保持良好关系，对顾客的要求做出反应，按时或在尽量短的时间内向顾客交货或提供服务，同时察觉到顾客在购买企业产品时的感觉。

顾客方面的独特价值目标与核心衡量指标之间的关系如图 10-4 所示。

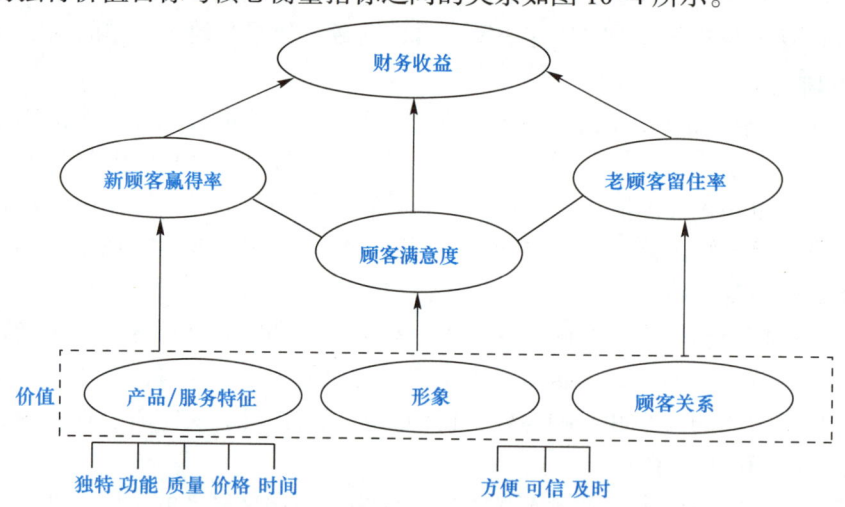

图 10-4 顾客方面的独特价值目标与核心衡量指标之间的关系

（三）内部经营过程

内部经营过程是指企业以顾客需求为起点，投入各种原材料创造出对顾客有价值的产品或服务的一系列活动，如图 10-5 所示。内部经营过程是企业改善其经营业绩的重点，顾客满意度、股东价值的实现都要从内部过程中获得支持。

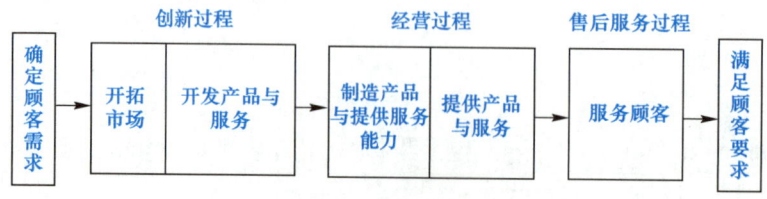

图 10-5 内部经营过程

从图 10-5 可以看出，企业内部经营过程可以按内部价值链的顺序划分为三个过程：创新过程、经营过程、售后服务过程。

（1）创新过程。在内部经营过程的价值链中，创新过程是创造价值的一个漫长过程，创新表现为企业开拓和培育新的市场、新的顾客，开发新的产品或服务。创新是提高竞争优势的源泉，企业只有不断创新，才能保持持续不断的旺盛的生命力。

（2）经营过程。经营过程是指把现有的产品或服务生产出来并支付给顾客的过程。相比之下，经营过程是企业创造价值的一个短过程。这一过程开始于企业收到顾客订单，终结于向顾客发售产品或提供服务。这一过程强调对现有客户及时、有效、连续地提供产品或服务。

（3）售后服务过程。售后服务是内部价值链的最后一个阶段，该阶段包括产品质量保证、修理、退货和换货、支付手段的管理。

内部经营过程方面的业绩评价指标应本着满足顾客需要的原则来确定，必须围绕影响企业运行效率的产品质量、成本和服务与速度等主要因素展开。具体内容包括：

（1）产品设计开发可以采用以下指标衡量：新产品销售额占总销售额的比例、专利产品销售额占总销售额的比重、开发新产品所用的时间、开发费用占营业利润的比例、第一次设计出的产品中可全面满足顾客要求的产品所占的比例、在投产前对设计进行修改的次数和开发下一代新产品的时间，以及从开始研制某新产品投放市场到开始盈利所需的时间等。

（2）生产制造过程的业绩衡量一向为企业管理者所重视，但传统的业绩评价片面强调财务成果而忽略质量和时间指标。平衡计分卡则把三者综合起来，在原来财务指标的基础上同时使用了质量和周期等评估指标。

在制造业中，衡量加工质量的指标通常有成品率、次品率和返工率等；在服务业中，衡量服务质量的指标通常有顾客长时间等待时间、拖延、未能完成订单、顾客目标值没有达到、沟通无效等。

衡量生产周期的常用指标是生产周期效率，其计算公式为：

生产周期效率＝加工时间÷（加工时间＋搬运时间＋储存时间＋检查时间）

产品的质量和成本都与生产周期有关，生产周期延长，意味着加工、检查、搬运和存储的成本随之增加，而服务和质量也相应下降。因此，考虑生产周期效率尤为重要。这一指标越高，表示非增值作业上所花时间成本越少，企业为顾客创造的价值越多。

（3）售后服务的业绩衡量可以从时间、质量和成本几方面着手，可以采用公司对产品故障反应的速度（即从接到顾客请求到最终解决问题的时间）、用于售后服务的人力和物力成本、售后服务一次成功的比例、客户付款的时间等指标衡量。

（四）革新与学习方面

在革新与学习方面，最关键的因素是人才、信息系统和组织程序。强调员工的能力是以人为本的管理思想的结果。传统的管理思想把员工看作生产的附属物，员工的任务只是完成上级经理下达的具体任务，而不需要思考。事实上，激发员工的士气和参与能力能使员工为企业做出更大的贡献。正如福特汽车的一个修理厂厂长所言：职工的任务是思考问题、确保质量，而不是单纯把零部件生产出来。劳力只是现象，劳心（思维）才是本质。在此，职工被看成问题的解决者。职工为了迎接新的挑战，必须不断地学习和组织学习，提高业务素质，成为一名复合型人才。企业管理层也必须加强对员工的技能培训，改善企业内部的信息传导机制，激发员工的积极性，提高员工的满意度，促进企业的学习与成长。

革新与学习方面主要包括以下三方面的指标：

（1）评价员工能力的指标，包括员工满意程度、员工保持率、员工工作效率、员工培训次数、员工知识水平等。

（2）评价企业信息能力的指标，包括信息覆盖率、信息系统反应的时间、接触信息系统的途径、当前可能取得的信息与期望所需要的信息的比例等。

（3）评价激励、授权与协作的指标，包括员工所提建议的数量、所采纳建议的数量、个人和部门之间的协作程度等。

平衡计分卡运用这些指标，就能够对企业的长期发展能力或创造未来价值的能力加以系统评价。

需要强调的是，平衡计分卡的四个方面并不是相互独立的，而是根据企业的总体战略，由一系列因果链贯穿起来的一个整体，体现了业绩和业绩动因之间的关系。这种关系如图10-6所示。

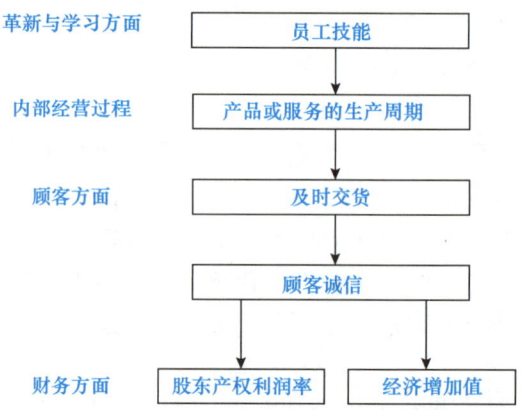

图10-6　平衡计分卡四个方面的因果关系

上述关系表明，员工技能提高，可以保证产品或服务的质量，有助于降低成本和缩短生产周期，从而保证产品准时交货，准时交货又有助于保留现有的顾客，同时也有助于开拓新市场，由此增加销售，最终实现股东价值最大化。从平衡计分卡的各项业绩衡量指标的因果关系也可以看出：非财务业绩指标是因，财务业绩指标是果。

项目练习题

一、单项选择题

1. 一个责任中心如果只着重考核其所发生的成本或费用而不考核收入，这一类责任中心称为（　　）。

　　A. 利润中心　　　　　　　　　　B. 成本中心
　　C. 收入中心　　　　　　　　　　D. 投资中心

2. 成本中心的业绩评价以（　　）为重点，其目的是提高成本中心控制的有效性。

　　A. 不可控成本　　　　　　　　　B. 可控成本
　　C. 变现成本　　　　　　　　　　D. 沉没成本

3. 在责权利三者关系中，"权"是（　　）。

　　A. 核心　　　　　　　　　　　　B. 前提条件
　　C. 激励因素　　　　　　　　　　D. 基本条件

4. （　　）不是制定内部转移价格所应遵循的原则。

A. 一致性原则 B. 可控性原则
C. 激励性原则 D. 自主性原则

5. 产品或劳务处于完全的市场竞争条件下，并有客观的市价可供采用，各责任中心之间转让的产品或劳务应（　　）。

A. 以市场价格为基础确定转移价格
B. 以完全成本为基础确定转移价格
C. 协商决定转移价格
D. 以变动成本为基础确定转移价格

6. 利润中心业绩评价的主要指标是（　　）。

A. 可控成本 B. 责任利润
C. 投资报酬率 D. 剩余收益

7. （　　）是最符合"责任利润"概念的指标。

A. 税后利润 B. 可控边际贡献
C. 经济附加值 D. 投资报酬率

8. （　　）是全面评价投资中心各项经营活动的综合性质量指标。

A. 经济附加值 B. 剩余收益
C. 投资报酬率 D. 税后利润

9. 以（　　）指标评价投资中心的经营业绩，能够激励管理者使用现有的和新增的资金去获得更大的利润。

A. 投资报酬率 B. 剩余收益
C. 经济附加值 D. 边际贡献

10. （　　）是财务目标的收入部分的来源。

A. 财务视角 B. 顾客视角
C. 内部流程视角 D. 学习与成长视角

二、多项选择题

1. 分权管理的主要优点为（　　）。

A. 有利于企业做出正确的决策 B. 有利于提高企业的应变能力
C. 有利于提高企业的竞争能力 D. 有利于激励基层管理人员

2. 责任中心根据其控制区域和权责范围的大小，一般可分为（　　）。

A. 成本中心 B. 收入中心
C. 利润中心 D. 投资中心

3. 与财务报告相比，责任报告的特征主要表现在（　　）等方面。

A. 报告对象 B. 报告内容
C. 报告时间 D. 报告形式

4. 建立责任会计制度应遵循的原则有（　　）。

A. 一致性原则 B. 可控性原则
C. 重要性原则 D. 反馈性原则

5. 制定内部转移价格的主要作用有（　　）。

A. 有助于经济责任的合理落实
B. 为业绩的评价和考核提供客观、公正和可比的基础
C. 保证各责任中心与整个企业经营目标的一致性

D. 有助于进行成本控制

6. 成本中心责任成本的核算制度与传统的产品成本的核算制度相比有很大的不同，其主要区别表现为（　　）。
    A. 成本核算的对象不同　　　　　B. 成本核算的原则不同
    C. 成本核算的内容不同　　　　　D. 成本核算的目的不同

7. 收入中心的业绩评价指标主要包括（　　）。
    A. 营业收入目标完成百分比　　　B. 营业货款回收平均天数
    C. 可控边际贡献　　　　　　　　D. 坏账发生率

8. 责任利润有多种含义或多种选择，其主要的评价指标包括（　　）。
    A. 可控边际贡献　　　　　　　　B. 部门边际贡献
    C. 税前部门利润　　　　　　　　D. 税后利润

9. 投资中心业绩的评价和考核除了使用利润指标外，还通常使用（　　）等指标。
    A. 投资报酬率　　　　　　　　　B. 剩余收益
    C. 经济附加值　　　　　　　　　D. 边际贡献

10. 平衡计分卡从（　　）等方面来考察企业的业绩。
    A. 财务视角　　　　　　　　　　B. 顾客视角
    C. 内部流程视角　　　　　　　　D. 学习与成长视角

三、判断题

1. 一个部门或责任中心是否为利润中心，关键在于是否有独立的经营决策权。（　　）
2. 一个成本中心的不可控成本，往往也是另一个成本中心的不可控成本。（　　）
3. 制定内部转移价格是建立责任会计制度后所必须配套的一种机制。（　　）
4. 建立"人为"利润中心的主要目的是明确划分经济责任，正确评价各责任中心的业绩。（　　）
5. 对于无外部市场的中间产品来说，协商确定的转移价格不失为一种行之有效的和必要的内部转移价格。（　　）
6. 分清产品成本与责任成本的区别，是责任中心核算的一个基本前提。（　　）
7. 在对成本中心考核时，如果预算产量与实际产量不一致，应先按弹性预算的方法调整预算指标，然后再进行考核。（　　）
8. 凡是可追溯到部门的成本，均为部门经理的可控成本。（　　）
9. 某项投资的投资报酬率低于投资中心目前的投资报酬率，就应该放弃该项投资。（　　）
10. 平衡计分卡将公司的憧憬和战略转变成连贯的一系列绩效衡量方法。（　　）

四、案例分析题

1. 某公司有甲、乙两个投资中心。甲投资中心的年最大生产量为 100 000 件，生产的甲产品既可作为乙投资中心的原材料，也可以直接在市场上出售，目前市场价格是每件 40 元。乙投资中心每年需要甲产品 40 000 件，可以从甲投资中心或市场购入。其他资料如下：

乙投资中心生产甲产品的市场单价	100 元/件
单位变动成本：	
甲投资中心	30 元/件
乙投资中心	60 元/件
固定成本：	
甲投资中心	600 000 元

乙投资中心   200 000 元

要求：（1）该公司应采用何种内部转移价格？

（2）假设甲投资中心的甲产品最多能对外销售 60 000 件。在这种情况下，采用何种内部转移价格为宜？

（3）假设甲投资中心对外销售甲产品，每件需支付 0.3 元的销售费用，而内部转移不需支付销售费用，乙投资中心从外部市场购买甲产品也不需支付运杂费。在这种情况下，宜采用何种内部转移价格？

2. 某公司下属的电器事业部是投资中心，某年第一季度的有关资料见表 10-11。

表 10-11　第一季度的有关资料　　　　　　　　　　　　　　　单位：元

项目	预算数	实际数
销售收入	120 000	150 000
营业利润	9 500	12 700
营业资产	42 000	56 000
长期负债	14 000	15 800

该公司当年第一季度的预期投资报酬率为 14%。

要求：根据上述资料，为该公司电器事业部编制当年第一季度的成果报告，并做出适当的评价。

3. 某公司下属有 A 和 B 两个事业部（投资中心），某年的营业利润和投资额资料见表 10-12。

表 10-12　营业利润和投资额　　　　　　　　　　　　　　　　单位：元

项目	A 事业部	B 事业部
营业利润	55 000	131 250
投资额	250 000	750 000

假如该公司为投资中心规定的最低报酬率为 14%。

要求：（1）以剩余利润指标来评价 A、B 两个事业部的业绩，你认为哪个事业部更优秀？

（2）以投资报酬率指标来评价 A、B 两个事业部的业绩，你认为哪个事业部更优秀？

（3）结合两个事业部的投资情况，你认为哪个指标的评价结果更为妥当？为什么？

4. 某公司旗下第一分公司某年 6 月的预算数据如下（单位：元）：

流动资产　　　　　　　　　　　　　　　　400 000
非流动资产　　　　　　　　　　　　　　　600 000
总资产　　　　　　　　　　　　　　　　1 000 000
每月产量　　　　　　　　　　　　　　　2 000 000（个）
目标 ROI　　　　　　　　　　　　　　　　　30%
固定成本总额　　　　　　　　　　　　　　400 000
单位变动成本　　　　　　　　　　　　　　　4（元/个）

要求：（1）计算为达到30%的目标ROI的最小单位售价。

（2）根据要求（1）的计算结果，采用杜邦利润分析法分析影响ROI的两个因素。

（3）该公司规定的最低报酬率为12%，分公司经理的奖金占其剩余收益的5%，试用要求（1）中的售价计算该经理当年6月的奖金。

项目十一
大数据时代管理会计新发现

📰 知识目标

○ 理解智能管理会计的定义、特点和核心目标；
○ 了解商业智能和管理会计信息化的概念和作用；
○ 掌握人工智能、大数据、云计算等智能管理会计核心技术的原理和应用；
○ 理解智能管理会计与传统管理会计的区别；
○ 智能化管理会计报告定义、特点和分类。

能力目标

○ 学会收集日常生活中大数据；
○ 了解大数据分析工具。

职业素养及思政元素

○ 提升大数据意识，强化大数据思维。
○ 强化学科融合和创新意识。提高动手能力，培养脚踏实地的作风。

案例导入

海尔集团成功之路

海尔集团是中国改革开放的先锋企业之一，也是全球家电行业的领军者。自1984年由张瑞敏创立以来，海尔始终坚持以质量为本、创新为魂，通过不断的战略转型和科技创新，在全球市场建立了强大的品牌影响力。

2012年，海尔集团开启了数字化转型之路，旨在通过整合物联网、大数据、云计算等现代信息技术，实现企业运营模式和服务模式的全面革新。以下是海尔集团数字化转型的一些关键方面和成果：

用户中心理念的深化：

海尔集团转型的重要一环是将用户放在核心位置，通过数字化转型更好地满足用户个性化需求。

通过搭建用户需求大数据平台，实现对用户需求的即时捕捉和精准响应，从而指导产品设计和生产。

智能制造的推进：

海尔在全球范围内建立了多个智能工厂，运用物联网技术实现设备、产品和系统的互联互通。

通过自动化生产线和智能制造系统，提高了生产效率和产品质量，同时降低了能耗和成本。

平台生态的构建：

海尔打造了卡奥斯COSMOPlat这一工业互联网平台，连接供应商、制造商和消费者，实现资源和信息的共享。

平台通过提供定制化服务，支持不同行业和企业的数字化转型，推动产业升级。

服务模式的转变：

从传统的销售产品转向提供解决方案和终身服务，海尔通过数字化转型提升了服务附加值。

借助互联网技术，提供远程诊断和维护服务，提升用户体验。

组织文化的更新：

海尔倡导开放、创新的企业文化，鼓励内部创业和跨界合作，以适应数字化时代的挑战。

通过建立员工与用户直接互动的机制，激发员工的创新意识和解决问题的能力。

通过上述转型举措，海尔集团不仅提升了自身的核心竞争力，还为家电行业的数字化转型提供了范例。海尔的案例表明，数字化转型不仅仅是技术的升级，更是一种企业文化和商业模式的根本性变革。在未来，海尔将继续在全球范围内推动数字化创新，引领智能家居和智能制造的新潮流。

思考：（1）海尔集团数字化转型的关键方面和成果是什么？

（2）海尔集团数字化转型对企业核心竞争力的提升有哪些启示？

（3）海尔集团的数字化转型如何推动家电行业的数字化转型？

（4）海尔集团的数字化转型如何为企业提供范例？

（5）海尔集团的数字化转型如何体现企业文化和商业模式的根本性变革？

（6）海尔集团数字化转型的未来发展趋势是什么？

任务一　智能管理会计认知

一、智能管理会计产生的背景

随着信息技术的快速发展，企业面临着海量的财务数据处理需求。无论是日常交易记录还是复杂的财务报告，传统的手工处理方式已经难以满足现代企业的要求。特别是大数据、人工智能、云计算和机器学习等技术的进步，为企业提供了强大的数据处理和分析能力。这些技术的应用使得管理会计能够处理和分析更多的数据，提供更准确和深入的财务分析。智能管理会计正是在这样的背景下应运而生的，它借助先进的算法和计算机技术，能够高效、准确地处理和分析财务数据，为企业提供有力的决策支持。通过云计算，企业可以实现财务数据的集中管理和共享，不同部门和人员可以随时随地访问和更新数据。智能管理会计利用云计算的特性，可以实现数据的实时更新和分析，帮助企业做出更加迅速和准确的决策。人工智能技术（AI）的进步也为管理会计注入了强大的智能动力。智能管理会计利用自然语言处理、机器学习等技术，能够理解和分析用自然语言编写的财务指令，比如对财务数据的查询、分析和预测等，也能够根据指令自动生成对应的回复和处理结果，使得管理会计工作更加智能化和高效化。

智能管理会计的产生是多重因素交织影响的结果。在大数据和云计算技术的支持下，借助人工智能技术的智能动力，智能管理会计将为企业管理带来更加高效、准确和智能的解决方案。

二、商业智能与智能管理会计

管理会计工作要实现业务与财务融合（简称"业财融合"），管理会计信息化是不可或缺的一个方面。基于商业智能的管理会计信息化具有强大的数据整合和分析能力，它能够运用数据仓库和数据挖掘等技术，对公司的经营数据进行加工处理，形成管理层所需的信息。

商业智能与智能管理会计

（一）商业智能

商业智能（Business Intelligence，BI）又称商业智慧或商务智能，指用现代数据仓库技术、线上分析处理技术、数据挖掘和数据展现技术进行数据分析以实现商业价值。该概念自1996年由加特纳集团（Gartner Group）首次提出后，得到了广泛应用和发展。商业智能通过收集、整合、管理和分析各类数据，将其转化为有价值的信息，为企业内部不同部门和层级提供了决策支持。常见的商业智能（BI）工具包括：

1. Tableau

Tableau是斯坦福大学2003年一个计算机科学项目的成果，是一款功能强大的数据可视化工具，可以帮助用户快速分析、可视化和分享数据。通过其拖放功能，用户无须深入了解数据结构也能轻松将数据转化为直观的图表和报告。此外，Tableau还提供了丰富的交互功能，使得用户可以更深入地探索和分析数据。

2. Power BI

Power BI是微软推出的一款商业智能工具，可以与Excel、SQL Server等无缝集成，帮助用户快速构建数据模型、创建仪表板和报告。Power BI还提供了实时数据流、自然语言查询等功能，使得用户可以更高效地获取和分析数据。

3. QlikView

这是一款强大的数据分析和可视化工具，可以帮助用户快速构建交互式数据应用。QlikView采用了关联式数据模型，用户可以通过简单的点击和拖放操作来探索和分析数据。此外，QlikView还提供了丰富的数据可视化选项和灵活的报告功能。

4. Looker

Looker是一款易于使用的商业智能工具，可以帮助用户快速构建和分享数据报告。Looker提供了丰富的数据连接器，可以连接各种数据源，并支持自定义SQL查询。此外，Looker还提供了实时的数据刷新和协作功能，使得用户可以更高效地与团队成员共享和分析数据。

商业智能作为一种工具，是用来处理企业中现有数据，并将其转换成知识、分析和结论，辅助业务或者决策者做出正确且明智的决定，帮助企业更好地利用数据提高决策质量的技术，包含了数据仓库、分析型系统等功能。数据仓库负责存储和管理各类数据，联机分析处理提供多维度的数据分析功能，数据挖掘则通过算法和模型发现数据中的隐藏规律和价值。商业智能是一种严谨、稳重、理性和官方的数据分析工具和方法，它能够帮助企业更好地理解和利用数据，提升决策效率和业务价值。

（二）智能管理会计

人工智能、大数据、移动化、云计算等技术的运用是实现智能化管理的关键。这些技术使得企业管理更加精准、高效，提升了决策的科学性和准确性。

1. 智能管理会计定义

智能管理会计是指运用大数据、人工智能、云计算、区块链等现代信息技术，对管理会计的职能进行扩展和深化，以提高管理会计的效率、准确性和决策支持能力。

2．特点

智能管理会计的核心目标是将先进的信息技术与管理会计的专业知识相结合，为企业提供一个更加智能化、自动化和高效的决策支持系统，帮助企业更好地应对市场变化，提高竞争能力。其具有如下特点：

自动化：智能管理会计通过自动化工具，实现财务数据的收集、整理、分析和报告，降低人工干预，提高工作效率。

实时性：智能管理会计能够实时收集和分析财务数据，为企业提供实时的财务报告和性能指标，帮助管理者快速响应市场变化。

智能化：智能管理会计运用人工智能技术，如机器学习、自然语言处理等，实现对财务数据的深度挖掘和分析，为企业提供有价值的洞察和预测。

精准性：智能管理会计通过大数据分析，提高财务数据的准确性和可靠性，为企业决策提供更加精准的依据。

（三）智能管理会计与传统管理会计的区别

智能管理会计与传统管理会计的主要区别在技术应用、数据处理、决策支持和效率提升等方面。详见表11-1。

智能管理会计与传统管理会计区别

表11-1 智能管理会计与传统管理会计的区别

项目	传统管理会计	智能管理会计
技术应用	人工处理数据和分析，使用传统会计软件和工具	利用大数据、人工智能、云计算和机器学习等先进技术，自动化和智能化处理数据和分析
数据处理	有限的数据处理，依赖有限的内部数据源和手动收集的数据	处理和分析各种来源的大量数据，包括内部系统和外部数据源，如社交媒体、物联网等
决策支持	基于历史数据的分析和报告，缺乏前瞻性和预测性	通过数据分析和模型预测，提供准确和具有前瞻性的决策支持，帮助企业预测未来的财务状况和趋势
效率提升	手动和重复性的工作流程，效率较低	自动化和智能化，大幅提高工作效率，减少人工操作，降低错误率
实时性和动态性	定期的数据分析和报告，缺乏实时性和动态性	实现数据的实时收集和分析，提供动态的财务报告和洞察
个性化报告	标准化和通用的报告，难以满足不同用户的需求	根据不同用户需求提供定制化的财务报告和分析
风险管理和合规性	人工监控和报告	通过数据分析和技术模型，更准确地识别和评估风险，确保合规性
人才要求	财务专业知识和会计技能	数据科学、人工智能和机器学习等专业知识的人才

智能管理会计的推广和应用，不仅改变了传统财务管理模式的局限性，也为企业提供了更加全面、深入的财务管理服务。通过智能管理会计的应用，企业可以更好地掌握财务状况，优化资源配

置，提高经营效益，实现可持续发展。智能管理会计是一种严谨、稳重、理性的财务管理模式，它以先进的技术手段为支撑，以规范的管理流程为基础，以高效的服务为目标，为企业提供更加全面、深入的财务管理服务。

三、智能管理会计核心技术

1. 人工智能（AI）

随着科技的飞速发展，AI 技术已逐渐成为众多领域中的关键驱动力。在管理会计领域，AI 技术的引入不仅提升了数据处理效率，更推动了管理会计的转型升级。传统的管理会计主要依赖于后置的财务数据进行分析，而 AI 技术的引入使得前置运营数据的利用成为可能。这一转变不仅拓宽了管理会计的数据来源，还提高了分析的准确性和时效性。

AI 技术的核心在于机器学习，其通过模拟人类的学习过程，实现对数据的自动分析和处理。在管理会计领域，监督式学习、非监督式学习和强化学习等机器学习算法得到了广泛应用。这些算法可以帮助企业从海量数据中提取有价值的信息，为决策提供有力支持。随着 AI 技术的深入应用，管理会计的工作内容也在逐步转变。传统的纸质数据逐渐被电子数据所取代，管理会计开始更加注重事前和事中的控制，以实现对企业运营过程的全面监控。同时，AI 技术还能够帮助企业实现对多样化海量信息的快速提取和分析，为精细化管理提供决策依据。

2. 大数据

大数据是指那些规模庞大、增长迅速且类型多样的数据集合，这些数据集无法用传统数据处理软件在合理时间内进行捕捉、管理和分析。大数据具备四大基本特征：数据量巨大（Volume）、数据类型多样（Variety）、数据价值密度低（Value）以及数据生成速度快（Velocity）。大数据的战略价值并不在于其庞大的数据量本身，而在于对这些数据进行有效处理和分析，从而提取出有价值的信息和洞察。换言之，大数据产业的核心在于通过专业化的数据处理实现数据的增值。

人工智能与大数据的应用正逐渐改变着传统管理会计的面貌。这些先进技术不仅提高了管理会计工作的效率，还使得数据分析和决策支持更加精准和高效。通过大数据的收集和分析，企业能够更全面地了解自身的财务状况和经营绩效，为战略决策提供更加可靠的数据支持。以一家大型零售企业为例，该企业利用人工智能和大数据技术构建了一套智能管理会计系统，该系统能够实时收集并分析销售、库存、客户行为等多维度数据，为管理层提供精确的决策依据。通过这套系统，企业成功预测了市场趋势，优化了库存管理，提升了客户满意度，最终实现了销售额和利润的大幅增长。

3. 云计算

云计算是一种基于互联网的计算模式，能够通过网络提供各种共享的计算资源和服务，如服务器、存储设备和数据库等。用户可以通过各种终端设备，如电脑、笔记本、手机等接入这些资源和服务，并根据自己的需求进行灵活的配置和使用。云计算通过动态扩展和虚拟化技术，能够为用户提供高性能的计算能力和高效的数据处理能力。

云计算的出现对管理会计领域产生了深远的影响，其以强大的数据处理能力和灵活的资源配置为管理会计提供了前所未有的便利。通过云计算，企业可以实时获取和分析财务数据，实现财务信息的即时共享和协同工作，大大提高了管理会计的效率和准确性。同时，云计算还降低了企业的 IT 成本和维护成本，使企业能够更加专注于核心业务的发展。

4. 区块链

区块链是一种去中心化的分布式数据库技术，通过一系列数学算法和密码学技术来确保数据的安全性和可信度。区块链中的每个节点都拥有完整的账本副本，并且节点之间通过共识机制来达成数据的一致性和更新。这种技术可以用于记录交易、存储数据、验证身份等多种场景，具有去中心化、不可篡改和高度安全等特点。区块链技术可以提供一个透明、可追溯的供应链解决方案。从原材料采购到最终产品交付，每个环节的信息都可以被记录在区块链上，从而确保产品质量和来源的可靠性。

区块链技术的出现，为管理会计带来了更高的数据安全性和透明度。区块链的去中心化特性和不可篡改的数据记录方式，确保了财务数据的真实性和可信度。通过区块链技术，企业可以建立起一个透明可信的财务数据库，实现财务信息的公开透明和可追溯性，有效防止了财务舞弊和欺诈行为的发生。此外，区块链技术还可以提高财务数据的处理速度和效率，降低企业的运营成本和风险。

随着数字化技术的迅猛发展，零售行业也面临着很大的变革。零售巨头沃尔玛旗下的山姆会员商店通过数字化、云计算和区块链等技术手段进行业务的转型升级，以提高供应链管理、客户体验等方面的效率和质量。基于 VeChain ToolChain™ 平台灵活的技术架构，搭建了自有的山姆区块链可追溯平台，以满足食品安全及供应链管理的需求，构筑多方受益的可信消费闭环。在该平台中，所有被追溯的产品都经由持续、严格的安全跟踪与抽样检测，从而保证消费者购入的高端食品从源头到货架都安全、来源可溯。顾客可通过扫描商品上的二维码，了解商品信息、批次追溯信息、原材料检疫报告、加工流程检验报告、生产所在地、供应商信息等。采用云计算和区块链技术来优化其管理会计流程。通过云计算平台，企业实现了财务数据的集中存储和实时分析，大大提高了财务决策的效率和准确性。同时，利用区块链技术，企业建立了一个透明可信的财务数据库，确保财务数据的真实性和可信度，有效防止了财务舞弊和欺诈行为的发生。这些技术的应用不仅提高了企业的财务管理水平，还为企业的发展提供了有力的支持。

案例分享

华润集团深化数字化转型

华润集团作为一家大型国有企业，业务涵盖多个领域，包括消费品、零售、地产、能源等。在零售业务方面，华润旗下的华润万家、苏果、Ole'、blt 等超市和零售品牌都在积极利用大数据、云计算和人工智能等技术为会员提供高品质的产品和服务。

华润通过以下方式进行数字化转型：

大数据分析：华润利用大数据技术分析消费者的购买行为、偏好和市场趋势，从而更好地了解顾客需求，优化商品结构，提高商品的适销性和顾客满意度。

云计算平台：华润使用云计算平台来存储和处理大量的数据，提高数据处理的效率和安全性。云计算还允许华润的各个业务部门共享数据和资源，实现信息的无缝流动。

人工智能应用：华润在零售业务中使用人工智能进行智能库存管理、销售预测、顾客服务等。例如，通过 AI 算法分析销售数据，预测未来几个月的销售趋势，从而指导采购和库存决策。

会员服务平台：华润的会员服务平台利用以上技术为会员提供个性化的商品推荐、优惠促销等信息，提升会员的购物体验。

智能供应链管理：通过运用大数据和 AI 技术，华润能够实现更加精准的供应链管理，优化物流配送，减少库存积压，提高供应链的效率和响应速度。

数字化营销：华润利用数字营销工具，结合大数据分析，开展精准营销活动，提高营销效率，增强与消费者的互动和黏性。

华润通过大数据、云计算和人工智能等现代信息技术的应用,不仅提升了商品和服务的质量,也提高了企业的运营效率和市场竞争力。这些技术的应用使得华润能够更好地满足消费者的需求,提供更加个性化和高品质的产品和服务。

四、智能管理会计的意义

智能管理会计的意义主要体现在以下几个方面:

(1)智能管理会计通过采用先进的技术手段,如大数据分析和人工智能算法,显著提高了财务数据处理的速度和准确性。这种技术的应用,大幅减少了人为错误,并实现了对海量数据的快速分析,为企业提供了更为精准和及时的决策支持。

(2)智能管理会计能够提供更深入的财务和业务洞察。通过对大量数据的挖掘和分析,智能管理会计能够揭示出隐藏在数据背后的商业趋势、潜在风险和市场机会,从而帮助企业做出更为明智和科学的决策。

(3)智能管理会计推动了管理会计实践的创新和发展。智能化技术的应用,使得企业能够重新审视传统的管理会计流程和方法,推动其向更加高效、灵活和现代化的方向发展。这不仅有助于提升企业的整体运营效率,还能够增强企业的市场竞争力。

(4)智能管理会计还有助于提升员工的专业素质和技能水平。通过学习和应用智能化技术,员工可以不断提高自身的专业技能和适应能力,以更好地应对快速变化的市场环境。同时,智能管理会计也为员工提供了更多学习和发展的机会,促进了员工的个人成长和职业发展。

任务二 大数据时代管理会计新工具

随着信息技术的日新月异,大数据时代的浪潮已经席卷全球。在这个以数据为驱动的新时代,管理会计正迎来前所未有的变革与机遇。通过深入挖掘和应用大数据技术,管理会计人员可以为企业提供更加准确、及时的财务信息支持,助力企业在激烈的市场竞争中取得成功。大数据技术的应用不仅为管理会计提供了丰富的数据资源,还为其带来了全新的工具和方法,助力企业在激烈的市场竞争中脱颖而出。

一、大数据的定义和特征

(一)大数据的定义

在信息化社会里,每时每刻都在产生大量的数据。这些数据可能是一个企业的财务电子表格、产品价格信息、客户目录、新产品设计蓝图,也可能是一个人的微信聊天记录、电商网站购物信息、视频软件观看记录等,连我们日常行走的每一步都可以通过手机软件自动记录下来形成数据。但这些只能称为数据,还不是大数据。那么,什么是大数据呢?

大数据的定义与特征

大数据(Big Data)是诸如上述各类数据的集合。从一般意义上讲,大数据是指无法在有限的时间内用常规软件工具对其进行获取、存储、管理和处理的巨量数据集合。最早提出"大数据"这一概念的是全球知名咨询公司麦肯锡(McKinsey&Company),它对大数据的定义是:一种规模大到在获取、存储、管理、分析方面严重超出了传统数据库软件工具能力范围的数据集合，具有海量的数据规模、快速的数据流转、多样的数据类型以及价值密度低四大特征。高德纳咨询公司（Gartner Group）对大数据的定义是：需要新处理模式才能具有更强的决策力、洞察发现力和流转优化能力来适应海量、高增长率和多样化的信息资产。从技术角度来看，大数据的战略意义不在于掌握与获取它，而在于对这些有意义的数据进行专业化处理，换言之，如果把大数据比作一种产业，那么这种产业盈利的关键就在于提高对数据的"加工能力"，通过"加工"实现数据的"增值"。在数字经济时代，以云计算、物联网、区块链、人工智能等为代表的技术创新使这些原本看起来很难收集和使用的数据的开发和应用成为可能并逐步成为现实，随着各行各业的不断创新，将来大数据会为人类创造更多的价值。

（二）大数据的特征

大数据是指传统数据处理应用软件难以捕捉、管理和处理的在一定时间范围内快速增长的、复杂的大规模数据集。它具有四个主要特征，通常被称为"4V"。

1. 数据量（Volume）大

大数据涉及的数据量通常是庞大的，这从 GB（千兆字节）到 TB（太字节），甚至 PB（拍字节）不等。例如，一个中型城市的视频监控信息一天就能达到几十 TB 的数据量；某导航网站首页每天需要提供的数据为 1～5PB，如果将这些数据打印出来，会超过 5 000 亿张 A4 纸。存储单位及其换算关系如表 11-2 所示。

表 11-2　存储单位及其换算关系

存储单位	换算关系
Byte	1Byte = 1 024bit
KB	1KB = 1 024Byte
MB	1MB = 1 024KB
GB	1GB = 1 024MB
TB	1TB = 1 024GB
PB	1PB = 1 024TB
EB	1EB = 1 024PB
ZB	1ZB = 1 024EB

2. 数据生成速度（Velocity）快

数据生成的速度非常快，需要实时或近实时处理。例如，在金融交易市场中，数据生成的速度非常快。股票、外汇、期货等金融产品的交易数据实时产生，这些交易数据包括价格、成交量、买卖盘等信息。

3. 数据具有多样性（Variety）

大数据有多种来源，数据类型繁多，包括结构化数据、半结构化数据和非结构化数据。

结构化数据：也称为定量数据。这类数据严格遵循数据格式与长度规范，有固定的结构、属性划分和类型等信息。例如，班级人员信息表就是典型的结构化数据。表中每个人的信息占一行，包括年龄、性别、出生地等特征信息，每一列对应一个特征，每一个特征的取值范围和存储所需要的空间都有明确清晰的界定。结构化数据一般都是能够在二维表格中进行呈现的，比如企业 ERP、财务系统，医疗 HIS 数据库，教育一卡通，政府行政审批，其他核心数据库等。

非结构化数据：是指没有固定格式或规则组织存储的数据，通常指文字型数据，如文本、图像、音频、视频等，也可以包含数字等信息。非结构化数据没有预先定义好的组织方式，例如，用户在论坛、微博、微信或其他渠道发布的关于产品的各种投诉建议或评价就属于非结构化数据。

半结构化数据：是一种介于结构化数据和非结构化数据之间的数据类型。半结构化数据有格式但没有固定的数据模型，具备自描述的属性信息表达数据内容，包括邮件、HTML、报表、资源库等，典型场景如邮件系统、WEB 集群、教学资源库、数据挖掘系统、档案系统等。

4. 数据价值性（Value）密度低

大数据虽然规模庞大，但有价值的信息较少，相对于数据总量，可用数据的比例可能非常小，因此需要高效的数据处理技术来挖掘有价值的信息。价值性（Value）是大数据的核心特征，相比于传统的小数据，大数据最大的价值在于人们可以从大量不相关的各种类型的数据中挖掘出对未来趋势与模式预测有价值的数据，还可以通过机器学习方法、人工智能方法或数据挖掘方法进行深度分析，发现新规律和新知识，并运用于各个领域，从而达到改善社会治理、提高生产效率、推进科学研究的目的。

二、大数据的重要性

在数字经济时代，大数据已然成为推动社会进步和企业发展的关键力量。它的重要性不仅体现在对海量数据的处理能力上，更在于它如何帮助人们获得深刻的见解、优化决策、创新产品和服务，以及提升整体运营效率。2020 年 4 月 9 日，中共中央、国务院发布《关于构建更加完善的要素市场优化配置体制机制的意见》，将数据与土地、劳动力、资本、技术并称为五种要素，提出"加快培育数据要素市场"。

数据要素对经济社会的发展起着关键作用。有了数据就可以进行分析预测，提前布局和规划，揭示潜在趋势和行为能力。通过高级分析技术，大数据能够洞察市场动向、消费者偏好和行业趋势，为企业提供前所未有的商业智能。这种智能使企业能够更好地预测未来，从而在激烈的市场竞争中占据优势。

大数据显著提升了企业的决策效率。在数据驱动的时代，决策不再仅仅依赖于经验和直觉。相反，大数据提供了实时、准确的数据支持，使决策者能够基于事实做出更加明智和高效的决策。这种决策方式不仅减少了错误和不确定性，还为企业带来了更大的竞争优势。

大数据对于优化产品和服务起到了至关重要的作用。通过深入分析用户行为和需求，企业可以更加精准地了解客户的期望和偏好。这为企业提供了宝贵的洞察力，使其能够开发出更加符合市场需求的产品和服务。通过不断满足客户需求，企业可以增强客户忠诚度，提高市场份额。

大数据在提高生产力和效率方面也发挥了重要作用。借助先进的传感器和监控技术，企业可以实时监控生产线的运行状态，及时发现潜在问题并采取相应措施。这种精细化管理不仅提高了生产效率，还降低了生产成本和维护成本。通过优化生产流程和管理方式，企业可以实现可持续发展和长期盈利。

大数据对于企业的市场营销策略也产生了深远影响。通过深入分析消费者行为和偏好，企业可以制定出更加精准和有效的市场推广计划。这不仅可以提高营销效果和投资回报率，还可以帮助企业更好地满足客户需求，建立强大的品牌形象。

三、大数据时代管理会计的新工具

(一) 云计算

1. 定义

云计算是一种计算资源和服务通过互联网实现高效、灵活和可扩展提供的方式。它允许用户随时随地按需访问和使用共享的计算资源，如服务器、存储设备和应用程序，而无须在本地拥有和维护这些资源。云计算通过集中化的管理和优化，实现了计算资源的弹性扩展和动态分配，提高了资源利用率和灵活性，降低了用户的运营成本和时间成本。国内外常用的云计算服务有很多，国内常用的云计算服务有"阿里云""腾讯云""华为云"和"百度云"，国外常用的云计算服务有"AWS（Amazon Web Services）""Google Cloud Platform（GCP）"和"Microsoft Azure"。很多公司都提供多种云计算服务，包括云服务器、数据库、存储、网络、安全、大数据、人工智能等，这些云计算服务都具备丰富的功能和灵活的配置选项，不同的企业可以根据不同的需求选择适合自己的云计算服务。

2. 服务形式

云计算的服务形式多种多样，主要包括基础设施即服务（IaaS）、平台即服务（PaaS）和软件即服务（SaaS）。IaaS提供虚拟化的计算资源，如服务器、存储设备和网络设备等，用户可以按需租用和管理这些资源。PaaS提供开发、运行和管理应用程序的平台，包括数据库、开发工具、应用服务器等，用户可以快速地开发和部署应用程序。SaaS提供基于互联网的软件应用服务，如办公套件、客户关系管理、在线会议等，用户只需通过浏览器即可访问和使用这些服务。见表11-3。

表11-3 云计算服务类型表

服务类型	资源类型	服务特点
IaaS	虚拟化的计算资源	用户可以按需租用和管理这些资源
PaaS	开发、运行和管理应用程序的平台	用户可以快速地开发和部署应用程序
SaaS	基于互联网的软件应用服务	用户只需通过浏览器即可访问和使用这些服务

3. 特点

云计算的特点突出，主要表现在以下几个方面：

（1）云计算具有弹性和可扩展性，能够根据用户的需求自动调整计算资源的数量和配置，实现快速响应和灵活调整。

（2）云计算具有高可用性，通过分布式部署和冗余设计，确保用户数据和应用程序的高度可用性，避免了单点故障和数据丢失的风险。

（3）云计算采用按需付费的模式，用户只需根据实际使用的计算资源进行付费，无须承担额外的硬件和运维成本，有效降低了运营成本。

（4）云计算提供了完善的数据加密和安全防护措施，保护用户数据不被非法访问和泄露，确保了用户数据的安全性。

（5）云计算平台是大数据时代管理会计的重要工具之一。通过云计算平台，企业可以实现对海量数据的存储、管理和分析。云计算平台具有高可靠性、高可扩展性和高灵活性等特点，可以满足企业对数据处理的各种需求。

4. 云计算平台在企业中的应用

随着技术的不断发展和创新，云计算在企业中的应用将越来越广泛而深远，主要涵盖以下几个方面：

（1）数据存储与访问。云计算提供了安全、可靠的数据存储解决方案。企业可以将数据存储在云端，并通过互联网轻松访问和管理这些数据。这不仅简化了数据管理，还提高了数据的安全性和可用性。

（2）弹性扩展与资源管理。云计算平台以其强大的弹性扩展能力，帮助企业灵活应对业务增长和变化。企业可以根据需求快速增加或减少计算资源，从而优化资源利用、降低成本，并确保业务连续性和稳定性。例如在大型购物节期间，天猫、京东等电商平台会面临巨大的流量和交易量。利用云服务的弹性扩展功能，这些平台可以在需求高峰期间自动增加计算资源，如增加服务器实例、带宽和存储，以应对高流量和交易量的挑战。在需求回落时，这些资源可以自动减少，从而避免过度投资。

（3）软件开发与部署。云计算为企业提供了高效、便捷的软件开发和部署环境。利用云计算平台，企业可以快速构建、测试和部署应用程序，加速创新，提高市场竞争力。例如海尔创新设计中心成立于1994年，为海尔智家旗下七大品牌全球的所有产品提供设计创新和模式探索。亚马逊云科技为海尔设计提供了四个完整的云上解决方案，全面替代自有机房，让设计中心的工作流程实现了全面云化、自动化。上线后，自动化设计系统应用让原有项目周期缩短了30%，获得巨大成功。

（4）备份与容灾恢复。云计算平台通过提供强大的备份和容灾恢复功能，确保企业数据的完整性和业务连续性。在发生意外情况时，企业可以快速恢复数据和应用程序，降低损失和风险。

（5）协同办公与提高效率。云计算支持多用户、多设备之间的协同办公，促进团队协作和沟通。员工可以在任何地点、任何时间访问云端数据和应用程序，提高工作效率和灵活性。例如海尔集团使用亚马逊云科技的云计算平台让员工能以国际化、全球化的协同方式去思考工作流程，并且真正感受到数字化工具、虚拟化工具对某个具体实际节点的工作所产生的影响，这对于员工的思维方式是一种很好的助力。

（6）成本控制与优化。通过云计算，企业可以实现资源的按需使用和灵活调配，从而降低IT成本。例如零售商永辉使用腾讯云，为永辉带来了全链条数字化部署方案，串联线下零售全场景以助力永辉智慧化升级，为永辉提供了消费者研究和会员研究等方面的支持，帮助永辉更好地了解消费者需求和偏好，提升营销效果和会员满意度。

（二）大数据分析工具

大数据分析工具是大数据时代管理会计的另一种重要工具。这些工具可以对海量数据进行深度挖掘和分析，帮助企业发现数据中的规律和趋势，为企业的决策提供支持。大数据分析工具包括数据挖掘、机器学习、自然语言处理等技术。

1. 数据挖掘

数据挖掘（Data Mining）是指从大量的、不完全的、有噪声的、模糊的、随机的数据中，通过应用算法来搜索隐藏于其中的信息的过程。它是人工智能和数据库领域研究的热点，也是一种决策支持过程，主要基于人工智能、机器学习、模式识别、统计学、数据库、可视化技术等，高度自动化地分析企业的数据，作出归纳性的推理，从中挖掘出潜在的模式，帮助决策者调整市场策略，减少风险，作出正确的决策。

数据挖掘的特点主要包括以下几点：

（1）基于大量数据。数据挖掘通常处理大量的数据，因为小型数据可以通过人工分析来总结规律，但这些小数据量可能无法反映真实世界的普遍特性。

（2）非平凡性。数据挖掘揭示的知识不是显而易见的，也不是通过简单的查询或报表就能得到的。例如，在一个电商网站中，通过数据挖掘可以发现用户购买商品的行为模式和偏好，从而优化商品推荐和营销策略。如果仅仅发现用户喜欢购买某个品牌的商品，这种知识可能并不具备非平凡性，因为这种信息很容易通过市场调查或用户调查得到。但是，如果通过数据挖掘发现用户在购买某个品牌的商品时，同时还喜欢购买另一类看似不相关的商品，这种知识就具备非平凡性，因为它揭示了用户行为中隐藏的模式和关联，这种模式和关联可能不容易被人发现，但对于优化商品推荐和营销策略非常有价值。

（3）隐含性。数据挖掘要发现的是隐藏在数据内部的知识，而不是直接表现在数据表面的知识。假设一个电商网站想要了解其用户的购买行为，通过数据挖掘，可以发现用户购买商品时的一些隐藏模式或趋势，比如某些商品经常一起被购买，或者用户在特定时间段内购买商品的频率增加。这些信息可能不是直接显现在数据表面的，而是需要通过数据挖掘技术深入分析数据才能发现。这就是数据挖掘的隐含性。

（4）新奇性。挖掘出的知识应该是以前未知的，否则就只是对已有知识的验证，而不是挖掘。

（5）价值性。数据挖掘的目标是发现那些有价值的信息或知识，这些信息或知识可以为企业带来直接或间接的效益。

数据挖掘按照不同的标准，可以有许多不同的分类方式。例如，按照挖掘任务的不同，可以分为分类、聚类、关联规则挖掘、序列模式挖掘、预测、偏差检测等；按照挖掘方法的不同，可以分为统计方法、机器学习方法、神经网络方法和数据库方法等。

2. 机器学习

机器学习是人工智能的一个分支，它使计算机系统能够通过数据学习并做出决策或预测，而无须进行显式的编程。机器学习的核心是创建算法，这些算法可以从数据中学习模式和特征，从而提高其在特定任务上的性能。

机器学习具有以下特点：

（1）自动化学习。机器学习算法能够自动从数据中学习，不需要手动编程。

（2）自适应性。随着数据的变化，机器学习模型能够自适应地调整其行为。

（3）预测能力。机器学习模型可以用来预测未知数据的结果。

（4）数据驱动。机器学习依赖于大量数据来训练模型。

（5）可扩展性。机器学习模型可以在大量的数据集上进行训练，以提高其性能。

例如，机器学习可以过滤垃圾邮件。机器学习模型可以从大量的邮件中学习哪些是垃圾邮件，然后将其过滤掉。机器学习还有推荐系统，如亚马逊的商品推荐，通过学习用户的购买历史和偏好来推荐商品。

3. 自然语言处理（NLP）

自然语言处理是计算机科学、人工智能和语言学领域的一个分支，它致力于使计算机能够理解、解释和生成人类语言。NLP 的目标是让计算机能够像人类一样理解和处理自然语言。

自然语言处理具有以下特点：

（1）语言理解。NLP 系统能够理解人类语言的含义、语法和语境。
（2）语言生成。NLP 可以用于生成自然语言文本，如自动写作、机器翻译等。
（3）语境敏感性。NLP 系统能够理解语言中的语境和上下文。
（4）跨语言能力。NLP 可以用于不同语言之间的翻译和理解。
（5）情感分析。NLP 可以分析文本中的情感和意见，如社交媒体分析。

例如：机器翻译功能，加百度、谷歌翻译，能够将一种语言翻译成另一种语言；情感分析功能，社交媒体公司使用 NLP 来分析用户的评论和推文，以了解公众对特定话题或品牌的看法；语音识别功能，如苹果的 Siri 和亚马逊的 Alexa，能够理解和响应人类的语音指令。

（三）数据可视化工具

数据可视化工具可以将复杂的数据转化为直观的图表和图形，帮助企业更好地理解和分析数据。通过数据可视化工具，管理会计可以更加清晰地展示数据分析结果，为企业决策提供更加直观的依据。目前常用的工具主要有八种，详见表 11-4。

表 11-4 管理会计数据可视化工具对比表

工具	特点	应用
Power BI	由微软开发，提供丰富的数据可视化选项，支持交互式仪表板和报告，易与其他微软产品（如 Excel、Azure）集成	广泛应用于企业财务分析、销售分析、市场趋势分析等领域
Tableau	提供强大的数据可视化功能，支持自定义图表和仪表板，适合数据探索和复杂分析	在财务分析、市场研究、风险管理等领域得到广泛应用
QlikView/Qlik Sense	基于内存的数据分析平台，提供强大的数据集成和交互式可视化功能	适用于复杂的商业智能应用，如财务报表分析、供应链优化等
SAP Lumira	与 SAP ERP 和其他 SAP 产品紧密集成，提供数据可视化工具和报告功能	适用于需要与 SAP 系统紧密集成的企业，如财务报告、业务智能分析等
Google Data Studio	基于 Google Cloud 平台，提供易于使用的数据可视化工具，支持多种数据源连接	适合需要与 Google 生态系统（如 Google Analytics、Google Sheets）集成的企业
MicroStrategy	提供强大的商业智能平台，支持复杂的分析和高级数据可视化	适用于大型企业，提供全面的商业智能解决方案
Domo	云基础的商业智能平台，提供丰富的数据可视化工具和仪表板	适用于企业级数据分析和报告，支持移动设备访问
Looker	提供灵活的数据模型和可视化工具，支持自定义报告和仪表板	适用于需要高度定制化的企业数据分析和报告

四、管理会计新工具的应用

（一）成本控制

在大数据时代，管理会计可以通过对海量数据的分析，更加精确地控制成本。通过对历史数据的挖掘和分析，管理会计可以发现成本控制的瓶颈和问题所在，为企业制定更加有效的成本控制策略提供支持。

案例分享

京东集团：基于价值链的全方位成本管理

京东集团作为中国电子商务领域的领军企业，自创立伊始就以其前瞻性的视野和坚定的技术创新理念引领着行业的发展。秉持着客户为先，技术驱动的核心价值观，京东通过巧妙运用大数据、数据挖掘、云计算和开放平台等尖端科技，不仅大幅度提升了企业的运营效率和成本控制能力，而且在激烈的市场竞争中脱颖而出，成为行业的佼佼者。

京东对于技术创新的重视体现在每一个运营的细节中。通过持续优化成本结构，京东实现了规模效应和利润的最大化，这一成就不仅为企业的稳健发展奠定了坚实的基础，也为整个行业树立了新的标杆。

一、大数据与库存管理优化

京东利用大数据实时分析销售数据，准确预测库存需求，避免库存积压和浪费。这种基于数据的库存优化策略降低了成本，提高了周转率，为企业创造了更多利润空间。

二、大数据与供应链管理

大数据在京东供应链管理中发挥关键作用。通过数据挖掘和分析，京东预测市场需求，优化采购和配送策略，降低供应链成本，提升运营效率。这种管理模式增强了市场竞争力，为企业带来了更多机遇。

三、数据挖掘与精准营销

京东运用数据挖掘技术为消费者提供个性化商品推荐和精准营销策略，提升了销售额。此外，数据挖掘还助力发现商品关联性，提供一站式购物体验，增强了品牌忠诚度。在促销活动评估方面，数据挖掘也提高了营销策略的针对性和有效性，为企业节省了营销成本。

四、云计算与弹性运营

京东通过云计算实现基础设施共享，降低了IT成本，提高了资源利用率。云计算的弹性计算特性使京东能灵活调整计算资源，确保系统稳定运行和高效运营。在数据存储与处理方面，云计算助力京东高效处理和分析海量数据，为企业决策提供了有力支持。

五、开放平台战略的成功

京东开放平台战略吸引了众多第三方商家入驻，扩大了平台规模，丰富了商品种类，实现了收入多元化。在物流服务方面，京东共享资源降低了成本，提高了效率。同时，京东与合作伙伴进行技术创新与合作，推动了技术进步和成本降低。

（二）预算管理

预算管理是管理会计的重要职能之一。在大数据时代，管理会计可以利用大数据分析工具对预算数据进行分析和预测，帮助企业更加准确地制定预算方案，提高预算管理的科学性和有效性。

在大数据时代，管理会计可以利用大数据分析工具对预算数据进行分析和预测，主要包括以下几个方面：

（1）预算数据收集。管理会计需要收集与预算相关的数据，包括历史数据、市场数据、行业数据等，以便进行数据分析。

（2）数据分析。管理会计可以使用大数据分析工具对收集到的数据进行深入分析，包括趋势分析、结构分析、相关性分析等，以发现预算数据的变化规律和趋势。

（3）预算预测。根据数据分析的结果，管理会计可以对未来的预算数据进行预测，包括预算金额、预算时间、预算进度等，以便制定更加科学、有效的预算方案。

案例分享

京东集团利用大数据分析进行预算管理

一、案例背景

京东集团作为中国领先的电子商务企业，一直以来都非常重视内部管理，尤其是在预算管理方面。为了提高预算管理的效率和准确性，京东集团开始尝试利用大数据、人工智能和云计算等先进技术对预算管理进行优化和提升。

二、技术应用

大数据分析：京东集团利用大数据分析工具，对历史销售数据、市场趋势、消费者行为等进行深入挖掘和分析，以更准确地预测未来业务发展情况，为预算制定提供科学依据。

人工智能：京东集团运用人工智能技术，构建了智能预算预测模型，通过自我学习和优化，不断提高预算预测的准确性。同时，人工智能技术还帮助京东在预算执行过程中进行实时监控和分析，及时发现并解决问题。

云计算：京东集团采用云计算技术，实现了预算管理数据的集中存储和高效处理。通过云计算平台，京东能够快速响应预算管理的需求，提供弹性计算资源，降低IT基础设施成本。

三、成果

提高预算管理效率：利用大数据、人工智能和云计算等技术，京东集团实现了预算管理的自动化、智能化，大大提高了预算管理的效率。

提高预算管理准确性：大数据分析和人工智能技术帮助京东更准确地预测未来业务发展情况，为预算制定提供科学依据，从而提高预算管理的准确性。

降低预算管理成本：云计算技术的应用，使京东能够共享计算资源，降低IT基础设施成本。同时，通过大数据分析和人工智能技术的应用，京东能够实现精准营销和库存管理，降低运营成本。

四、案例总结

京东集团通过利用大数据、人工智能和云计算等技术进行预算管理，实现了预算管理的自动化、智能化，提高了预算管理的效率和准确性，降低了预算管理成本。未来，随着技术的不断发展和创新，相信京东集团将在预算管理方面取得更大的突破和成果。

（三）绩效评估

绩效评估是管理会计的另一项核心职能。在大数据时代，管理会计可以依靠对海量数据的深入分析来评估并预测企业的绩效。这种做法不仅能帮助企业更全面地了解自身的经营状况，更能为构建更加科学和合理的绩效考核体系提供坚实的支撑。

案例分享

沃尔玛利用大数据、人工智能和云计算进行绩效评估

一、案例背景

沃尔玛作为全球领先的零售企业，拥有庞大的实体店网络和在线业务。在这样庞大的业务

体系中,绩效评估对于企业的运营管理和员工激励具有重要意义。为了提高绩效评估的准确性和效率,沃尔玛开始尝试利用大数据、人工智能和云计算等先进技术,对绩效评估体系进行优化和提升。

二、技术应用

大数据分析:沃尔玛利用大数据分析工具,收集并分析海量销售数据、顾客行为数据、供应链数据等,以全面了解企业运营情况和员工表现。这些数据帮助沃尔玛建立更加全面、客观的绩效评估体系。

人工智能:沃尔玛运用人工智能技术,构建了智能绩效评估模型。该模型能够根据员工的工作表现、业务贡献、顾客满意度等多维度数据,自动生成绩效评估结果。同时,人工智能技术还具备自我学习和优化的能力,不断提高绩效评估的准确性。

云计算:沃尔玛采用云计算技术,实现了绩效评估数据的集中存储和高效处理。通过云计算平台,沃尔玛能够快速响应绩效评估的需求,提供弹性计算资源,降低IT基础设施成本。

三、案例成果

提高绩效评估准确性:通过利用大数据、人工智能和云计算等技术,沃尔玛能够更全面、客观地评估员工绩效,提高绩效评估的准确性。

提高绩效评估效率:大数据分析和人工智能技术帮助沃尔玛实现绩效评估的自动化、智能化,大大提高了绩效评估的效率。

优化激励机制:基于准确的绩效评估结果,沃尔玛能够更好地优化激励机制,激发员工积极性和创造力,提高业务水平和服务质量。

四、案例总结

沃尔玛通过利用大数据、人工智能和云计算等技术进行绩效评估,实现了绩效评估的全面性、准确性和高效性。未来,随着技术的不断发展和创新,相信沃尔玛将在绩效评估方面取得更大的突破和成果。

任务三 智能化管理会计报告

一、智能化管理会计报告的概念和特点

(一)智能化管理会计报告的概念

智能化管理会计报告是利用先进的信息技术和人工智能技术,对传统的管理会计报告进行深度整合与创新的产物。它旨在通过自动化、智能化的数据处理和分析,为企业管理层提供更加精准、高效和及时的管理会计信息,从而帮助企业做出更明智的决策,提升企业的整体运营效率和经济效益。

(二)智能化管理会计报告的特点

1. 高度自动化

通过先进的自动化工具和算法,智能化管理会计报告能够自动收集、整理和分析财务数据,显著减少人工操作,提高报告的生成效率。

2. 智能化决策支持

利用人工智能和机器学习技术，智能化管理会计报告能够识别出数据中的模式和趋势，进行预测性分析，为企业管理层提供智能化的决策支持。

3. 实时动态更新

借助云计算和大数据技术，智能化管理会计报告能够实时更新数据，确保管理层随时掌握企业的最新财务状况和经营成果。

4. 个性化定制

根据不同的管理需求，智能化管理会计报告可以定制不同的内容、格式和展示方式，满足不同部门和层级的管理者的需求。

5. 数据安全可靠

在数据的收集、传输、存储和分析过程中，智能化管理会计报告注重数据的安全性和隐私保护，确保数据的完整性和准确性。

二、智能化管理会计报告的分类

1. 基于预测分析的管理会计报告

这类报告利用历史数据和预测模型对企业的未来财务状况和经营成果进行预测和分析，帮助管理层制定长期战略规划。

2. 基于成本管理的管理会计报告

这类报告重点关注企业的成本控制和成本管理，通过分析成本构成和变动趋势，为管理层提供成本优化的建议。例如，某制造业公司通过智能化管理会计报告系统发现，虽然直接材料成本占比较低，但近年来呈现上升趋势。系统进一步分析指出，这一趋势主要由市场原材料价格上涨导致。为此，系统建议公司采用更经济的材料替代品，并通过长期合同锁定未来原材料价格。采纳这些建议后，该公司成功降低了材料成本并提高了整体利润。

3. 基于绩效评价的管理会计报告

这类报告以企业的绩效评价体系为基础，通过分析关键绩效指标（KPIs）和财务数据，帮助管理层评估业务单元、部门或个人的表现，并提供改进建议。例如某科技制造公司的销售部门通过分析销售增长率，发现尽管总体销售额有所增长，但某些产品线的销售情况不佳。报告建议优化产品组合和定价策略，以提高销售业绩。

4. 基于风险管理的管理会计报告

这类报告关注企业的风险识别和评估，通过对关键风险指标的监控和分析，帮助管理层制定风险应对策略和措施。这类报告的特点包括：

（1）风险识别。报告通过定量和定性分析，识别可能对企业造成财务损失或声誉损害的风险因素，包括市场风险、信用风险、操作风险、合规风险等。

（2）风险评估。对识别出的风险进行量化或定性评估，确定其可能性和影响程度。这有助于管理层了解哪些风险对企业最为重要，并据此优先处理。

（3）风险监控。报告定期监控关键风险指标，如市场波动率、信用评级变化、操作失误率等，确保及时发现风险变化。

（4）风险应对策略。基于风险评估和监控结果，制定和实施风险应对策略，如风险规避、风险转移、风险缓解和风险接受等。

（5）风险报告和沟通。定期生成风险报告，向管理层提供风险状况的最新信息，并协助沟通风险管理策略和成果。

例如，一家银行可能会使用基于风险管理的管理会计报告来监控其信用风险。报告可能会包括对贷款违约率的预测、信贷政策的评估以及市场利率变化对风险敞口的影响分析。通过这些分析，银行管理层能够制定更有效的信贷策略，以减少不良贷款的风险，并确保银行的财务稳定。

三、智能化管理会计报告编制原则与程序

1．编制原则

（1）数据驱动。报告的编制应以数据为依据，充分利用企业内外部的数据资源。

（2）自动化与智能化。利用现代信息技术，如人工智能、大数据分析等，实现报告编制的自动化和智能化。

（3）实时性与前瞻性。报告应能够实时或近实时地反映企业运营状况，并预测未来趋势。

管理会计报告编制要求

（4）定制化与个性化。根据不同管理者的需求，提供定制化的报告内容和展现形式。

（5）风险意识。在报告编制过程中，应充分考虑潜在风险，提供风险预警和应对建议。

（6）合规性与标准化。确保报告内容符合相关法规和标准要求，保持一致性和可比性。

2．编制程序

（1）数据收集与处理。收集企业内外部数据，通过数据清洗和处理，确保数据的质量和准确性。

（2）数据存储与管理。建立高效的数据存储和管理系统，确保数据的完整性和安全性。

（3）数据分析与建模。利用统计分析和预测模型，对数据进行深入分析，提取有价值的信息。

（4）报告生成。基于分析结果，生成智能化的管理会计报告，包括图表和可视化元素。

（5）报告审查与发布。对生成的报告进行审查，确保内容的准确性和合规性，然后发布给相关管理层。

（6）用户反馈与迭代。收集用户对报告的反馈，不断优化和改进报告编制流程和内容。

四、智能化管理会计报告体系搭建

企业需要考虑自身的经营特点和管理基础，搭建能够满足自身需求的管理会计报告体系，而一个能够和企业已有系统集成的管理会计报告系统是企业管理会计报告体系的核心。在构建智能化管理会计报告的过程中，我们需要遵循一系列精心设计且充满策略性的步骤，以确保最终生成的报告既准确又高效。

1．深入明确目标与需求

在开始构建报告之前，我们需要首先深入了解并明确企业内部的财务和业务需求。这涉及与各个部门的密切沟通，以确保我们准确理解管理层期望从报告中获取的信息类型和格式。通过深入了解企业的运营模式和战略规划，我们可以确保智能化管理会计报告能够为企业提供有价值的见解和建议。

2．审慎选择技术与工具

在选择技术和工具方面，我们需要审慎考虑各种因素，包括数据的规模、复杂性以及分析的准确性等。我们将选择最适合的数据分析平台、人工智能算法以及自然语言处理工具来支持报告的生成。这些技术和工具将帮助我们快速、准确地分析数据，为管理层提供及时、有用的信息。

3．精心整合与清洗数据

数据是构建智能化管理会计报告的基础，因此，我们需要从各个来源精心收集和整合数据。这

一过程中,我们将使用先进的数据整合技术,确保数据的完整性和准确性。同时,我们还将进行数据清洗和预处理工作,包括去除重复数据、处理缺失值以及识别并纠正异常值等,以确保数据的可靠性和质量。

4. 构建高效数据模型

在构建数据模型时,我们将充分利用机器学习算法来识别数据中的模式和趋势。通过训练和优化数据模型,我们可以确保报告的准确性和有效性。这一模型将为我们提供深入的数据洞察和预测分析,帮助管理层做出更明智的决策。

5. 生成全面而精确的报告

一旦数据模型构建完成,我们就可以开始生成全面而精确的智能化管理会计报告了。这些报告将包含各种财务指标、预测分析以及业务优化建议等内容,旨在帮助管理层全面了解企业的财务状况和业务表现。通过直观的图表和清晰的文字描述,我们将确保报告易于理解和使用。

6. 持续优化与改进以保持领先地位

持续关注企业业务和市场环境的变化,并及时优化和改进智能化管理会计报告,包括更新数据模型、调整报告内容以及引入新的技术和工具等。通过持续创新和改进,我们将确保企业的智能化管理会计报告始终保持领先地位,为企业创造更大的价值。

通过深入明确目标与需求、审慎选择技术与工具、精心整合与清洗数据、构建高效数据模型、生成全面而精确的报告以及持续优化与改进等步骤,我们可以构建一个既准确又高效的智能化管理会计报告。这将为企业的决策支持和价值创造提供强大的支持,并帮助企业在激烈的市场竞争中保持领先地位。

五、智能化管理会计报告撰写

以业务层管理会计报告为例,说明管理会计报告的撰写方法。

案例分享

科洁公司销售数据分析报告

1. 销售地区分析

从科洁公司的销售收入地区来源上分析,随着营收规模的扩大,公司每个自营渠道的收入都有所增长,尤其是公司在二线城市的收入快速增长,反观代销渠道的收入增长较为缓慢,占营收的比重越来越低;从营收线上线下渠道上分析,收入主要来源于线下渠道,线上网店的销售也在迅速增长,一线城市的数量比较少,不过市场需求比较大,二、三线城市虽然没有一线城市的需求量大,但是城市的基数比较大,市场需求也会比较大。

下面重点分析公司线上渠道的营收构成及分布情况。从销售区域构成上分析,营收来源于北区、西区以及南区,其中南区贡献大部分的收入;从营收来源分布上分析,线上的收入主要来源于广东、北京以及西藏等地区,公司在东部地区的市场处于空白。

未来公司的战略重点,应该是进入富庶的长三角地区,投入一定的广告,增强公司在该区域品牌的知名度,调派业务精英,加强该区域的销售队伍建设。

2. 客户构成分析

从公司客户的构成上分析……

3. 公司业绩完成情况分析

从整体业绩完成情况上分析……

项目思考题

1. 什么是商业智能?
2. 什么是智能管理会计？有什么特点?
3. 智能管理会计与传统管理会计有何区别?
4. 大数据时代管理会计出现哪些新工具?
5. 智能化管理会计报告如何撰写?

在线做题

参考文献

[1] 财务部会计资格评价中心. 财务管理[M]. 北京：中国财政经济出版社，2013.
[2] 黄玮勤，张纯义. 管理会计[M]. 北京：中国人民大学出版社，2017.
[3] 孔德兰. 管理会计实务[M]. 大连：东北财经大学出版社，2017.
[4] 冯巧根. 管理会计[M]. 北京：中国人民大学出版社，2016.
[5] 翟金花，等. 管理会计[M]. 北京：中国人民大学出版社，2017.
[6] 孙世敏，李云宏，李红侠. 管理会计习题与案例[M]. 北京：清华大学出版社，2015.
[7] 吴大军，牛彦秀. 管理会计[M]. 大连：东北财经大学出版社，2010.
[8] 吴大军. 管理会计习题与案例[M]. 大连：东北财经大学出版社，2013.
[9] 管伟，叶传财. 管理会计[M]. 西安：西北工业大学出版社，2012.
[10] 余绪缨，汪一凡. 管理会计学[M]. 北京：中国人民大学出版社，2010.
[11] 夏宁. 管理会计[M]. 哈尔滨：黑龙江教育出版社，2023.
[12] 何玉岭，陈海涛. 管理会计[M]. 重庆：重庆大学出版社，2023.
[13] 李兰，胡成玉，荣立春. 管理会计[M]. 长沙：中南大学出版社，2023.